Embriologia Sacra...

Francesco Emmanuele CANGIAMILA

EMBRIOLOGIA
SACRA
DI FRANCESCO EMANUELLO
CANGIAMILA.

EMBRIOLOGIA
SACRA,

OVVERO

DELL' UFFIZIO DE' SACERDOTI, MEDICI,
E SUPERIORI,

CIRCA L'ETERNA SALUTE DE' BAMBINI
RACCHIUSI NELL' UTERO,

LIBRI QUATTRO

DI FRANCESCO EMANUELLO
CANGIAMILA
PALERMITANO,

Dottore in Teologìa, e nell'una, e l'altra Legge.

Videte ne contemnatis unum ex his Pusillis.
Matth. 18. 10.

IN MILANO, MDCCLI.

PER GIUSEPPE CAIROLI.
Con licenza de' Superiori.

ALLI
SS. ANGELI CUSTODI

L'EDITORE.

Ebbene da Calvino nel libro 2. delle Istituzioni, e da altri Novatori, della falsa di lui Opinione seguaci, venga con grande temerità negato, che Voi Angelici Spiriti siate in ogni tempo attentissimi nello assistere col vostro ajuto ciascun uomo, che viene al Mondo; io protesto con piena conformità a' Dettami della Cattolica vera Chiesa di avere per certa la verità della vostra immanchevole protezione: massimamente assicurato essendo, oltre le testimonianze di Metodio, di Eusebio, di Gregorio Nisseno, e Teodoreto, dal Dottor Massimo S. Girolamo nel Cap. 18. de' suoi Commenti sopra il Vangelo di S. Matteo, che *Magna est dignitas Animarum, ut unaquæque habeat ab ortu nativitatis in custodiam sui Angelum delegatum.* So essere ancora indeciso fra le Classi de' Teologi, se uno fra Voi venga destinato in custode all'uomo allorchè nasce nell'utero materno con l'infusione dell'Anima; ovvero, quando ne sorte a respirare quest'aere: supplendosi in quest'ultimo senso dal Custode della Madre

dre gravida le veci di curatore follecito del di lei portato ancóra. Comunque però ciò adivenga, alcuno fempre di Voi ufa quell'atto, come di ubbidienza alla amorevole deftinazione di Dio Signore, così di cura premurofa ed impegnata per la difefa delle Anime noftre, e de' Corpi, a procurarne di quelle, e di quefti i vantaggi. Avendo adunque io del pari, che gli altri uomini, goduto del beneficio di voftra affezionata affiftenza, per dare al mio Cuftode in particolare un tributo offequiofo della grata mia riconofcenza; ad effo lui offerifco primamente l'Edizione di queft'Opera eruditiffima, ed in un con effo anche a tutti Voi feliciffimi fuoi Colleghi; effendo egualmente mandati a fcortare con la forza del voftro padrocinio tutti quelli, che chiamati fono fopra la ftrada, che guida alla Salute, ove dell'eterna felicità fieno per effere una volta partecipi, come già Voi tutti lo fiete, e così divenire voftri compagni nel Cielo; dandocene avvifo l'Apoftolo S. Paolo, che voi fiete *in adjutorium miffi propter eos, qui hæreditatem capient falutis.*

Mi avanzo pertanto ad offerirvi l'edizione di quefto Trattato, perchè ben comprendo, che il di lui Autore fpinto dallo zelo dell'eterna falute di que' Bambini, che inanzi tempo per aborto, o per grave malattía delle loro Madri correndo rifico di perdere la preziofiffima eredità della

Glo-

Glória celeste, col morire per inavvertenza de' Parrochi, o per crudeltà talvolta de' loro più stretti Parenti, senza il lavacro salutare della rigenerazione nel santo Battesimo, impiegò tutte le arti ed industrie per eccitare i Pastori ad essere veglianti in proccurare a quell'Anime un bene sì grande; e per atterrire altresì i Genitori a non essere parricidi della loro Prole nel Corpo ad un tempo, e nello spirito, col non curarne, o talvolta anche impedirne la Sacramentale lavanda. Quante volte, ed in quanti incontri proteggete voi le Anime di tali Bambini; e per verità si potrebbe applicare col vostro esemplo, ed attenzione anche in questo caso a' Curati ciò, che più generalmente disse nel 7. Sermone sopra la Sacra Cantica l'Abate S. Bernardo: *Angelorum usurpemus officium, quorum sortimur consortium; ut in ore infantium, & lactentium perficiatur laus.*

Egli è veramente, il comprendo, un atto di presontuosa arditezza, che un Uomo, qual io sono, si arroghi la libertà di farvi un benchè umile dono di questo Volume; ma che non lice sperare a chi prova in ogn'istante, e scorge in altri, ben manifesti i segnali della vostra benivolenza? Pur troppo si prova quanto già scrisse Origene *Homil.* xx. *super Numer.* che *adest unicuique nostrûm, etiam minimis; Angelus Domini, qui regat, qui moneat, qui gubernet,* &c.

A c.

Accettate con l'innata voſtra benignità, o Angeliche Intelligenze, tanto di noi benemerite, queſto atteſtato della mia riconoſcenza; anzi della confidente mia ſupplica con cui l'accompagno: affinchè quella parziale protezione ed aſſiſtenza, che verſo di Me eſercitaſte nell' impetrarmi felice la naſcita, vi degniate d'impiegare, per ottenermi dal Dio delle Miſericordie la grazia di ben morire.

AL LETTORE.

I. **I**L desiderio di giovare a' poveri Bambolini non ancora uſciti alla luce dall'utero materno, molti de' quali ſono o per incuria, o per malizia de' Parenti ucciſi prima che nati, altri vengono ſeppelliti inſieme colle Madri defunte, o non ſono ſoccorſi ne' Parti difficili, e perciò miſeramente periſcono, mi á ſpinto a ſcrivere queſta Operetta: giacchè eſſendo ſtato per lo ſpazio di anni dodici in circa Arciprete di Palma, la ſperienza mi á fatto conoſcere, quanto riuſcirebbe comodo, ed utile un Libro, in cui ſi ritrovaſſero tutti quei lumi, che debbono in queſta materia dirigere le operazioni di una zelante Paſtore. E benchè la ſalute di queſti Bambini ſtia appoggiata principalmente a chi á cura di Anime; ben ſi vede però, che non è ſe non eſpedientiſſimo, che ancora gli altri Eccleſiaſtici abbiano la perfetta notizia di quanto qui ſi ragiona: perchè preſſo a poco in queſti e ſimili caſi ogni Eccleſiaſtico è Parroco, e tutti poſſono contribuire in qualche maniera al bene di queſte Creaturine. Oltrecchè e nel Confeſſionale, e nel Pulpito, maſſime ne' Catechiſmi, e nelle Miſſioni occorre ſpeſſo la neceſſità di rendere gl'Ignoranti avviſati di alcune importanti verità, che in queſto Libro ſi contengono: motivo, per cui nel titolo dell' Opera vengono incluſi univerſalmente i Sacerdoti. Ma perchè non ſempre gioverebbe lo zelo de' Sacerdoti in queſta materia, ſe ancora non faceſſero il loro dovere i Medici, i Prelati, i Magi-

ſtrati:

ſtrati: ragion voléva, che io diſcorreſſi dell' obbligo di tutti in ordine ad un tal fine.

II. Non mi è paruto però baſtante l'accennare ſolamente ciò, che in pratica debba eſeguirſi; anzi ho ſtimato affatto neceſſario trattare alcuni punti, eziandio filoſofici, dottrinalmente: per dimoſtrare, che nulla qui ſi preſcrive, o conſiglia, che ſia eccedente, o ſuperfluo: nulla, che non ſia fondato ſopra l'autorità, o la ragione, e che non ſia conſentaneo a' principj della buona Teologìa, e Filoſofia. Univerſalmente non è credibile, quanto gioverebbe, che il Parroco aveſſe qualche barlume di Medicina. Non è coſa nuova, che ne' Luoghi piccioli il povero Curato, a cui ricorre il Popolo in tutte le ſpirituali, e temporali neceſſità, per la totale mancanza di Profeſſori, ſia coſtretto a fare in certe circoſtanze non meno il Medico del Corpo, che dell' Anima. Ma ſopratutto è utile il ſapere quanto in queſto Libro ſi è radunato: acciocchè non ſia diſſuaſo, e diſtolto dal procurare l'ajuto a quei teneri Bambini da qualcheduno, eziandio Filoſofo, o Medico, che vuol diſcorrere tutto ſecondo le prevenzioni del ſuo Maeſtro, o le ſue ſteſſe opinioni anticipatamente ſpoſate.

III. 'O intitolato queſto Libro con Greco vocabolo Embriologia, perchè non ne aveva uno in Latino, che ſpiegaſſe tutta l'idea dell' Opera. Per altro Embrion in Greco ſignifica il Feto, ancorchè compito, ed animato, che ſta ancora nell' utero: anzi talora ſignifica il già nato, come ſi oſſerva in Omero, Ariſtotile, Dioſcoride, e Focillide, riferiti da Scapula nel ſuo Leſſico Greco-Latino. Ad alcuni forſe diſpiacerà, che io ſcenda ad av-

ver-

vertimenti affai minuti, ed individuali : ma, ficcome fcrivo principalmente in ordine alla pratica, non devo tralafciar cofa alcuna, che poffa giovare al mio intento : e niente al certo più giova, quanto il notare ciò, che la fperienza à fatto riconofcere di più fpediente, e falutare : e in quefto genere per mio avvifo è fempre miglior partito l'eccedere, che il mancare. Sono ftato coftretto a ragionare di materie, che in verità non dovrebbero paffare fotto l'occhio di tutti, e per un tal motivo farebbe forfe ftato più conveniente lo fcrivere in Latino ; ma il Libro non è fatto per correre nelle mani di ognuno : il fuo titolo fteffo dimoftra, che non è indirizzato, che a Perfone gravi, quali fono i Medici dell'Anima, e del Corpo, e i Superiori. Dall' altra parte, ficcome fpeffo qui fi contengono cofe in gran parte ftraniere dal comune ufo di parlare, vi era pericolo, che alcuni luoghi dell'Opera poteffero riufcire un poco ofcuri a' Sacerdoti, e Magiftrati delle picciole Ville : onde non fe ne poteva fperare tutto quel giovamento, che fi pretende. E quanto al refto, a chi poffiede ugualmente la Latina, che l'Italiana favella, non è un maggiore inconveniente il leggere quefte cofe nell'uno, che nell'altro idioma. E poi : Neque verò, *diceva Clemente Aleffandrino,* (a) nobis turpe eſt ad Auditorum utilitatem nominare partes, in quibus fit Fœtus conceptio, quas quidem Deus fabricare non puduit.

IV. *'O ftimato adunque di fcrivere in volgare, contentandomi foltanto di parlare quanto più modeftamente ho potuto. Quanto poi a ciò, che fcrivo, io non folamente tutto fottopon-*

b 2   *go*

(a) *Pædagog. lib.* 2. *cap.* 10.

go alla cenfura della S. Chiefa Romana, ma non ifdegnerò neppure gli avvifi, e correzzioni de' Letterati, i quali fe per av-
ventura offerveranno in quefto mio Libro fentimento, che loro
difpiaccia, e amichevolmente me ne renderanno confapevole; io
certamente l'avrò molto a cuore, e loro mi profeſsarò obbligatif-
fimo.

Librum, qui infcribitur: *Embryologia Sacra*, Auctore *Fran-cifco Emmanuele Cangiamila*, Presbytero Panormitano, haud minori fedulitate, quàm mentis voluptate percucurri; in eoque nihil omnino, quod vel Orthodoxæ Religioni, vel mo-rum difciplinæ, vel in minimo refragetur offendi; quinim-mo aureum planè opus facra non minus, quàm profana eru-ditione refertum, Auctoris ingenio, & pietati refpondens, per-quam dignum exiftimo, ut publicæ utilitati Animarum fimul & Corporum confulturum, quàm primùm in lucem prodeat. Dabam ex meis ædibus nono Calendas Junias MDCCXLV.

Laurentius Migliaccius Panormitanæ Metro-politanæ Ecclefiæ Regni Siciliæ Primariæ Canonicus, & Archidiaconus, S. Officii Qualificator, & Confultor, Judex, & Exa-minator Synodalis, & Librorum Cenfor, &c.

In

IN hoc Libro, qui *Embryologia Sacra* infcribitur, quemque fummo cum ftudio, ac animi jucunditate perlegi, nihil offendi, quod Regiis juribus, patriſque inftitutis adverſetur. Quinimmo Auctoris doctrinâ, ac religione, quibus apud omnes maximè commendatur, dignum exiftimo. Aggreſſus enim novam, intentatamque provinciam, eam fic pertractat, ut nihil magis elaboratum, magiſque abſolutum excogitari poſſit. Quamquam omnia ita fapienter, accommodatèque dicat, ut plura dixiſſe defideres; tamen quod adjungi poſſit, difficilè occurret. Quidquid enim ex facra Doctrina, ex Philofophia, & ex Medicina ad hanc rem illuftrandam corrogari unquam poterat, in hoc unum Opufculum derivatum invenies; animique certè pendebis, num Auctor magis Theologum, quàm Philofophum, vel Medicum, hîc fe præftet. Utinam omnes Sacrorum Miniftri, maximèque ii, quibus animarum cura concredita eft, eruditionem, quam ex profanis ftudiis fibi comparant, in id conferrent, ut Homines eum, ad quem creati funt, finem confequerentur; quemadmodum clariſſimus Auctor in hoc opere eò laudabiliùs præftat, quò magis ii, quorum æternæ incolumitati confulere ftudet, fibi ipfis profpicere nequeunt!

Dabam Panormi ad **xvi**. Cal. Jun. MDCCXLV.

Francifcus Canonicus Tefta.

GIU-

GIUDIZIO

DEL DOTTORE IN TEOLOGIA, ED IN AMBE LE LEGGI

DON ANGELO

SERIO,

Parroco di San Giacomo la Marina della Città di Palermo,
e nel Regno di Sicilia contro l'eretica pravità
Inquisitore Apoſtolico

Intorno al Libro del Dottor in Teologia, ed in ambe le Leggi
D. Franceſco Emmanuello Cangiamila Prete Palermitano,
intitolato : Embriologia Sacra .

SEmbrava di reſtare pienamente provviſta la difficiliſſima
cura Paſtorale de' Parrochi colla moltitudine di tante ,
e tutte diligenti iſtruzioni ricevute da moltiſſimi non
men dotti , che zelanti Autori del precedente , e del
corrente Secolo. Ma il Dottor in Teologìa, ed in ambe le Leggi D. Franceſco Emmanuello Cangiamila Prete, ed
ornamento del Clero Palermit no, â ſuperata la comune opinione : dando alle Stampe la *Sagra Embriologia* , â dato altresì
a conoſcere di reſtare ſempre più nuove ſcoperte a chi penſa
le coſe con carità pari alla ſua, che non â confini, con ſcienza come la ſua, che non â termini. L'Opera non è nel ſolo titolo nuova , ma anche nella materia , e molto più nella forma,
e per il ſantiſſimo fine , per cui viene trattata dal dotto zelantiſſimo Autore , e può dirſi ſenz' adulazione un capo d'Opera
in queſto genere : e ciò non ſolo perchè neſſuno degli Eruditi
finora â di propoſito ſcorſo per queſta provincia de' Bambini,
o nell' Embrione non pienamente formati , o formati , e affatto
racchiuſi nel ſeno materno ; ma ancora e molto più, perchè
in

in effa vi trovano gli Eruditi di ogni genere di fcienze, o che apprendere, o che ammirare. Cofa in vero difficile è ad un' Autore lo fcrivere di materie appartenenti a varie arti, e fcienze, e di tutte toccarne il fondo. Quefta prerogativa fingolare fi trova diftintamente nell' *Embriologia Sagra* del dottiffimo Cangiamila. Difcorre egli, e tratta le materie appartenenti alla Fifica Naturale, e Sperimentale, alla Medicina, alla Chirurgìa, alla Notomìa, alla Morale Teologìa, ed alla Dommatica, alla Storia Civile, ed Ecclefiaftica, ed alla Legge Civile, e Canonica, per quanto fanno, e conducono al fuo intento, e con tale fodezza, e facilità, che fembra efferne a fondo dotto, e come non aveffe ad altro attefo, ed altro ftudiato, che ognuna di effe fole. In verità, l'Autore in queft'Opera â ufcito i confini, ne' quali di ordinario fi contiene la erudizione di qualfiffia dotto Ecclefiaftico. Quindi la di lui fatica deve effere reputata non folo neceffaria, ma utile, e dilettevole. Neceffaria, per eccitare viepiù la carità de' Parrochi ad intereffarfi a procurare la regenerazione col fanto Battefimo di tante Sconciature, che finora fi fono lafciate perdere eternamente o per incuria de' Parenti, o per l'opinione di Medici, e di Teologi di non effere animate fe non dopo il corfo di mefi, quando forfe lo fono ne' primi giorni. Neceffaria altresì per non far perire, e feppellire affieme colle loro pericolanti, o defunte Madri tanti Portati, che coll'ajuto del Parto Cefareo farebbero ftati col fanto Battefimo rigenerati alla grazia, ed alla gloria, e forfe anche ad una vita gloriofa nel Mondo. Utile in fine, e dilettevole, perchè iftruifce, ed infieme alletta con efquifita erudizione varj Profeffori di varie fcienze. Refta adunque il pregare Iddio, che metta in cuore a' Superiori del Secolo, e del Sacerdozio l'applicarfi alla lezione di un Libro tanto ad effi neceffario, per così iperarfi le loro rifpettive provvidenze, che bifognano al grande affare, e fenza le quali o nulla, o poco può riportare di bene qualfiffia ardente vigilanza de' Parrochi, qualfiffia zelante, ed affidua loro iftruzione.

GIU-

GIUDIZIO
DEL DOTTOR
DON AGOSTINO
GERVASI,

Confultore Protomedico di Palermo, Deputato
del Supremo General Magiftrato della
pubblica Salute

Intorno alla prefente Opera.

P Er far giuftizia al vero debbo qui proteftare il fommo
piacimento, e diletto da me provato nella lettura di
quefto Libro. Il dottiffimo Autore fpinto da un vivo
e fervente zelo per la falvezza eterna delle Anime
de' miferi Bambolini nell' utero materno ancor racchiufi, pofe la mira ad un argomento cotanto utile e neceffario, e per altro non affai trito e volgare; anzi (dirò meglio)
da niuno, ch' io fappia, di propofito, e pienamente per l'addietro trattato. E' poi fommamente commendabile la perizia,
ch'ei moftra dell' Ecclefiaftica Difciplina, de' Canoni, de' Concilj, della Storia, della Moral Teologia, della Giurifprudenza,
e ciò che gli arreca maggior pregio, e laude viepiù diftinta,
della Fifica fperimentale, Notomia, e Medicina così Fifica,
come Chirurgica; in guifa, che fembra poterfi a lui ben adat-
tare quel, che a Stilicone diceva Claudiano:

- - - - - - *Sparguntur in omnes*
In te mixta fluunt, & quæ divifa beatos
Efficiunt, collecta tenes.

c   Si

Si vale egli degl' infegnamenti , e de' lumi tratti da così varie facoltà , e difcipline , facendole unitamente concorrere a rendere per ogni verfo compiutamente finito , e perfetto il divifato affunto , il quale egli non lafcia d'illuftrare con molta erudizione , e con un fedele , e coftante rapporto di tanti cafi avvenuti : trattando finalmente , e difponendo il tutto con ordine , e chiarezza ammirabile . Piaceffe pure a Dio , che di tal tempera fuffero tutte l'Opere , che veggonfi efpofte alla luce ! Non troverebbefi certamente il Mondo letterario ormai caricato ed oppreffo da un numero preffochè innumerabile di tant' inutili Libri ; nè più farebbe un punto da porfi in difputa : fe l'invenzion della Stampa abbia recato al Pubblico maggior danno , che giovamento . Quindi a me non rimane , che di pregare a mani giunte l'Altiffimo Difpenfator di ogni bene , che degnifi di collocare il noftro Autore in quel fublime grado di dignità , e di onori al fegnalato fuo merito ben dovuto , e confervare infiememente per lunghiffima ferie d'anni felice , e libera da nojofe e molefte cure una vita , che tanto degnamente s'impiega in ciò , che riguarda il maggior fervigio di Dio , e la falute eterna dell'Anime .

Die 30. Decembris 1750.

REIMPRIMATUR.

Fr. Hermenegildus Todefchini O. P. Inquifitor Generalis Mediolani.

Francifcus Curionus Archipresbyter S. Eufebii pro Eminentiff. & Reverendiff. D. D. Card. Archiepifc.

Vidit Julius Cæfar Berfanus pro Excellentiffimo Senatu.

INDICE

DE' CAPITOLI.

LIBRO PRIMO.

c 2

CA-

CAPO III.

CAPO IV.

CAPO V.

CAPO VI.

CAPO VII.

CAPO VIII.

CAPO IX.

CAPO X.

CAPO XI.

LIBRO TERZO.

CAPO I.

CAPO II.

CAPO III.

CAPO IV.

CA-

CA-

LI.

LIBRO PRIMO.

Sollecitudine del Parroco, ed altri Sacerdoti verſo le Donne pregnanti, e diligenze da uſarſi per impedire gli Aborti.

CAPO I.

Dell' Aborto involontario.

A beneficenza del Sole ſi eſtende in favor di tutt' i Viventi, anche de' piccioli Inſetti a noi occulti, ed abitanti nelle viſcere della Terra, e non vi ha, chi ſi aſconda dal ſuo calore. Coſì la carità di ogni Sacerdote deve riguardar tutt' i generi degli Uomini, ed eziandio gli ſteſſi non nati, e ancora involti nelle materne viſcere, ma ſopra tutti ciò deve verificarſi ne' Paſtori delle Anime.

Egli è indubitabile, che una delle maggiori cure, che devono aver luogo nel cuore di un vero Parroco, è quella, che ha da impiegare per la ſalute de' Bambini, che non ſono uſciti ancor alla luce. Nè ciò fia maraviglia: inſegna il Tridentino (a), che il Parroco *Jure divino tenetur pauperum, & miſerabilium perſonarum curam paternam gerere.* Or non vi è nè più povero,

A   nè

(a) *Seſſ.* 23. *de Reform. cap.* 1.

nè più miferabile di quelte Creaturine. Effe fono povere non
folo della grazia di Dio, ma di giudizio, e dell'ufo fteffo de'
fenfi, per nulla dire di ogn'altro ben di fortuna. Effe fono
miferabiliffime, perchè non folo da loro fteffe non poffono aju-
tarfi per confeguire la grazia; ma neppure poffono ad altri dimandare foccorfo, nè riceverlo in quello ftato incapace di Sagramenti. Onde da tutti i lati la loro neceffità fpirituale è
eftrema, e fingolare. Ad ogni modo Crifto ama teneramente
quefti poveri Fanciullini, non già con amore di compiacenza,
effendo fuoi nemici; ma con quello di benevolenza, e di mifericordia, riguardandoli come redenti col fuo Sangue, e com-
paffionandoli a maraviglia, come quelli, che non ânno ancora alcuna macchia di peccato propio attuale. Ed in vero fi qui-
ftiona fra' Teologi, fe abbiano, o no Angelo tutelare. I Santi
Anfelmo, Tommafo, Bonaventura, e Francefco di Sales col
Suarez tengono di sì. S. Ilario, Vafquez, Zumel, Valenza,
ed altri foftengono di no, ma che fino alla nafcita fiano cufto-
diti dall'Angiolo della Madre. Quefto però è certo, che non
ânno altro Sacerdote, à cui fiano dati in cura particolare, fe
non il Parroco della Madre, che è il loro Angelo Cuftode vi-
fibile, e che in confeguenza è il loro Parroco, ed a cui appartiene a fuo tempo il battezzarli. Egli adunque deve ricono-
fcerli, come una fpezie di fuoi Catecumeni, deftinati dalla
Divina Provvidenza ad effergli veri figlj fpirituali per mezzo
della Lavanda di regenerazione. Or quefta follecita cura in
tre cofe principalmente confifte: Primo in impedire gli aborti
fempre nocivi alla vita corporale del Fanciullino, e fpeffo ancora alla fpirituale fatali; potendo effo morire, o nel ventre,
prima che fi effettui l'aborto, o fubito dopo l'aborto, e prima
di ricevere il Battefimo. Secondo in curare, fe muore per qualfifia cagione la Madre, che non refti nel di lei ventre il bambino, per feppellirfi con effa; ma che fi eftragga col parto cefareo, acciocchè viva, o almeno fi battezzi, e che lo fteffo fi
offervi in alcuni parti difficili. Terzo, che il detto Bambino
eftratto riceva fubito il Battefimo, e non fe gli differifca un
momento con pericolo di morire Pagano.

E quan-

2 E quanto al primo, cioè all' impedire gli aborti, effi fono di due fpezie, involontario, e volontario. L' involontario ordinariamente fuccede per le feguenti cagioni. Primo per la crudeltà del Marito in maltrattare, e baftonare la Moglie. Secondo per l'imprudenza, e indifcretezza di quella medefima in far viaggi, o alzare pefi eccedenti le propie forze, almeno nello ftato, in cui fi trova di gravida. Terzo per lafciare di guftare qualche cibo, o bevanda, di cui fiafi in lei dalla fantafia eccitato l'appetito. Quarto per non fare la Donna alcun cafo della falute propria, e di mantenerfi le forze, ma vivere alla balorda, e con intemperanza. Quinto per le riffe, dalle quali fogliono nafcere malinconie, terrori, collere, perfecuzioni, ed altri malanni. Sefto pe' digiuni fmoderati. Settimo pe' balli, come notò Alberto (a). Ottavo per andare la Donna affettante attillatura, con veftito troppo ftretto, come avvertono Nider (b), e Mercuriale (c), che nota ancora le altre cofe, che devono evitare le Gravide. Ora il Parroco, ed ogni altro Sacerdote, che ha zelo de' Bambolini, non lafcierà di predicare, ed infegnare, che tanto il Marito, quanto la Moglie peccano rifpettivamente, quando non badano a' fuddetti difordini, ed innanzi a Dio fono parricidi non meno dell' Anime, che de' Corpi de' loro Figliuoletti, e ciò inculcheranno fpeffo, perchè ordinariamente i Criftiani non confiderano la gravezza, e la confeguenza di quefti peccati, de' quali folo conofceranno l'enorme pefo, quando lo vedranno librato nelle bilancie della Divina Giuftizia, e fe ne fentiranno opprimere la cofcienza nel tremendo giudizio di Dio. *Indubitatum eft*, dice Teofilo Rainaudo (d) *teneri Prægnantem omnia illa præftare, & omittere jure naturæ, quæ ad fœtus five animati, five inanimati, jam tamen concepti, debitam curam præftanda, vel omittenda videbuntur.* E lo fteffo per la medefima ragione deve tenerfi del Padre; anzi alcuni Dottori fondati in Origene (e), Clemente Aleffan-

A 2   dri-

(a) *Lib. 9. de animal. tract. 1. cap. 11.*
(b) *In 5. Præceptum Decalogi Cap. 1. lit. f.*
(c) *Lib. 1 de morb. Mul. cap. 4. & lib 2. cap. 1.*
(d) *Tom 14. tract. de ortu Infantium per fect. cæfar. cap. 11.*
(e) *Homil. 5. in Genef.*

4

drino (*a*), S. Ambrogio (*b*), S. Agoſtino (*c*), S. Iſidoro (*d*), S. Girolamo (*e*), e Burcardo (*f*) dicono eſſere obbligati ſotto grave peccato i Parenti ad aſtenerſi da' congreſſi maritali ne' primi ſette giorni dopo il concepimento, e nel tempo vicino al parto, pe'l pericolo, che la Donna non abortiſca; benchè il citato Rainaudo gli eſenta da queſta sì grave obbligazione. Queſto è certo, che ove ſi dia pericolo di aborto, il concubito è illecito (*g*).

CAPO II.

Come debba il Parroco impedire gli Aborti volontarj.

1 L'Aborto volontario ſuole eſſere commeſſo dalle Donne, ſpezialmente Zitelle, cadute in qualche furtiva diſoneſtà, e che poi per la vergogna, o pe'l timore de' Parenti ricorrono a un rimedio sì ſcellerato. I Gentili, ed i Manichei, par, che faceſſero profeſſione di ſimili iniquità, come rinfaccia a' primi Minuzio Felice (*b*), perchè ſi ſtimavano da loro lecite: *Et hæc utique de Deorum veſtrorum diſciplina deſcendunt*; e de' ſecondi lo narra S. Agoſtino (*i*).

Ariſtotele ſteſſo concedette l'Aborto (*k*), purchè il Feto non foſſe ancora animato, ripreſo perciò giuſtamente, e riprovato da tutt' i Padri, e Scrittori Eccleſiaſtici, fra' quali Tertulliano (*l*).

Ma

(*a*) *Lib.* 3. *ſtrom & pædagog. cap.* 10.
(*b*) *Lib.* 1. *in Lucam in fine*.
(*c*) *Serm* 144. *de temp.*
(*d*) 2 *Decret cap.* 5.
(*e*) *Lib.* 1 *contra Jovinian.*
(*f*) S. Iſidor. *de Summo bono lib.* 2. *cap.* 39.
(*g*) S. Antonin. *in Summa p.* 1. *interrog. de* 5. *Præcepto c. unico.* Tiraquell. *l.* 15. *connub. num.* 141.
(*h*) *In Octav adv.* Gentil. *num.* 53.
(*i*) *Adv.* Manich. *de morib. eor. cap.* 18. *& Serm.* 144.
(*k*) 7. *Politic cap.* 16.
(*l*) *Lib. de exhort. ad caſtit., & apolog. cap.* 9.

Ma la noſtra ſanta, e vera Religione proibiſce l'Aborto, tanto del Feto inanimato, quanto dell' animato; anzi lo ſteſſo impedire in qualche maniera la concezione: non eſſendo lecito il diſturbar la natura dal dare la vita ad un Uomo, quando ella è già accinta a produrlo. Ad ogni modo non laſciano di farſi vedere ancora fra i Criſtiani tal volta ſimili diſordini, che uniti àlle ſagrileghe confeſſioni, e comunioni, ſono gli amariſſimi frutti del vizio dell' impudicizia, il quale fomentato maggiormente dalla libertà del converſare, e dalla licenzioſa dimeſtichezza, può ſtendere da per tutto i ſuoi germoglj eziandio fra i Congiunti di ſangue, anche Fratelli e Sorelle, e Figlie e Genitori: ſiccome ohimè! pur troppo ſi è viſto.

2 S. Girolamo, che della fragilità delle Donne ebbe un' eſperienza domeſtica, deplora i grandi mali, che arrecava alla Chieſa la peſte deſolatrice della luſſuria nel ſuo medeſimo ſecolo, anche in perſone, che profeſſavano verginità, con quelle ſue amariſſime parole (a): *Ne quis ſibi de ſanguinis propinquitate conſideret; in illicitum Thamar Sororis, Amnon Frater arſit incendium: piget dicere, quot quotidiè virgines ruant, quantas de ſuo gremio Mater perdat Eccleſia. Super quæ ſidera Inimicus ſuperbus ponat thronum ſuum. Videas pleraſque viduas, antequàm nuptas, infelicem conſcientiam mentitâ tantùm larvâ protegere, quas niſi tumor uteri, & infantium prodiderit vagitus, ſanctas, & caſtas eſſe gloriantur, & erectâ cervice, & ludentibus pedibus incedunt. Aliæ ſterilitatem perhibent, & necdum ſati hominis homicidium faciunt. Nonnullæ, cum ſenſerint concepiſſe de ſcelere, abortii venena meditantur, & frequenter ipſæ commortuæ, trium criminum reæ ad inferos perducuntur, homicidæ ſui, Chriſti adulteræ, nec dum nati filii parricidæ.* Lo ſteſſo lamento fa Tertulliano, per altro coetáneo del citato Minuzio Felice (b): *Quantum autem plures de pluribus ſceleribus ſuſpectas habebis? Dicam, licèt nolim. Difficilè Mulier ſemel fit, quæ timet fieri, quæ jam facta, poteſt virginem mentiri ſub Deo: quanta iterum circa uterum ſuum audebit, ne etiam mater detegatur? Scit Deus, quot jam infantes & perfici,*
                                        &

(a) *Ad Euſtoch. de cuſtod. virgin.*
(b) *De velam. virg. cap. 14.*

& perduci ad partum integros duxerit, debellatos aliquandiu a matribus, & hæc admittit flagitia coacta, & invita virginitas. E queſte ſorti di ſagrilegj, ed aborti deplora a ſentimento di Rainaudo il Concilio Toletano, addotto da Eſpenceo: che ſe accadevano in altri tempi, anche quando più fioriva la pietà, ben ſi poſſono temere ne' noſtri. Il tanto famoſo Monſignor Giovanni di Palafox narra di ſe ſteſſo (*a*), che ſua Madre ſtata prima ſempre virtuoſa, ed oneſta, e che poi laſciato il mondo, e le ricchezze, fu Religioſa, Superiora, e Fondatrice di una rigoroſa, e ſanta Riforma, e viſſe, e morì da ſanta; eſſendo al ſecolo concepì furtivamente: onde poi temendo del ſuo diſonore, e dell'ira de' Genitori, e de' Congiunti molto riguardevoli per beni di fortuna, procurò diſperderlo nell'utero ſteſſo; ma nato vivo a diſpetto de' ſuoi sforzi, fu meſſo in una ceſta con ſopra molti panni, e laſciato gran tempo in campagna fra' ceſpuglj, e già poi la Serva lo portava a buttare in un fiume ſenza batteſimo; ſe la Provvidenza eſſendo già quella Servente arrivata al fiume ſuddetto, non aveſſe eccitata la curioſità di un Vecchio, che vi ſi trovò a caſo, a volere in ogni conto vedere che coſa portaſſe in quella ceſta, e così impedire la perdizione dell'Infante, che il buon Vecchio fece poi battezzare, ed allevare nella ſua povera caſa.

3 Nè è la ſola luſſuria l'origine di tutti gli aborti volontarj; vi entra ancora a parte talora la povertà, che può precipitare la Donna tanto nel delitto dell'aborto, quanto in altri ſimili eceſſi. La Madre di S. Germano di Autun Veſcovo di Parigi, benchè maritata e nobile: pure (come ſi crede) per la povertà, o per lo numero de' figlj, non laſciò mezo alcuno per farlo morire, mentre l'aveva nel ventre; ma Iddio lo preſervò contro la prava volontà di ſua Madre, come ſi ha da' ſuoi atti. Biſogna adunque, che il Parroco apra gli occhj, e non laſci d'inſegnare, che la Divina Legge lo proibiſce, e ſpecialmente predicherà, che non è mai lecito il procurare l'aborto, eziandio ſe il Feto è inanimato, o ſe la Madre ne prevedeſſe per sè non ſolo l'ignominia, ma la morte medeſima per vendetta del

ſuo

_____

(*a*) *Vita interiore cap* 3.

fuo errore, sì perchè è un' azione *ab intrinfeco* peffima, ed inco-
oneftabile; sì perchè è molto nociva alla vita dell' infelice Madre, che fuole abortendo perderla infieme col Feto; come
ancora, anzi molto più pe'l danno certiffimo, che fi pretende
fare al povero innocente Bambino.

4   Che fe il Feto è animato, è un vero parricidio volontario con la qualità di proditorio, indegno perciò dell' immunità ecclefiaftica; anzi è la più orrenda fcelleragine, che poffa
commetterfi contro il proffimo, fpecialmente da una Madre,
privandolo così ad un tratto della vita temporale, ed eterna.
Spiegherà ancora, che per la Bolla di Sifto V. (*a*) s'incorrerebbe
ipfo facto nella fcomunica rifervata al Sommo Pontefice, ancorchè il Feto foffe inanimato, da chi in qualfifia modo cooperaffe
all' aborto; e che benchè oggi quefta fcomunica per la Bolla
mitigatoria di Gregorio XIV. (*b*) fia rifervata fol tanto a' Vefcovi, e non s'incorra, che per l'aborto del feto animato: tuttavia fono ftate confermate per quefto cafo tutte le altre pene
della Bolla di Sifto: e perciò i delinquenti, riputati per veri
omicidi, e fe fono Ecclefiaftici, fono privati in perpetuo di tutte le Dignità, e Benefizj acquiftati, o da acquiftarfi, e rei di degradazione, dopo di cui devono effere confegnati al braccio fe-
colare per effere puniti di morte.

5   Aggiugnerà, che il rigore di Sifto non era ftato eccef-
fivo: perchè anche molto prima era ftato praticato dalla Chiefa
Orientale, per fentimento di S. Bafilio nella fua celebre Epiftola
canonica ad Anfilochio, in cui avea voluto (come poi decretò
Sifto) che non fi faceffe diftinzione alcuna tra l'aborto di Feto
animato, ed inanimato in quanto alle pene Canoniche: *Quæ
de induftria fœtum corrumpit, homicidii pœnam luet; formati autem, vel informis fubtilitas a nobis non attenditur*: e che non
mancano gravi Autori, li quali dicono, l'Embrione effere animato fin da' primi giorni del concepimento, come meglio appreffo diremo. Onde chi procura l'aborto, fempre fi mette a
manifefto pericolo di mandare un' Anima al Limbo, e talora
più,

(a) Conft. 87. *Effrenatam.*
(b) Conft. 8. *Sedes.*

più, se i Bambini sono più di uno. Dichiarerà ancora il Parroco, che l'antica disciplina della Chiesa obbligava la Donna impudica, che procurato avesse l'aborto, ad una penitenza pubblica, e perpetua, e non voleva, che si assolvesse mai, se non alla morte: che in verità il Concilio Ancirano sotto S. Melchiade Papa (*a*) mitigò questa severità, contentandosi della penitenza di anni dieci; ma che poco dopo, il Concilio Eliberitano tenuto sotto S. Silvestro Pontefice successore di Melchiade (*b*) proibì, che l'Adultera procurante l'aborto si assolvesse, eziandio in articolo di morte: commettendo così la di lei salvezza alla forza della contrizione, ed alla misericordia di Dio: rigore, che non si sta usando cogli stessi Eretici, Maghi, ed Apostati. Anzi con questa occasione insegnerà il Parroco, ch'è sentimento di Autori gravissimi, come diremo meglio a suo luogo, che la Madre, perchè non perisca il Figliuolo senza Battesimo, è obbligata in certi casi a soffrire non solo lo svitamento, ma la stessa incisione del parto cesareo, con qualche pericolo della sua vita; purchè non sia quasi certa la morte.

6 Nè lascerà di avvertire, che le Zitelle, che per disgrazia fossero furtivamente pregnanti, e temessero de' Parenti, debbano ricorrere a lui, come a Padre: acciocch'egli prenda cura della loro vita, e se così richiederanno le circostanze, le metta in salvo appresso d'altre oneste Donne, o in qualche altra maniera dia riparo, perchè non periscano col loro Feto. Che se i Parenti, per non si diffamare, o per altri giusti motivi, non volessero, che la Figlia esca di casa; ed il Parroco non si potesse fidare della loro attenzione, e fedeltà in conservare, ed ajutare quell' infelice col suo portato, o temesse positivamente di qualche vendetta: allora dia parte dell' accidente al Superiore temporale, acciocchè questo con qualche segreta ingiunzione, e minaccia imponga a' Parenti suddetti l'obbligo di dare a lui medesimo esatto conto a suo tempo della Creaturina. Dissi Superiore temporale, perchè quegli in simili casi è ordinariamente più temuto per le pene corporali rigorose, che può scaricare

con-

(a) *Can.* 21.
(b) *Can.* 63.

contro i Delinquenti , come l'ho veduto per efperienza . In
tutte le gravidanze furtive occorfe in certa Parrocchia ben grande per lo fpaz·o di anni 11. in circa , delle quali ebbe notizia
il Superiore Laico , fempre fi falvarono i Bambini : non così
una volta l'anno 1737. in cui cercò di prevenire il danno il Vicario Foraneo ; perchè la Delinquente , ajutandola la Madre ,
non oftanti le minacce di quello , dopo di aver partorito , uccife
il Figliuolo , e lo feppellì in un letamajo , e quel , ch'è peggio ,
fenza Battefimo , come ne fu convinta , e confefsò ancor di fua
bocca . E finalmente il Parroco , fe fecondo le circoftanze lo
troverà fpediente , difporrà ancora , che qualche Levatrice , in
Sicilia detta volg.rmente *Mammana* , o *Commare* , abbia cura
fegreta di detta Gravida , vifitandola di tanto in tanto di notte .
Ed in vero fe la caritativa , ed accorta vigilanza del Parroco
non fi ferve di quefte cautele , fi corre evidente pericolo di perderfi il Feto . Infatti nella fteffa Parrocchia l'anno 1732. avendo concepito furtivamente una Donna , e poi partorito di na-
fcofto aveva già buttato il Bambino in una cloaca : pure fe n'ebbe a tempo folpetto , onde il Vicecurato fattala fubito fmurare
con diligenza , ed eftrattane per fortuna viva la Creaturina ,
battezzolla , e falvolla .

 7 Univerfalmente poi è da faperfi da tutti , che quelli , i
quali , benchè eftranei , vengono in cognizione , che qualche
Donna procura di abortire , o che un'altra Perfona procura
di farla abortire con medicine , viaggi , pefi , travagli , baftonate , o qualfiffia altra efcogitabile maniera , fe non potranno
effi medefimi impedire il delitto , fono obbligati in cofcienza
a ripararlo , almeno con darne all'iftante avvifo al Parroco , il
quale perciò non deve lafciare di avvifare il Popolo di queft'obbligo ne' fuoi Sermoni .

 E' ancora tenuto il medefimo Parroco a predicare , che
peccano i Medici , quando prefcrivono medicamenti , affine di
fare abortire , e quando folpettano , che con quefti qualche
Madre , maffime occultamente tale , cerca di abortire : fopra
di che debbono ftar con molta vigilanza : e l'ifteffo fi dice degli Speziali , e fimili , che vendono medicamenti atti a far abor-

tire, a Perfone fofpette, o in circoftanze da temere di qualche aborto meditato : ficcome ancora peccano i Barbieri, o Segnieri, che cavano fangue a Donne fenza ordine di Medico in circoftanze, che fan dubitare, o fofpettare, che vi fia quefto cattivo fine. Egli è vero, che ordinariamente le dette Perfone fanno il loro obbligo, e in Sicilia l'inculcano loro le fteffe Coftituzioni Protomedicali; ma non è impoffibile, che qualche Principiante, fpecialmente ne' luoghi piccoli, ciò ignori : oltrechè l'Uomo non fempre opera fecondo quello, che fa dovere operare; onde non è inutile il predicarlo, e fopratutto fpiegare, che quefta dottrina s'intende tanto fe il Feto è animato, quanto s'è inanimato : e che la contraria fentenza è ftata proibita, e condannata da Innocenzo XI. (a) fotto pena di fcomunica, al Papa rifervata.

9   Troverà il Parroco, che alcuni de' fuddetti credono effere almeno lecito l'aborto del Feto inanimato, per liberare una Donzella, e qualche onefta famiglia da qualche rovina : nè è maraviglia, che inciampino in quefto errore : giacchè Ippocrate (b) dice di averlo praticato egli fteffo, ed Ariftotile, come notammo fopra, non lo condanna : e molto più poi, fe fi confidera i fuddetti effere Laici, quando fi fa di effere incorfi nel medefimo errore molti Teologi moralifti de' più conofciuti, e le cui opere fono delle più correnti per le mani di tutti; la condanna de' quali non è nota però a tutti quei, che non profeffano Teologia : e così può darfi facilmente il cafo, che ftiano ancora molti, e maffime Donne, ed altre Perfone volgari in quefto falfo dettame : e non è impoffibile, che v'inciampi ancor qualche Medico.

10   Il peggio fi è, che forfe il Parroco troverà, che vi fia, chi faccia *ex profeffo* l'ufficio di vendere per carità medicamenti per fare abortire tanto i Feti inanimati, quanto gli animati. Quefta fcelleraggine fi trova fpeffo nelle Donne di mala vita, e non di rado fuperftiziofe, che fanno pur le Mezzane, e nelle Levatrici ancora, o fiano Mammane, alle quali ricorrono le Zitelle, e le loro Madri, o le vicine per ajutarle in questo

(a) *Propoft.* 34.   (b) Hippocr. *lib. de nat. Pner.*

quefto diabolico difegno. So, che la Provvidenza, non è tanto tempo, ne ha fcoperte più di una, e di due in diverfe Città, e che gli Ecclefiaftici zelanti ânno contribuito a fvellere quefto gran male. Ma oh quante ve ne fono! Or il Curato in fimili cafi ftia avvertito a non fi contentare di fole private correzioni, ed ammonizioni; perchè quefte indiavolate Creature non fi emendano mai, ma tornano fempre al vomito. Ricorra dunque a' Superiori, acciocchè vi mettano efficacemente la mano. Non intendo già dire con quefto, che il Curato procuri, che fiano punite di morte, o fimile altra pena, per cui egli incorrerebbe nell'irregolarità; ma folo, che colle dovute protefte, e cautele cerchi, non già la punizione de' delitti paffati, ma un efficace prefervazione, e un argine pe' futuri. La Gran Corte Metropolitana di Morreale l'anno 1731. procefsò una di quefte falfe Mediche infieme con la Giovane, che aveva prefo il medicamento per abortire, e la Madre, che gliele aveva procurato. Dopo effere ftate carcerate, e provato il cafo, furono folennemente fcomunicate, e poi pubblicamente nella Piazza Metropolitana fopra un catafalco a vifta del Popolo affolute, affiftente tutta la Gran Corte, da Monfignore Francefco Antonio Bru Vicario Generale del Cardinal Cienfuegos Arcivefcovo, Uomo, che per l'incorrotta fua giuftizia, ed altri nobiliffimi talenti, fu poco dopo creato Giudice dell' Appoftolica Legazìa, e Regia Monarchìa. Furono oltre a ciò le Ree condannate a carceri diuturne, ed altre pene, che con la loro feverità atterrirono gli altri del commettere fimili eceffi. Altro non potè fare un Tribunale Ecclefiaftico, perchè quantunque ivi abbia ancora la giurifdizione temporale il Prelato; pure non fa prefcindere dalla manfuetudine propia delle Perfone fagre; ma converrebbe, che i Magiftrati civili procedeffero, almeno di quando in quando, a caftighi più feveri, ed anche all' ultimo fupplicio, fecondo la mente di Sifto V., e Gregorio XIV., per efterminare dal Mondo un delitto, che merita più di una morte, ed oh quanto ciò farebbe defiderabile! Che fe le Corti Spirituali almeno praticaffero ciò, che fi fece in Morreale, non folo fi evitarebbero molti aborti, ma s'impedirebbero ancora

molti

molti ftupri , e difoneftà , che fi commettono colla fperanza dell'efecrando riparo : al contrario ciò non facendofi , reftano preffochè inutili le celebri fuddette Bolle di Sifto V. , e Gregorio XIV. perchè la fcomunica non s'incorre da chi non fa , ch'è impofta al delitto ; e poi in Sicilia colla Bolla della S. Crociata poffono i Rei efferne affoluti *toties quoties* da ogni Sacerdote approvato , non effendo il cafo più Papale , ma Vefcovile .

11 Nè qui deve tralafciarfi di notare , che , fe qualche Zitella fi accufaffe di commercio illecito , e furtivo ; deve il Confeffore , e maffime il Curato , indagar da lei deftramente , fe forfe vi è gravidanza : e trovando di sì , atterrir la Penitente dal procurare qualche aborto colla minaccia della fcomunica , ed altre pene impofte dalle fuccennate Pontificie Coftituzioni , in cui incorrerebbe : perchè è cofa naturaliffima , che la Poverina , in vederfi già pregnante , fia tentata di ricorrere a quell' empio rimedio , per liberarfi dalla vergogna , e forfe ancora dalla morte .

12 Ma fe poi nelle Gravide il pericolo della morte proveniffe non già *ab extrinfeco* , ma *ab intrinfeco* , cioè da qualche grave morbo ; potrà il Medico prefcrivere un rimedio , propinare un medicamento , che cagioni l'aborto della Pregnante , o la morte del Bambinello , o porti feco un proffimo pericolo di effi ? I Teologi intorno a ciò danno le feguenti regole (a) :

Primo , non è mai lecito direttamente con qualche rimedio uccidere il Feto , o procurare l'aborto di effo , quando fi trova animato , o vi è dubbio , che fia animato .

Secondo , fe la Madre ha un grave morbo , di cui convengano i Medici , ch'ella morirà , e che non potrà guarire fe non con qualche rimedio , che feco porti un proffimo pericolo di aborto , e fi poteffe di certo fapere , il Feto non effere animato ; pure fecondo Vafquez , Navarro , Filiuccio , ed Amico , non fi potrebbe dare il rimedio diretto all'Aborto , perchè contrario alla natura , ed al fine della generazione : ma fecondo Viva , ed altri , fi potrebbe , perchè già non fi animerebbe più

più

(a) S. Antonino , Natale d'Aleffandro , Silvio , Pontàs , Genetto , Bonacina , Caftropalao , Silveftro , ed altri .

più morendo la Madre, della cui vita alcuni lo confiderano come affalitore: fempre però ciò intendono, purchè non fia probabile, che fia animato. (*a*) Ma *hoc opus*, *hic labor eft*: perchè oggi fi dubbita, che il Feto non venga animato fino dal tempo immediato alla concezione.

Terzo, fe il Feto è animato, e vi è fperanza, che premorendo la Madre refti vivo, ficchè poffa dopo eftrarfi, e battezzarfi; ed al contrario dandofi il medicamento vi foffe pericolo proffimo di morire nell'utero fenza Battefimo; allora non folo non può darfi il medicamento affine di far abortire, ma neppure affine di falvare la Madre: così ordinando la Legge della Carità, anzi della Giuftizia; perchè la Madre maritandofi, volontariamente fi addoffò tutt'i pefi del Matrimonio: ond'è rigorofamente obbligata alla cura fpeciale de' fuoi Figlj, che fono di quello il frutto, ed il fine effenzialiffimo, come dice S. Tommafo: e tanto più che trattafi della falute eterna di quelli.

Quarto, fe foffimo in tali circoftanze, nelle quali neffuna fperanza probabile vi foffe (il che però è difficile) di poter falvare il Feto eftraendolo alla morte della Madre, e battezzandolo: allora potrebbe darfi un rimedio utile alla Madre, benchè *per accidens* feguir ne poteffe un'aborto, o la morte del Feto: o pure un rimedio atto ugualmente da sè, ed a giovare alla Madre, ed a nuocere al Feto; purchè non fi dia, come nocivo a quefto, ma come utile a quella: giacchè allora a lui non fi fa ingiuria: e molto più fe vi foffe fperanza, che poteffe con quel medicamento guarirfi la Gravida fenza danno del Figlio: così egli migliorerebbe di condizione, perchè vi farebbe fperanza, che confervata la vita alla Madre, potrebbe egli nafcere falvo a fuo tempo. Tuttavia in pratica non è facile, o, per dir meglio, è impoffibile, o quafi impoffibile il poter dire, che non v'è fperanza probabile, che il Feto fopraviva alla Madre, almeno foltanto quanto bafti ad eftrarlo dall'utero col taglio, e battezzarlo.

Onde

_____

(*a*) S. Antonino, Genetto, Silvio, Pontàs, Aleffandro, Silveftro, ed altri.

Onde in quefti cafi debbefi camminare con infinito riguardo ; e grande deve effere la neceffità , che aftringa una Madre a prendere tali medicamenti , quando anche fi perfuada , che neffuna fperanza refta al povero Feto : perciocchè ella è obbligata ad avere una cura molto maggiore della falute fpirituale ed eterna de' fuoi Figliuoli , che della caduca e corporale fua propia .

13　Può ancora fuccedere l'aborto , come pure la difficoltà , od impedimento dal partorire , per operazione diabolica ad invocazione de' Maghi , e Stregoni , della qual cofa leggafi Martino del Rio , (a) citante Grillando , e Giovanni Nider . Egli racconta a un tal propofito , che nel Caftello di Bottingen della Diocefi di Lufana un Mago , come confefsò innanzi al Giudice , aveva ad una Donna fatto perire nell'utero , e poi abortire fucceffivamente fette Bambolini , e lo fteffo aveva fatto in tutto quel tempo d'anni otto in circa agli animali irragionevoli di quella povera cafa . L'orazione , e la pietà de' Parenti , ed il portar di fopra la Pregnante *Agnus Dei* , e fimili fagri Amuleti , fono i fovrani rimedj fopra quefta fpezie di aborti .

Quanto fi è detto in quefto Capitolo del Parroco , dovrà ancora praticarfi da ogni altro Sacerdote , che ha zelo dell'Anime , fecondo le occafioni , che fe gli prefenteranno , e non ne mancheranno al certo e ne' Confeffionali , e ne' Pulpiti , fpecialmente ne' Catechifmi , e nelle fagre Miffioni , ove per quanto conviene alla modeftia , non lafcerà d'inculcare alcune verità qui notate .

CAPO

(a) *Difquifit. Mag. lib. 3. p. 1. q. 3.*

CAPO III.

Offervazione da farfi in tutti gli Aborti, fe il Feto fia vivo per battezzarlo, e varietà di Sentenze de' Filofofi circa il tempo dell' animazione.

1 LA Donna, ch'è gravida, e non lo vuol effere, in ac-corgerfi di aver concepito, di leggieri fuol meditare l'aborto, e ficcome ciò fuccede verfo i primi tempi della gravidanza, fi lufinga, che ancor nel Feto non vi fia l'Anima: onde più facilmente precipita in quefto delitto. Anzi univerfalmente le Donne, benchè non abbiano quefto pravo di-fegno, tuttavia perfuafe, che ne' primi tempi non fia animato il loro Feto, non ufano tutta la dovuta cautela per cuftodirlo, e confervarlo, com'è neceffario allora più che mai; onde fre-quentiffimi fono gli aborti nel primo mefe, come tutto giorno fi vede. Il tutto ha origine dalla ferma credenza, che prima del 40. i Bambini mafchi non abbian l'Anima, e che le femmi-nelle forfe non prima dell' 80. o 90. Da quefta medefima cre-denza il diligente Curato troverà di leggieri ne' fuoi Parroc-chiani nafcere un altro maravigliofo difordine: ed è, che for-tendo qualche aborto, quelli, che affiftono alla Madre, che abortifce, talora niente badano al Feto, che pur' è vivo, ma lo lafciano perire fenza battezzarlo, o lo buttano in luoghi in-decenti, o lo lafciano in parte negletta, ove poi fe lo mangia-no i Cani: e fimile balordaggine fuccede non di rado per la grande confufione, e follecitudine di ajutar la Madre; in fatti non fono molti giorni, che avendo abortito una Dama principaliffi-ma al terzo mefe della gravidanza, nè i Medici, nè le Leva-trici affiftenti, nè altri indagarono, fe il Feto foffe vivo, o no, e lo lafciarono perire. Sono cofe, che fembrano favole, e pure fono Storie pur troppo vere.

2 E' adunque neceffario, che il Paftore delle Anime iftrui-fca bene il fuo Popolo, dicendo, effere probabiliffimo, che il

Feto

Feto venga animato ne' primi giorni, e forfe fubito dopo il concetto, e che in circoſtanze di aborti la prima cura, che debbe averſi, è di oſſervare, ſe il detto Feto, quantunque piccioliſſimo, ſi muove, e in conſeguenza ha vita, per fubito battezzarlo, e che non è mai lecito l'ucciderlo. Onde prudentiſſimamente fanno quei Parrochi, ed io ne ſo qualcheduno, che non permettono, che ſi ſpoſi alcuno, o Uomo, o Donna nella loro Parrocchia, ſe prima non ſiano bene iſtrutti della maniera di amminiſtrare il Batteſimo, potendo facilmente ſortire a' Maritati queſti accidenti, ne' quali eglino ſteſſi, benchè Parenti, ſiano obbligati a conferire un tal Sagramento alla loro prole.

3   Diſſi, quantunque il Feto ſia picccioliſſimo, perchè non ſolamente può eſſere animato in ſentenza di dottiſſimi Medici, benchè non ſia ancora, ſe non imperfettiſſimamente figurato, e molto prima del quadrageſimo giorno: ma molti credono, che lo ſia ſino dal tempo immediatamente ſeguente alla concezione. Ma acciocchè meglio ſi comprenda l'importanza di queſto avviſo, mi è paruto utiliſſimo il ragionare in queſto Capitolo del tempo dell'animazione del Feto.

4   Ed invero è aſſai difficile in molte quiſtioni Fiſiche il rintracciare la verità, e rare ſono le coſe, che in queſta materia poſſiamo ſapere di certo. Iddio medeſimo ſe n'è dichiarato, dicendoci, che aſſai poco poſſono comprendere gli Uomini dell' ammirabile ſuo magiſtero, con cui ha diſpoſto, e governa la natura: *Mundum tradidit* (a) *diſputationibus eorum* (Hominum) *ut non inveniat Homo opus, quod operatus eſt Deus*. Ha voluto egli, che l'Uomo ſpeſſo ſia ſoltanto ammiratore dell'opera, e che ne ſperimenti l'utilità, ſenza però comprenderne l'artifizio. I Peripatetici, eziandio Arabi, traſcuravano di cercare molte verità Filoſofiche utili, e che potevano rinvenire, contenti di attribuir tutto alle qualità occulte. Eſſi non fecero quaſi mai alcuna ſperienza, applicati ſolo a rintracciare la mente d'Ariſtotile, nella qual coſa erano certamente colpevoli. Peggio però fanno molti Moderni col pretendere di ſpiegar tutto per via di ſuppoſizioni innumerabili, che non ânno altra ſuſſiſtenza,

se

(a) *Eccl*. 3. 11.

fe non fe nella loro mente. Vi fono delle verità, che ftaranno
fempre occulte fino alla fine del Mondo, e quanto a una gran
parte delle reftanti, appartiene alla Divina Provvidenza il dif-
porre i tempi, in cui concedere, come per grazia, all'ingegno umano l'arricchirfi ora di una, ora di un'altra pellegrina
notizia dopo di averlo fatto ftentare per molti Secoli affine di
umiliarlo. Senzacchè Dio l'introduca, per così dire, a mano
in quefti fuoi tefori, egli, che ftà all'ofcuro, non potrà mai
rinvenirne la porta; anzi tantopiù anderà errando, quantopiù
farà di effe curiofe ricerche. *Intellexi*, diceva il faviffimo Salomone, (*a*) *quòd omnium operum Dei nullam poffit Homo inve-
nire rationem eorum, quæ fiunt fub Sole; & quanto plus laborave-
rit ad quærendum, tanto minus inveniet: etiamfi dixerit Sapiens
fe noffe, non poterit reperire.*

5 Ma che diremo noi della formazione dell'Uomo nell'
utero, ch'è ftata fempre confiderata e dagli Antichi, e da' Moderni, come uno de' più intricati arcani della natura? *Nefcio*,
dicea l'illuftre Madre de' Maccabei (*b*) a' fanti, e valorofi Figliuoli, *qualiter in utero meo apparuiftis*. Ma fe ne aveffe inter-
rogati i Filofofi, avrebbe trovato, che ne fapeano poco più di
lei. La fperienza medefima lo dimoftra ad evidenza. Carlo
Drelincurzio celebre Medico del paffato Secolo, e tremendo
Cenfore de' Medici deride, e numera come per un femplice
faggio 343. errori, anche negli Autori più infigni, circa la
dottrina della generazione, e pochi de' notati non meritano
tale cenfura. Ma lo fteffo Drelincurzio a mio parere non ne
va efente: benchè fia uno de' più accurati: ed oltre a ciò fa
il medefimo un Catalogo di 69. quiftioni, ch'efercitano in quefta materia gl'ingegni degli Anatomici, come fi può vedere
nelle fue Appendici, e Parerghi, preffo Mangeti nella Biblioteca Anatomica. Ed in vero Davidde nel *Salmo* 138. in cui am-
mira, ed efalta la Sapienza Divina, a Dio attribuifce la perfetta cognizione di quefto fuo ftupendo, ed ogni altra fua opera
eccedente magiftero, come pondera S. Bafilio (*c*), e S. Gregorio

C

(*a*) *Eccl.* 8. 17   (*b*) *Maccab.* 7. 22.
(*c*) *Homil.* 9. *in Exam.*

rio Nazianzeno (*a*): *Imperfectum meum , boc est , Embrionem* , come sta nel testo Ebraico originale , *viderunt oculi tui , & in libro tuo omnes scribentur* . E più chiaramente nell'Ecclesiaste : (*b*) *Quomodo ignoras , quæ sit via spiritus , & qua ratione compingantur ossa in ventre Prægnantis ; sic nescis opera Dei , qui Fabricator est omnium* . Questo spirito , secondo la versione Caldaica , e di Vatablo , di Gaetano ancora , di Ugone , di Tirino , e d'altri , è l'Anima , e così pure l'intende S. Girolamo : *Sicut nescis viam spiritus , & animæ ingredientis in Parvulum* . La via di questo spirito è il tempo , in cui entra nel Feto , come spiega Salmerone : *Ignoratur tamen via ejus , quia nemo certè statuere valet momentum , quo creatur , aut infunditur* . Lo stesso , citando S. Girolamo , dice l'Autore del Dialogo *De Origine Animæ* .

6   Quindi è , che i più eccellenti Filosofi si sono smarriti in voler trovare il fondo a questo pelago , come giustamente pondera S. Agostino (*c*): *Scrupulosissimè quidem inter doctissimos quæri potest , ac disputari , quod utrum ab Homine inveniri possit , ignoro , quando incipiat Homo in utero vivere* . Ed in altro luogo : (*d*) *Infantiam suam quisque non recolit , & putas Hominem nisi Deo donante , posse cognoscere , unde in Matris utero vivere cœperit ?* Ed è da notarsi , che due furono i dubbj , ch'ebbe in questa materia S. Agostino , e ancor S. Girolamo : cioè , donde provenga l'Anima umana , se per creazione , o per produzione? Ed in caso che provenga per creazione , in quale tempo da Dio s'infonda ? Come bene osservò Brideferto (*e*) : *Beatus Augustinus , & Hieronymus nibil temerè de anima asserere conati sunt ; sed ingeniosè se ignorasse dixerunt , unde fiat , vel quando ad corpus veniat , utrum tempore conceptionis , an alio quolibet tempore ?*

7   Benchè queste due controversie siano state molto dibattute tra' Filosofi antichi ; tuttavia oggi consta , che l'origine dell'Anima sia posteriore alla concezione , e che sia per via di creazione . Resta solo incerto e dubbio il tempo , in cui ella ven-

---

(*a*) *Orat. de Theolog.*   (*b*) *Eccles.* 11. 5.   (*c*) S. *Aug. in Encbirid. c.* 85.
(*d*) *De orig. Animæ l.* 4. *c.* 4. *ad Vincent. Victor.*
(*e*) *Bridefert. Ramesienf. in Gloss. sup. Bedam de nat. rer. c.* 2.

venga dall'Onnipotente creata. Certo il faperlo farebbe utiliffimo; ma Iddio finora non fi è compiaciuto dichiararcelo. Io adunque dopo di riferire le varie opinioni, che vi fono ftate intorno a quefta origine, fpiegherò ciò, che finora fi è potuto fapere intorno al tempo dell'animazione, pur tuttavia ofcuro, acciocchè fappia il Parroco, che cofa debba praticare in occafione di aborti.

8 Primieramente adunque alcuni degli Antichi falfamente credettero, che l'Anima fia anteriore di molto al propio corpo, almeno nella fua radice, o tralcio.

Manete Erefiarca la fece più antica d'ogni altro. Ei diceva, aver noi due Anime, l'una effere proveniente da Dio, e buona, e porzione della Divina foftanza: l'altra effere a Dio coeterna sì, però mala, e procedente, com'egli fognava, dalle genti delle tenebre. Soggiungeva, che l'Anima buona, avendo combattuto colle cattive genti, fiafi nella mifchia della zuffa inviluppata con la mala, e così ambedue ritrovarfi ora in un fol Uomo: come ci narra S. Agoftino (a).

9 I Pittagorici col loro Maeftro fentivano, l'Anima effere porzione della foftanza Divina, e che poi da un corpo paffi ad un altro, il che chiamano trafmigrazione, ammeffa ancora da' Druidi, e Sadducei, e da' moderni Bonzi, e Talapoi delle Indie, i quali credono ancora, che le Anime de' Cattivi paffino talora nelle beftie; nè vi manca, chi dica negli alberi, e nelle piante. Circa il tempo però, in cui fi faccia la trafmigrazione, dicevano i Pittagorici pe'l miftero de' loro numeri, che fe il parto è decimeftre, l'Anima entri nel decimonono giorno, s'è fettimeftre al decimofettimo, come con Cenforino narrano Rocchei, e Ricciardi, o pure (come volevano altri di quella Scuola), che fe il parto è fettimeftre l'Anima entri al 5. fettenario: al 6. fe novimeftre.

10 Platone credette, le Anime noftre provenire ancora da Dio, ed effere prima ftate negli Orbi Celefti, e ne' Pianeti. Ei fu feguitato da Origene, che ftimò, aver elle peccato, ed in pena oggi effere unite a' corpi, che per loro fono

C 2 car-

(a) Lib. de Heref. & lib. de duab. anim. cap. 1. & lib. 1. retract. c. 15.

carceri, che le privano della primitiva, e perfetta libertà, fondato in quelle parole del Salmo: (*a*) *Priufquam humiliarer ego deliqui*, che non parla già di peccato commeffo prima di effere generato, ma innanzi di effere caftigato. A quefto errore fu fimile quello de' Prifcillianifti.

11   Molti de' Rabbini favoleggiarono (*b*), tutte le Anime degli Uomini effere create affai prima de' Corpi, e che tutte fi ritrovarono nel Monte Sinai per udire la promulgazione della Legge, fenza la quale promulgazione non farebbero ora tenute all'offervanza de' Precetti. Ma che fi è fatto adunque di coloro, che viffero prima di effere la Legge promulgata nel Sinai? E fe non baftava la intimazione, che Dio ne fa ad ognuno per mezzo del lume naturale, come punire poi tanti colle acque del Diluvio?

12   Ma lafciati da parte quefti non folo errori, ma delirj manifefti, veniamo all'opinione de' Traducini, alla quale inclinò S. Agoftino. Celebre era al tempo del Santo la controverfia, fe ogni Anima foffe da Dio creata dal niente, o tutte veniffero d'Adamo, come da ceppo, mediante il feme, e così fi propagaffero *ex traduce*, come le viti, e gli alberi per via di propagini, o tralci. Gli Occidentali per lo più feguendo Tertulliano, ftimavano propagarfi in detta maniera, e così ritrovarfi nel corpo fino dal fuo principio. Gli Orientali più comunemente fentivano, effere tutte create dal niente, non meno che l'Anima di Adamo: variavano però in affegnare il tempo di quefta creazione, alcuni giudicando farfi nel principio della generazione, altri ne' primi giorni, altri al quarantefimo, od ottantefimo con Ariftotile. S. Agoftino, S. Girolamo, e Ruffino furono fopra quefta controverfia dubbiofi: ma il primo dopo di avere per gran tempo ricercata la verità; dovendo poi contro i Pelagiani falvare, e fpiegare la trasfufione del peccato originale ne' Pofteri di Adamo, inclinò a foftenere, che l'Anima fi comunichi per via di feme: perchè effendo così le Anime noftre germoglj di quella d'Adamo, che peccò, debbono avere la partecipazione del fuo peccato, e della nemicizia con Dio.

(a) P*fal.* 118.   (b) Corfin. *t.* 4. *Phyfic. tract. 2. difp.* 4. *c. 1. n.* 10.

Dio . Quefto fentimento del gran Dottore maggiormente rendette attrufa, ed inviluppata la controverfia dell'origine dell'
Anima : onde moltiffimi de' Padri pofteriori intorno a quella
reftarono dubbiofi , e perpleffi , dicendo di effere infolubile .
Così S. Eucherio , Pomerio , S. Fulgenzio , i Vefcovi Africani
efiliati in Sardegna nella loro Epiftola Sinodica , Caffiodoro ,
S. Prudenzio Tricaffino , Ugone Vittorino , e quel , che più è
da notarfi , S. Gregorio Papa interrogato di sì famofa quiftione:
anzi S. Ifidoro di Siviglia pafsò più oltre , annoverando fra gli
articoli di Fede il credere , ch'ella non poffa deciderfi , come
può offervarfi diftefamente tanto nel Cardinale Noris (a) ,
quanto in Natale d'Aleffandro (b) .

13   Ad ogni modo l'opinione , a cui propendette S. Agoftino , dopo i tempi di Pietro Lombardo , e maffime dopo i
Decreti del Concilio di Laterano , ella è antiquata ; benchè il
Cardinale Noris , e Gondifalvo Carattini vogliono , che non fia
perciò divenuta eretica , purchè fi ammetta la fpiritualità , ed
immortalità dell'Anima: Eftio dice lo fteffo , quantunque il Carattini per isbaglio lo citi in contrario , e fe ne maravigli .

14 Oggi adunque fi deve tenere per certo , che l'Anima
fia veramente creata dal nulla , dopo che tutt' i Teologi Scola-
ftici hanno più dilucidato il punto sì della fpiritualità , e creazione dell'Anima , come del peccato originale , e fua trasfufione . Quefta fi falva , e dichiara con la legge , o patto , in virtù
di cui non già fificamente , ma moralmente le noftre volontà
furono inclufe in quella di Adamo , e così dovettero partecipa-
re nel reato in cafo di difubbidienza , come avrebbero parteci-
pato con Adamo nella grazia , in cafo ch'egli aveffe ubbidito .
Al contrario fenza quella legge , o patto , non può in rigore
falvarfi la propagazione del peccato ; giacchè effendo Adamo
fenza dubbio ftato rimeffo in grazia , quando generò Set , da
cui difcendiamo , aveva già l'Anima di nuovo fantificata; onde
fe la noftra è un germoglio della fua , non s'intende come debba venir peccatrice , e non piuttofto fanta , ed amica di Dio .
                                                              Sic-

(a) Card. Noris t. 1. vindic. Auguft. cap. 4. § 3.
(b) Nat. Alex. Hift. Eccl. focul. 5.

Sicchè non vi è affatto bisogno per salvare il peccato originale di ricorrere a un sistema, che non accorda coll' immortalità, e spiritualità dell' Anima, e che però è impercettibile.

C A P O   IV.

S'impugnano alcuni Moderni, che pretendono di asserire le Anime nostre essere state create co' corpi in Adamo.

Ncorchè oggidì tutt' i Filosofi convengano, che l'Anima non sia più antica del suo corpo, ne sia propagata *ex traduce*, tuttavia alcuni Moderni, dapoichè si è saputo (come appresso diremo) che l'Uomo, e tutti gli Animali viviperi non meno, che gli oviperi nascono dall' uovo femminile fecondato, ânno creduto, che il Maschio comunichi al detto uovo per fecondarlo, un certo Vermetto animato, e che quello sia il principio della generazione, così Leibnizio, (a) e Wolfio (b) Protestanti, e il Francese Duvigerio (c). Vogliono adunque, che le Anime nostre siano state tutte create co' Corpi organici fin dal principio del Mondo, ed inchiuse ne' lombi di Adamo, concentrato un corpicciuolo nell'altro, e che siano stati pure creati allora tutti gli atti delle cognizioni, e volizioni umane, e che poi a suo tempo, siccome nell'utero della Madre si sviluppò il corpo, ch'era prima aggomitolato, così ancora si manifestino l'Anima, ed i suoi atti. Sente Leibnizio, che queste Anime frattanto vivano vita animale, finchè Dio le doti a suo tempo della ragione, il ch'egli dinomina trascrearle. Wolfio dice, esistere nello stato delle idee confuse. Duvigerio passa più oltre, e vuole, che tutte le Anime ne' lombi

bi

(a) Leibniz. *Essais de Theodicèe sur la Bontè de Dieu, la libertè de l'Homme, & l'origine du mal,* part 1. n. 91.

(b) Christian. Vvolphius *Psycolog ration. sect. 4. c. 2. §. 704. & in Theolog. nat. p. 1. c. 5. §. 780.*

e) Rassiels Duvigier *Traitè de l'esprit de l'Homme* c. 14.

bi di Adamo ebbero qualche confenfo, benchè non pienamente deliberato, al peccato di quello; e perciò fente con quefto fiftema dilucidarfi molto la trasfufione del peccato originale.

2 A quefta opinione fecero la ftrada alcuni Filofofi del Secolo paffato: Antonio Lewenoech Profeffore del Collegio di Londra, e Niccolò Hartzoecher Fiammengo (a), i primi col Microfcopio fcuoprirono nuotare nel feme de' volatili, e de' quadrupedi infiniti animaletti, chiamati perciò fpermatici, ma sì piccioli, che centomila appena adequano la mole d'un granello d'arena; e Lewenoech narra, che tutta l'Europa non ha tanti Uomini, quant' infetti ei vide in tre fole oftriche. Simili maraviglie dice di avere offervate intorno a ciò negli altri animali sì quadrupedi, come volatili: e quafi nel medefimo tempo offervò le fteffe cofe il detto Hartzoecher.

3 Da ciò nacque, che alcuni con lo fteffo Lewenoechio credendo verifimile, che tali Animaletti foffero della fteffa fpecie dell'Animale principale, in cui ftanno inchiufi, differo, quefti effere il vero principio della generazione, comunicato dal feme virile all'uovo femmineo, e che poi crefcendo nell' uovo fteffo, e maturandofi diventino Animali grandi: ma fi oppofe Martino Liftero in una nobile Differtazione, e nel fuo Trattato *De Humoribus*.

4 Dopo Lewenoechio, e Hartzoecher, Andrì fece le medefime offervazioni, e fcriffe, che in verità quefti Animalucci, benchè nell'utero della Donna fi vanno trafmutando in Bambini, tuttavia mentre ancora nuotano nel feme virile, altro non fono, che puri Vermi, e lo fteffo intendafi di quelli, che fi ritrovano negli altri Animali. Delempazio frattanto diffe di aver veduti quell'Infetti, apparentemente Vermi, effere in realtà della fteffa fpecie rifpettivamente dell'Animale principale: che in fatti avendone offervato uno più grandicello nel feme umano, quando fi fveftiva della fpoglia, avevalo trovato con le gambe, e fue tibie, il petto, e le braccia, come gli Uomini, e con la tefta coperta di una fpoglia a guifa di cuculla, con la coda però grande quattro, o cinque volte quanto il

cor-

(a) *Atti Filofofici n. 141. pag. 1150. Diario degli Eruditi dell' anno 1678.*

corpo tutto, e che fi aggirava, come gli altri, con ammirabile agilità, nuotando sopra le onde di quelli liquidi a colpi di coda.

5 Ma tutti, come fcherza il Carattini, portano invidia agli occhi, e al Microfcopio di Delempazio: perchè, ficcome neffuno prima di lui, così neffuno dopo, benchè fatte diligenti ricerche, ha potuto veder altro, che femplici Vermetti. Ora Delempazio, benchè ingannato dalla propia fantasìa, non fi arrifchiò mai a dire, che quefti fuoi Uomicciuoli foffero dotati di anima ragionevole; ma ciò, che non fec'egli, l'hanno ora fatto Wolfio, e qualche altro, aggiungendovi, di effere ftati tutti creati in Adamo.

Ad ogni modo i famofi Daniele Clerico, e Giacopo Mangeti dubbitano dell'efiftenza di quefti Vermetti innumerabili, e fofpettano, che forfe altro non fiano, che le particelle più vifcole, e ramofe del feme fra di sè complicate, e variamente figurate, moffe con vario moto da' liquidi, ne' quali fi trovano, e che s'inganni l'occhio in offervare col Microfcopio cofe tanto minute. Ma date per vere le dette offervazioni riferiteci da tanti valent'Uomini; il nuovo fiftema di Wolfio è affatto ridicolo, e i Vermetti fpermatici non folo non fono Uomini, ma neppure in qualità di Vermi fono principio dell'umana generazione, e ciò per molti, e ben chiari motivi.

6 Primieramente effi non folo fi offervano nuotare nello fperma virile, ma ancora nella linfa delle Donne, volgarmente dagli Antichi creduta fuo feme (a); anzi fe ne vedono infiniti fimili nello fteffo fangue, e in tutt'i liquidi del Corpo umano, e in tutt'i fuoi membri. Di effi è piena ancora l'acqua, e l'aria, e ve ne fono dappertutto. Bianchi: *De natura vitiofa, & morbofa generatione* fa un intiero Trattato, ed è il terzo, di quefti Vermi, che fi generano in tutte le parti del Corpo, e lo fteffo fanno altri. Se adunque fe ne trovano ancora nel feme virile, niente ân che fare colla generazione; ma fono ftati creati a nobilitare il Mondo picciolo, e fervono ad un uffizio fimile a quello, ch'efercitano nel fangue, cioè a depurarlo, pafcen-

dofi

(a) Bianchi *de morbof. generat. fol.* 334.

dofi di ciò , che v'ha d'impuro , ed attenuandolo co' loro moti, come fanno le Anguille rifpetto alle acque delle pefchiere , Bianchi (*a*) prova : *Incitamento effe , coëundique , feu femen ejiciendi appetentiam , feu naturalem orgafmum ciere.* Del refto foggiugne : *Miffembruchium in femine humano multorum generum animalicula vidiffe ex Medic. Hafnienf. commentar. elicimus* : e lo conferma con un efempio d'uno di quefti animali afpro , e di molti piedi , veduto da Plutarco. (*b*) Che fe poi quefti Vermetti foffero principio della generazione , non vi farebbe bifogno del feme del Mafchio , perchè abbondandone ancora la Donna , potrebbero facilmente da' liquidi di lei entrare nel fuo uovo , e fecondarlo.

7 Secondo , fe quefti Vermetti foffero il vero principio della generazione , fi troverebbero fempre in tutt' i femi fecondi , e non mai negl'infecondi ; e pure il Beni ha offervato il contrario , cioè femi fecondi di Giovani efferne manchevoli , ed al contrario averne i femi de' medefimi già divenuti vecchi , ed infecondi. Di più Bianchi attefta (*c*), trovarfene non folo nelle femmine , ma anche ne' Caftrati , e Spadoni.

8 Terzo , fe quefti Animaletti foffero Uomicciattoli già ben formati , come s'immaginò Delempazio , altro non avrebbero a fare nell' utero , che crefcere : e pure al contrario per infinite fperienze fi vede , che l'Embrione , benchè abbia in sè le parti principali , come meglio diremo appreffo ; tuttavia quefte fono da principio confufe , ed involte , e non bene difpofte , ed organizzate ; onde il Feto va di grado in grado formandofi dalla natura , come una ftatua , o pittura abbozzata , che di giorno in giorno riceve forma , e perfezione con fenfibile divario , fpecialmente ne' primi due mefi : anzi imita i Vegetabili , ne' quali fbucciano a poco a poco le punte de' rami colle foglie , difpiegandofi le fue parti. Se poi per isfuggire la difficoltà , dicono gli Avverfarj col comune fenfo degli Anatomici , effere a principio femplici Vermi , ma contendono , che pofcia nell' uomo fi

D for-

(*a*) Bianchi *de morbof. generat. fol.* 334.
(*b*) Plutarch. *in fympofiac l.* 8. *q.* 9.
(*c*) Bianchi *de morbof. generat. fol.* 334.

formino in Uomini, e ne acquiſtino la figura; ne viene in conſeguenza, che mentre erano ne' lombi del Padre, non avevano anima ragionevole; ma ſoltanto ſenſitiva, a cui ſolo ſuccederebbe l'altra, quando diſtrutta la prima con tutti gli organi, e la teſſura di Verme, ſi faceſſe la metamorfoſi di Verme in Uomo.

9   Quarto, queſta medeſima non può in conto alcuno ſuſſiſtere; perchè il Verme, per traſmutarſi in Uomo, dovrebbe prima paſſare allo ſtato di Ninfa, o ſia Criſalide, come ſi oſſerva in tutti gli Animali, che cangiano natura, Veſpe, Moſche, Api, Farfalle, e ſimili; e dovrebbe al ſolito degli altri durar lungo tempo nello ſtato di Ninfa, e ciò in luogo ſecco, e non già umido, come è l'uovo: acciocchè a poco a poco ſi faceſſe la detta traſmutazione, che non eſſendo già una riſurrezione miracoloſa, ma una metamorfoſi naturale, ricerca un tempo uguale, ſe non maggiore alla formazione, e generazione primiera. Certo alcuni Inſetti perdurano anni intieri nello ſtato di Ninfe, e la Veſpa, di cui la vita intiera è di pochi meſi, dimora, ciò non oſtante, nel detto ſtato giorni quindici in circa. Or quanto tempo biſognarebbe alla traſmutazione in un animale di ſì lunga vita, e ſì perfetto, quanto è l'Uomo? E poi chi mai ha veduto nell'uovo umano, o eziandio de' quadrupedi, o volatili queſte Criſalidi? Più, lo ſteſſo Levenoechio confeſſa, che dopo infinite diligenti ricerche non ha mai potuto veder Verme nell'uovo fecondato, neppure degli Animali medeſimi irragionevoli.

10   Nel principio adunque della gravidanza ſolo ſi oſſerva, che la macchia oſcura, la quale ſi vedea col microſcopio nell'uovo non ancor fecondato, e che è il primo abbozzo dell' Embrione, comincia ad aumentarſi, e a diſtinguerſi, e poco tempo dopo a muoverſi: al contrario, quando poi l'Embrione è già meglio formato, appariſce con qualche ſimilitudine al Verme, in quanto non ſono ancora ſviluppate le braccia, e le gambe, e l'altre parti; ma col microſcopio ſi vede beniſſimo, che la faccia ha dell' umano, e niſſuno ha mai in detto principio veduto Ninfa, o Verme vero, che poteſſe in appreſſo paſſare al grado di Ninfa: tralaſcio per brevità altre ragioni, che qui potrei addurre.   Se

11 Se da quanto fi è detto fi fcorge, che la buona Filofofia ributta quefto fiftema, peggio l'accoglie la Teologia; perchè

Primieramente la Chiefa fempre ha creduto contro Origene, e Prifcilliano, che le Anime noftre non efiftano prima, che i noftri corpi fiano generati. Wolfio pretende fchermirfi con dire, che la Chiefa condannò Origene, che ammetteva la creazione delle Anime fenza de' corpi: ma che nel nuovo fiftema non fi verifica il fuddetto errore; perchè qui le Anime fi fuppongono bensì create a principio in Adamo, ma infieme co' proprj corpi. Quefta ritirata però non lo mette in falvo, perchè da' Santi Ponteficl Leone, Gregorio, e Gelafio, e da tutta l'antichità fi vede, che era ftimato errore il dire, che le Anime avevano avuto altro ftato, ed efiftenza prima della generazione de' loro corpi nell' utero materno; vedefi pure, che i Bambini incorrono il peccato originale per mezzo della fteffa generazione, prima della quale non fi fuppongono preefiftere.

12 Secondo, fe quefti Animaletti foffero Uomini, farebbe illecito, e peccaminofo il voto di verginità, e di continenza: perchè lo ftar celibe farebbe un impedire di venir alla luce, e così rovinare tanti Innocenti, che reftando racchiufi ne' lombi, nel tempo, in cui efiggerebbero di nafcere, fono coftretti a morire fra brieve, e perderfi eternamente. Sarebbe anzi precetto il maritarfi; e fe la Donna foffe fterile, dovrebbe ripudiarfi, e fcioglierfi il matrimonio, anche quanto allo fteffo vincolo, per provvederfi l'Uomo di Moglie, che poteffe partorire tanti poverini. Sarebbe di precetto naturale la fteffa poligamia, come affatto neceffaria: benchè quefta medefima neppure bafterebbe, perchè mille Donne non farebbero fufficienti in conto alcuno al bifogno di far nafcere gl'innumerabili Uomicciuoli, che conterrebbe il feme virile.

13 Terzo, ripugna alla Divina Provvidenza, che è tutt' occhi, e tutta mano per accorrere alla neceffità, l'aver così lafciati fenza rimedio, e fenza maniera propria di venire alla luce, e di ricevere la fua grazia, tanti milioni, e milioni di Creature ragionevoli.

D 2 Quar-

14 Quarto, dato quefto pretefo fiftema, farebbe facilisfimo, che molti Vermi fpermatici virili reftaffero vivi molto tempo nell' utero, e nell' uovario, ed entraffero pofcia in qualche uovo, o dopo una lunga affenza del Marito, o eziandio dopo la fua morte: e pure ciò non fi offerva, e per altro ripugna alla medefima Provvidenza Divina, che l'affare della generazione fia ftato difpofto in maniera, che fi poteffero col bel pretefto de' Vermi coprire tutti gli adulterj delle Maritate, e tutte le impudicizie delle Vedove, anzi delle Zitelle medefime. Ed invero ancora quefte potrebbero dopo molte difonefà pretendere di effere caftiffime, ed i loro parti fuccedere, o in virtù de' proprj Vermi fpermatici, o de' Vermi comunicati dal Padre all' uovo, da cui effe nacquero, e che fiano reftati ne' loro corpi, che forfe ne abbiano prodotti degli altri a sè fimili, e che poi in tempo della pubertà, quando fi formano, e maturano gli uovi, alcuno di quelli fia ftato fecondato da' detti Vermi. Certo tai Vermi fra loro fi moltiplicano, e Levenoecchio fteffo dice, averli veduti di due forti, e crede, l'una effere di feffo mafchile, e l'altra femminile.

15 Io sò, che il fuddetto Carattini narrà col Bartolini: (a) *Nobilem quamdam Milierem Parifienfem, cujus Maritus integros quatuor annos domo abfens fuerat, peperiffe, quæ de Adulterio accufata, fanctiffimè juravit, cum nullo viro commiftam fuiffe; fed tantùm in fomnio cum abfente viro fuiffe congreffam, fuper qua re confulti Medici Montepeffulani, inter quos Hieronymus de Revefin, & Eleonorus de Belleval Senatui Gratianopolitano refpondiffe, id poffibile effe:*

16 Quefto giudizio de' Medici da alcuni è ftato creduto più tofto Politico, che Filofofico: comunque però fia, fe il cafo può crederfi vero, è da dirfi, o che la gravidanza fia ftata lunghiffima, o al più al più, che imbevuto un tempo l' uovario dell' aura del feme virile, e non effendofene allora diftaccato alcun uovo, perchè non era maturo, ed atto a fcendere; quando poi qualcuno fe ne trovò già perfezionato, per altro antecedentemente già irradiato da quella, fia fcefo in detto accidente

per

(a) Carattin. *de orig. & præexift. Anim. c.* 17. *fol.* 145. *ex Barthol ep. medic.*

per lo moto impreſſogli dall' efficacia della fantaſia : e ſiccome l'aura ſeminale di ſua natura non può durare facilmente per tanto tempo, mà deve ſvaporare, ſe non è maravigliosamente carcerata, e fiſſata da qualche virtù, che la fermi, e la leghi, come dovette eſſere nel caſo figurato; così non ſogliamo vedere ſimili gravidanze differite per tanto tempo ; che ſe ciò foſſe occorſo in virtù de' Vermi ſpermatici, ſiccome di queſti molti ſi comunicano all' utero, e vi ſieguono a vivere, il caſo non farebbe ſtato ſingolare, ma dovrebbe eſſere pur troppo frequentiſſimo.

17 Quinto, il nuovo ſiſtema in vece di ſpiegare la maniera di propagarſi il peccato originale, mirabilmente l'oſcura. In fatti ſe tutte le Anime furono create in Adamo, furono adunque come lui create in grazia : perchè adunque poi perdettero queſto gran bene, di cui erano già in poſſeſſo, per un peccato alieno ? Duvigerio vuole, che eſſe ebbero notizia del precetto, quando l'ebbe Adamo : perchè muovendoſi in quello gli ſpiriti del cerebro, ſi dovettero ancora muovere per conſenſo quei de' Bambini, e ſi ſvegliarono così in eſſi le idee del precetto ; e ſimilmente all' acconſentire di Adamo, per la tenerezza delle fibre del loro cerebro, ſi movettero ancor eſſi al conſenſo ; benchè (come dice queſto Autore) perchè le loro idee erano confuſe, l'atto non fu pienamente deliberato, ma di quelli, che i Teologi chiamano ſecundoprimi.

18 Ma queſto non farebbe più peccato originale, che ſecondo la nozione Teologica ſignifica un peccato, che ſi contrae non con la propria volontà, ma col diſcendere da Adamo ; e poi queſta ſemiplena deliberazione non è baſtante a far perdere la grazia. Di più, che importava a' Bambini l'acconſentire al mangiare di quel pomo ? non doveva fino ad eſſi pervenire la ſoavità del ſuo guſto ; nè eſſi potevano in quello ſtato comprendere la ſomiglianza a Dio progettata dal Demonio ; nè una vile condiſcendenza a' voleri di Eva gli avrebbe precipitati, come Adamo, che tanto amava la ſua Moglie. A che dunque acconſentire, e poi tutti uniformamente, al peccato ? Che ſe ciò accadette, perchè i loro ſpiriti ſi moveano al moto di quei di Adamo,

mo, come accordati all' unifono, quando quefti poi con vera contrizione fi pentì del fuo fallo, ancor effi dovettero pentirfi, e riacquiftare la grazia, tanto più facilmente di lui, quanto erano meno colpevoli di lui.

19   Tralafcio, che fe le Anime foffero ftate già tutte create co' corpicciuoli, e quefti medefimi inclufi uno nell' altro fin da principio; i Demonj già d'allora faprebbero, quanti Uomini reftino a nafcere, e per quante generazioni fiamo ancora lontani dal giorno del Giudizio, il che è contrario al Vangelo. Similmente, come fi verificherebbe la fentenza fulminata contro di Evà: *Multiplicabo ærumnas tuas, & conceptus taos?* In fomma l'opinione di quefti Autori è sì ftravagante, che neppure può proporfi, come femplice ipotefi; perchè in luogo di almeno dichiarare, e rendere la cofa percettibile, ella al rovefcio tutto confonde, inviluppa, ed ofcura. Il Padre Tommafo Gondifalvo Carattini l'ha eccellentemente impugnata nel fuo eruditiffimo libro: *Philofophica Chriftiani Wolphii de origine, & præexiftentia animarum difcuffa, & excuffa fententia. Veronæ anno* 1738. Egli la batte da tutti i lati, e con le armi cavate da tutti i luoghi Teologici. Ella è difpiaciuta ancora agli altri Filofofi, eziandio Proteftanti, fra' quali Teodoro Zuinger (*a*) la chiama *nimis verminofam*, e chi ha cercato di fondarla *vermiculofo conatu id fategiffe*. Anzi il Wolfio fteffo, che fi pregia di modeftia, e docilità, fi contentò, che fi cancellaffe dall' edizione Veronefe Ramanziniana delle fue opere. Leggafi ancora Antonio Valifnieri (*b*), e Bianchi (*c*).

CA-

(*a*) Zuinger. *in Phyfiolog*   (*b*) *l.* 1. *Opere diverfe p.* 1. *de' Vermi Spermatici c.* 13.
(*c*) Bianchi *de morbof. generat. fol* 333.

C A P O V.

De' Sistemi di Giovanni Marco, e di Aristotile.

1 E' Certo adunque, che l'Anima nostra ci è ad ognuno creata dal niente, ed infusa ne' corpi, mentre sono nel ventre della Madre, e non già in Adamo. Resta solo da vedere in che tempo ciò soglia succedere. Quattro sono gli stati
dell' Embrione prima di nascere. Il primo è, quando fatta già
la concezione materiale, comincia a formarsi il Feto. Il secondo è, quando sono compiti gli organi principali della vita, cioè
cuore, e cerebro. Il terzo è, quando tutto l' Embrione con
tutte le sue parti è distinto, e formato. Il quarto, quando non
solo è formato, ma è cresciuto, e corroborato in maniera, che
possa resistere alle impressioni dell' aere, ed uscire alla luce dall'
utero materno. I Filosofi adunque, e Teologi si sono fermati
in qualcheduno di detti stati, attaccandovi il tempo dell' animazione, perchè niente qui devo dire del sistema aereo degli Astro-
logi (a), che per le favole del loro Tolomeo (b) vogliono il
Feto animarsi al decimo giorno. Giovanni Marco adunque Protomedico di Praga giudicò probabile, che ogni Feto, mentre
sta nell' utero, sia privo di Anima ragionevole: onde in nessuno aborto, se ciò fosse vero, si commetterebbe vero omicidio,
nè s'incorrerebbe censura, o irregolarità. Alcuni Teologi ap-
provarono la detta opinione, e non dispiacque all' Università di
Lovanio: ella era fondata in Platone, Asclepiade riferito da Galeno, Protagora, Enesidemo, ed alcuni Stoici, che dicevano
l'Anima ragionevole infondersi, quando il Bambino nasce, e
comincia a respirare: ma è apertamente contraria alla Scrittura,
che ci fa sapere di S. Gio: Battista, che *Exultavit Infans in utero*,
e che ciò fu nel sesto mese della gravidanza di Santa Lisabetta;
sicchè il di lui corpicciuolo molto prima, che nascesse, aveva
già l'Anima ragionevole, e fin d'allora santificata. Che se per

in-

(a). Ex Richeo *lib. Ginæcior de morb. Mulier. c. 21.*
(b). *Præposit. 51. centiloq. Ptholomei.*

infonderſi queſta, foſſe neceſſaria una compitiſſima perfezione degli organi, che ſervono al raziocinio, nè anche al naſcere, avremmo lo ſpirito, ma verſo l'anno ſettimo, il che muove le riſa; ed è certo, che indotti dal principio di Giovanni Marco, Eraclito, lo ſteſſo Aſclepiade, ed alcuni Stoici ſi erano anche perſuaſi finalmente ad ammettere l'Anima ragionevole non prima della pubertà, come ſi può vedere in Tertulliano, ed in Plutarco. Onde la propoſizione di Giovanni Marco è la 34. delle condannate da Innocenzo XI. di ſanta memoria.

2 La ſeconda ſentenza è di Ariſtotile, e vuole, che s'infonda l'Anima, quando già tutto l'Embrione con le ſue parti è diſtinto, e formato, benchè non creſciuto; e corroborato, ed atto a naſcere. Egli è vero, che molti ſeguaci di quella ſono fra di lei varj, credendoſi da alcuni la detta formazione farſi più a buon' ora, da altri più tardi, il che è nato dalla diverſità delle oſſervazioni: perchè in verità nè tutt' i Feti ſi maturano ſempre in uguale ſpazio di tempo, nè ſempre le Donne accertano in deſignare il vero principio della loro gravidanza. Quindi è, che alcuni di queſti Autori vogliono la formazione, ed in conſeguenza l'animazione all' 80. altri al 70. 60. 43. 42. 40. 33. 30., come ſi può vedere preſſo Cardenas, ed altri Peripateci.

3 Ariſtotile però, che è l'Autor principale di queſta opinione, ſente, ciò accadere ne' Maſchi al 40., nelle Femmine all' 80. o 90., cioè verſo il principio del quarto meſe, e che la Donna compenſi la tardità della ſua organizzazione, ed animazione con la celerità di creſcere, fiorire, invecchiarſi, e marcire prima del Maſchio. Il ſentimento di queſto Filoſofo ſi rendette comune dopo di Pietro Lombardo: perciocchè aſſodato verſo i tempi di queſto Principe degli Scolaſtici, che le Anime non provenivano ex traduce, ma che ognuna era creata di nuovo; ed introdotta quaſi nel medeſimo tempo nelle Scuole la lettura delle opere di Ariſtotile, che rimandava tanto in giù il tempo dell' animazione; fu in conſeguenza abbracciata la ſua opinione intorno al tempo di detta animazione, quaſi da tutti gli Scolaſtici, ſpecialmente da S. Tommaſo, e poi dalla Gloſſa Canonica, e coſì divenne quaſi univerſale fra' Teologi, Leggiſti,

gifti, e Medici fino all'anno 1620. (quando le moffe guerra Tommafo Fieno), maffime, che falfamente, come offervò il Bellarmino, correvano fotto nome di S. Agoftino nel Libro *de Spiritu, & Anima*, ed in quello *de Ecclefiafticis Dogmat.* che è di Gennadio, ne' quali fi diceva, l'Anima infonderfi, organizzato che foffe il corpo. Benchè a dir la verità, i Medici per lo più altro non dicevano, fe non il Feto formarfi al 40. o più tardi, e non parlavano di animazione, come quelli, a' quali caleva la cura del Corpo, e non dell' Anima. I Peripatetici però, che avevano attaccata l'animazione al tempo della conformazione, li citavano, come fe foffero nella noftra controverfia del loro parere. Ma torniamo ad Ariftotile.

4 Scrive egli, che nel tempo di fopra notato, cioè al 40. o rifpettivamente all'80. il Feto fia formato, e narra, che benchè, fe fi mette in qualche liquore, fi difcioglie, e fquaglia; fe fi pone però in acqua fredda, fi condenfa: e che rompendofi le membranuccie, apparifce della mole di un Formicone, e con gli occhi ben grandi, ed i genitali, e gli altri membri diftinti. Ma la fentenza di quefto fommo Filofofo patifce difficoltà grandiffime da tutti i lati. Primieramente mille fperienze dimoftrano effere falfo, che il Feto sì tardi giunga alla grandezza di una Formica grande. Pietro Gaffendo (a) ci dà notizia di cinque abortivi, e delle loro mifure. Il primo era certamente di 12. giorni: eppure era formato dalla fommità della tefta fino alle dita de' piedi, e la grandezza era la terza parte di un dito Parigino. Il fecondo di 25. giorni era un dodrante, cioè nove parti, o fiano oncie di un dito Parigino. Il terzo di 40. era due diti, ed otto oncie. Il quarto era un femplice fcheletro di 42. giorni, eppure lungo due dita e mezzo. Il quinto era di 3. mefi, lungo cinque dita oncie otto, e più: cioè quafi mezzo piede. Colle fperienze di Gaffendo accordano quelle di Teodoro Kerchringio: benchè Drelincurtio (b) con troppo fevera critica fente effere.

E fiate

(a) *T. 1. Phyfic. de generat. Anim. c. de animat. Fœtus.*
(b) Drelincurt *de ovis n. 33.*

ſtate traſcritte da Pineo Chirurgo, che ſcriſſe l'anno 1598. Sicchè al 40. giorno la mole della ſola teſta deve eſſere quanto un cece. Di più Gio: Battiſta Bianchi primo Anatomico dell'Univerſità di Torino raccolſe nel ſuo Muſeo innumerabili Feti abortivi, quaſi di tutti i giorni della gravidanza, e di alcuni ce ne diè la figura (a). Or egli aſſeriſce, che il Feto dal primo ſino al 30. ſempre creſce *in ratione adauEla*, e coſì colla miſura del moto dell'accelerazione de' gravi verſo il centro, cioè 1. 3. 5. 7. ec. che dipoi ſino al fine del 3. meſe creſce *in ratione integra*, cioè 1. 2. 3. 4. ec. indi ſino al 7. compito s'ingrandiſce di nuovo *in ratione adauEla*, ma non ugualmente come al principio: dopo ſino al termine della gravidanza *in ratione imminuta*: ſicchè ſe prima in 3. giorni ſi avanzava due gradi, ora in ſei creſce ſolo tre, o meno: onde ſi conchiude, che il Feto nel 30 giorno è 59. volte più grande, che non era nel primo; e lo ſteſſo Bianchi aveva nel ſuo Muſeo un aborto di 31. giorni, della cui età non poteva dubitarſi, che uguagliava in mole quaſi un uovo di Gallina; e però il Feto, che avrà viſto Ariſtotile, era di pochi giorni, e non di 40. ma veriſimilmente vi era ſtato errore nel conto, e con tutto ciò era formato: e da queſto ſuo ſbaglio i ſuoi Seguaci ân creduto ſempre finirſi la perfetta organizzazione al 40. o all'80. o 90. eppure la coſa non va coſì. Alcerto, Giovanni Riolano celebre Anatomico Franceſe riferiſce, di aver veduti tre Feti abortivi, il primo di un meſe, con tutte le parti deſcritte, e conformate, ed altri due di due meſi l'uno: di queſti uno era pienamente conformato, e l'altro no; ſicchè non tutti i Feti nello ſteſſo tempo, nè ugualmente ſi perfezionano.

5 Secondo, la differenza grande, che mette Ariſtotile tra il tempo dell'animazione del Maſchio, e della Femmina, ſembra favoloſa anche a' Diſcepoli del Peripato, fra' quali lo ſteſſo Diana. Diogene Apolloniate, che voleva i Maſchj formarſi in 4. meſi, per le Femmine non voleva, che un meſe di

(a) Bianchi *in traEl. de nat. vit. & morboſ. generat.*

di più, al riferire di Cenforino; ma queſto medeſimo viene rigettato. Ed invero noi vediamo naſcere da una Donna ad un parto due Gemelli di ſeſſo diverſo, che ſe ſi ſono inſieme maturati per uſcire alla luce, perchè non ſi erano maturati ancora inſieme in ordine all'animazione? Il medeſimo oſſervaſi nelle Cagne, Gatte, Troje, e ſimili. Lo ſteſſo accade ancora negli ovíperi; perchè di qualunque ſeſſo ſiano i Polli racchiuſi nell'uovo, Maſchj, o Femmine, ugualmente ſi maturano, ed inſieme ſi ſchiudono. Che ſe forſe prima ſi oſſerva moto nel Feto maſchile, e poi nel femminile, ciò deve attribuirſi alla maggiore vivacità dello ſpirito, di cui quello è dotato. Siccome, ſe talora il Feto femminile ſi è trovato maturarſi più tardi aſſai, o vi era ſtato errore nel calcolo de' tempi, o la coſa ebbe cagione individuale, e non deve paſſare per regola univerſale. E' vero, che la Femmina acquiſta la pubertà prima dell'Uomo, e prima s'invecchia: ma da ciò piuttoſto potrebbe dedurſi, che prima ancor ſi organizzi.

6 Nè giova il dire, che la Parturiente, ſecondo il Levitico, (a) (oltre l'immondezza grave, che nel parto de' Maſchj pel fluſſo del ſangue durava 8. giorni, e in quello di prole Femminile 14.) reſtava poi leggiermente immonda per le reliquie del fluſſo nel caſo primiero ſino al 33. e nel ſecondo al 66. perciocchè niente â che fare il termine della durazione dell'emorrogia dopo il parto col termine della formazione, e moltopiù dell'animazione. Ed in vero quella naſce dallo sforzo del partorire, che caccia il ſangue alle regioni infime pe' vaſi diſteſi, ed aperti; forſe ancora accade allora fermentazione ſimile a quella della meſtruazione, come ſoſpetta Etmullero, giacchè (come notò Deuſingio) ſi vedono molti ſintomi uguali. Del reſto, ſiccome le cagioni del fluſſo talora ſono diverſe non ſolo ne' parti di diverſo ſeſſo, ma ancora del medeſimo; e però la durata, l'affluenza, la copia, e la lentezza ſi vede varia anche ne' ſgravamenti di uguale ſeſſo, e a parere de' Medici è indubitato: così non entrano in con-

E 2 10

_____

(a) *Levit.* 22. Valdes *de Sacr. Philoſ. c.* 18.

to alcuno a darci luce per ifcoprire il tempo dell'animazione del Feto, che da altri principj à l'origine.

7 Ma la maggiore difficoltà contro Ariftotile è il ritro-varfi moto nell'Embrione anche il 6. giorno, come dice Ip-pocrate, e prima ancora, fe crediamo a i Moderni. Egli è vero, che pretende Ariftotile feguito da S. Tommafo, che l'Embrione prima fia informato di anima vegetativa, e così viva vita di Pianta; indi, quella diftrutta, ottenga la fenfiti-va, per vivere d'Animale; e ch'effa poi corrotta, confeguifca la ragionevole: onde potrebbe dirfi, il moto procedere ne' primi giorni dall'Anima fenfitiva. Ma quefto ritrovato d'Ari-ftotile, benchè ingegnofo, non è piaciuto in conto alcuno al maggior numero de' Filofofi; perciocchè, ficcome non abbia-mo tre Anime confiftenti (benchè non fiano mancati Arifto-telici, che l'abbiano infegnato) ma una fola, che fa infieme tutti e tre gli uffici di vegetativa, fenfitiva, e ragionevole: così deve dirfi, che quell'Anima fola, ch'è la ragionevole, fia infufa nell'Embrione, almeno da quando comincia ad aver vita propia animale, per farvi tutte le funzioni, che può fe-condo la prefente perfezione, minore, o maggiore de' fuoi organi: perchè bifogna far molta diftinzione fra l'effervi l'Ani-ma ragionevole, e l'operare da ragionevole: altrimente po-trebbe dirfi, che l'Anima fenfitiva duri fino al fettimo anno, o almeno fino alla nafcita: giacchè il Feto nell'utero fempre dorme, e non folo non à perfezionati gli organi in ordine al difcorfo; ma non può apprendere gli oggetti efteriori. Onde benchè i Coimbricefi fieguano la fucceffione Ariftotelica delle tre Anime, tutte l'altre Accademie l'impugnano: anzi narra Vigerio, che quella di Osford giunfe coll'autorità dell'Arcive-fcovo di Conturbia a profcriverla, e a proibire a' fuoi Dottori l'infegnarla.

8 Comunemente adunque oggi gli Ariftotelici, rigettata l'Anima fenfitiva, infegnano, che l'Embrione prima di rice-vere la ragionevole fia informato dall'Anima fteffa della Ma-dre, (il che però non può effere; perchè ne' principj della gravidanza fta fciolto, e non attaccato ancora all'utero per mez-

zo della placenta) o dalla forma, com'effi dicono, Embrionale, o dalla virtù Plastica, o sia Formatrice del seme virile, come piace ad Aleffandro de Ales, o da un'Anima vegetativa, come vuole Gallego Medico de' Re Cattolici Filippo III. e IV. le quali poi rifpettivamente fparifcano alla venuta dello Spirito ragionevole; e quelli tre modi ultimi di fpiegare la cofa, rettamente concepiti, fono in vero molto probabili, ed al fistema peripatetico affai coerenti: ma di ciò torneremo a parlare in appreffo.

C A P O VI.

Si efamina la Sentenza di chi vuole l'Animazione farfi, quando fi formano i membri principali, o al più formati che fono, e quella di Paolo Zacchia, che la mette immediatamente al concepimento.

1 ALtri Autori vogliono, che non fi differifca l'infufione dell'Anima fino alla totale formazione del Feto; ma che al più fi faccia, compiti gli organi principali, come credono il famofo Pietro Gaffendo, e molti Moderni, e in quefto fentimento coincidono altri, benchè Peripatetici, o Galenici: perchè fuppongono effi, che a pochi giorni dalla concezione materiale, fi compifca l'organizzazione accidentale, la quale altro in lor linguaggio non fignifica, fe non la perfetta preparazione, che fa la virtù da effi denominata Plaftica, o Formatrice, nella materia feminale, rendendola per diverfe doti, ed accidenti atta a comporre le diverfe parti eterogenee del Corpo: perchè (come dicono) il temperamento caldo è neceffario al Cuore, il freddo al Cerebro, il fecco alle Offa, l'umido al Sangue, ed alla Carne. Compita l'organizzazione accidentale, la natura principia la foftanziale, cioè la formazione delle membra del Feto fteffo, prima fabbricando

le

le principali, cioè il Cuore, il Cerebro, il Fegato, e poi tutto il reftante: e quefta diverfità di organizzazione accidentale, e foftanziale è celebre fra gli Ariftotelici, fra' quali Scoto, Suarez, Urtado.

2 Sicchè molt'infegnano, l'Animazione farfi verfo il fine della prima, che coincide col principio della feconda, o almeno, quando, già formati i membri principali, comincia il moto Siftolico, e Diaftolico. Per quefta opinione fi citano degli antichi Avicenna, Filopono, Ugone Vittorino, Alberto Magno: de' moderni Rainaudo, Marziano, Carario, Mercuriale, Garzia, Mena, Mirindolo, ed altri, che riferifce Dandino.

3 Circa però il tempo, in cui fiano formati detti organi, o almeno, preparata la materia, fi principj la loro formazione, variano fra di loro gli Autori. Perciò Tommafo Fieno celebre Medico di Anverfa mette l'animazione al terzo, e ne à fcritti tre intieri Trattati, cioè: Il primo: *De Formatione Fœtus liber, in quo oftenditur Animam rationalem infundi tertia die. Anno* 1620. Il fecondo: *De Formatione Fœtus liber fecundus, in quo prioris Doctrina pleniùs examinatur, & defenditur. An.* 1624. Il terzo: *Pro fua de Animatione Fœtus fententiâ Apologia adverfus Antonium Ponce Sancta-Crux. Anno* 1629. Quefto Medico lafciò, per teftimonianza di Caramuele, tefori acquiftati coll'eccellenza nell'arte. Mirindolo fente farfi al fettimo. Tomai al decimoquinto, quando dice, che il Feto refpira. Alberto Magno al vigefimoquinto. Altri fi contentano di dire dal fettimo in fu. Si appoggia la fentenza di quefti Filofofi in qualche paffo di Ariftotile, e molto più affai in alcuni chiari tefti d'Ippocrate tanto nel Libro *De natura Pueri*, quanto in quello *De Carnibus*. E per ciò, che appartiene al Libro *De natura Pueri*, egli vi narra di avere offervato un Embrione abortito da una Zitella ferva di una Suonatrice, ch'egli fece fconciare co' falti: e bench' egli ve lo dinomini futuro Animale, in quanto non era compito per fare tutte le funzioni propie di Animale, e maffime della fua fpecie umana, tuttavia ci fa a fapere, ch'era quello involto nelle membrane, ch' erano

a guifa

a guifa d'un uovo, nel che concorda co' Moderni, e che già detto Feto refpirava : ond' era vivo, benchè ciò foffe accaduto il fefto giorno della difgrazia della gravidanza ; ecco le fue parole fedelmente tradotte dal Greco : *In cujus medio tenue quiddam extabat, quod mihi umbelicus effe videbatur, & fanè per illum primùm fpiritum intus, & extra ducere*, cioè infpirare, & refpirare ; ficchè quefto moto non era nell' Embrione fenza la Siftole, e Diaftole.

4 E' vero, ehe nel fecondo Libro dice due volte, che la perfetta organizzazione del Feto Mafchio fuccede al fommo al 30. della Femmina al più al 42. per avere egli offervato in alcune la purga non prolungarfi per lo più ne' parti di Mafchj oltre il 30., e di Femmine oltre il 42. : ma ciò non ofta ; perchè la durata della purga non â che fare, come fi diffe, colla dimora della formazione, molto meno poi col tempo dell' animazione ; onde malamente alcuni citano Ippocrate, quafi abbia detto, quefta accader folamente prima del 30. o 42. perchè altro è il dire : il Feto al più tardi fi organizza perfettamente al 30. : altro è il dire, fi anima : Ippocrate dice il primo, non già il fecondo : anzi dice l'oppofto, perchè narra, che già il Feto aveva moto fin dal fefto giorno; ond'era animato : ficchè per lui non è neceffario all' animazione, che fia tutto compito ; ma bafta, che fiano formati i membri più principali. Infatti Bianchi (*a*) benchè abbia offervata tardiva la perfetta conformazione ; pure fente l'animazione farfi fubito dopo la concezione, e nel principio del moto Siftolico, e Diaftolico, annoverando quefta opinione de' giorni 30. e 42. fra le falfe : *Theologi, Canoniftæ, Jurifperiti, ne Medicorum, præterquam verè fcientium, & revera Anatomicorum fententiis fidant; nifi velint res fibi imponi, vel ineptiores illis, quæ de ingreffu Animæ in Mafculum humanum Corpus poft 30. a conceptu dies, in Fæmineum poft 40. & de intima, atque ideo nobiliori obtenta in utero fede ab illo ex gemellis fratribus, qui poftremus in lucem prodierit, funt credita.*

5 Non

(*a*) Bianchi *de vitiofa generat. fol.* 221.

5 Non fi niega però , che Bechero dubbita, fe il detto Libro fia veramente d'Ippocrate . Ed in vero Andrea Cifalpino l'attribuifce ad Alcmeone Difcepolo di Pittagora , perchè in quello s'infegna certa dottrina , che Ariftotile narra avere infegnata Alcmeone; ma la congettura è affai fievole. Con più fondamento Augenio lo credette di Polibo celebre Difcepolo d'Ippocrate : primo , perchè lo ftile è luffureggiante , e non à la fobrietà del Maeftro: fecondo , perchè Ippocrate nel fuo giuramento aveva promeffo di non cooperare ad aborti , e l'Autore qui narra di aver fatto abortire la detta Serva ; terzo, perchè Galeno dubbita in certo luogo (a), fe fia d'Ippocrate, o di Polibo . Si rifponde però , che il Libro verifimilmente fu fcritto da Ippocrate giovane , e così di uno ftile più brillante , e prima ancora di aver fatto il giuramento : forfe ancora egli intefe giurare folo in favore de' Feti animati , e non già degli inanimati ; giacchè Ariftotile , ed altri in quel tempo giudicarono lecito l'aborto del Feto inanimato ; e potè Ippocrate prima di quefta fperienza credere , che un Feto sì picciolino non doveffe ancora aver Anima . Rejes, che giudica il Libro per veramente Ippocratico , fofpetta , che quelli configliò alla Donna il falto , per torfela d'innanzi , credendo , che non foffe fufficiente all'aborto in una Giovane robufta , ma ch'ella fi afi ajutata con altre medicine . Del refto Polibo aveva fatto l'ifteffo giuramento , fenza di cui Ippocrate giurò di non ammettere Difcepoli : ficchè fe Polibo potè controvenire al giuramento; non è impoffibile , che vi fia inciampato Ippocrate , ch'era Uomo ancor come Polibo . Quanto a Galeno , ei fi ritrattò citandolo fempre (b) fotto nome d'Ippocrate , e non di Polibo: forfe era compofto dal primo , e divolgato con qualche limatura , ed aggiunta dal fecondo , o fcritto dal fecondo , ma con la direzione del primo . Macrobio però , Eroziano , e tutta l'antichità lo ftimarono d'Ippocrate , e degno di lui . Fefio celebre Traduttore, ed Illuftratore delle opere di quefto Principe de' Medici dice , effere di lui , e certamente una continuazione del Libro de

Na-

(a) Lib. de forma. Fœt.
(b) Lib. Aplor. & l.b de Sem. et de Facult. Nat.

Natura Hominis , a cui in alcuni efemplari antichi fi vede unito , ficcome il Libro *de Natura Hominis* effere fuo parto legittimo , perchè ne fa fede Platone nel Fedro ; ma Drelincurzio fi maraviglia , che fi metta in dubbio un fatto sì chiaro ; perchè ben due volte Ippocrate nel Libro *de Morbis Mulierum* cita , come fuo , quello *de Natura Pueri* : ed io offervo , che in quello promette quello *de Morbis Mulierum* .

6 Nel Libro poi *de Carnibus* attribuito ancora comunemente ad Ippocrate , fi dice così : *Porrò vita Hominis feptem dierum eft , & in feptem diebus habet quæcumque Corpus habere debet* , e porta l'Autore l'efperienza da sè fattane fopra gli aborti procurati dalle Meretrici : *Si moleculam* , dic' egli , *in aquam injeceris , re attentiùs confpecta , deprehendes oculorum regiones , & aures , & digitos manuum , & crura , & pedes , & digitos pedum , & pudendum , & reliquum totum Corpus in confpicuo eft* , e lo conferma con la ragione , dicendo , che perciò ne' morbi acutiffimi , e nelle ferite il giorno fettimo è critico . Il medefimo differo fra gli Antichi Diocle , e Stratone preffo Macrobio (a) , e fra' Moderni Fernelio , e Bonaccioli . Ma quanto s'infegna in quello Libro è contrario a ciò , che fcriffe Ippocrate nel Libro *de Natura Pueri* , fecondo il quale la perfetta articolazione non è mai nel Mafchio prima del vigefimo , nè nella Femmina prima del vigefimo quinto , fegno che il Feto di fei giorni , di cui egli parla in quel Libro , non era articolato . Ma fi potrebbe dire , che gli Embrioni non fi perfezionano ugualmente , e nel medefimo tempo in tutt' i Paefi ; ed Ippocrate ne girò molti , e potè far diverfe fperienze nella fua lunga età , giunta fecondo alcuni alli 85. fecondo altri 90. 104. 109. e così mutar di fentimento . Perciò Mariano fente , che il Libro *de Carnibus* fu fcritto nella vecchiaja , e quello *de Natura Pueri* nella gioventù ; com'è chiaro dallo ftile .

Altri però dicono addrittura , il Libro *de Carnibus* effere di Polibo ; ma fembra anche difficile , che Polibo fteffo abbia potuto offervare compito un Feto di fette giorni , fe non vogliamo dire , che i Feti in quel Paefe più prefto fi maturino , o almeno

F

meno

_____

(a) Macrob. 1. *in fomn.* 6.

meno fi fiano maturati più prefto quelli offervati da Polibo, ficcome ve ne fono, che nafcono al fettimo mefe già compitiffimi: o fe non altro, che vi fia ftato errore nel computo della gravidanza. Comunque fia, effendo apparfi nella mole non maggiori di fette giorni ad un Medico tanto infigne, non ne potevano effere molto lunghi, maffime che Pietro Gaffendo ci afficura, che un altro Feto, certamente non maggiore di giorni dodici, era già articolato. Alla fine Polibo non era un Cerretano: era l'amato Difcepolo d'Ippocrate, fuo Genero, ed erede di fua dottrina.

Quefto poi è fenza dubbio, che la fentenza, che il Feto venga animato al fettimo giorno, perch' egli allora â una formazione baftante, è oggi molto più abbracciata di quella d'Ariftotile, ormai fra' Medici antiquata, come offervò il detto Gaffendo. Ma giacchè coftui è uno de' più eccellenti Filofofi, che mai fiano ftati al Mondo, non debbo qui tralafciare di dire, ch' egli inclina, per quanto fpetta a ragioni filofofiche, ad afferiré, che l'Anima s'infonde dal primo iftante (a), e quefta fentenza a lui fembra più naturale: *Longè planior eft; quippe nullum invenitur commodius momentum; cum affumpto quolibet alio, incredibile fiat, cur non tantifper expectari debuerit.* Ciò non oftante per l'autorità delle Leggi, che diftinguono tra Feto animato, ed inanimato, fi contenta di dire, che probabilmente l'Anima s'infonde al fettimo giorno, confeffando però, effere ancora incerta la verità, e da Dio folo conofciuta.

Ma a quella fentenza, a cui tanto propendette Gaffendo, efpreffamente, ed acremente fi attaccò Paolo Zacchia Medico, e Legifta Romano. Aveva quefto Autore nel primo Tomo della fua Opera feguíta l'opinione di quei, che fondati malamente in Ippocrate, prolungano l'animazione del Feto Mafchile fino al 30. del Femminile fino al 42. ma nel fecondo Tomo, ch' è poftumo, dedicato ad Aleffandro VII. e fi ftampò l'anno 1661. fi ritratta, e pruova con molta erudizione, e raziocinio filofofico, che Iddio crei l'Anima fubito dopo la concezione materiale, che fecondo la Scuola Peripatetica, di cui egli è feguace,
s'in-

_____

(a) Gaffend. *t. 2. Phyfic. de generat. Animal. e. de animat. Fœtus.*

s'intende, allorchè i due femi Virile, e Femminile fono già
mifti. Non era a fuo tempo divolgata, ed accettata da' Filofofi, e Medici la fentenza dell'Ovario Femminile, perciò difcorre fopra l'antico fiftema della miftura de' due femi; ad ogni
modo foftiene in un intiero Trattato, che l'Anima non fi propaghi col feme Paterno, ma foltanto gli Spiriti animali, perchè
fomentino la maffa, e fervano all'Anima di puro iftromento,
e che quefta medefima fia infufa immediatamente al concepimento materiale, acciocchè cooperi con la fua prefenza, ed
influffo vitale alla vegetazione, accrefcimento, che fi fa *per intus fumptionem alimenti*, formazione, e perfetta organizzazione
dell'Embrione, che va di paffo in paffo fino dal fuo principio
avanzandofi; e finalmente, che quell'Anima altra non fia, che
la ragionevole, per evitare molti, e graviffimi affurdi fpecialmente della moltiplicazione fenza neceffità, o fia fucceffione
delle tre Anime: e benchè fi protefti nel fine del Trattato di
fcrivere folamente con ragioni probabili, rimettendofi al giudizio della Chiefa (a), tuttavia nella fteffa edizione poftuma le
giudica tanto fode, che crede di ora innanzi non doverfi più in
buona Filofofia dubbitare di fua fentenza.

    8 Conferma il tutto con una ragione, che merita del ri-
guardo. Solennizza la Santa Chiefa Cattolica la Concezione di
Maria Vergine Madre di Dio, e fente celebrare il Concepimento formale, cioè il primo iftante di fua Animazione, come poi
dichiarò Aleffandro VII. (b), e non già il materiale, che non
è per fe folo oggetto di Fefta Ecclefiaftica, come dicono i Teologi. La folennità faffi agli 8. di Dicembre, e ciò per divina
rivelazione efaminata, ed approvata da S. Anfelmo, da cui ebbe origine la Fefta medefima nell'Inghilterra. Se adunque la
nafcita fu agli 8. di Settembre, come fi hà per antichiffima tra-
dizione della Chiefa, ne fiegue, ch'effendo la Vergine ftata
nove mefi nell'utero materno, ebbe infufa la fua fempre San-
tiffima, ed Immacolatiffima Anima nello fteffo giorno del fuo
concepimento materiale. Infatti quefto medefimo dicono con

                    F 2   S. An-

────────────────────────────

(a) Zacchias *quaft. Medico-legal. t. 1. l. 2. q. 5. n. 2.*
(b) Alex. VII *Conftit.* Sollicitudo.

S. Anfelmo tutti concordemente gli Autori, come può vederfi in Alberti. Nè ciò può attribuirfi a miracolo, come nella Concezione di Crifto: perchè la Generazione del Redentore fu in tutto portentofa come opera dello Spirito Santo, ma quella della Madre fu fecondo l'ordine della natura; e poi bifognarebbe pruovare quefto miracolo, e non fupporlo folo per deludere la forza dell'argomento. Egli è vero, che piacque a Tirfo Gonzalez il credere, che l'Animazione fia ftata di Sabbato, ed al fettimo giorno della Concezione materiale accaduta in Domenica: ficcome Iddio principiò la fabbrica del Mondo nel primo, e poi fi ripofò nel fettimo giorno della fettimana; ma, oltrecchè ciò anche proverebbe, che l'Anima non afpetti nè 90. nè 60. nè 40. giorni, ma s'infonda affai prima; bifogna confeffare, che quefta è una pia rifleffione, e non già un argomento baftante a fciogliere la difficoltà.

9   Ancora i Martirologj, e i Padri fiffano la concezione di S. Giovambattifta alli 23. di Settembre, quando alcune Chiefe ne facevano la Fefta; ma fi può dire, che non potendofi fapere il punto della fua Animazione, fi abbia notato il tempo verifimile del fuo materiale concepimento, che fi pretendeva folo celebrare come miracolofo. Ma quanto alla Concezione di noftra Signora non giovarebbe tale rifpofta, perchè fi celebra agli 8. di Dicembre non già per arbitrio prudenziale, ma per rivelazione di Colui, che ne fapeva il giorno, e l'iftante, e fi folennizza l'Animazione.

10   A quefta fentenza però di Zacchia aveva pochi anni prima fatta la ftrada Tommafo Fieno ne' Libri detti di fopra; ma non era però mica novella. Ed in vero oltre le ragioni intrinfeche, le quali favorifcono Zacchia, è egli fpalleggiato da molti Padri, e antichi Filofofi, e Medici; infatti:

S. Bafilio, (a) come fi diffe, non voleva, che fi faceffe diftinzione tra Feto animato, ed inanimato.

S. Gregorio Niffeno, che (come notò Bellarmino) volle compire, quanto della creazione dell'Uomo aveva fcritto il Fratello, dice: *Pofteriorem effe originem Animarum, ipfafque recentiores*

(a) S. Bafil. *epift. canonic.* c. 2. ubi *Balfamon.*

tiores effe corporum conftitutione , nemo fanæ mentis præditus in_ animum induxerit . (a)

S. Cefario (*b*): *Longè etiam mihi velis ab illa refilias opinione , quod Corpore pofterior fit Anima .* Lo fteffo differo altri Scrittori , ed antichi Teologi Greci , e Latini , fenza parlare_ di quelli , che ammifero la propagazione *ex traduce* , o l'ebbero per problematica .

11   Quanto poi a' Filofofi della fteffa fentenza di Zacchia fu Aleffandro Afrodifeo , celebre Commentator di Ariftotile_ (*c*), Temiftio (*d*), e Galeno. (*e*): *Nam* , dice quefti, *ficut incredibile eft , nullum in tanta partium multitudine a fortuita commiftione errorem committi ; ita confequutionem motus artificiofam_ ab aliqua irrationabili fubftantia effici , perinde ac ipfi dicunt , nimis audax eft ;* ed altrove (*f*): *Eo perfpicuum eft una cum jacto in uterum femine inftam a Creatore univerfi effe Animam , ut gubernandi vim Corporis haberet .* Fra' moderni poi è ftata abbracciata da Vopifco Fortunato Pemplio (*g*), Gafpare Bravo , ed Alberti , oltre gl'innumerabili , che riferiremo a fuo luogo . Sicchè a tal fentenza niente manca nè d'intrinfeche e ben forti ragioni , nè di eftrinfeche autorità , per dirfi fodamente probabile contro quello , ch'è paruto al Viva , ed al Milante fopra la Propofizione 34. d'Innocenzo XI. di fanta memoria .

CA-

(a) S. Gregor. Nyffen *Difp de Anim. & Refurrect. & lib. de human. opific. c. 29.*
(b) S Cæfar. *lib. 6. Dialog. 3. in refponf. ad interrog. 115.*
(c) Ariftot. *quæft nat. c. 25.*
(d) Themift. *lib. de Anima c. 12.*
(e) Galen. *lib de Fœt. format c. 6.*
(f) *Lib. an Anim. fit id, quod in utero eft, c. 4.*
(g) Vopifc. Fortun. Pemp. *lib. 2. de fundam. medic. c. 6.*

CAPO VII.

Che non è deciso nel Jus Canonico, che prima si perfezioni il Feto, e poi sia creata l'Anima.

1 MA quanto à preteſo edificare Zacchia, ed i Seguaci della ſua opinione, par che ſia roveſciato dalla Decretale d'Innocenzo III. da varie Bolle Pontificie, dallo ſtile della ſacra Penitenziaria, e da altri Canoni, ſpecialmente dal Capitolo *Moyſes* 32. q. 2. ch'è il più chiaro, e celebre in queſta materia; ecco le ſue parole:

Ex S. Auguſt. quæſt. vet. & novi Teſt. c. 23.

Moyſes tradidit, ſi quis percuſſerit Mulierem in utero habentem, & abortiverit; ſi formatum fuerit, det Animam pro Anima; ſi autem informatum fuerit, mulctetur pecunia; ut probaret non eſſe Animam ante formam. Itaque ſi jam formato Corpori datur Anima; non in conceptu Corporis naſcitur ex ſemine derivata: nam ſi cum ſemine & Anima exieri ex Anima, multæ Animæ quotidie pereunt, cum ſemen fluxu quodam non proficit nativitati. Sed ſi propiùs reſpiciamus; videbimus quid ſequi debeamus. Contemplemur facturam Adæ. In Adam enim exemplum datum eſt, ut ex eo intelligatur, quia jam formatum Corpus accipit Animam: nam poterat limo terræ admiſceri, & ſic formare Corpus; ſed ratione informabatur: quia primùm oportebat domum compaginari, & ſic habitatorem induci. Anima certè, quia ſpiritus eſt, in ſicco habitare non poteſt; ideo in ſanguine fertur. Cum ergo corporis lineamenta compacta non fuerint, ubi erit Anima?

2 Ma primieramente queſto non è in verità un Canone, perchè non fatto da Pontefici, nè da Concilj, e già ſi ſa, che ſimili documenti inſeriti da Graziano nel ſuo Decreto, ſiccome

non aveva egli autorità di farli diventar Canoni, non ânno forza di legge. Direte: egli però è fondato apertamente nella Scrittura, ch'è la regola degli steſſi Canoni; e tanto baſta: ma ſi riſponde, che il Teſto dell' Eſodo 21. 22. a cui, ſecondo la verſione de' Settanta, ſi appoggia l'Autore addotto da Graziano, diverſamente ſi traduce nella noſtra Volgata, nè queſta diſcorda dall'originale Ebraico, ſiccome nota il Calmet, e in luogo delle parole: *Si formatum fuerit*, (ſcilicet Abortivum) *det Animam pro Anima*; *ſi autem informatum fuerit*, *mulctetur pecunia*, nella Volgata ſi legge coſì: *Si Abortivum quidem fuerit*, *ſed ipſa vixerit*, *ſubjacebit damno*, *quantum Maritus Mulieris voluerit*, *& arbitri judicaverint*. *Si autem mors ejus fuerit ſubſequuta*, *reddet Animam pro Anima*; ove nulla ſi diſtingue fra Aborto animato, ed inanimato; ma ſolo fra Pregnante, che ſopravive, e che muore alle percoſſe. E poi lo ſteſſo formato, e non formato de' Settanta non ſignifica animato, ed inanimato; ma ſolo perfetto, ed imperfetto, com'è chiaro dal loro teſto; perchè la parola το εξειconiſmenon vale configurato da εικον, che ſignifica figura. Or gli Aborti picciolini, benchè animati, eziandio di 4. o 5. meſi, ben ſi poſſono chiamare non formati, perchè non perfettamente compiuti; e perciò non vitali: ed eſſendo tali, s'impone a chi è ſtato l'Autore della ſconciatura una pena minore, per far differenza tra chi uccide un Uomo adequatamente formato, e che in conſeguenza preſumeſi dover vivere; e tra chi toglie la vita naſcente a chi, come una lucerna non bene, per coſì dire, allumata, può ad ogni leggiero moto, ad ogni ſoffio eſtinguerſi: ſicchè ſe â la vita, pare, che non ancor la poſſieda, ſe non precariamente: e molto più prima del 40. quando gli Aborti ſono più frequenti, e in gran parte i Feti eſcono morti. Anche la iſteſſa Legge Civile non impone pena della vita per gli aborti de' Feti minori di cinque meſi, benchè per altro certamente animati, come pondera Michele Bodowinget: (a) *Jura autem in foro fori*, *ſicut explicat Franciſcus Torreblanca*, *de tam tenui animatione non loquuntur*, *hoc eſt de inſtanti*, *quo Anima infunditur*,

(a) Bodow. Ventilabr. *Medico-Theol. p. 1. q. 264*

tur , ut qùis pro homicida puniatur : fed de animatione perfecta , qua Infans maturus eft ad nafcendum , uti tradunt Thefauras , Suarez , Plazza , Menocchius , & Gomez , tutti Giureconfulti : e piace a *Reez ,* e Villalpando . Aggiunge Zacchia (a) , che quando il Feto è maggiore , la gravidanza è certa , e non fuole effere così ne' primi tempi : e che coll'aborto del Feto maggiore pericola ancora la vita della Madre , ficchè gli omicidj fono due .

3 Il Canone poi feguente *Sicuti* (b) , le cui parole fono di S. Girolamo , è malamente addotto da' Coimbricefi Difcepoli di Ariftotile : perchè non vi fi dice , che , chi fa abortire il Feto non formato , non è omicida ; ma che non fi reputa come omicida , il che è chiaro dalle fue ftefse parole .

4 Ma per tornare al Canone *Moyfes* , neppure giova il dire : almeno farà autorità , come detto di S. Agoftino ; perchè oggi è indubitato , che l'Autore delle quiftioni del vecchio , e nuovo Teftamento non è Agoftino . Così avvertono i Padri della Congregazione di S. Mauro nel Monito . Ed in vero l'accennato Autore dice fcrivere 300. anni dopo la diftruzione di Gerufalemme : ed allora Agoftino non contava , che anni 16. , e fi fa , ch' ei non fcriffe Trattati Ecclefiaftici prima del fuo Battefimo , che ricevè d'anni 33. Di più nè Poffidio fa menzione di detta Opera nell' Indice de' Trattati del fuo Maeftro , nè S. Agoftino medefimo ne' Libri delle Ritrattazioni , nè in quella fi fcorge la gran mente , e fapienza del Santo : anzi in moltiffime quiftioni contiene Dottrine affatto contrarie a' fentimenti da lui fpiegati in altre fue opere legittime ; e poi S. Agoftino non diffe mai , l'Anima infonderfi già perfettamente formato il Corpo , ma piuttofto inclinò a credere , che fi propaghi *ex traduce* : anzi motivandofi contro la difficoltà del Tefto citato dell' Efodo , fecondo la verfione ftefsa de' Settanta , rifponde : che per formato , ed informe non fi deve intendere animato , e non animato , ma perfetto , ed imperfetto : ecco le fue parole nelle quiftioni (c) fopra l'Efodo , opera certamente fua , e fcritta

l'anno

(a) *Lib. 9. tit. 1. q. ult. n. 118.*
(b) *Sicuti* 32. *q.* 2.
(c) *In Exod. q.* 80.

l'anno 419. inferite ancora da Graziano nel suo Decreto, ed al medesimo luogo del Capitolo *Moyses*, e perciò di non minor uso.

Si ergo illud informe puerperium jam quidem fuit, sed adhuc quodammodo informiter animatum; quoniam magna de Anima quæstio (cioè, che si propaghi ex traduce) non est præcipitanda indiscussæ temeritate sententiæ; ideo lex noluit ad homicidium pertinere; quia nondum dici potest Anima viva in eo Corpore, quod sensu caret, si talis est in carne nondum formata, & ideo nondum sensibus prædita. Sicchè non può S. Agostino aver detto ciò, che si dice nel Capitolo *Moyses*. Ed è d'avvertire, che Graziano stesso â per buona spiegazione del Testo dell'Esodo tanto quella, che credendola di Agostino inserì nel Capitolo *Moyses*, quanto quella del Capitolo antecedente, ch'è veramente del Santo Dottore, quando ancora si volesse stare alla Versione de' Settanta, per altro contradetta dalla Volgata: onde nessuna forza può farsi sopra il Capitolo *Moyses*, non che crederlo decisione della celebre controversia, se il Feto venga animato subito dopo la concezione, o dopo la compita organizzazione. Di più l'Autore delle quistioni del vecchio, e nuovo Testamento dice molti errori contro la Fede, enumerati dal Bellarmino (*a*), e fra gli altri niega il peccato originale tanto bene provato da S. Agostino: onde quegli non â difficoltà di scrivere, che *Liber quæstionum veteris, & novi Testamenti non est Augustini, sed alicujus Hæretici*; e dallo stile, e dalla coincidenza del tempo, in cui fu scritto, congettura essere di Ilario Diacono, Propagatore dello Scisma de' Luciferiani.

5 E' vero, che ne' Libri *De Spiritu, & Anima*, e in quello *De Ecclesiasticis Dogmatibus*, inseriti un tempo fra le Opere di Agostino, si dice ancora l'Anima infondersi organizzato il Corpo, il che servì molto a corroborare detta opinione; ma Bellarmino con tutt'i Critici ânno provato, il primo non essere di S. Agostino, ed il secondo essere di Gennadio. Finalmente la ragione, che assegna l'Autore del Capitolo *Moyses*, cioè, che l'Anima di Adamo fu infusa dopo organizzato

G il

Il Corpo, nulla conchiude: quella fu una formazione miracolofa, e di una materia inetta, e indifpofta ad effere Corpo umano, e così bifognò prima prepararfi: ma la noftra generazione dipende da materia già difpofta, e perciò dall'Anima fteffa informabile fin da principio. Nè più efficace è l'altra ragione, che apporta, cioè, ch' effendo l'Anima Spirito, bifogna abitare nell' umido del fangue, e non già nel fecco: di quefta fentenza con giufto motivo la Gloffa fe ne ridette, dicendo, effere buona pe' Popoli Settentrionali amici di bere.

6 Veniamo alle Bolle, e Decretali. Innocenzo III. nel Cap. *Sicut*, *de Homicidio* diftingue tra la pena dell'Aborto di Feto animato, ed inanimato. Sifto V. vuole, che tanto l'uno, quanto l'altro fi caftighi ugualmente colla Scomunica. Gregorio XIV. mitiga la Bolla di Sifto, e fofpende la Scomunica fulminata contro chi procura Aborto d'inanimato. Clemente VIII. fa ancora la fteffa diftinzione.

Primieramente è d'avvertire, che la difficoltà tocca folamente la fentenza di Paolo Zacchia, e de' fuoi Seguaci, che dicono non darfi mai Feto, che non fia animato; perchè fentono infonderfi l'Anima immediatamente alla concezione materiale: non però il fiftema di quegli altri, che vogliono l'Anima infonderfi perfezionata già l'organizzazione accidentale, o parziale, cioè del Cuore, Cerebro, e Fegato, il che alcuni credono farfi dal 7. in fu, o al 3. o 4. giorno: perchè in quefta fentenza fi verifica ancora la diftinzione tra Feto animato, ed inanimato; nè quefti Pontefici nelle loro Bolle, ânno mai detto, fe il paffaggio da Feto inanimato, ad animato fi faccia prefto, o tardi, e ciò è chiaro; ma parlando ancora del fiftema di Zacchia, non fu mai intenzione di effi neppure decidere, che l'Anima non s'infonda fubito dopo la concezione, come quefto pretende; ma folo fuppongono darfi Feto, che fia inanimato: perciocchè le Leggi nelle cofe dipendenti da Filofofia, o Medicina, o altre Scienze umane, fogliono accomodarfi al fentimento, che corre, come più comune tra' Profeffori. Or quando emanarono dette Bolle, l'opinione più abbracciata tra' Medici, e Filofofi fpecialmente Ariftotelici, come allora erano quafi tutti,

di-

dicéva, che l'Anima non s'infonde fubito, anzi che tarda al 40. e nelle Femmine moltopiù: perchè tanto il Zacchia, quanto il Fieno fono pofteriori a tutte quefte Bolle. Quindi è, che i fuddetti Pontefici, eccetto Sifto, uniformandofi ancora in quefta parte alla mitezza delle Leggi Imperiali, vollero, che le gravi pene Canoniche non s'intendano impofte per quegli Aborti di Feti sì teneri, che allora fi credevano comunemente non effere animati, o che fe fono, non lo fono rifpetto a noi: giacchè non abbiamo, nè poffiamo avere tale fcienza: maffime che non lafcia la controverfia di effere ancora dubbia oggidì, fe tardi, o no ad effere infufa l'Anima.

7 E quefta è una ragione prudentiffima, e giuftiffima, per cui la f. grà Penitenzierìa fiegue in pratica ad attenerfi all' antico fentimento de' Medici, e quando non confti effere il Feto vivo, fe non è arrivato al 40. giorno, lo prefume non animato: lo ftile di effa principiò fino da' tempi di Gregorio XIV. e con favio configlio non fi è mutato; perchè *in dubiis*, *quod minimum eft*, *fequimur*, dice la Legge, quando fi tratta di pena: e graviffima è quella della Scomunica, ed Irregolarità, che, ficcome provengono dal Jus pofitivo; così poffono in pratica avere un ufo più mite, e più benigno con chi procura un Aborto ne' primi tempi della gràvidanza: perchè in realtà o non è ancora il Feto animato, come moltiffimi anche oggidì fentono, o s'è animato, almeno non è certo a noi, che lo fia; anzi neppure di ordinario può faperfi di certo la fteffa gravidanza. Sicchè le Bolle fuddette, e lo ftile della Penitenzierìa, benchè molto equitativi, e prudenti, non precludono la ftrada a' Filofofi d'indagare meglio quefta verità. Molto meno poi Sifto V. il quale decretò, che la Scomunica s'incorreffe tanto fe il Feto è animato, quanto s'è inanimato: perciocchè egli così decretando, par che abbia avuto dinanzi agli occhi la celebre controverfia, e che perciò fi fia meffo al ficuro, fcomunicando ancora chi procura l'aborto del Feto, che i Medici di allora credevano comunemente effere fenza Anima: e ciò per togliere quefto riparo agli Empj, come fece ancor S. Bafilio, e forfe inclinava Sifto alla fentenza medefima di Zacchia; onde

de , chi ben pondera la cofa , trova, che la fua Bolla più favorifce , che nuoce al detto Zacchia . Per altro non è lo fteffo,
trattare della controverfia del tempo dell'animazione in ordine
a punire un Reo di aborto , e il farlo in ordine al battezzare
il Feto, come ponderano i Dottori: quella equità, che nel primo cafo c'inclina a prefumere , che non fia animato , nel fecondo vuole , che non fi lafci di efaminare , fe lo fia , acciocchè poffa darglifi il Sagramento della rigenerazione (a) .

C A P O   V I I I.

Se debba miniftrarfi il Battefimo agli Abortivi de' primi giorni .

1   **D**Apoicchè fi cominciò a dubbitare dell'opinione di Ariftotile per le oppofizioni del Fieno , e le nuove fperienze , varj Autori fcriffero , in tutti gli Abortivi,
benchè imperfettiffimamente figurati , doverfi fare l'indagine,
fe fi muovano , o no , per battezzarli almeno *fub conditione* ; e
fra gli altri Maffimiliano Dezza (b) fondato fopra il Rituale di
Paolo V. *Si Dei Vicarius Paulus V. in Rituali Romano baptizari
præcipit Fætum , fi vivat , fi vitalem indicet motum : folere autem
moveri præcipuis membris circa tertium , jam non tam fuadetur ,
quàm oftenditur : eritne 30. dies expectandus nobis , ut de Baptifmo
deliberemus?* Di quefti Teologi fa menzione ancora La Croix (c):
*Authores graviffimi cum Cardenas dicunt , omnes Fætus abortivos
Mulierum , etiam imperfectiffimè figuratos , effe baptizandos , fi dent
aliquod fignum vitæ per motum : quia putant aliqui Medici , quod
Fætus humani poft paucos v. g. 3. aut 4. dies a conceptione , ftatim
animentur Anima rationali ;* e Cardenas chiama la fentenza di
Dezza dottiffimamente , e fodiffimamente fondata.

Ma

(a) Thefaur. *decif. Pedem.* 12. *n.* 1. Menoch. *de arbitr. cafu* 357. *n* 7. Florent. *de
Homin. dub.*
(b) Dezza *in opufc. in calce Apolog. Francifci Verde pro Joann. Caramnel*
(c) La Croix *lib.* 6. *p.* 1. *de Bapt. dub.* 4. *n.* 294. Cardenas *in prima chryf. diff.* 14.
cap. 3.

2 Ma più di ogni altro si è avanzato Girólamo Fiorentini Prete Regolare della Madre di Dio di Lucca, Uomo dotto, e zelante. Benchè ancora non avesse egli avuta alle mani la celebre Dissertazione di Zacchia, che sta nella sua edizione postuma cominciata l'anno 1660. in Lione, in cui pruova, l'Animazione farsi al principio, egli il Fiorentini sin dall'anno 1658. stampò in Lione medesimo la sua Operetta *de Hominibus dubiis, sive de Baptismo Abortivorum*. In essa pruova, essere speculativamente, e praticamente dubbio il vero tempo dell'animazione, e che sia probabile infondersi l'Anima sin dal principio stesso, cioè subito fatta la concezione materiale. In seguito insegna, doversi sotto obbligo di peccato mortale battezzare tutti gli Abortivi, siano quanto si voglia piccioli, ancorchè non maggiori di una minuta fagiuola, o di un grano di orzo, sia quanto si voglia brieve il tempo passato della concezione; e ciò egli sente, ancorchè non diano segno di vita col moto, purchè non siano conquisi, o schiacciati, o manifestamente morti. Ed in vero bene sta, che abbiano il moto interno del sangue necessario alla vita, e non l'esterno progressivo, di cui ancora non ânno gli stromenti, che sono le Braccia, le Gambe, e le Coscie. Vuole però, che il Battesimo si dia *sub conditione*, tanto perch'è dubbio Filosofico, se in tale stato siano, o no animati; quanto perch'essendo allora involti nelle secondinucce, non si sa, se questo impedimento renderebbe nullo il Battesimo.

3 Nessuno sin'allora aveva scritto *ex professo* di questa materia, nessuno avanzatosi a tanto; pure il Libro fu ricevuto da parecchie Università tanto di Teologi, quanto di Medici, e da insigni Professori, o Dottori privati con sommo applauso, come si vede dalle loro censure fatte separatamente da ognuno. Le facoltà Teologiche sono, quella di Parigi, che chiama la dottrina del Fiorentini indubbitata, e molto acconcia ad atterrire le Donne di mal affare dal procurare gli Aborti sotto pretesto, che il Feto non sia ancora animato: quella di Vienna, e quella di Praga: ancorchè questa ultima con qualche limitazione. Di più la facoltà Medica di Vienna, e di Pra-

ga,

ga , e'l Rettore dell'Univerfità di Rems . Quanto al refto ap-
provarono il Libro due celebri Vefcovi Caramuele , e Crefpo,
e Stefano Luvinfclag Vicario Generale del Vefcovo di Vienna,
ed altri in gran numero , fpecialmente de' Collegj Salmati-
cefi (a) , e con quefta occafione nell'Accademia di Praga fi
tenne una Conclufione in difefa , che l'Anima s'infonde fubito
dopo la concezione, come fi legge nella Cenfura della Facoltà
Medica .

4 Ma ficcome neffuno aveva tanto portato innanzi l'obbligo di battezzare tutt' i Feti per la probabilità , che anche
ne' primi tempi immediati alla concezione materiale fiano animati ; così il Libro trovò dell'oppofizione in qualcheduno .

Per altro quefto Autore diceva, fecondo l'opinione in quei
tempi comune , l'Uomo generarfi dalla miftura de' due femi
fecondati , e agitati della virtù Plaftica de' Peripatetici , e confta , che il feme Virile fuole tre giorni dopo dall'utero riget-
tarfi . Aveva anche notato egli fteffo , che Arveo per proprie
fperienze narrava , nulla apparire nell'utero ne' primi giorni
della gravidanza , che poteffe crederfi effere l'Embrione ; onde
il Libro fu accufato di novità alla Sagra Congregazione dell'Indice . Quindi ne fu commeffo l'efame a tre Confultori , che ri-
ferirono , la dottrina effere probabile , e folo fu fatto a fentire
all'Autore da' Signori Cardinali , che riftampaffe il Libro con
la feguente protefta , concertata col Maeftro Fano Segretario
della Congregazione .

AU-

(a) E fono otto Teologi della Compagnia , cioè Bernardo Gejet , Michele Heinrz,
Maffimiliano Reichemberg , Alberto de Albertis , Antonio Cafilio , Michele
Baffano , Niccolò Martinez , e Giovanni Tribault . Quattro Maeftri dell'Or-
dine de' Predicatori , cioè Raimondo Pinsger , Criftoforo Spies , Vincenzo Gait-
ter , e Giacopo Filippo Polini . Di Salamanca del Clero D. Pietro Carufo : de'
Gefuiti Giovanni Barbiano , e Riccardo Linceo : del Collegio Salmaticefe di S.
Bernardo , i Maeftri Antonio di S. Pietro , Francefco Roys , Pietro d'Oviedo,
Michele di Fuentes , ed Ildefonfo Herbas : del Collegio Benedettino i Maeftri
Mauro Semocoi , Placido de Puga , Antonio de Caftillo , Giufeppe Gomez,
Filippo Raamonde : del Collegio de' Mercedarj i Maeftri Giambatifta de Gan-
danedo , Diego Villaviciniero , Ferdinando di Caravajal , Ildefonfo Gondi-
falvi : del Collegio de' Premoftratefi il Maeftro Giufeppe Bravo . Di Lucca D.
Giambatifta Cittadella Priore de' SS. Giovanni , e Reparata Teologo di Ge-
nova , Giambatifta Solerio Medico.

AUTHORIS DE ORDINE SUPERIORUM DECLARATIO.

Hanc ego sententiam de Baptismo Abortivorum tota hac disputatione comprehensam, & præsertim sectione II. expressam, ab Eminentissimis Patribus Sacræ Congregationis jussus explicare, libens, volensque, gravissimo, prudentissimoque Doctissimorum Principum judicio, & imperio pareo: & in primis assero, me nihil in præsenti materia definiendo dicere, sed uti rem probabilem, & per modum problematis proponere: deinde adverto, me neminem, quo ad praxim attinet, sub mortali obligare, sed tantùm rationes speculativas id suadentes exponere, ac in suspenso relinquere: sicuti nec inducere novum aliquem ritum in Ecclesiam, cum id ad Sacram Rituum Congregationem, Summumque Pontificem spectet. Ita sentio, ita scripsi, & ita me scribere, & sentire protestor, ut æquum est humilem, ac devotam S. Romanæ Ecclesiæ filium, qualem me esse, & fuisse hactenus, futurum in posterum sanctè profiteor.

5. Si ordinò ancora al medesimo, che spiegasse, come fece a luogo opportuno, che intendeva parlare di Feti abortivi onninamente sensibili, e che abbiano almeno i primi lineamenti: perchè chi riceve il Battesimo dev' essere sensibile non meno che questa sagra Lavanda; e poi si deve battezzare un Feto, e non il seme, nè una mola, o una escrescenza di carne.

6. Ubbidì a tutto il Fiorentini, ristampando la sua Operetta in Lucca presso Giacomo Paci; anzi alla prima disputa ne aggiunse tre altre. Nella seconda, ch' ei fece ancora esaminare, ed approvare da Uomini dottissimi, e principali Ministri della Corte Romana, ed in Roma stessa diede alle stampe, ripropone, ed amplifica tutt' i suoi maggiori argomenti. Nella terza inculca l'argomento sopraccennato, cavato dal giorno della Concezione di nostra Signora, e narra, che Alessandro VII. nel dichiarare, chè la Chiesa solennizza la prima Animazione, giudicò di proposito, non dovere mutare il giorno

de-

degli 8. di Dicembre , trasferendola ad altri 40. o 80. giorni
dopo , come i contrarj pretendevano , che avrebbe dovuto far'
ella , fe celebraſſe l'Animazione : anzi citò a Monſignor Creſ-
pos Ambaſciadore di Spagna lo ſteſſo Libro del Fiorentini , ove
ſi pruova , eſſere probabile ed *ab intrinſeco* , ed *ab extrinſeco* ,
l'Anima infonderſi da Dio ſubito dopo la concezione materiale.
Nella quarta diſputa ſcioglie tutti gli argomenti Teologici , o
Filoſofici , che ſi poſſono fare alla ſua dottrina .

7 Il più forte era quello cavato dal Rituale Romano ,
perch'eſſo nulla dice di doverſi battezzare i Feti sì picciolini .
A queſto egli riſponde in varj luoghi , che il Rituale neppure
lo niega , anzi eſpreſſamente ordina di battezzare i Feti , che
ſono vivi ; laſcia però alla Filoſofia , e Medicina il diſcernere ,
quali ſiano tali , e quali no : e ritorce l'argomento , e ſoggiu-
gne = *Anzi ciò , che più è da notarſi , il Rituale Romano di
Paolo V. comanda , che , ſe per ſorte accade , che muoja una Madre gravida , reſtando il Feto vivo nelle viſcere , allora quello
eſtratto deve battezzarſi : non però obbliga il Miniſtro a battezzarlo ſolo dopo i 30. giorni , ma in qualſiſia tempo , in cui occorra il pericolo , il che laſcia da determinarlo al prudente giudizio
del Miniſtro : onde l'ordine della Chieſa favoriſce la noſtra intenzione , in quanto morta la Madre gravida , e quella inciſa , ſtabi-
liſce , che ſi battezzi il Feto , ſe ſia vivo , e non riguarda tempo.*
Ed altrove (a): *Poniamo dunque argumentandi gratiá , che queſta Madre morta porti nell'utero un Feto per eſempio di 7. giorni:
per tale Rito della Chieſa queſto Feto di 7. giorni ſubito deveſſ
eſtrarre , e battezzare : ma ſuppoſta la ſentenza probabile , con
prudente giudizio ſi deve ſtimare vivo , tolto il caſo , che per accidente , e a cagione di qualche compreſſione , o ſia ſchiacciamento,
e contuſione appariſca evidentemente morto . Adunque un Feto di 7.
giorni deve battezzarſi in virtù dello ſteſſo Rito della Chieſa .*

8 Riſtampato adunque il Libro corretto ſecondo la mente della Sagra Congregazione ; ella poco dopo, cioè al 1. Aprile 1666. decretò = *Diſputatio de Hominibus dubiis &c. non per-
mittitur , niſi correcta juxta impreſſionem Lucæ ex Typographia
Hyacinthi Pacii .* CA-

(a) *Diſp* 2. *ſect* 6. *n.* 8.

C A P O IX.

Nuove Scoperte Filosofiche intorno alla Generazione mostrano, l'Anima infonderfi più presto di quel, che già fi credesse; ma il vero tempo è ancora incerto.

1 ANcorchè Zacchia, ed altri abbiano sostenuto, l'Anima infonderfi immediatamente dopo la concezione; tuttavia essi scrissero in tempo, in cui ancora universalmente si credeva gli Animali Viviperi, e in conseguenza l'Uomo ancora formarfi *ex commixtione seminis Masculini, & Fœminei*, in forza della virtù Plastica, o sia Formatrice, o fecondante del seme Maschile, che venivano a conformarsi in Feto, o almeno a concorrere alla sua formazione, come materia. Da ciò nacque, che Aristotile fu sì alieno dall'ammettere nel Feto umano l'Anima ragionevole così presto: dovendosi dare il tempo alla virtù Plastica Virile di fare la detta trasmutazione, e formazione; ond' ei chiama gli aborti de' primi sette giorni non aborti, ma flussioni.

2 I Moderni però con infinite osservazioni fatte sopra i Conigli, Cerve, e simili Quadrupedi, ânno finalmente nel passato Secolo ritrovato ciò, che gli Antichi per mancanza di microscopj, e di stromenti anatomici non poterono. Stenone adunque il primo, indi Hornio, Drelincurzio (*a*), Greffio, Cherchringio, Malpighio, Vallisniero, ed altri senza numero ânno già messo in chiaro, che il seme delle Quadrupede vivipare non è già quello, che credevano gli Antichi, che in verità non era, se non una semplice Linfa; ma è un uovo: che elleno ânno ancora il loro ovario, come i Volatili, i Pesci, e tutto il resto delle Ovipere, e che in conseguenza quelle non meno, che queste, sono generate dall'uovo, e generano coll'

H   uo-

(*a*) Carol. Drelincurt. *de Fœminar. ovis Historica, & Physica lucubrationes.*

uovo . Si oppone al certo Vallifnerio , nella celebre fua Storia della Generazione dell'Uomo , e degli Animali , a' primi Inventori dell'ovario , intorno al luogo dove ftia fituato il principio dell'Embrione , o punto faltante : e vuole , che fi contenga nel corpo luteo , o fia glandulofo : ma conviene con loro (ficcome ei fteffo protefta) nella foftanza , cioè , che tutti gli Animali , anche l'Uomo , fiano generati dall' uovo , che fta nell' ovario . Quefto ovario altro non è , che i due Gemelli , e fta fituato fopra dell'utero , e fuori di effo , ma fotto l'addome : comunica però con l'utero per mezzo delle corna uterine , ed è tutto pieno di uovi . In quefti uovi , che fono analoghi a' femi de' Vegetabili , fta rinchiufo , e concentrato lo fpirito feminale , o fia fecondante Femminile , che da sè folo non bafta alla germinazione dell' uovo , ed allo fviluppamento delle parti tutte dell'Embrione , le quali preefiftono nell'uovo , ma fono ancora , per così dire , in fe medefime involte .

3   E' neceffario adunque il feme Mafchile , il quale non penetra per fe fteffo ne' pori dell'ovario , ma folo per mezzo della fua aura attiviffima (a) , più veloce d'ogni vento , e che afcende per le dette corna dell' utero ; ed allora , quanti uovi ritrova già maturati , e difpofti , cioè con le parti del Feto bene a fuo modo lavorate , e pregne dello fpirito fecondante Femminile , fe quefto è omogeneo al Mafchile , tanti colla fua virtù ne feconda : e fecondati fcendono poi nelle dette corna , o fiano tube , aprendofi l'ovario da quella parte , ove contenevanfi gli uovi : come i melogranati fi aprono da loro fteffi per la diftenfione de' loro granelli maturi , o come la gomma efce dal cortice allargato delle piante . Indi fi chiude , come le vene emorroidali , dapoicchè fi erano aperte per dar efito al fangue nella fua turgefcenza .

4   Quanto agl'Infetti , ne' quali per la ftruttura ammirabile la natura fi moftra più artificiofa , che negli Animali grandi , i Peripatetici li credevano generarfi dalla putredine , maffime d'Animali maggiori , la quale altro non effendo , che un difordinamento delle parti del mifto , come appare dal fetore ,

ed

(a) Vedi Scurigio Spermalog. c. 10. q. 1. §. 19. e 20.

ed altri accidenti, che l'accompagnano; non poteva effere generazione di un altro animale, perch'effa non importa un cafuale accozzamento (per così dire) di materiali sfrantumati, ma un edificio a difegno, e con ordine perfetto, e compito. Quefto era lo fteffo, che dire, che i piccioli, benchè dottiffimi Libri, non fi compongono già dagli Autori, come i grandi; ma che alla ftampa de' grandi, quando fi fciolgono i caratteri, fe non fi rimettono nelle proprie cellette, ma fi gettano difordinatamente, e alla rinfufa, rifultino allora da quel confufo rimefcolamento. Ora i Moderni ânno provato ad evidenza, che ancor gl'Infetti nafcono dall'uovo, benchè fpeffo sì picciolo, ed infenfibile, che nuota nell'acqua, e vola per l'aria, fenzacchè alcun occhio linceo poffa raffigurarlo: e che fe nafcono nella putredine, non ânno origine dalla putredine, che folo promuove la fermentazione neceffaria alla generazione: ancora gli uovi di Gallina fi fchiudono nel fimo, e non perciò i Polli fi dicono effere generati dal fimo.

5 Dopo fatte le fperienze negli Animali irragionevoli, fi trovò lo fteffo nelle Donne. 'Anno ancor effe il loro ovario, cioè i due Gemelli, ognuno de' quali â 12. 20. e 30. uovi della grandezza de' pifelli maggiori, di figura rotonda, che da un lato ânno la placenta, che ne cuopre la metà a guifa del cappelletto delle ghiande, o nocciuole, per mezzo di cui l'uovo fta nell'ovario attaccato al fuo calice, ed incaftrato in effo, come i granelli de' melogranati alla lor caffa, ed indi riceve i rivoletti de' liquidi, che lo nudrifcono. In effo uovo fta l'Embrione; e benchè, fe ancora non è fecondato, appena fi vede col microfcopio, come una macchia femilunare, quafi cento volte minore dell'uovo; ad ogni modo è certo preffo tutt'i Moderni, che il detto uovo, anche non fecondato, s'egli è maturo, â in sè tutte le parti del corpo umano, benchè picciole; ma che dopo fi fpieghino, e crefcano allo fpiegarfi, come le piante, che ftanno tutte compendiate nel fuo feme. *Cum verò*, dice il Bianchi (a), *in punëto antea oculis omnium inacceffo, fingulæ, diftinëtæque Embrionis partes revera fuerint comprehenfæ;*

H 2 *quæ*

(a) Bianchi *de Natur. Generat.*

quæ tamen deinde explicantur , conspicuæ fiant , atque in molem amplificari valeant ; an erit adhuc dubitandi locus , nascendorum Hominum ova , atque germina , non quidem in generatione construi , & formari ; sed jam demum elaborata Vegetabilium ad instar explicari , & evolvi ?

6 Egli aveva raccolti nel suo Museo degli Aborti di quasi tutt' i giorni della gravidanza con grande esattezza , e nell'anno 1734. ne aveva fatta la storia , dichiarando la differenza de' Feti di 5. in 5. giorni . Onde ci serviremo qui della sua fatica , e delle figure di alcuni , che altrove (a) ci dà . L'uovo
1 non fecondato , ed immaturo si osserva nella prima figura : nella parte inferiore *A* si ritrova la metà dell' uovo dove sta la Placenta , che lo circonda in giro : nella superiore *B* l'altra metà , che va libera dalla medesima : l'uovo non fecondato pe-
2 rò è maturo nella seconda : esso à tagliato in 4. parti la membrana Corion , e rovesciata su l'amicolo : e si osserva dalla parte lucida , e libera dalla Placenta . La figura segnata dall' Asteri-
* sco rappresenta il calice dell'ovario , in cui stava detto uovo già maturo , e a' lati à porzione della sottanza vascolare dell'ovario
3 stesso . La terza figura è dell'uovo maturo non fecondato , ma guardato colla semplice lente , o sia col vetro ottico : in esso vedesi l'Embrione in figura di macchia semilunare , o di corpicciuolo oscuro , incerto , e piegato , forse cento volte minore dello stesso uovo , come lo descrisse al Bianchi un Amico , il quale avevalo osservato .

7 Ora detti uovi vengono fecondati della maniera , che si disse de' Quadrupedi , per le tube Fallopiane , così dette da Fallopio inventore , contigue , non già continue all'ovario , ed analoghe a' corni uterini degli Animali . Dalle tube scendono nell'utero , uno , o più , secondo il numero , che ne fu fecondato , onde provengono i Gemelli , Trigemini , ec. Che se due uovi sono sotto le stesse membranucce , come di tali te ne osservano ancora nelle Galline ; allora i Gemelli si formeranno sotto le stesse secondine : altrimenti ognuno avrà le proprie , come di ordinario succede : ed è da osservarsi , che , siccome narra

ra

_____

(a) *De nat. vit. & morb. gener.*

IV

V

IX

X

XII

XVI

6

qua
am
Ho
ſtr
ſta

tu
no
Fe
ca
no
1 la
Pl
m
2 rò
br
lu
* ſc
m
3 ſt
gu
ve
ci
de
qu

fi
F
at
n
d
u
v
to
n

—

ra Etmullero di una Gallina, che partorì un Pollo, benchè ciò le sia costato la vita: così Bartolini racconta di una Donna, che partorì un uovo ben grosso, e che temendo ella di restar la favola della Gente, lo schiacciò: tanto è vero, che Oviperi, e Viviperi tutti generano per mezzo dell'uovo, con la sola differenza, che i primi lo covano, e schiudono fuori dell'utero, i secondi però dentro.

8 Alcuni credono, che l'aura del seme Virile con mirabile attività subito, ed all'istante distacchi l'uovo fecondato dall'ovario, come accade al Cocomero selvatico, se viene toccato, e che subito scenda nell'utero. Altri credono, che ciò si faccia con più dimora, e che la natura impieghi tre giorni in questa discesa. Bianchi è della prima opinione, e soggiugne, che sceso nell'utero, ivi brevissimamente riceve nuovo alimento per varj canali, onde acquistano i liquidi dell'Embrione nuovi moti vitali, ed arrivando il sangue alla bolletta del Cuore, questa immediatamente si fa cospicua, e diviene punto saltante: cioè comincia il moto del cuore nell'Embrione, e'l tragitto del sangue pe'l Cuore, e la propulsione dal Cuore: e dalla propulsione il progresso per le parti, e'l ritorno delle parti al Cuore, e che in questo punto l'Embrione, compiendosi già la sua vita, divenga Feto: Drelincurzio (a) contro la sentenza oggi comune pretendette, che al tempo della generazione, prima scenda l'uovo dall'ovario nell'utero, e che ivi poi si fecondi: Mangeti però sostiene, essere già dimostrato il contrario. In essere però l'uovo già fecondato, subito gonfia: e si è trovato nelle tube, ed anche nell'ovario stesso non ancor pienamente distaccato della grandezza di una nocciuola, e nel terzo, o quarto giorno tende alla figura ovale, e senza microscopio vi si vede l'Embrione sciolto nuotante nell'amnicolo. Egli è come un Verme, in quanto à la testa, e il tronco lungo, che finisce, come in coda, ed è senza braccia, e cosce, e gambe come si vede nella quarta figura, ch'è di un Abortivo dato al Bianchi da una Matrona, che non era gravida più di tre, o quattro giorni: perchè 4. giorni prima l'erano finiti i suoi tributi lunari. Cher-

crin-

(a) In Theatr. anat. l. 2. p. 2. c. 3. in not. ad adverser. Drelincurtii.

cringlo ancora aveva offervato in un Abortivo di 3. o 4. giorni trovarli *Caput clarè a corporis mole diftinctum*, *& in capite quaſi per nebulam adnotata organorum puncta*; *corporis autem reliqui rudis adhuc*, *indigeftaque moles*.

9 Scefo l'uovo nell'utero fi attacca al medefimo per mezzo della Placenta, come i femi de' Vegetabili fi appiccano alla terra per mezzo delle radichette. Il Bianchi crede ciò farſi ben prefto, altri dicono più tardi, cioè verfo il tempo della perfetta organizzazione del Feto.

10 Sette giorni dopo la concezione, fi vede più chiaramente il Feto umano in figura di Verme, perch' è più grande il fuo tronco, è gracile, lungo, e lifcio, e termina in una coda aguzza: la tefta è un pò maggiore col fuo collo, e ben fi vede effere umano, maffime fe fi riguarda la faccia. Se ne porta l'efempio nella Figura V. ch'è di un Abortivo di 7. foli giorni perchè di una caftiffima, ed illuftre Matrona di Torino, che abortì 7. giorni appunto dopo il fuo fponfalizio, e nella Figura VI. fi mira lo fteffo Feto accrefciuto colla lente ottica, con cui fi offervano nella di lui faccia le veftigia delle umane fattezze.

11 Verfo il 12. giorno quefto Verme umano a guifa delle Ninfe degli Infetti, o del Verme del Pulice, che fpiega le gambe, e ritira la coda, manda fuori le parti, che in sè teneva racchiufe: cioè due papille, che fono come le radici delle braccia a' lati della fommità del tronco, ed altrettante da' lati inferiori del tronco, che ha la coda. Quefte fono i principj delle cofcie, gambe, e piedi: la coda però fi reftringe, e va feccando, ficchè poco apparifce. Ciò fi vede nella Figura VII.

12 Il Feto di 16. giorni, come fi fcorge nella Figura VIII. perde affatto la figura di Verme, e fi accofta all'umana. Il tronco è più groffo, e più breve: i principj fuddetti delle braccia, e gambe fono più acuminati, ed allungati, la coda è fparrita affatto, e la faccia è compofta all'umana.

13 A' 20. giorni l'afpetto umano è più chiaro, la mandibola però inferiore è ancora affai deforme; braccia, e gambe fono più allungate, ma finifcono in una figura conica fenza

ve-

veftigio ancora di mani, e piedi, come ce lo dimoftra la Figura IX.

14 A' 25. giorni è ben chiara la conformazione delle
mani, e de' piedi, e i primi veftigj delle dita. Il tronco è già
umano, fi vedono i lombi, gl'ilij, e le parti pofteriori. Vedafi
la Figura X. Anzi Chercringio porta un Feto di 21. giorni già 10
compito di braccia, gambe, diti, ed ogni altra parte, perchè
forfe ne' Paefi più Settentrionali più prefto i Feti fi perfezionano, e Bidloò ci dà la figura di un Feto di 25. giorni, in cui
non folo apparivano tutt' i membri, benchè ancora non perfezionati, ma li principj ancora di molte offa: come fi può vedere alla Tavola 79. preffo Mangeti nel Teatro Anatomico, e quefta Figura abbiamo giudicato fpediente di aggiungere alla prefente Tavola per maggior comodo del Leggitore, fegnata
con **.   **

15 A' 32. giorni le dita non fono perfettamente compite,
e le braccia, e gambe ancora manche: ciò fi vede nella Figura
XI., che rapprefenta un' Aborto della grandezza di un uovo di 11
Gallina, in cui fta il Feto coricato, e piegato alquanto. Egli era
giufto di 32. giorni, perchè di una Dama oneftiffima, e prima-
ria di Torino, il cui Marito prima, e dopo per molto tempo fu
affente: ed aveva il Corione, e la Placenta in iftato preternaturale: il che forfe fu la cagione della fconciatura: perchè il
primo defignato per la lettera A era feparato in tutto dall' amicolo, e in fe fteffo raccolto, ed aggrinzato: la feconda B B B
era divifa in tre lobi.

16 Nella Figura XII. può offervarfi un Feto di 36. gior- 12
ni, in cui braccia, e gambe, e dita non erano ancora bene
crefciute.

17 Nella XIII. un Feto di 40. giorni, in cui le dette par- 13
ti, e le loro eftremità non erano totalmente compite.

18 Nella XIV. fi vedono due Gemelli ben formati nella 14
tefta, tronco, braccia, e gambe di giorni 50.

19 Nella XV. un Feto di due mefi per la terza parte 15
maggiore degli antedetti, come nel tempo, così nella mole,
co' vafi umbilicali già contorti in funicella, ma non piegati.

Nel-

16   20   Nella XVI. un Feto di tre meſi, e tre ſettimane nel ſito, che ſuole eſſere più naturale, colla tunicella umbilicale girata al collo, come aſſai ſpeſſo accade.

17   21   Nella XVII. un Feto maggiore della metà della gravidanza eſtratto dalla Madre morta, e già roveſciato a capo in giù.

Queſta è una ſerie delle più eſatte del creſcimento de' Feti, e a proporzione così creſcono ancora le Placente, e i vaſi umbilicali, e tutto vi è delineato nella ſua vera mole.

22   Meſſa adunque in chiaro la vera condotta della Natura nella generazione dell' Uomo, la ſentenza di Zacchia oggi ſi è avanzata in probabilità: perchè l'Anima ben può convenientemente infonderſi dopo la concezione: giacchè non ſolo ella deve cooperare alla formazione del Corpo, ma già lo trova preeſiſtente, ed abbozzato, quindi S. Gelaſio Papa (a), e S. Cirillo (b) dicono, che in eſſervi corpo capace di vita, ſubito Iddio gl'infonde lo Spirito.

23   Ciò è coerente ancora al modo, con cui la Natura ſteſſa ſi diporta nella generazione de' Vegetabili, e degli altri Animali.

Le piante ſono tutte, per così dire, Ermafrodite: ânno i loro ſemi, che ſtanno nelle propie ceſte a guiſa degli uovi nell' ovario degli Animali. I fiori fanno l'uffizio del Maſchio; perciocchè la polvere de' loro granellini ſoſtenuti dalle ſilacciche ſparſa dal vento, e ch'entra per li pori di detti ſemi, o almeno la ſua aura vivificante, li rende fecondi: che ſe le pioggie ân fatta cadere la polvere ſuddetta, primacchè ſi maturi; o il freddo chiude i pori de' ſemi, queſti reſteranno ſterili, e la futura raccolta perciò ſarà ſcarſa; ma abbondantiſſima per l'oppoſito, ſe tutt'i ſemi dalla detta polvere, o aura ſaranno fecondati. (c) Comincia poi la Pianta a vivere, dacchè caduto il ſeme nella terra, queſta col ſuo vaporoſo calore principia a far germogliare la gemmula.

Così

(a) S. Gelaſ. in lib. de duab. natur. contr. Eutieb. & Neſtor.
(b) S. Cyrill. lib. 1. in Joan.
(c) Bianchi de human. generat. Tuſci Spettacolo della Nat. Ta 2. Dial. 9.

24 Così ancora accade in tutti gli Animali. Già aveva detto Aristotile stesso (a), che il Pollo il terzo giorno, e notte, dacchè è sotto la Gallina, perchè à il cuore, come un punto sanguineo saltante, già si muove da animale; anzi Arveo sperimentò, che il 4. giorno dell'incubazione, benchè ancora non si potessero distinguere i vasi del Pollo; quello punto saltante aveva indubitatamente senso; perchè ad ogni minimo tatto variamente veniva commosso, irritato, e stuzzicato, onde si alterava l'ordine, ed il ritmo della sua Sistole, e Diastole. S'era adunque toccato da un ago, o da un dito, od avvicinavasi a lui un troppo freddo, o caldo, o altra cosa molesta, subito mostrava diverse mutazioni, e battute più frequenti, e più valide, ed essendo queste azioni proprie dell'Anima sensitiva, non vi è dubbio, che (secondo la stessa dottrina di Aristotile (b)) quella debbe esservi presente, ed in atto, come causa e principio.

25 E benchè il 4. giorno dell'incubazione nelle Galline non corrisponde al 4. giorno della gravidanza delle Donne; tuttavia il Pollo in verità (come osservò Malpighi) si crede animato anche prima della stessa incubazione: giacchè prima ancora se gli vedono muovere gli organi; e poi la parità sta in questo: Il Pollo vive sino da quando è formato il suo cuore, il che succede sino da' principj: adunque lo stesso deve accadere nell'Uomo. Infatti, se il cuore nell'Embrione umano preesiste, e l'aura del seme Virile agita, e mette in moto concitatissimo tutt'i liquidi di esso; e 'l suo cuore perciò comincia la sua Sistole, e Diastole; è verisimilissimo, che Iddio infonda nel medesimo tempo l'Anima ragionevole, acciocchè con la sua presenza faccia proseguire ordinatamente il moto già principiato da detta aura, e concorra alla nutrizione, ed intera formazione del suo corpicciuolo; in quella guisa appunto, che l'Anima medesima ne' già Nati, e Adulti senza sua riflessione, e disegno concorre alla digestione, sanguificazione, nutrizione, e tante altre funzioni, che per magistero della Natura si fanno ne'

I nostri

_____

(a) Arist. Hist. Anim. l. 6. c. 3.
(b) Idem lib de Animal.

noſtri Corpi, purchè ad eſſi troviſi unita l'Anima, e li vivifichi. Il Feto adunque dall'Anima reſo vivente, ſino d'allora va diſtendendoſi a guiſa delle piante, che in virtù dell'Anima vegetativa, qualunque ella ſia, mandano fuori della corteccia i loro rami, giacchè (come ſopra ſi diſſe) non creſce il Feto per via di compaginazione, ma di ſpiegamento, e diſtenſione. E ſiccome toccandoſi con la calamita un ferro, tutti gli aghi, ed altri pezzetti dello ſteſſo metallo, che ſtanno a lui vicini, cercano con mirabile, ed ineſplicabile ſimpatìa di unirſi a lui: così infondendo Iddio l'Anima ne' membri, che già abbozzati preeſiſtono nel punto ſaltante dell'uovo, ſubito tutte le particelle innumerabili, e tenuiſſime, di cui deve conſtare il Corpo umano, tanto ne' ſuoi nervi, ed oſſa, quanto ne' fluidi, e nella carne, delle quali tutto l'uovo è pieno, agitate dallo ſpirito Virile, e Femminile fra lor collegati, cominciano a muoverſi, e per varj canali entrano a poco a poco nell'Embrione, e con ordine a noi impercettibile lo van nutrendo, benchè ancora non ſiano perfezionati gli organi della nutrizione: e così va creſcendo l'edifizio, che l'Anima ſteſſa, qual fabro, colla ſua potenza vegetativa ſi va formando: concorrendo al tutto Iddio, come cagion primiera, con la ſua deſtra onnipotente, e diriggendone il lavoro, come Architetto.

26 In queſto ſiſtema più che in ogni altro ſi vede, che i Figlj ſono doni del Cielo, e che *neque qui plantat, eſt aliquid, neque qui rigat, ſed qui incrementum dat Deus* (a); perciocchè (ſecondo eſſo) non infonde Iddio l'Anima, quando il Feto è già tutto compito, ma dal bel principio, creandola appunto acciocchè concorra a formarlo. Che ſe di ciò non vuole egli degnarſi; il che non ſuole, ove le cagioni ſeconde ſono diſpoſte; allora la prima fermentazione, che introduſſe nell'uovo l'aura Virile, non paſſa avanti, anzi preſto sfuma, e ſi eſtingue.

27 Molti adunque ânno ſeguitata la ſentenza di Zacchia, e di Bravo. Così il noſtro celebre Fortunato Fedele (b). Così Bartolomeo Corte (c) ſoſtiene: *Fœtum humanum Animam rationalem*

(a) 1. Cor. 3. 7.　　(b) Fidel. relat. Medic. lib. 3 ſeſt 6 cap. 2.
(c) Barthol. Corte *in epiſt. de tempore, quo infunditur Anima*.

nalem ipfo primo conceptionis momento a Deo creatam , & infu-
fam recipere . Vatero (*a*) *Fœtus humanus a primo conceptionis mo-*
mento Animam fuam humanam accipit . Michele Alberti (*b*) Medico del Re di Pruffia : *Equidem id firmiter affero , quòd a primis*
conceptionis initiis Anima rationalis in Fœtu adfit , & quòd fine
Anima illa conceptio fieri nequeat , quæ tamquam Artifex , & Ar-
chitecta fui corporis præfto eft , a qua deinde actus formationis de-
pendet ; e cita un lungo Catalogo di altri , che ânno detto lo
fteffo (*c*) , confermandolo con Trattati intieri . Egli è vero ,
che fe tutti concordano in dire , che l'Anima fia neceffaria fin
dal principio per la formazione del Feto ; molti però di effi ,
come Religionifti , paffano col fentimento di Tertulliano , che
credette propagarfi *ex traduce* ; ma ciò poco importa , battan-
do , ch'effi da buoni Medici , e Filofofi , maffime quelli , che
ânno fcritto dopo l'invenzione dell'ovario , e le nuove fperienze dello ftato degli Embrioni de' primi giorni , accordino con
tanti noftri Cattolici , in dire , che il Feto non fi forma , nè può
formarfi fenz'Anima , dove confifte la controverfia : che poi
quella fia infufa e creata , e non già propagata *ex traduce ,* oggi
è indubbitato preffo tutt' i noftri Teologi , e per tutt' i dettami
della buona Metafifica illuftrata dalla Fede : ficchè pare , che
oggidì quefta fentenza di Zacchia fia fatta quafi univerfale fra'
Medici , a cui Odoardo Corfini (*d*) eccellente Filofofo non ofcuramente fi moftra inclinato .

28 Ma più ancora vi propendette il Fiorentini fino da
quando ftampò la fua prima difputa : benchè non avendo ancora avuta notizia dello fcoprimento moderno dell'ovario ; difcorre fopra l'antico fiftema di miftura di femi , e virtù Plaftica .
E' vero , che nell'edizione delle fue quattro difpute fatta nell'
anno 1675. fi vede , che già aveva cognizione degli uovi Femmi-

I 2 mi-

(a) Vatero *difp. th. p 9. & difp de infanticid.*
(b) Alberti *in Phyfiolog. cap. de generat. & in Jurifpr. medic. c. 7. de animat. Fe-*
    tus .
(c) Horftio , Haffreneffero , Mufeo , Chaventevero , Lefchivizio , Giovanni To-
    mafio , Planero , Braune , Sperlingio , Stahilio , Tomafio *nelle note a Lan-*
    cellotto, Derardingio , Genfelio , Ammanno , Zieglero , Chanobboch , Dur-
    rio , Daniele Stahil , Scaligero , Sennerto , Bohinio , Spenerfio , e Spenero .
(d) Corfini *Inftit. Philof. to. 4. tract. 2. difp 3. c. 9. n. 9.*

minili, e cita non folo Chercringio, ma le relazioni ancora
dell'Accademia Parigina dell'anno 1672. ad ogni modo non vi
fi ftende ; perchè la fentenza del detto ovario non era ancora
ben divolgata, e molto meno era tra' Filofofi offervato, che
l'Embrione non crefce per via di formazione, ma che tutte le
fue parti preefiftano, e fi vadano folo di mano in mano fpie-
gando : che s'egli foffe vivuto a' noftri tempi, m'immagino per
certo, che farebbe ftato il più acre difcepolo di Zacchia.

29   Tuttavia bifogna confeffare la verità: con tutte le moderne fperienze non fi può fapere di certo, fe l'Anima s'infonda immediatamente alla concezione : perchè fenza parlare del
fiftema Peripatetico, che pretende falvare la vegetazione coll'
Anima vegetativa, o colla virtù Plaftica, o fia Formatrice : anche fecondo il fiftema della Filofofia moderna, ben può l'Embrione, ch'è nell'uovo, fin che fono formati i membri principali, effere vegetato dalli fpiriti feminali, e ben poffono quefti
muovere i liquidi dell'Embrione, finchè fia tempo d'infonderfi
in lui l'Anima ragionevole. Noi vediamo le piante crefcere, e
il loro fucco circolare, e muoverfi in virtù dell'anima vegetativa, che nelle piante pe' Moderni altro non è, che la parte
più fpiritofa di quefto medefimo fucco, moffa dalla materia
eterea. Anzi quanti Moderni credono, gli Animali irragionevoli non avere anima fenfitiva, ma effere meri organi moffi
dagli Spiriti, che irradiano tutto il fangue, e loro ferve di Anima ? Ben può adunque eziandio vederfi moto ne' primi dì nell'
Embrione, ed ancora noi non effere certi, fe vi fia l'Anima
ragionevole, o folo entrare quefta, quando almeno fono perfezionati gli organi principali, e principiato il moto Siftolico, e
Diaftolico del cuore ; e bifognarebbe avere non folo certe, ma
numerofe efperienze negli Embrioni umani, per fiffare l'epo-
ca di tal moto. Sicchè, quantunque oggidì la fentenza di Zacchia fia fatta molto probabile, è verifimile: maffime perchè am-
meffo il moto nell'Embrione, par che quefto debba crederfi animato ; ad ogni modo non fappiamo, fe Dio crei l'Anima fubito che l'aura feminale eccita il moto fermentativo nell'Embrione, e ne' fuoi liquidi ; o quando comincia il moto ordinato,

e pee periodico del cuore nella Siſtole, e Diaſtole : nè il tempo determinato, in cui principj: nè ſe queſto ſia il medeſimo, almeno preſſo a poco in tutt' i Feti : onde anche oggidì ſi verifica, il tempo dell'animazione eſſere occulto, e la ſua ſcienza eſſere riſervata a Dio ſolo.

CAPO X.

Avvertimenti pratici a' Sacerdoti pe'l Battesimo degli Abortivi.

1 Eſſendo adunque dubbio il tempo dell'animazione del Feto, ed inſieme convenevole per quello, che ſpetta a miniſtrare il Batteſimo agli Infanti, il ſervirci dell' opinione più benigna, e a loro favorevole: è neceſſario prima di ogni altro in tutti gli Aborti lo ſtare i Parenti, e gli Aſtanti con ſomma vigilanza ad oſſervare, ſe il Feto moſtri ſegni di vita, per battezzarlo. Ma ohimè quanta traſcuraggine in queſto punto col pretesto, che veriſimilmente non è animato! Il Dottor D. Ippolito Pagnotta Chirurgo di Morreale mi atteſta in una relazione ſcritta, e a bocca pure, che l'anno 1727. in un Venerdì di Aprile ſua Moglie, ch'era gravida di tanto poco tempo, che ancora non ſapeva di eſſerlo, abortì; ma facendoſi l'oſſervazione ſi trovò una Creaturina ſciolta già dalle ſecondine, e della grandezza di un' Ape, in conſeguenza non maggiore di giorni 20. ſecondo le Tavole de' Feti oſſervati dal Bianchi, e di meno giorni ſecondo quelle di Chercringio (a). Era formata a baſtanza, e a proporzione del tempo traſcorſo, ma che tutta ſi moveva, moſtrando chiaramente di eſſere viva. Quindi fu battezzata aſſolutamente da Suſanna Pagnotta: ſopraviſſe per dieci minuti, e fu ſepolta nell' inſigne Collegiata del Crocefiſſo. E però ſe il Feto dà indizio di vita col moto, ſia quanto

(a) Chercring. Anthropogenia c. 3. & 4. & Tab. 75. Fig. 3. & 4.

quanto si voglia picciolo, e mal figurato, non se gli deve negare il Battesimo almeno condizionato.

2 Dissi, che bisogna stare i Parenti, e gli Astanti con somma vigilanza, per osservare se il Feto mostra segni di vita, affine di battezzarlo: perchè può accadere ch'egli sia vivo, anzi che abbia ancor moto, eppure non se ne accorgano facilmente. In Palermo nell'estate dell'anno 1717. ad ore 4. di notte, abortì Orsola Moglie di Filippo Piemonte Comito di Galea. Il Bambino era di 3. mesi, e sbrigato dalle secondine, e comparve morto a quanti assistevano: onde lo misero alla finestra, abbandonandolo all'aria fredda, ed umida del mare vicinissimo a quella casa, ch'era nel Borgo marittimo. L'indimani verso le ore 11. venuti i Consanguinei a visitare la Donna, vollero per curiosità vedere il Feto: ed ecco dall'alzarsi, ed abbassarsi del suo umbilico si accorgono, ch'egli è ancor vivo, benchè ore 7. dopo l'Aborto. In seguito lo portano alla Parrocchiale, e battezzato, e morto due minuti dopo il Battesimo, ve lo seppelliscono in una scattolina.

3 Ma bisogna dire, che questi accidenti non siano tanto rari. Infatti Eusebio Monaco (a) si lagna, che troppo spesso il Volgo creda, che gli Abortivi ad intercessione di alcuni Santi, non canonizzati dalla Chiesa universale, vengano da Dio risuscitati, per conferirsi loro il Battesimo. *Quot Abortivi*, dice egli, *excitati ad percipiendum Baptismum? Verum illa miracula velim nobis a testibus fide dignis comprobari: nec in ea inquirere mihi privato Homini convenit. Episcoporum id officium est, ea authoritas.* Ed è in vero credibile, che molti di essi apparivano morti, ma non lo erano realmente: e che dopo si manifestò in lor quella vita, ch'era stata solo oppressa da qualche sfinimento, ma non già estinta. Del resto quando pure gli Astanti ânno la cura di battezzare i detti Abortivi; non di rado li uccidono dopo il Battesimo, sapendo, che non possono sopravivere a lungo. In una Città molto cospicua in Sicilia mi è occorso di notare ben due volte accaduta questa barbarie. Veramente

i Ro-

_____

(a) *Epist. Euseb. Monach. Roman. ad Theoph Gall. de cultu SS. Ignotor. n. 18. apud Mabillon in tom 5. oper.*

i Romani nella Legge delle dodici Tavole, prefa dagli Ate-nefi, avevano ftabilito, che fi ucciderfero tutt'i Parti moftruofi, con buttarli nel fiume. Che maraviglia adunque fe la Gente rozza de' noftri tempi, che fpeffo per mancanza d'iftruzione catechiftica non à di Criftiano fe non il nome, e il carattere, fia capace di far cofe non diffimili a quelle, che poterono fem-brare onefte a Legiflatori cotanto favj, e praticarfi per Legge da Popoli così colti ?

4 Se però non dona fegni di vita col muoverfi, perch'è tanto ne' principj della gravidanza, che forfe gli organi ancora a ciò non fono atti; non fi lafci ancora di battezzarli condizio-natamente : purchè fi diftingua effere Feto, ed abbia i primi lineamenti di Embrione.

5 Si credette un tempo da' Medici, eziandio Moderni, che l'Embrione, benchè animato, ne' primi giorni non foffe fenfibile : perchè (come fopra fi diffe) nell'utero non appari-va fe non il feme, che fi manda via dopo 3. giorni, e'l Feto era ancora o nell'ovario, o ftava fcendendo per le tube. Ad ogni modo, dopo che fi è dimoftrato, la generazione non farfi con la miftura de' due femi, ma coll'uovo della Donna, ch'è il fuo vero fperma fecondato dall'aura del feme Virile, fi è fa-puto ancora, che l'Embrione è fempre fenfibile nell'uovo già fecondato, e ch'egli preefifte eziandio alla fecondazione (ben-chè allora fi veda col Microfcopio, ed ofcuramente), e che nell'uovo egli à fempre tutt'i fuoi membri fin da princi-pio, e che quefti non fi formano di nuovo ; ma effendo prima, per così dire, aggomitolati, dopo la fecondazione fi fpiegano, fi diftendono, e crefcono : verità, che non era fco-perta, o almen dilucidata in tempo del Fiorentini, che perciò non ne fa menzione alcuna : anzi il terzo giorno non folo fi offerva fenza microfcopio il Feto a guifa di un Verme, ma fe gli diftingue la tefta, fede principale dell'Anima. Ma quando non foffe in fe medefimo fenfibile, è fenfibile l'uovo fteffo, che lo contiene ; e quefto altro non è, che le fue fecondine a lui attaccate, e che fono parte di lui medefimo, e neceffarie alla fua vita, mentre ancor non è nato. Si battezzi adunque

per

per *immerfionem* in un piatto, o bicchiere, fenza paura, che il Sacerdote divenga irregolare, accelerandogli la morte, quando anche egli fia fveftito delle fecondine: perch'è folito di nuotare nel liquore, che fi contiene in una di effe, chiamata *Amnios*, od *Amicolo*, fenza tanto bifogno di refpirazione, come fi dirà a fuo luogo, e così non morirà per l'immerfione: ma fe ciò accadeffe, farebbe *per accidens*, e la fua vita è sì tenue, e sì impoffibile a confervarfi a lungo, che non fi deve in tale circoftanza tralafciare di battezzarlo per paura, che non muoja pochi momenti prima.

6 Ma non fempre a fimili cafi trovanfi prefenti Sacerdoti: perciò è neceffario, che i Parrochi infegnino a tutti la maniera di miniftrare il Battefimo, come fi ufa in Sicilia dalla Congregazione della Dottrina; che fe Clemente XII. nelle lettere circolari a' Vefcovi d'Italia comanda, che non fi fpofino quelle, che non fanno il Catechifmo; conviene efaminare i futuri Spofi intorno alla maniera di miniftrare il Battefimo in cafo di neceffità: perchè poi non di rado fuccede, che i medefimi fiano coftretti per mancanza di proprio Miniftro a fare i Parrochi verfo i loro Figli abortivi; onde bifogna, che ne fiano bene iftruiti. Due anni fono, come mi raccontò con fommo fuo difpiacere un Parroco di quefta Diocefi di Palermo, accadette un Aborto: una Donna, che fi trovò prefente, battezzò il Feto, ma invalidamente: perchè tralafciò le parole: *Io ti battezzo*, che fono affatto neceffarie, come fi à dal Decreto di Aleffandro VIII. condannatorio della propofizione contraria, e il povero Bambino, che poco dopo fpirò, fi perdette eternamente. Quefti errori fono facili ad accadere nella Gente rozza, fpecialmente in quella confufione, e prefcia, in cui non fanno, che fi fare; onde di leggieri tralafciano, o mutano cofe foftanziali. Perciò il Sinodo di Girgenti ordina, che i Parrochi ogni due mefi efaminino le Levatrici intorno alla maniera di miniftrare il Battefimo; e voglia Dio, che fi pratichi puntualmente, effendo ciò molto neceffario, e dovrebbe ancora ftilarfi in tutte le Diocefi. Trovai nella mia Parrocchia due Levatrici, ed ambedue ufavano una forma dubbia fecondo i Moralifti: *Io ti battezzo*

tezzo per lo nome. Con una fi faticò molto tempo indarno. Dell'
altra dopo dieci anni non mi potei afficurare, che proferiffe
giufta la forma. Apprendono talora le avvertenze, che loro fi
fanno, effere dilicatezze fuperfluc, ed inutili, e credono la le-
pre, e la lebbra, Bernardino, e Brigantino effere lo fteffo.

7 Vediamo ora, fe poffa darfi il cafo, che un Bambino
per efempio di 4. o 3. giorni, o anche meno in fuppofizione,
che abbia l'Anima ragionevole, efca vivo, e non piuttofto debba morire prima di ufcire dal Corpo materno, od almeno in
veder l'aere: e giudico il cafo non effere impoffibile: e benchè
lo fconvolgimento, che feco porta l'Aborto, poffa facilmente
uccidere un Feto sì tenero; tuttavia è da confiderarfi, che un
orologio, o qualfifia altra machina, quanto più pochi ordegni â,
tanto è meno facile a fconcertarfi. In verità i punti faltanti de'
Polli, bench'eftratti dall'uovo in tempo, che non vi fi può offervare alcuna diftinzione di vafi, cioè il 4. giorno, anche verfo il fine di effo, o il principio del quinto, vivono lungo tempo, come ne â fatte mille fperienze Arveo (a): anzi fe talora
parevano morti, perchè mancanti di moto, poco dopo con
qualche fomento fi manifeftavano vivi. Ecco le fue parole:
Vidi fpeffiffime volte, ed io, ed altri ancora, che meco erano pre-
fenti, ch'efpofto lungamente il Punto faltante a un aere più freddo,
pulfa più raramente, e più languidamente fi agita; avvicinandofi
però il dito caldo, o altro blando fomento, ricupera fubito le forze,
e 'l vigore. Anzi dapoicchè quefto Punto fi era a poco a poco illan-
guidito: e benchè pieno di fangue, aveva ceffato da ogni moto,
fenza aver più apparenza alcuna di vita, e con moftrare di avere
totalmente foccombuto alla morte; tuttavia impoftogli il mio dito
tepido, e paffato lo fpazio di fole 20. pulfazioni della mia arteria;
ecco quel cuoretto di nuovo eretto riviffe, e come e poftliminio ri-
tornando dalla morte, ripigliò la fua danza, e il medefimo fpeffo
con qualfifia lieve calore, cioè o di fuoco, o di acqua tepida, più
volte da me, e da altri fi praticò: ficchè parea in noftra poteftà, e
uccidere quell'animuccia, o richiamarla a vita.

K   Cofe

(a) Arveus *exercit. de generat. Anim. exercit* 17. *in* 3. *ovi infpectione.*

8 Cofe fimili ci racconta Criftoforo Guarinòn (*a*) Medico di Ridolfo II. Imperadore. Egli non folo dice, che il punto faltante fi vede pulfare eziandio inclufo nella membrana ; ma che più difficilmente muore, quanto meno perfetto è l'Embrione. Ecco le fue parole : *Vi è certiffimo indizio, ch' egli viva: perciocchè il fuo cuore, benchè fcippato dal corpo, e da tutte le vene ftrappato, ancor vive, e pulfa, come vediamo negli Animali già adulti, fe viventi fi aprono, fe il cuore ne fia cavato : eppure più lungo tempo vive, quanto più teneri, e di frefco nati fono gli Animali, come più volte ho fperimentato . Ne' Polli propriamente il cuore fcippato, e fpogliato delle vene, per un ora intera fi muove con pulfazioni ineguali, ora più rare, ora più frequenti : ma quando già il cuore fta per morire, per un quarto d'ora fi muove da un folo de' lati, ed al fine della vita il folo ventricolo di detto cuore, non però la cufpide, fi contrae, e dilata .*

Al nono giorno, in cui già il corpicciuolo del Pollo è corroborato, o per il tagliamento, che riefce più duro, e più grave, o per altra qualfiafi cagione; fpeffo ho veduto, che il cuore ftrappato non ritiene la vita, anzichè non di rado, aperto il torace, perde il moto . Che certamente tanto meno a lungo viva, quanto più grande, e perfetto fi trova l'Animale, l'ho per cofa fperimentatiffima . E la ragione può effere quefta : che la forza della vita, e degli Animali prima fìa tutta comprefa in quel principio de' medefimi : perchè la generazione dell' Animale fi fa in un punto di tempo, e in quell'abbozzo ; dopo però ufcito il refto delle parti, la fteffa vita bifogna, che fia diftribuita in tutt' effe, come già bifognofa di quelle, e del fangue ; e non può foftenere fe fteffa nel folo cuore, ec.

9 Refta da fciogliere una difficoltà pratica, ed è: fe riefca facile a diftinguere, fe ciò, ch' è ftato cacciato fuori nell' Aborto ne' principj della gravidanza, fia veramente Feto, o Mola, o falfo Germe, o fangue grumefatto, o fimile cofa . Fiorentini (*b*) rifponde così nella feconda Difputa efaminata, e ftam-

(*a*) Guarinòn *opufc. de nat. buman. ferm.* 2. *fol.* 58.
(*b*) Florent. *de Homin. dub. difp.* 2. *fect.* 7.

e ftampata (come fi diffe) in Roma. *Sia adunque ne' primi giorni, fia negli altri fuffeguenti in fra i 30. o i 40. giorni, che debba difcernerfi ciò, ch' è ftato immaturamente cacciato dall'utero, fia uguale nella grandezza a un grano d'orzo, a un fagiuolo minore, o ad una formica, o ad una nocciuola, o ad un' Ape, o ad una Mofca più grande, o al minimo dito: giacchè con tutte quefte metafore mifurano gli Autori il Feto picciolino; quefta regola ftabilifco: che quando l'Uomicciuolo, che fi trova lì dentro, per la fua tenerezza non ha potuto rompere le membrane, e manifeftare fe fteffo: fe quell' involto, ch' è ftato rigettato dall'utero, apparifce cirondato di membrana bianchiccia, o di colore cinerizio fimile agl'inteftini, di figura ovale, e che toccata col dito, fi moftri molle, e ceda; (perchè le offervazioni, e i documenti de' Periti concordemente atteftano, d'effere fegni di Feto vero:) allora con prudente giudizio fi deve pronunziare, effere Feto, e non Mola: e perchè quefto prudente giudizio è congiunto con una morale certezza, ed è circa un foggetto fenfibile, e dimoftrabile col dito; così già confta del foggetto capace del Sacramento del Battefimo; perchè da quefti tali fegni conofciamo, il Feto effere Feto: dimanieracchè fappiamo, che dentro efiftono già i primi rudimenti della vita.*

Se però quello, che ufcito dall'utero della Donna, che abortifce, farà una carne informe, con vene nere, e fanguigne teffuta, all' afpetto fcabrofa, al tatto dura, o eziandio macchiata di color vario; fenza dubbio giudicheremo di effere Mola, o falfo Germe, e non Feto, e in niffun conto daremo Battefimo, e molto più fe foffe fangue grumefatto, o fe caruncule ufciffero dall'utero, fi dovrà dire non effere Feti umani, ma Mole; perciocchè ancora quefti pezzetti di carne, o di fangue, come accennò Ippocrate nel citato luogo, appartengono alla foftanza della Mola; ed effere fpecie di Mola diffe ancora Avicenna con altri (a).

All' argomento adunque fi rifponde, che fe i Parrochi fpieghino la fopraletta regola, e l'infegnino alle Donne, eziandio ruftiche, e montanare, che per altro debbono effere iftrutte della

K 2   ma-

(a) Andr. Chrift. c. 29.

materia, *e forma del Battefimo*, *delle quali fono meno capaci*, *per effere cofe più rimote dalla Natura*; *quando al contrario i fegni di diftinguere il Feto dalla Mola fono onninamente naturali*, *e fenfibili*; *ne fiegue*, *non effere molto difficile*, *e perciò non impoffibile fecondo la Legge*, *il difcernere il Feto dalla Mola*. *Perciò io dico al mio Eccellentiffimo Signore*, *che devonfi ammonire tutte le Donne*, *e maritate*, *e non maritate*, *anzi qualfifia Perfona*: *perchè tutti in cafo di neceffità fono obbligati ad amminiftrare privativamente il Battefimo*: *e che i Parrochi poffono con una parola*, *fenza confulta di Medici*, *inculcare i predetti fegni*, *e note*, *per difcernere l'uno*, *e l'altro*, *cioè il Feto*, *e la Mola*, *o fia altra cofa efcrementizia*. *Quello però*, *che fi aggiugne da qualcuno all' oggezione*, *anteponendo i fanguinei efcrementi*; *io non faprei neppure dire*, *fe fia una obbiezione fatta di buona fede*, *e fe così l'intenda quel medefimo*, *che la fa*: *perciocchè le Levatrici*, *benchè rozze*, *ed imperite*, *fe non vogliono effere cieche*, *ottimamente difcernono l'umor meftruo da' Feti umani*. Sin qui il detto Autore. Le ftefse note, e fegni diftintivi fi leggono preffo Bianchi (*a*).

10 Offervo ancora, che la Mola nafce da un vizio d'ineguale nudrizione tra le fecondine, ed il Feto, per cui quefto va fminuendo, crefcendo quella a difmifura, ficcome il falfo Germe fuppone un vizio del Feto fteffo, che lo va eftinguendo, e che perciò nutrendofi poi le fole fecondine, quefte paffano in Mola. Or fi deve dare il tempo da poterfi fare tutto quefto gran male; onde ne' primi giorni efce vero Feto, ciocchè poi forfe coll'andare del tempo diverrebbe falfo Germe, o Mola, abolito, ed eftinto il medefimo Feto. Sicchè ne' primi giorni della gravidanza, de' quali, e pe' quali ftiamo qui parlando, appena può darfi il cafo, in cui entri quefto dubbio (facile per altro a fciogliersi, come fi è detto), fe ciò, ch'è ufcito dall'utero, fia Feto, o Mola: perchè nel progreffo della gravidanza effendo crefciuto ciò, che fi abortifce, chi non faprebbe, quantunque fciocco, difcernere l'uno dall'altro?

Battezzato adunque fotto condizione, *fi es capax*, il Feto abor-

***

(*a*) Bianchi *de vitiofa generat. a fol.* 118. *ad* 132.

abortivo, ancora involto nelle fecondine, (per non fi perdere
tempo con pericolo della fua morte al veder l'aere), fi aprano
le ftefle fecondine, e fi battezzi di nuovo *fub conditione : Si non
es baptizatus* ; tanto fe vi fi offerva moto, quanto fe no, purchè non appaja evidentemente effere morto per efempio a cagion di qualche contufione, o fchiacciamento; perchè in quello ftato può effere vivo, e non muoverfi : primo per qualche
tramortimento, o deliquio, come fopra c'infegnò colla fperienza Arveo ; fecondo, perchè in fentenza di quelli, che dicono, la vita principiare fubito dopo la fecondazione, e nel co-
minciarfi a muovere i liquidi con la fermentazione, e allora
infonderfi l'Anima : può effere vivo il Feto, e ciò non oftante,
non effere principiato il moto Siftolico, e Diaftolico ; perchè
ancora il cuore non è perfezionato con gli altri vafi in ordine
alla circolazione del fangue ; ma l'Anima è già infufa, acciocchè la fua prefenza ferva a perfezionare quelli medefimi fuoi
futuri ftromenti, che dovrà impiegare pe'l moto periodico.

Conchiudiamo quefto Capitolo con le parole del dottiffimo, e favjffimo Roncaglia (*a*), che confermano la gran parte
quanto s'è detto : *Filii abortivi, fi non conftet mortuos effe, funt
fub conditione baptizandi : quamvis igitur diu viguerit Ariftotelis
opinio, Mafculos non animari Anima rationali, nifi poft quadra-
ginta dies a conceptione, & Fæmellas poft octoginta ; jam ab aliquo tempore non fine plaufu recepta eft opinio, ab initio conceptionis Fœtum Anima rationali informari, & ex virili generatione
ftatim concipi Hominem, non Brutum. Videatur P. Hieronymus
Florentinius, noftræ Congregationis non exiguum decus, in fuo per-
celebri opere, cui titulus : De Baptifmo Abortivorum, &c. ex hac
igitur non fine fundamento a pluribus opinione recepta, fequens for-
matur ratiocinium. Probabile faltem eft, ab initio conceptionis
Fœtum Anima rationali informari : fi autem eft probabile ; Fœtus
eft fub conditione baptizandus, cum Chriftus Sacramenta inftitue-
rit in remedium Animæ, & aliunde appofita conditione confulatur
reverentiæ Sacramenti. Triplicem autem accidere poteft aliquando*
appo-

─────────────────────────

(*a*) **Roncaglia** *tom.* 2. *tract.* 17. *de Bapt. cap.* 4. *quæft.* 4. *refp.* 3.

apponendam esse conditionem, nempe si es capax Baptismi, si non obstent secundinæ (*dum secundinis esset involutus*) si es vivus *dum dubitetur, an Fœtus sit vivus, vel mortuus : Ego te baptizo &c.* Pare, che i Teologi dell' inclita Congregazione della Madre di Dio, del numero de' quali sono e il Roncaglia (a), e il Fiorentini, e il Dezza, siano stati sempre favorevoli alla causa de' Bambini racchiusi nell' utero.

FINE DEL PRIMO LIBRO.

(a) Vedi lo stesso Roncaglia *tom.* I. *tratt.* II, *de* S. *Detal. præs. cap.* 8.

LIBRO SECONDO.

Dell' Ajuto da darfi al Bambino efiftente nell' utero, fe muore la Madre.

CAPO I.

Se la Gravida muore prima di partorire, deve il Parroco procurare il Parto Cefareo, e fi additano alcune precauzioni per riufcire felicemente.

1 IL frutto mentr' è ancora fu l'albero è porzione del medefimo, e il Bambino, che fta nell' utero è parte della Madre ; anzi le Leggi lo confiderano come una Perfona ftelfa con lei : non già perchè viva propriamente della vita di quella ; ma perchè corrono infieme la ftelfa fortuna, ficchè il male della Madre è male ancora del Figlio, e la morte di elfa, quando non accorra follecita la Criftiana carità, farà fenza dubbio a lui irreparabilmente fatale. Quindi dopo di avere parlato abbaftanza degli Aborti, e della maniera di evitarli, e di diportarci, ove occorrano ; ragion vuole che fi tratti fopra di ciò, che debba farfi per foccorrere alla prole, ove la Madre muoja prima del parto : il che in altro non confifte, che in fupplire alla nafcita naturale del Bambino con una artifiziale e chirurgica, volgarmente detta *Parto Cefareo*.

2 Pri-

2 Prima dunque di ogni altra cofa è di bifogno, che i Sacerdoti, fpecialmente Parrochi, facciano ben capire a' Popoli nelle prediche, ed iftruzioni: che fe qualche Donna, di cui fi fa effer'effa gravida, fta in pericolo di morte; i Parenti, Affini, e Domeftici di effa, e della Creaturina fono obbligati a darne fubito avvifo al Parroco, e non afpettar ch'ella muoja: acciocchè fi poffa comodamente, morta lei, farle il taglio, o fia Parto Cefareo, per eftrarre il Bambino dall'utero, e battezzarlo: anzi fe il medefimo foffe già almeno di fette mefi, per confervargli ancora la vita corporale; potendo egli in tal cafo vivere, e crefcere, come gli altri. S. Lamberto Vefcovo di Vinciennes (a), S. Drogone, S. Raimondo Nonnato, Gregorio XIV. ed altri infigni Perfonaggi, de' quali fa menzione Teofilo Rainaudo (b), fono nati in quefta maniera: ed altri dicono lo fteffo di Scipione Affricano, perciò detto Cefare con tutt' i fuoi difcendenti, e da lui credefi aver prefo il nome il Parto Cefareo (c).

3 Il Rituale Romano (d) comanda efpreffamente, che *fi Mater prægnans mortua fuerit, Fœtus quamprimum cautè extrahatur, ac, fi vivus fuerit, baptizetur.* Lo fteffo ordinò S. Carlo Borromeo nell'iftruzione pe 'l Battefimo. Il Sinodo di Colonia dell'anno 1280. (e) Gli Antichi Decreti della Diocefi di Cambrai rinnovati nel Sinodo dell'anno 1550. Odone Vefcovo di Parigi ne' fuoi Statuti Sinodali. Il Sinodo di Sens dell'anno 1524. Quel di Parigi dell'anno 1557. e lo infegna ancor S. Tommafo, e tutti comunemente i Dottori. Anzi il Sinodo di Lingòn dell'anno 1404. concede quaranta giorni d'Indulgenza a tutti quelli, che configliano, o in qualche maniera cooperano a farfi il Parto Cefareo: la quale Indulgenza mi piacerebbe che veniffe conceffa in ogni Diocefi per un opera tanto pia, e neceffaria.

4 Che fe i fuddetti Congiunti, o Domeftici non curaffero di avvifare il Parroco della gravidanza della Moribonda; fo-

no

(a) *Atti del Santo nell'anno* 1154.
(b) Rainaudo *tom.* 14. *traft de ortu Infant per feft. Cafar. c. 1.*
(c) Plin. *lib.* 7. *cap* 9. Solin. *lib.* 4.
(d Rit. Rom. *de Bapt. Parvul.*
(e) Cap. 4.

no obbligati a dare questa notizia sotto grave peccato anche gli Estranei, che ciò sapessero: essendo tutti, come notò il Possevino (a), tenuti non meno, che il Curato stesso, a soccorrere il Bambolino in quella somma, ed estrema necessità, massime per darglisi il Battesimo: e se mancheranno al loro obbligo, siano Congiunti, Domestici, o Estranei; e perciò morisse quello senza il detto Sagramento, meriterebbero di essere gravemente puniti. Nella Diocesi di Girgenti fu imposta a tutti loro *ipso facto* la pena di Scomunica maggiore, seguita la morte del Bambino senza Battesimo (b); e giusto, ed utile sarebbe, se una tal pena si estendesse ancora nelle loro Diocesi dagli altri Prelati.

5 Ma i Parrochi stessi non istaranno mal spensierati di ciò su la cura de' Parenti, aspettandone da loro l'avviso: ma preventivamente s'informeranno sempre con premura, ed esattezza, se le Donne maritate, che si devono comunicare per Viatico, o confessare ne' morbi gravi, siano pregnanti; dicendo il Manuale *Parochorum* (c): *tibi Parocho ex singulari causa incumbit*; e questa inquisizione molto più avrà luogo, se vi è sospetto, o giusto timore di qualche occulta gravidanza, massime se illegitima. Che se qualche Donna non maritata, specialmente Giovinetta, si accusasse di delitti carnali, allora dovrà destramente interrogarsi; e confessando di essere gravida, obbligarla a confidare fuor di Confessione l'occorso, per ripararsi in caso di morte all'eterna perdizione del Bambino, che prepondera infinitamente, e senza alcun dubbio a qualsisia infamia della Madre; talmentecchè ricusando essa di farlo, è in istato di dannazione, e non può assolversi in conto alcuno, secondo la dottrina de' Teologi, tra' quali Pontàs, e Silvio (d): *Si contumaciter filia persistat, nolitque ulli extra Confessionem aperire; deneget ipsi absolutionem, tamquam ed indignæ prorsus, & indispositæ: cùm nolit hoc facere, ad quod sub reatu peccati mortalis obligatur.*

L   6 Dissi

(a) Possevin. de offic. Cur. cap. 6. qu. 10.
(b) Editto de' 30 Luglio 1744.
(c) Manual Paroch. p. 2. cap. 2. n. 2. Gobat. tract. 2. c. 8. n. 116. &c. 8. n. 1.
(d) Pontas Diction Caf Confc. tom. 2. Confess. 2. caf. 10. Sylvius resol. variar. v. sigill. 1. Decembris 1641.

6 Diſſi fuor di Confeſſione; perchè non baſta, che il Parroco ſappia la coſa in Confeſſione, benchè con licenza di poterne parlare co' Parenti, con la Mammana, o ſia Commare, o Chirurgo: perchè altrimenti poi ſul fatto può trovarſi per mille accidenti imbarazzato, non potendone parlar con altri. Avvertaſi adunque, che l'Inferma racconti il caſo al Parroco ſotto il ſolo Sigillo naturale, ed affatto fuori di Confeſſione; e così ſi precluderà la ſtrada ad ogni dubbio, che poteſſe occórrere. Prometterà sì bene quegli, che ſenza preciſa neceſſità egli non confiderà a' Parenti la di lei gravidanza, ſe non quando ſarà vicina alla morte.

7 Il Parroco adunque certificato, che qualche Inferma ſia gravida, prima di morire la viſiti, ed eſorti i Congiunti, e Domeſtici a fare in morte di quella il Parto Ceſareo, iſtruendoli di ciò, che ſarà neceſſario per riuſcire felicemente il tutto. Ma prima uſerà diligenza, che ſia chiamato il Chirurgo, acciocchè con ſeco il medeſimo aſſiſta, ſinchè muoja la Pregnante; e ſe non potrà averſi un Chirurgo, ſuppliſca un Segniere, o ſia Barbiere, od una Levatrice, o ſia Mammana; che ſe non ânno alcuna perizia di fare il taglio, ſegnerà il Medico Fiſico a ſuo tempo la parte da inciderſi, e quelli faranno l'operazione con un raſojo. Nella Dióceſi di Catania il Parroco ſotto pena di Scomunica maggiore *ipſo faſto incurrenda* è tenuto a curare, che in ogni conto ſia chiamato il Perito, e in ſua mancanza, chi poſſa in qualche maniera fare il ſuddetto taglio, come ſi legge nell' Editto di Monſignor Pietro Galletti (a): e quanto alle Mammane, io ne ô vedute delle perite, più deſtre aſſai de' Chirurghi, le quali ſi ſervono del raſojo: che perciò è buona cautela il tenerne ſempre uno in caſa loro, per averlo pronto alle mani, quando ve ne foſſe di biſogno, come talora mi è occorſo; anzi è neceſſario, che tanto elle, quanto i Segnieri acquiſtino ſopra di ciò per mezzo di alcun Medico, o Chirurgo, qualche perizia, ſe non l'ânno, facendone anche la pruova ſopra Animali; e ſpezialmente le Mammane. Diſſi,

è ne-

_____

(a) *Editto di Catania ſotto il 1. Giugno 1742. n. 3.*

è neceſſario : prima, perchè non in ogni luogo, maſſime ne'
piccioli Villaggi, abita Chirurgo. Secondo, perchè ſi può trovare per un accidente fuori del luogo, o ammalato, benchè vi
abbia il domicilio. Terzo, perchè ne' luoghi piccioli la Mammana può eſſere facilmente amica, e talora parente dell'Inferma, e coſì nelle gravidanze occulte aſſiſterla, e a ſuo tempo
aprirla ſenza pubblicarſi l'arcano. Si aggiugne, che in fare l'operazione la Mammana rieſce più comodo ancora in riguardo
alla Inferma. Ed invero queſta può facilmente turbarſi al com-
parire il Chirurgo, conſiderandolo come ſuo Carnefice, che
ſolo l'aſſiſte per inciderla : onde ſi deve in ogni conto cercare,
ch'eſſo dimori in altra ſtanza, mentre l'Inferma à i ſentimenti.
Non è coſì però, ſe quella vede la Levatrice, che ſuole ancora
per altri fini frequentare le caſe delle Gravide, maſſime inferme : e quando ancora quella penſi al futuro taglio, ne avrà
meno orrore ; ſapendo, che dovrà farſi da una Donna, come
lei, e ſua confidente, e non da un Uomo eſtraneo : il Marito
ancora, ed i Parenti vi ânno minore ripugnanza : oltrechè la
coſa in ſe ſteſſa è più decente e per la Defunta, e pe'l Chirurgo medeſimo.

8 Ad ogni modo quando le circoſtanze non richiederanno altrimente, l'operazione d'ordinario ſi farà dal Chirurgo,
come Miniſtro il più ſicuro. Chiunque però ſi ſia, che la faccia, i Congiunti del Bambino, o gli Eredi della Defunta, ſono
obbligati a pagarlo ; e non ſarebbe ſe non utile, ſe i Protome-
dici, o coloro, a' quali appartiene, ne faceſſero la taſſa, come
nelle coſtituzioni Protomedicali di Sicilia fu ſtabilita, per togliere negli accidenti ogni occaſione di contraſto, e di ritardamento, o talora di omiſſione di queſta importantiſſima operazione. Tuttavia non può il Perito nè tralaſciare, nè differire
il taglio, benchè preveda la mancanza della mercede : perchè
lo coſtringe ſotto graviſſimo peccato mortale l'obbligo della carità verſo il Bambino coſtituito in eſtrema neceſſità ſpirituale,
e corporale, e che non à colpa alcuna nell'avarizia de' Parenti,
che per altro poſſono a ſuo tempo venir coſtretti a pagar ciò,
ch'è giuſto : anzi, giacchè queſti Bambini ſono più poveri di

ogni altro povero, farà obbligato frattanto ad eftrarli anche in virtù del fuo giuramento di foccorrere i poveri: e co' figlj di quelli, che non ânno poffibilità, è tenuto a fare il taglio *gratis*, eziandio prefcindendo dal detto giuramento. Ma quello, ch'è più da notarfi: è obbligato ad offerirfi egli fteffo, anche non chiamato, ed a' ricchi, ed a' poveri, eziandio nel folo dubbio, che la Creaturina fia viva: come con Teofilo Rainaudo infegna il Gobat (*a*); e farebbe cofa deteftabile, fe il Chirurgo badando a puntiglj umani, eziandio non ricercato, non fi offeriffe fpontaneamente a falvare l'Anima di un Fantolino; quando ancora foffe quefti figlio del fuo più fiero, e più capitale nemico, che o non cura di chiamarlo, o forfe teme di ricevere un no, o non vuole umiliarfi a dimandare ajuto al fuo Avverfario: dovendo la carità Criftiana trionfare di ogni oftacolo, maffime in favore di quella povera Creaturina, e di una cofa, ch'è di tanta gloria di Dio. Del refto qui non fi parla del Parto Cefareo delle Viventi, ma del taglio da farfi ad una Defunta. Or quefto è faciliffimo a chi fi fia: ed è cofa affatto ridicola il credere, che fia precifamente neceffario un Profeffore, o almeno un Segniere, od una Levatrice: la maffima ragione di fervirci di quefti è, perchè gli altri vi ânno orrore; ma in difetto di effi, tutti potrebbero, fe voleffero; e un poco di giudizio fupplirebbe alla teorica, ed alla pratica. Se però il Chirurgo, o altro non voleffe onninamente aprire Gravida fenza mercede, nè pagarlo coloro a' quali fpetta, è certiffimo, che i Parrochi allora non devono rifparmiare alcuna fpefa: perchè fe quefta farebbe una elemofina la più importante, e in una neceffità la più eftrema, in cui ogni Uomo è tenuto a fpendere; quanto più il Parroco? E l'avverte il Roncaglia (*b*): *Et quidem fi in nulla re, in hac maximè diligentiffimi effe deberent Parochi, cùm agatur de fuccurrendo proximo in extrema fpirituali neceffitate laboranti: adeoque nullis etiam parcere debent impenfis, maximè fi Parentes inopiá laborent.* S. Paolo dice a' Corinti (*c*):

Non

(*a*) Loc cit c. 6. n. 22. & 23. Gobat append. 3. ad tr. de Bapt.
(*b*) Roncaglia *in Theolog. Morali tom.* 2. *tract.* 17. *de Baptifmo cap.* 4. *in reg. pro praxi.*
(*c*) 2. Cor. 12. 14.

Non quæro quæ vestra sunt, sed vos ... Ego autem libentissimè impendam, & superimpendar ipse pro Animabus vestris, licèt plus vos diligens, minus diligar. Se ciò faceva l'Appostolo ancor con l'ingrati, che dovrà fare un Parroco con questi poveri Bambinelli?

9 Se poi qualche Donna gravida fosse a morte sentenziata, deve sapere il Curato, che, secondo la Legge *Prægnantem* (a), non può quella giustiziarsi prima del parto, nè darsele tormenti affine che confessi il delitto: perchè sarebbe un esporre a manifesto pericolo di morte l'innocente Bambino: onde il Parroco deve curare, che si eseguisca la provvidenza salutare di questa Legge, la quale (come insegna Suarez (b)) si limita nel solo caso raro, che vi fosse pericolo, che aspettandosi il parto naturale, il Bambino frattanto muora, perchè allora si dovrà per l'epicheja anticipare il supplizio alla Madre, con inciderla, per estrarne il Bambino, e battezzarlo. Gli stessi Gentili, eziandio Persecutori de' Cristiani, di ordinario stavano attenti a non eseguire la sentenza di morte prima del parto: sebbene non avevano dinanzi agli occhi, che la vita sola temporale del Bambino, come abbiamo dagli Atti della celebratissima Santa Matrona, e Martire Felicità: *Cùm octo menses suum ventrem haberet, instante spectaculi die in magno erat luctu Felicitas, ne propter ventrem differretur; quia non licet Prægnantes pænæ repræsentare: sed & Commartyres graviter contristabantur, ne tam bonam Sociam, quasi comitem solam in via ejusdem spei relinquerent. Conjuncto itaque unito gemitu ad Dominum orationem fuderunt, antè tertium diem muneris - - -: statim post orationem dolores invaserunt - - -:* e pure ciò, che praticavano religiosamente i Gentili, talora si trascura da' Cristiani. Narra Eber nel suo Calendario con Horstio, ed altri che a' 14. di Giugno 1567. fra Davenzia, e Zeufrania fu impiccata certa Donna gravida con suo Marito: benchè la Divina Provvidenza dispose, che ella ancorchè estinta dopo 4. ore partorisse due Gemelli ambidue vivi.

10 Uni-

(a) L. *Prægnantem* DD. *de pœnis*.
(b) Suarez *in 3. p. qu. 68. art. 1.*

10 Univerfalmente adunque fenza diftinzione di morte, o naturale, o violenta, d'infermità precedente lunga, o brieve, fe fia ftata la Madre eziandio foffocata, o a mano, o nelle acque, o anche faettata dal Cielo; fempre fi deve fare la incifione. Par, che Viva (a) fupponga, che il Feto muoja fubito fulminata la Madre: ma non credo, ch'egli fenta, che la cofa accada fempre così. Appunto a' 3. di Settembre dell'anno 1743. una Donna Morrealefe, nipote della mia Servitrice, fu con un altra fulminata nella campagna tra Morreale, e Palermo a Boccadifalco: ella morì all'iftante, ma venuto da Morreale il Chirurgo, perchè era gravida, il Bambino, eftratto due ore, e mezza dopo della morte di effa, fu trovato vivo, e battezzato.

C A P O I I.

Pratica del Parto Cefareo nelle Defunte.

1 Approffimandofi il tempo della morte, acciocchè la moltitudine non partorifca al folito confufione, farà cura del Parroco, che in camera dell'Agonizzante non reftino più di tre, o quattro Donne a lei confidenti. Egli affifterà indefeffo, confortandola al gran paffo, che deve fare all'eternità. Gli altri, fpecialmente Parenti, ftiano in altra ftanza, pregando per la Moribonda, e pe'l fuo Bambinello, che à nell'utero, recitando per efempio il Rofario. Se la Moribonda non à più fenfi, potrà ancora ftar nella camera di lei il Chirurgo, altrimente fi tratterrà in un altra vicina. Le Donne prepareranno un' ampollina di vetro piena d'acqua, per battezzare il Bambolino, (la quale farà tiepida per non nuocere alla fua tenerezza) e un poco di fpirito di vino, o fia acqua della Regina, o vino caldo, fe potranno averfi, di più un poco di lana o lino, e una candeletta di cera accefa. In cafo che il Chi-

---

(a) Viva in propofit. 4. & 5. Alex. VIII. n. 16.

Chirurgo, o chi deve fare l'operazione non foſſe preſente, ſi metta in ordine un poco di fuoco per mantenere poi calda la regione dell'utero alla Defunta per mezzo di panni ſcaldati, ſinchè venga il Chirurgo. Alcuni vogliono ancora, che ſi prepari un cannelletto, o ſia tuboletto di canna ſenza nodi pe 'l fine, che appreſſo dirò.

2. Spirata che ſarà la Gravida, ſe ne accorgeranno per la totale ceſſazione del moto nelle arterie, ſpecialmente in quella del cuore, e della reſpirazione, e ſe ne aſſicureranno con avvicinarle alle labbra un filo di detto lino, o lana, o il lume dell'accennata candeletta, per oſſervare, ſe la ſuppoſta Defunta ſia tale veramente, o pure ſe dia ancora qualche indizio di reſpirazione col moto di detto filo di lana, o lino, o della fiamma della candela. In Palma 10. anni in circa, prima che io ne foſſi ſtato Parroco, una buona Donna, di cognome Vizini, fece da ſe medeſima iſtanza, che alla ſua morte ſe le faceſſe il Parto Ceſareo, per dare Batteſimo alla Creaturina, di cui falſamente credevaſi gravida: ma per non ſi aver fatta prima la diligente inquiſizione, ſe foſſe veramente morta, all'aprirla il Chirurgo, dal digrignare, ch'ella fece, e dallo ſtorcerſi, ognun ſi accorſe, che la poverina era ancor viva. Ad ogni modo ciò non ci deve atterrire, nè rendere tardi all'operazione: molto meno arreſtare i Sacerdoti dall'ordinare il taglio per paura d'incorrere nella irregolarità, ſe mai la Pregnante foſſe viva, come taluno ſcontigli tamente à motivato; perchè, come bene al propoſito avverte Heiſter (a), appena di cento mila, che i Prudenti, o eziandio il volgo mediocre, à creduti per morti, ſi è mai trovato uno, che ſia ſtato veramente vivo. Che ſe mai ſuccedeſſe il caſo in una di quelle Gravide, non ne dovrebbe concepire ſcrupolo il Chirurgo, o il Sacerdote, a' quali avendo operato prudentemente, non s'imputa dinanzi à Dio la diſgrazia da lor non voluta, ma la carità verſo il Bambino da loro preteſa.

Il Parroco non ſi partirà in queſto tempo dalla camera, baſtando, che per decenza ed oneſtà volti le ſpalle alla Defun-

ta

_____

(a) Heiſter Chirurg. tom. 2. ſect. 5. c. 113.

ta, pregando frattanto Dio per l'efito profpero del Bambinello.

3　Il Sinodo di Colonia vuole, che fubito fi metta in bocca alla Defunta il cannelletto, di cui poco prima feci menzione: lo ftelfo dice Ludovico Mercato (*a*), ma niega ciò elfere neceffario, e giuftamente il Parèo (*b*). Sicchè queft'avvertenza del cannelletto può al più aver luogo, quando non vi folfe pronto il Chirurgo per fare il taglio: nel qual cafo deve fopra tutto con fomma diligenza mantenerfi caldo il ventre alla Defunta per mezzo di pannolini fcaldati al fuoco, per fomentare il calore naturale del Bambino: ma fe il Chirurgo è pronto, ed è per altro perito, e lefto per la pratichezza, non vi è bifogno di detto cannelletto. E vaglia il vero, elfo non fi ufa già come neceffario alla refpirazione del Bambino, non avendo l'utero comunicazione con la bocca, e la trachea: ficchè fe quegli refpira, non refpira, che l'aria contenuta nelle fecondine, o al più, fe già quefte fono rotte, l'aere dell'utero. Perciò ad altro fine lo ricerca Monfignor D. Lorenzo Gioeni zelantiffimo Vefcovo di Girgenti nel fuccennato fuo Editto in quefta materia (*c*): *Se le tenga la bocca aperta, come difpone il Sinodo di Colonia dell' anno 1528. e quel di Cambrai dell'anno 1550. ciochè fi fa con metterle fubito in detta bocca il cannuolo fenza nodi apparecchiato: non già, perchè fia neceffario alla refpirazione del Bambino, ma per far entrare un aere più frefco, e più nitido, ed indi comunicarfi anche all'utero, e per far efalare gli aliti cadaverici dalle vifcere materne, che potrebbero al Bambino finir di togliere il poco di vita, che fuole reftargli: perchè quando muore la Madre, egli fpelfo è agonizzante; onde non fuole fopravivere più di una, e mezza ora, e non di rado affai meno; e fi avverta a mantenere falda la regione dell'utero con panni fcaldati al fuoco, come avverte Rainaudo*. In verità, benchè i Bambini poffano, come appreffo dirò, fopravivere molto, ordinariamente però non fi confervano vivi per tanto gran tempo. Guiliemeau tuttavia,

Carlo

(*a*) Ludovic. Mercat. *de mulier. affect. cap. 3. in fine*.
(*b*) Paræus *lib.* 24 *cap.* 38.
(*c*) *A* 30. *Luglio* 1744. §. 3.

Carlo Stefano, e Schenchio fieguono il fentimento di Mercato, e vogliono non folo, che fi tenga aperta la bocca, ma che fi pratichi una fimile diligenza per tenere aperta la vagina dell' utero. Certamente queſto ultimo avvertimento può molto giovare nell'aſſenza del Chirurgo, quando vi foſſe già parto, e però l'utero non foſſe più chiuſo.

4 Morta dunque la Madre, fubito due delle Donne fuddette la metteranno in buon fito fopra una menſa, o il letto ſteſſo, e tenendola ferma, daranno comodo al Chirurgo di tagliare il ventre, non già in croce, come nel far notomìa, o imbalfamar cadaveri, ma con linea longitudinale, acciocchè ſe mai quella non foſſe morta, ma folo oppreſſa da iſterica paſſione, o fimile accidente, poſſa, rifentendoſi, più facilmente ſanarſi: come ordinò il Senato Veneto nell'Editto, in cui preſcrive l'inciſione delle Defunte gravide preſſo il Melli (a). Prima di cominciare il taglio, il Chirurgo taſteggia, ed oſſerva bene, ſe il Feto fia vicino o lontano dalla periferia, o fia eſtremità del baſſo ventre, per faperſi contenere circa la maggiore, o minor profondità del taglio, e per li motivi, che diremo al fine del Capitolo. Farà il taglio collo ſcarpello chirurgico, o col rafojo, o gambaut, cominciando di ſotto la cartilagine Enſiforme, un pò ſopra l'umbilico, tantin di lato, per evitare l'iſteſſo umbilico difficile a tagliarſi, e ſcenderà in giù fino alla parte ſuperiore del pube, con inciſione baſtante a dividere non ſolo i tegumenti comuni, cioè cuticola, corpo reticolare, cute, e membrana adipoſa, o fia celluloſa, ma ancora i muſcoli retti, che ſtanno ſotto. Il tutto ſuole arrivare quaſi a un dito e mezzo di groſſezza: perchè i tegumenti uniti inſieme ân d'ordinario la groſſezza d'una larga coſtola, detta in Sicilia *cozzo di coltello*, e i muſcoli d'un dito in circa: benchè il tutto varia ſecondo la groſſezza, e pinguedine del Corpo, e può eſſere d'uno o più dita; ma per cautela il Chirurgo ſempre fi tiene al meno.

5 Inciſi adunque tegumenti e muſcoli, fubito fi ſcuopre la gran membrana dell'addome, detta Peritoneo, che conſta

M   di

(a) Melli dell'arte della Commare e del Parto Cefareo. Heſler Chirur. p. 2. ſecſ. 5. cap. 113. n. 2. in addit.

di due sottili membrane, ed è per lo più della grossezza d'un forte velo da crivello. Il Chirurgo leggermente l'incide, perch'è tenue, e v'introduce un dito della sinistra, acciocchè entrandovi poi la forbice, se vuol prevalersene, possa maggiormente aprir la ferita del Peritoneo: il che fatto, e allargando l'intestini, apparisce l'utero. Il suo sito è in mezzo all'intestino retto, e la vescica urinaria: ma nella gravidanza crescendo di mole, s'inalza sul bacino detto *Pelvis*, e comprime la vescica: e però non vi è bisogno di tagliar questa, per ritrovarlo. Ma se la gravidanza non fosse avanzata, sarà cura di chi taglia, di non isbagliare, prendendo la vescica per l'utero, ma trovar questo nel detto sito. Egli è più o meno lungo e largo a proporzione della gravidanza più o meno avanzata, che lo distende, e al numero e grandezza de' Feti, che vi si contengono: e nota Mauriceau (a), ch'egli è sottile, contro quello, che alcuni ânno scritto, e che nel fine della gravidanza non eccede mai il grosso d'una piastra, o costola di coltello: però s'incide soavemente, e non tutto in un colpo, per paura di non ferire l'Infante: e così questo apparisce involto nelle secondine, che ben si distinguono, parendo mandar sangue dalla confusa moltitudine delle lor vene: e si rompono con la mano, o se son dure col detto scarpello, o forbice, od altro. Alcuni non fanno l'incisione del ventre per linea longitudinale, ma per latitudinale dopo tasteggiato, ed osservato dove sia il Feto: Mauriceau però consiglia la prima, con cui non si devono tagliare se non i muscoli retti, o siano le sue finiture tendinose: perchè incidendosi lateralmente, deve tagliarsi il vivo de' muscoli obbliqui, e transversali: ch'essendo uno sopra l'altro, fanno una grossezza molto considerabile, e n'esce per ciò più sangue, ed impedisce il vedere l'operazione con tanta distinzione, quanto è necessaria. Niente qui dico dell'Omento, o sia reticella: essa ordinariamente è sol nella parte superiore dell'addome sotto il Peritoneo, e non scende sino all'inferiore se non qualche volta, come nota Eistero nel suo Compendio Anatomico: onde

non

(a) Mauriceau *de' morbi delle Gravide lib.* 2. *cap.* 33.

non fuole incontrarfi ove debbafi tagliar l'utero: ma fe mai s'incontraffe, il Chirurgo l'incide.

6 Se vede il Chirurgo, che l'Infante già fcoperto dalle fecondine fta per morire, non l'eftrae, ma lo fa battezzare nel ventre medefimo: fe poi lo conofce vivace, tagliata la funicella umbilicale, lo cava dall'utero, e lo prefenta al Parroco; e una di quelle Donne lo tiene in fito, che non poffa venire affogato dall'acqua del Battefimo, cioè boccone: mentre un'altra porgerà l'ampollina dell'acqua. Finito il Battefimo, il Perito lega due dita diftante dal ventre del Bambino il cordone umbilicale, e lo taglia mezzo dito fopra la ligatura, e fta molto avvertito ad aprirgli la bocca, con ifturargli e nettargli il nafo da qualche fozzura, per farlo refpirare più facilmente: tenendolo frattanto vicino al fuoco. Indi lo riftora con avvicinargli alle narici, ed alla bocca vino, o acqua vite, o altro liquore fimile: e col fuo alito fteffo, o femplice, o dopo d'aver tenuto in bocca vino, o fpirito di vino, lo rifcalda, e gli lava ancor la faccia con vino caldo: e confegnandolo alla Levatrice, s'è prefente, o altra efperta Donna, lo fa involgere in panni caldi, e con detti fomenti rinvigorire.

7 Se però il Bambolino foffe già eftratto, e fi dubbitaffe, fe fia vivo, o morto; fe gli metta fubito la mano in tefta, ov'è l'arteria magna, o alla parte manca del cuore, o all'umbilico: ed offervandofi pulfazione, fubito all'iftante fi battezzi affolutamente, come certamente vivo; ma fe non ben fi difcerne la pulfazione, e la vita perciò di quello refta dubbiofa, per non fi perdere momento di tempo, in cui la Creaturina può fpirare, fi battezzi immediatamente fotto condizione al folito: perchè fe il Concilio Cartaginefe (a) quinto al Capo VI. riferito da Graziano, diffe: *Placuit de Infantibus, quoties non inveniuntur certiffimi teftes, qui eos baptizatos effe fine dubitatione teftentur, neque ipfi funt, qui per ætatem idonei de traditis fibi Sacramentis refpondere poffint, abfque ullo fcrupulo eos effe baptizandos;* è certo, che il medefimo fpediente dovrà aver luogo nel dubbio, fe fiano vivi, o no: potendofi facilmente fofpettare, che per

M 2 la

_____

(a) *Can* Placuit de Confecr. *dift* 4.

la gran debolezza appaja morto il Feto, che non è se non moribondo. Il che fuole accadere fpeffo tanto ne' parti difficili, come avverte Stefano, quanto nell' eftrazioni del Parto Cefareo. Schenchio narra d'un Feto da sè eftratto, che pareva morto, e fenza niffun calor nella lingua, ma fi fentiva moto folo nell'arteria umbilicale, e dopo un' ora rinvenne (a). Giacomo Horftio narra d'un altro, che per mezza ora fembrò morto, ma da lui lavato con malvafia, ripigliò le funzioni vitali.

8 Che fe il detto Feto foffe certamente vivo, però moftruofo: allora fi offervi quanto prefcrive il Rituale Romano. Che fe non fi poteffe diftinguere, fe fia, o no di fpecie umana, S. Carlo vuole, che fi confulti il Prelato; ma ciò veramente s'intende del Parto naturale, non già del Cefareo, od Abortivo (ne' quali ultimi cafi più fpeffo occorrono di quefti dubbj); perchè allora ogni ritardamento è pericolofo, e perciò il Parroco fteffo deve decidere prontamente. Egli però avrà in quefto affare per regola, che fenza grave fondamento non deve prefumerfi, che la Creaturina non fia di fpecie umana, e in confeguenza non abbia Anima ragionevole, fe fu generata in una Donna di fpecie umana, e come fi deve credere di feme umano. Iddio comandò all'erbe, e agli alberi nel Genefi di produrre ognuno il fuo feme, o fia frutto, fecondo la propria fpecie: e giacchè fupponiamo, che il Feto fi muova, e non abbiamo ragione urgente in contrario, fi deve più tofto prefumere, che l'Anima fia ragionevole; e quando non è certo, che fia di Bruto, battezzarfi fotto condizione: cautela, che mette in falvo il decoro del Sagramento. Mirabile è ciò, che fi racconta nella vita di S. Elzeario Conte d'Ariano. Anfifibia moglie di Grimaldo della prima nobiltà di Provenza, e Signore di Grifato, dopo atrociffimi dolori partorì uno fpaventofo moftro, cioè una maffa di carne, che col fuo continuo moto apportava orrore a chiunque la mirava. Non pareva Uomo, perchè non aveva figura umana, e non fembrava neppure una beftia, perchè non aveva fembianza di Bruto, e non aveva in fomma alcuna

(a) Steph. *de part. difficil. lib.* 3. *cap.* 1.

cuna effigie. (a) S. Elzeario Parente de' Genitori, e che fi ritrovava prefente, moffo dalle lagrime di quelli, inginocchioffi: ed orando con gran fervore, cambiò prodigiofamente quella maffa di carne in un Puttino di rara bellezza, a' cui vagiti accorfero tutti d'un fubito per ammirare il portento divino. Profetizzò ancora il Santo, che quefto Bambino farebbe un giorno Sommo Pontefice, e lo fu di celebre memoria fotto nome di Urbano V. Bifogna dire, che la detta maffa di carne aveva qualche configurazione umana, quantunque imperfetta, almeno interna, baftante ad accogliere Anima ragionevole, benchè al di fuori fembraffe informe: o che il cafo ftato fia ftraordinario, ficchè non debba paffare in efempio.

9 Diffi già fopra, che il Parroco fubito deve battezzare il Fantolino, perchè non conviene, che per tal fine fi porti alla Chiefa: ed in vero effendo il Parto non naturale, e di più comunicandofi fempre in qualche maniera la malattìa della Madre al Figlioletto, s'ella è morta, quefto non è tanto lontano dal morire. Lo fteffo dicono Gobat, e Quintanadveñas (b) ne' feguenti cafi, benchè il parto fia ftato naturale.

Primo, fe il Bambino nafce fenza lagrime, e finghiozzi: perchè quefti fignificano la vivacità de' fenfi feriti dalla frigidità ed intemperie dell'aere, che riefce più molefta a chi è ftato fomentato dal calore dell'utero materno: onde fe non piange il Bambino, è fegno, che non â i fenfi vividi, e fi prefume effere in qualche pericolo proffimo di morire.

Secondo, fe â confumato gran tempo in ufcire dall'utero.

Terzo, fe â molto patito di moleftia nell'ufcire, benchè vi abbia confumato poco tempo.

Quarto, fe moftra fegni di cominciata fuffocazione.

Quinto, fe nafce prima del fettimo mefe, perchè non è a fufficienza ftato nudrito, e corroborato dalla natura.

Sefto, fe nafce nell'ottavo mefe. Molti Medici con Ariftotile (c) dicono, la fperienza moftrar non vitale il Parto ottimeftre:

(a) Borelli *vita di S. Elzeario cap. 7.* Prinzivalle *vita dello fteffo l. 1. c. 13. n. 4. e lib. 4. cap 10.*

(b) Gobat *tract. 2. de Bapt. n. 499.* Quintanadveñas *fing. tract.*

(c) Arift. *de gener. Anim. lib. 7. cap. 4.*

meftre : credevano infatti gli Antichi, il Feto nell'ottavo mefe infermarfi. Ciò però da' Moderni fi ftima una favola (*a*), e da lei nacque il giudicarfi il parto fuddetto non vitale, o pericolofo. Veramente, fe il Bambino fettimeftre fuol vivere, l'ottimeftre, ch'è più nudrito, e confortato, perchè deve morire? Quefto ultimo fegno adunque da me non fi approva, fe almeno unito non fia con altre circoftanze, le quali accoppiate all'immaturità del Parto ci facciano dubbitare di vicina morte; e varie fperienze moderne confermano quanto fto dicendo, e diftruggono le riferite dagli Antichi.

Univerfalmente poi è molto utile il portar fubito nati alla Chiefa gl'Infanti a battezzarli, come prefcrive il Sinodo Agrigentino di Ramirez (*b*), e così anche l'Inverno vidi praticare in Palma Terra fituata in quella Diocefi : e ciò è utiliffimo per liberarli da mille pericoli, maffime ne' luoghi piccioli, e abbondanti di Popolo minuto, e dovrebbe ftilarfi da per tutto, almeno ove il clima temperato lo permette. Anticamente non era lecito, fecondo i Canoni, il differire il Battefimo a' Bambini oltre il giorno 12. S. Carlo (*c*) abbreviò fotto pena di Scomunica un tal termine a nove dì. La difciplina però di Fiandra a foli tre. In alcune Diocefi di Sicilia (*d*) a 3. o 4. Ma nel Sinodo Palermitano di Monfignor Palafox è proibito fotto pena di Scomunica il non far battezzare i Bambini prima del 3. giorno.

10   Ma ritornando all'operazione del Chirurgo, deve avvertire, che non fempre il Bambino ritroveraffi nell'utero: perchè talora la concezione non fu naturale, ma viziofa. Celebre è il fatto accaduto in Tolofa: Morta una Gravida di nove mefi, ed aperta dal Chirurgo, le fi trovò l'utero grande al folito delle Gravide; fcirrofo però e groffo 4. dita traverfe, e che aveva poco di cavità, la quale era piena d'un fangue nericcio, e grumofo, e affatto fenza veruno veftigio di Feto. Il Chirurgo

per-

(*a*) Drelincurt. *in Corollar de Human Fœt.*
(*b*) *Synod Agrig* Ramirez *de Bapt.*
(*c*) S. Carol. *Concil. Mediol.* 1. *p.* 2. *n.* 1. Synod Syracuf. Marin. *p.* 1. *cap.* 7. *n* 12.
     Synod. Agrig. *ibid.*
(*d*) Synod. Syrac. Marin. *p.* 1. *c* 7. *n.* 12. Synod. Agrig *ibid.*

pertanto già si credeva la gravidanza essere stata ideale; ma assicurandolo i Parenti della Defunta, ch' ella era veramente gravida, aprì tutto l'addome, e nel lato sinistro sotto l'epiploo ritrovò il Feto, e lo fè osservare al celebre Medico Courzial, che ne racconta la Storia. Sapendosi adunque la gravidanza, il Chirurgo se non trova il Bambino nell'utero, deve fare ulteriore diligenza, aprendo più ampiamente il ventre per ritrovarlo o nell'addome, o nelle tube Fallopiane, o nell'ovario stesso, dove talora l'uovo fecondato scendette, o rispettivamente rettossi, e crescette: perchè quantunque siano questi casi un poco rari; tuttavia occorrono, come ce ne san fede tutt'i Moderni. Mangeti (a) ci narra distesamente, e con tutte le circostanze riferite da Autori celebri del Secolo passato, che ne furono testimonj, varie di queste concezioni viziose, cioè di 3. fatte nell'addome, 4. nelle tube, 3. nell'ovario, anzi l'Efemeridi Germane, ed Eistero ci raccontano, che un Bambino era nella vescica urinaria (b); ma di questo argomento ritorneremo a trattare in appresso.

C A P O III.

Che non si deve perdere tempo a fare il taglio Cesareo,
ma che non si deve neppure tralasciare, benchè sia
trascorso molto tempo dalla morte della Madre,
perchè i Feti possono sopravivere
giorni intieri.

1 QUando muore la Gravida, il Fantolino spesso può dirsi agonizzante: almeno è certamente in grave pericolo di presto ancora morire per più ragioni. Primieramente, perch'egli essendo sì tenero, facilmente â potuto contrarre il morbo, ch'estinse la Madre. 2. Perchè alla solita molestia

(a) Mangeti *Theatr. Anatom. p. 2. lib. 2. cap. 3.*
(b) Heister *in Append. Comp. Anatom. in orat. 2. de Increm. Anatom. fol.* 104.

leftia del carcere fi aggiunge il fetore del Cadavere materno.
3. Perchè effendo egli in quello ftato a lui sì nojofo, fuol cominciare a fare impeti per ufcirne, e a dibatterfi: il che lo
ftracca, e gli confuma le forze. 4. Perchè gli va mancando
il rinfrefco dell'aere nitido, che foleva entrare nel corpo materno pe' canali della refpirazione, e in parte ancora l'abbondanza dell'alimento. Quefte ragioni obbligano la diligenza de'
Sacerdoti a curare, che non fi perda mai nè anche iftante di
tempo a fare il Parto Cefareo: perchè il Bambino può morire
a momenti; e quefto è quello, che comanda il Rituale Romano: *Quamprimùm cautè extrabatur*.

. 2 Del refto è un errore intolerabile, e contro l'univerfale fperienza quello, che fcappò dalla penna di Roderico de
Caftro, cioè, che fpirando la Madre, all'iftante muoja il Bambino, la di cui vita è da lui attribuita alla contrazione delle arterie umbilicali, che chiamafi moto di trafpirazione; e ch' ei
vuole affatto dipendente dal moto Siftolico, e Diaftolico del
cuore materno, e in confeguenza forzato a ceffare, ove quefto
ceffi; onde, morta la Madre, per neceffità debba morire ancora fubito il Feto: (a) *Quia vita, & motu Puerperæ ceffante,*
ceffat etiam Infantis vita, & motus cordis, qui in Infante pendet
ex diftentione, & contractione arteriarum umbelicalium: qui mo-
tus ubi ceffet in Matre, e veftigio ceffat in Infante; qui non ante
umbelici fciffionem fpiritum per os trabit, nec in utero per os re-
fpirare poteft. .

3 Lo fteffo dice Varandeo (b), apertamente foftenendo,
che il Fantolino, mentr' è nell' utero, viva della vita della
Madre, e non già di vita fua propria. Egli è vero, che Paolo
Zacchia (c) mitiga molto la cruda fentenza di Caftro, e Varandeo, producendo infiniti efempj di Feti ritrovati vivi qualche tempo dopo la morte delle Genitrici; onde vuole, che fi
faccia il Parto Cefareo. Tuttavia ficcome a tempo di quefto
per altro erudito Scrittore non erano alcune verità Fifiche tanto

(a) Roderic. de Caftro *lib.* 4. *de morb. Mulier. cap.* 3.
(b) Varand. *de affett. Mulier. cap.* 7.
(c) Zacch. *t.* 2. *l.* 9. *tit.* 2 *q. unica n.* 14. *& feq.*

to rischiarate; ammette ancor egli il falso principio di detti Autori, che il Bambino viva della vita della Madre: onde sente, che prima di essere il Feto compito in maniera, che sia già atto a nascere, cosa che accade ordinariamente dopo il nono mese, venendosi al taglio, si troverebbe sempre morto; il che è falso, come dimostrerò nel capo seguente: e soggiunge, che quei, che sono stati estratti col Parto Cesareo, erano tutti novimestri, e diecimestri; perchè questi soli con la loro robustezza possono cozzar con la morte, fino a tanto che venga ad ajutarli, e liberarli il Chirurgo. Ma ch' il crederebbe? L'opinione di Castro, e Varandeo sì perniciosa, e ributtata comunemente anche a' tempi di Zacchia da' Medici, e Teologi, vi è pericolo, che anche oggidì sia tenuta in pratica da qualche Parroco. Io ne conosco due: il primo era ancor Medico, e in quest'arte affidato nessuna sollecitudine si prendeva, com'egli stesso mi disse, di far tagliare le Gravide morte. L'altro, che pur era d'un singolare, e straordinario zelo, lasciò seppellire col Feto probabilissimamente ancor vivo una Gravida di nove mesi; perchè credeva per certo, che quegli dovesse morire all'istante, e che perciò il taglio si dovesse fare prima che spirasse la Madre: cosa incredibile in un Uomo com'egli, erudito per altro, e studioso; quasichè fosse lecito l'accelerare a questa la morte per salvare il Bambino: ed avendogli scoperto io questo suo doppio errore, non potrei spiegare, quanto restasse amareggiato, e confuso per la perdita di quell'Anima.

4 Ho stimato adunque, per impedire simili danni, il mettere qui in chiaro la verità, e confutar l'errore di Castro, e Varandeo; e benchè basterebbe l'autorità del solo Rituale della Chiesa Romana; tuttavia voglio confonderlo ancora con altre armi, cioè prima con l'esperienza, che â più forza della ragione, e poi con la ragione medesima.

5 E quanto alla sperienza: infinite volte i Bambini sono stati estratti vivi dalle Madri defunte. I Romani stessi non seppellivano alcuna Gravida, senza prima estrarne il Feto. Il dire poi, che tutte siano state illetarghite, ed oppresse da passione isterica, e non morte contro l'attestato d'innumerabili Medici,

N

e Chie Chirurghi, che non fono mai venuti al taglio, fenza prima accertarfi della morte della Gravida; è, come dice Rainaudo, una fciocchezza, un raggiro, ed una temerità. Così col pretefto di non effere veramente morti quei, che fi leggono rifufcitati nelle Storie, potrebbe Varandeo negare a dirittura tutte le rifurrezioni.

6   Ma Poffevino, e Rainaudo (*a*) fteffo dicono, che i Feti non vivano più di un ora, o mezza, e talora meho dopo la morte della Madre. Effi però forfe parlano di quello, che a loro fentimento, o di quei Medici, co' quali confultarono, occorre più ordinariamente. La verità fi è, che il Feto può fopravivere molto più affai.

Infatti Doleo (*b*) Medico eccellente attefta di avere egli fteffo veduto muoverfi un Bambino vivo nel ventre della Madre un giorno dopo la di lei morte, e di quefti efempj fe ne potrebbero addurre infiniti, e molti ne fono ftati raccolti da Scurigio (*c*). Nella fola Città di Palermo, in cui fcrivo, fra pochi anni fe ne fono veduti quattro da me ben efaminati, eccoli:

7   Effendo morta in Palermo a' 18. Giugno dell'anno 1732. una Gentildonna gravida, a me ben cognita, accorfero fubito due Medici, e due Mammane, e bench'efperti, atteftarono doverfi tralafciare l'incifione, perchè non appariva nè calore nella regione dell'utero, nè moto nel Feto, nè alcun fegno di vita in effo; ciò non oftante fattafi l'incifione ad iftanza d'un Chirurgo, che fopravenuto reclamò, quafi ore 15. dopo, il Bambino fu ritrovato vivo, e battezzato, ed effendo poco dopo fpirato, fu' fepolto in Chiefa infieme colla Madre, come da' Parenti, e Vicini ò faputo.

Il celebratiffimo Vice-Protomedico di Palermo D. Agoftino Gervafi, a cui tanto deve Sicilia per le fue fatiche in prefervarla dalla poc'anzi avvenuta Pefte di Meffina, avendo un giorno faputo, che quafi 24. ore prima era morta una Gravida ferviente

te

(*a*) Poffevin. *de offic. Cur. cap. 6. n. 9.* Rainaud. *de ortu Infant. cap. 2.*
(*b*) Dolæus *in Enciclop. Chirurg. lib. 4. cap. 5. in fin.*
(*c*) Scurig. *in Embryol. a pag.* 118. *ad* 147.

te del Moniftero di S. Chiara, volle in ogni conto, che fi ta-
gliaffe, e vi adduffe ei medefimo il Chirurgo, che fu il Dottor
D. Gregorio Calabrò. Il Bambino fu ritrovato vivo, e fi battezzò, com'egli fteffo mi à narrato.

Il Padre Emmanuele Carufo Palermitano, e rinomato Pre-
dicatore de' Padri Crociferi, ritrovandofi in cafa di una Pregnante, morta 23. ore prima, vide a cafo muoverfele il ventre; ed avendo con quefta occafione faputo, ch'ella era incinta, fece, che fi apriffe: e 'l Bambino trovato vivo fu battezzato; e il tutto fo di fua bocca.

D. Saverio Errigo perito Chirurgo del noftro infigne Spedale di S. Bartolommeo à incifa una Donna morta 24. ore prima,
e la Creaturina viva, com'egli mi à raccontato, fu rigenerata
a Crifto.

Tutte quefte Gravide erano indubbitatiffimamente morte;
e deve notarfi, che a niffuna furono fatti fomenti di panni caldi nell'utero; ficcome neppure fu meffo in bocca il cannelletto, eccettuata la prima, e per poco tempo.

8 Maggiori maraviglie ci narrano le Storie: cioè Bambini non folo eftratti vivi artificiofamente dopo molto tempo col
taglio, ma nati da loro medefimi per la violenza, che ànno
fatta. Di Gorgia di Epiro fappiamo, effere nato mentre la Madre defunta era portata fu la bara a feppellirfi, e che i fuoi va-
gimenti abbiano fermati i Becchini, come afferma Valerio Maf-
fimo (a).

Nel Florilegio degli Epigrammi (b) fi legge di tre Gemelli
nati da una Madre defunta, e fi riferifcono i feguenti verfi,
traduzione di Lublino:

E mortua Matre vivus partus: unus fanè Deus
Ab hac vitam fuftulit, bis verò dedit.

e per venire a' fatti moderni.

(a) *Valer. Maxim. lib. 1. in Gorgia Epyrota.*
(b) *Florileg. var. Epigr. lib. 3. cap. 12 n 42.*

9. Il celebre Medico dell'età noſtra Boneti (a) con Tommaſo Bartolini riferiſcono, che nel Novembre dell'anno 1673. in un villaggio a lui vicino, chiamato Tonninge, morì una Contadina, per non avere potuto partorire, benchè ajutata da trè Mammane: i Domeſtici nulla più curarono del Bambino, che reſtato tutto nell'utero ſopraviſſe due giorni; ne' quali, non ſo per quale accidente, ſi tardò a ſeppellire la Madre; e finalmente fatto impeto uſcì fuori vivo; benchè poco dopo per lo grande ſforzo fatto all'uſcire ſe ne morì, e fu ritrovato ancor caldo: e deve recar più maraviglia il ſapere, che rotte le ſecondine era già ſtato verſato il liquore in eſſe contenuto, e che ſerve di alimento al Feto; eppure egli, come dice Boneti, *Vitam propriam, ut ante, vixit, alimento antea per os in ventriculum congeſto, ſicuti Choclea ſuo ſucco victitant.*

E ſoggiunge, che queſte ſpontanee naſcite di Bambini, anche dopo la ſepoltura della Madre, non ſono ſtate rare: e che da eſſe proviene l'uſo popolare di ſeppellir le Gravide con forbici, filo, ed aghi: quaſichè lo ſpirito della Madre ne aveſſe biſogno per recidere, e legare l'umbilico al Bambino, qualora naſceſſe, come più volte per eſempj antichi, e moderni ſi è viſto: e che una ſimile origine à il coſtume di collocarle nella foſſa con le gambe ſlargate, quaſi per facilitare la ſtrada al Feto per uſcire: uſi al certo ſciocchi, inutili, e ſuperſtizioſi, che dovrebbero commutarſi con una più eſatta diligenza in eſtrarre per via di taglio il Bambino per conſervargli la vita, o almeno per il fine più importante di dargli il Batteſimo.

10 Narra pure lo ſteſſo Boneti, che nel 1633. una Gravida parve morire di epilepſia di Giovedì a Veſpro, poi nel Venerdì mandò ſchiuma dalla bocca, e 'l ventre fu oſſervato alzarſi, ed abbaſſarſi, e vagire ſordamente l'Infante. Queſto poi nacque vivo il Sabato verſo mezzo giorno; ma morì ben preſto, benchè quando gli Aſtanti ſe ne accorſero, era ancor caldo. Il fatto diede molto che diſcorrere a varj eccellenti Profeſſori, fra' quali il celebre Giovanni Riolano, Andrea Duchemino, Niccolò Pierre, e Abele Brunier Parigini Medici della

Re-

(a) Boneti *Medic. ſeptentr. t. 2. lib. 4 ſect. 7. obſervat. 30.*

Regina di Francia, con altri valent' Uomini dell' Univerſità di Padova, che fecero una Diſſertazione confermando il loro diſcorſo con varj eſempj: eſſi furono di parere, che la Madre non era veramente morta il Giovedì, ma il Venerdì quando mandò la ſchiuma, e che tuttavia il Fantolino ſi era conſervato vivo fino al Sabato: ſicchè ſe ſi foſſe uſato il taglio, la Creatura ſi ſarebbe ancor ſalvata, ma gli ſtraordinarj sforzi, che fece per uſcire, l'ucciſero. Vivo ancora nacque in Olavia nel Marzo dell'anno 1665. il giorno ſeguente alla morte della Madre un Bambino riferito dall' Efemeridi Germane (a), che ci fanno ſapere inſieme, che vivo pure nacque un altro il terzo giorno dopo la morte della Gravida: e vivo ſi crede eſſere nato a' 31. Ottobre 1609. il terzo giorno ſimilmente quel Bambino, che riferiſce Salmut (b), benchè ritrovato morto: perchè in virtù di qual forza un Morto poteva naſcere da una Morta?

11 Un fatto ſimile accadette per teſtimonianza d'Ildano in Colonia Agrippina. Morta una Matrona di morbo acuto, l'indimani al tempo di doverla ſeppellire, ſi accorſero ch'era uſcito il Bambino dall'utero; ma ſi trovò eſſere già morto. Vivo però fu oſſervato in Inghilterra, come ci aſſicura Arveo (c), un Bambino, che, morta ſua Madre la ſera, l'indimani mattino fu trovato d'eſſere uſcito alla luce. In Saſſonia, come ci narra Salmuth (d), reciſa intieramente la teſta a una povera Gravida, e laſciata coſì morta in campagna, dopo fu trovata con due Gemelli, che da lei erano già nati. In Madrid aperto il ſepolcro alcuni meſi dopo, che vi era ſtata poſta una Gravida defunta, le fu trovato il Bambino ſotto il braccio deſtro, benchè morto ancor egli per non avere avuto ſoccorſo (e). Fortunato però fu l'Infante, di cui Gaſpare Rejes narra per teſtimonianze ſicure un fatto, che ſembrerebbe incredibile. In Segovia Città di Spagna morì la Conſorte a Franceſco Arevàl, eſſendo lui aſſente, e in luogo rimoto. Avviſato però con un eſ-

(a) Ephem. Germ. *Natur. Cur. A.* 3. *obſerv.* 318.
(b) Salmuth *Cent.* 2 n 36.
(c) Arveus *exercit de generat. Animal.* 72. *de partu.*
(d) Salmuth *Cent.* 2. *obſerv.* 1.
(e) Ildan. *in reſp. ad Mich. Doring.*

espreſſo del funeſto accidente, venne in Segovia, ma troppo tardi, avendola già trovata ſepolta. L'amore ardente verſo la Moglie lo ſpinſe a pregare il Parroco di fargli aprire il ſepolcro, per potere almeno avere l'ultima conſolazione di vederla, benchè già in quello ſtato; e ne fu compiacciuto: ma ecco, mentre piange l'amata Defunta, Iddio gli porge un motivo di conſolazione impenſata: dal moto, che vede in quella verſo il ventre, comprende, che ſtava già partorendo. Infatti uſata la diligenza, trovò, che il Bambino aveva già ſpinta fuori la teſta dal carcere materno, e ch' era ancor vivo: nacque egli finalmente, e creſcette, e a ſuo tempo fu Governadore di Seniſia.

Altri eſempj ſimili ſi leggono in moltiſſimi Autori (a), che concordemente ci aſſicurano di eſſer nati molti Bambini dopo la morte delle Madri: che tutti ô voluto notare qui ſotto, acciocchè una tal coſa con l'autorità di tanti, molti de' quali ſono de' più inſigni Medici, e vicini inſieme alla età noſtra, reſti per indubitabile, a confuſione de' traſcurati, e queſti affatto ineſcuſabili, ſe laſciano l'inciſione Ceſarea col preteſto, ch'è paſſato già molto tempo dalla morte della Madre.

CA-

(a) Arvæus de generat. Anim exercit. 72 de partu. Rejes in Elyſ jucund. q. 74 n. 12. Marcell Donat. lib 7 ubi Gregor. Horſt. Paulus Eber in Calend biſt. Cornar. biſt. admirab. 14. Hildan. in lit. ad During. Cornel. Prog. de generat. Hom. prope fin. pag. 72. Niman. de vita Fœt in utero p. 29. Rolfinc diſput. anatom. lib 6. cap. 33. p. 1195. Matth in quaſt. Med. Zuvinger in Theatr Ronſcæus epiſt. 1. fol. 9. & ſeq. Bohnius exercit. Phyſiolog. 26. §. 1. Acta Haphn. vol. 2. obſerv 35 p. 92. ſpecialmente Vesling. obſervat. 7. 48. & ſeq. Helmont. tract. de Concept. §. 16. Ludov. Hanneman. obſerv. 53. Ephem. Germ. curioſ. dec. 2. ann 3. cum Schol. Lucæ Schræcchii, & dec. 2. obſerv. 318. ove ſi riferiſcono due eſempj. Deuſing. in Geneſ. Nicrocoſm. p. 3. ſect. 2. §. 83. pag. 267. Riolan Anthrop. lib. 6. cap. 6. p. 398. Lucas Tozzi p. 1. Medic. tit. 1. de Partu n. 49. Georg Franch. de Franchen ù Satyr. Medic. 3 n. 5. Stephanus Sennertus, &c.

C A P O　I V.

Che i Feti anche minori del decimo, e nono mese
trovanfi vivi, e che non fi deve tralafciare
il Parto Cefareo, benchè la gravidanza
aveffe oltrepaffato il tempo
folito.

1 LA fperienza adunque moftra chiaro non folamente, che il Feto non muoja con la Madre; ma che poffa vivere affai più d'un ora, contro la falfa perfuafione del volgo. Or la medefima fperienza c'infegna contro Zacchia (a), che lo fteffo accada tanto fe il Feto fia maturo al Parto, e così di nove, o dieci mefi, quanto fe fia immaturo, come ò veduto lo fteffo in un Bambino di tre mefi, da me fatto eftrarre dalla Madre morta di pleuritide, quafi dopo un'ora, il quale io medefimo battezzai, imponendogli nome Marco, correndo la folennità del Santo Evangelifta, e fopraviffe un quarto. Un fimile efempio narrommi il detto D. Saverio Errigo effergli occorfo d'un Bambino di 4. o 5. mefi, e nel fine di quefto Capitolo io ne riferirò ancora degli altri. Nè ofta il motivo, che fa in contrario Zacchia; cioè, che ne' Libri, che trattano di Parti Cefarei, come Rouffeto, e fimili, fempre fi fa menzione di Bambini di nove mefi, e più, e fi tace di minori: perciocchè fi rifponde, che l'argomento allora avrebbe forza, quando i medefimi Autori narraffero di avere fatte incifioni in favore di Bambinelli minori di nove mefi, e poi ne taceffero l'efito; ma s'effi narrano folo di aver tagliate Berta, e Livia gravide di nove mefi, e di aver trovato vivo l'Infante, non fi può legittimamente dedurre: adunque fe foffero i loro Fantolini ftati minori, fi farebbero per neceffità trovati morti: ed avverto, che quefti Autori per lo più parlano del Parto Cefareo delle

Vi-

(a) Zacchias t. 2. l. 9. tit. 2. q. unic. n. 14. & feq.

Viventi, il quale non si fa mai, se non in occasione di Parto natural disperato: or di quello non può trattarsi mai, se non almeno al settimo mese compito, e non già prima; sicchè è impossibile l'avere in tai Libri notizie di Feti ritrovati vivi immaturi per mezzo del Parto Cesareo fatto alle Madri viventi. Di più non vedrà mai Zacchia nelle Storie degli Eroi nominato qualche Uomo celebre nato per Parto Cesareo prima del nono mese, o circa: perciocchè i Bambini immaturi al Parto naturale, benchè si trovino vivi in ordine al ricevere il Battesimo, non si ritrovano vitali per poi crescere, e divenire illustri; anzi muojono poco dopo: ma in nessuno fino ad ora, fuorchè in Zacchia, ô letto, che se la Madre non è nel mese del Parto, il Feto si trova estinto; al contrario tutti generalmente (e così ancora lo stesso Rituale) prescrivono, che tutte le Donne gravide s'incidano: perchè il Bambino può essere vivo.

2 Che poi simili Parti Cesarei, cioè nelle gravidanze de' primi tempi, siano rari, non me ne maraviglio.

Primo, perchè i Parrochi non sogliono facilmente avere cognizione delle gravidanze non tanto avanzate, com'è chiarissimo, e mi ânno confessato anche i più diligenti.

Secondo, perchè i Parenti della Defunta, che usano una straordinaria negligenza, eziandio se si tratta di salvar quei Bambini, che già sono maturi al Parto, secondo è notorio; quando poi si parla degl'immaturi, si diportano con una balordaggine infinitamente maggiore.

Terzo, perchè le Pregnanti più facilmente muojono dal sesto mese in su, giacchè la gravidanza, benchè sia cosa naturale, e non morbosa; tuttavia reca molta molestia alla Donna: onde se quella è inoltrata, e questa in conseguenza mal condotta, più difficilmente resiste a' morbi sopravegnenti: massime che allora per lo timore di non danneggiare il Feto, non se le può dare ogni medicina, e rimedio.

Quarto, perchè prima del quarto mese gli Aborti sono più facili: sicchè infermandosi gravemente la Madre, spesso ella abortisce prima di morire; e così non vi è necessità d'inciderla morta. Ed in vero il frutto suol cadere dall'albero, o quando è

in

in fiore, e non ben legato, o quando è già maturo, o quasi: ma nel tempo di mezzo sta più fermo, e ben attaccato al suo gambo.

Quinto, spesso la Divina Provvidenza preserva le Madri gravide ne' primi mesi in grazia del Feto picciolo: perchè altrimenti lo lasciarebbero perire. Tutte queste ragioni fanno, che per lo più in maggior numero assai siano i Parti Cesarei delle Defunte negli ultimi mesi, che ne' primi; ma non perciò non si deve stare con tutta la vigilanza da' Parrochi per le povere Creaturine de' mesi primieri; perch' esse, morendo la Madre, si perdono ordinariamente, senza che alcuno pensi ad estrarle: e qui sta appunto il disordine, e qui la loro disgrazia; perchè quando si è fatta la diligenza, si sono trovati vivi: oltrechè tutte le Levatrici attestano, che negli Aborti facilmente si osservano vivi Feti di 40. giorni in circa, ed io sopra ne riferii uno di 20.

3 Non comprendo poi, come Zacchia dica, gli Autori non parlare di Feti estratti vivi prima del nono mese: quando essi al contrario fanno la quistione, se i medesimi, che chiamano Cesoni, in ordine ad eredità, legati, e successioni, si debbano riputar come nati; e in questo i Leggisti con la scorta de' Medici distinguono: perchè o sono maturi al Parto naturale, cioè almeno di sette mesi, e robusti in maniera, che diano speranza di potersi conservare in vita; e allora si ammettono, come nati, benchè tali grammaticalmente non siano: altrimenti non si considerano come nati. In Ispagna è necessario, che siano battezzati, e sopravivano per ore 24., come riferiscono Carranza, e Rainaudo. (a)

4 Più: gli Autori non solo suppongono potersi estrarre vivo un Bambino prima del nono mese, ma che possa essere vitale eziandio, che sia abortivo di 4. o 5. mesi, e con varj esempj lo provano diffusamente Rejes, e Schenchio (b): e il bello si è, che lo concede per vero, almeno dopo il 5. mese,

O   lo

(a) Carranza *lib. de Part. nat. cap.* 1. §. 6 *n.* 14. Rainaud. *loc cit n.* 2.
(b) Rejes *Elyf. jucund. cap.* 90. Schench. *tom.* 2. *lib.* 4. *obfervat.* 182.

lo fteffo Zacchia (a) (benchè creda effere cafo raro) coftretto dall'autorità di Avicenna, Cardano, Vallefio, Augerio, Torreblanca, e la Rota Romana: *Quibus*, dic'egli medefimo, *fidem derogare, cùm magni alioquin, & veridici viri extiterint, piaculum fortaffe effet.*

5   L'opinione adunque di Zacchia, benchè falfa, tuttavia, perchè appoggiata da lui a una ragione vera, cioè alla debolezza de' Feti minori di nove mefi, per la quale non fogliono effere vitali, ci deve folo fervire ad accelerare il Parto Cefareo con la maggior follecitudine; non già per tralafciarlo, difperando di trovarlo vivo: perchè quantunque piccolino, può confervarfi in vita, e durare finchè fi eftragga, e fi battezzi. Quante volte noi ammiriamo in alcuni prolungarfi la vita agonizzante, fenza poter comprendere, come poffa durar tanto tempo in tali anguftie? Noi vediamo, che nel corpo della Defunta fieguono a vivere a lungo molti Infetti, o Vermi, la vita de' quali poco importa; e crederemo, che la provvidenza non abbia difpofte le cofe in maniera, che poffano confervarfi in vita molti di quefti teneri Bambinelli per tanto tempo almeno, quanto bafti ad eftrarli, e battezzarli? Certo, la cura, che â Dio delle fue Creature ragionevoli, è tanto più ammirabile di quella, che â fopra delle irragionevoli, che rifpetto a quella potè dirfi dall'Appoftolo (b): *Numquid de bobus cura eft Deo?*

6   Ma s'è probabile, che il Feto fia animato ne' primi giorni, condanneremo di peccato mortale un Parroco, il quale non faceffe incidere, chi moriffe nel principio della fua gravidanza? E pare di sì: perchè alla fine effendo quefto un cafo raro, poco importarebbe, fe fra cento Gravide avanzate foffe obbligato ancora a far praticare il taglio con una, che cominciò ad effere gravida. Rifpondo però, quanto alla pratica me non obbligare niffuno al Parto Cefareo della Pregnante de' primi giorni.

Primo, perchè il Sinodo di Colonia ordina, che s'incidano

quel-

(a) Zacchias *tom. 1. lib. 1. tit. 2. q. 2. a n. 6.*
(b) 1. *Cor.* 9. 10.

quelle, di cui confta effere gravide: or fuole effere dubbia la concezione fino al 40. giorno, e fi può incorrere in mille errori, come fanno tutt'i Medici, e le Mammane; perchè non ne ân fegno certo, fecondo pruova Zacchia (a), e le Donne fteffe neppure dubbiofamente, fe non di rado, innanzi al mefe affermano cofa intorno alla propria gravidanza, tolto il cafo, che foffero pratiche, ed efperte, e fempre fallibilmente: ma quefte medefime non fempre ne ânno fcrutinati, ed avvertiti i fegni per altro difficiliffimi a difcernerfi.

Secondo, data eziandio per certa la gravidanza, fempre però refta dubbio, fe il Feto fia animato, o no; e fe per queft' animazione è neceffario, che fia compito, e perfezionato, il che accade verfo il 40.

Terzo, quando ancora fupponiamo, che l'animazione fi faccia ne' primi tempi; è dubbio, fe, morta la Madre, viva ancora il Feto: perch' effendo egli sì tenero, e dilicato, faciliffimamente fe gli comunica il morbo della Madre, che può togliergli la vita, e corromperlo anche prima della morte di quella: e per quefto medefimo fogliono le Gravide del primo tempo fconciarfi innanzi di morire.

Quarto, ne' primi giorni è dubbio anche il luogo, dove fi trovi il Feto: cioè fe fia fcefo nell'utero, o ancor fia nella tuba, o nell'ovario: e perciò è meno facile il trovarlo.

Quinto, è dubbio, fe nelle gravidanze occulte, ed infami la Donna affentirebbe alla incifione: e la prudenza vuole, che non fi mettano tanti fcrupoli in capo ad una moribonda per paura, che volendo falvare l'Anima del Feto non fi rovini quella della Madre, e ancora de' Parenti, che in cofe tanto dubbie s'inquieterebbero, prenderebbero in orrore il Parroco, e vi farebbe talora anche pericolo di qualche finiftro accidente nelle gravidanze illegitime.

7 Se poi la Gravida fteffa, e i Parenti fpontaneamente voleffero incifione, potrebbe fenza dubbio alcuno praticarfi, maffime dalli 20. giorni in fu della gravidanza, ed io defiderei, che fi faceffero quefti tagli nelle Pregnanti morte negli Of-

pe-

_____

(a) Zacchias *tom.* 1. *lib.* 1. *tit.* 2. *q* 1. *&* 2.

pedali, acciocchè per via di molte offervazioni poteffimo accertarci, fe veramente fi fogliono muovere gli Embrioni de' primi giorni, e fe poffano reftar vivi dopo la morte della Madre. Onde ficcome negli Aborti poffiamo liberamente valerci del Battefimo condizionato in favore di quefti Abortivi sì piccioli; perchè niffuno inconveniente può feguitarne: così ove fi parla di Parto Cefareo, finchè Dio non rifchiari meglio quefta materia, e che altro non ci comandi la Chiefa, la detta obbligazione di far incidere le Gravide s'intenda dal 40. in fu, o al più al più potrebbe pretenderfi dal 20. in poi: perchè oltre le ragioni fuddette, in réaltà neffuno efempio, e fperienza abbiamo, che un Feto fi ritrovi vivo col Parto Cefareo prima del 40. giacchè neppure è ftato folito praticarfi: e quanto agli abortivi, ficcome tutt' i Medici, e le Mammane afficurano, che fe ne trovano vivi in circa al 40. così fe talora fe ne fon vifti affai prima, come quello da me narrato, che pareva di 20. giorni; fi ftima però cafo raro.

8 Che fe poi viceverfa la gravidanza aveffe oltrepaffato di molto lo fpazio di nove mefi, non perciò, fe muore la Incinta, deve trafcurarfi il Parto Cefareo. Riferifcono i Medici di Monpeliér la gravidanza efferfi talora prolungata fino al 12. 16. 24. mefe; Schenchio (a) ne adduce molti efempj di 13. 15. 23. e 24. e Mercuriale narra d'un Bambino portato vivo dalla Madre nel ventre per anni quattro: almeno le Donne poffono faciliffimamente errare in farne il giufto computo. Ippocrate, ed Ariftotile notano, che i flati fpeffo le ingannano, facendo loro credere di effere gravide molto prima, che realmente lo fiano: onde poi occorrendo loro la vera gravidanza, la giudicano troppo diuturna. Pertanto fe quefta paffa gli ordinarj termini, non fi deve perciò fubito credere, che fia infermità. Boneti narra, che nel trafcorfo Secolo XVII. trovoffi in una Donna un Feto morto, ed affatto incorrotto dopo 26. anni di gravidanza, e benchè fia certo, che non fia potuto durare vivo tanto tempo; tuttavia, chi fa, quando veramente fia morto

chi

(a) Schenchius tom. 2. lib. 4. de Fœtib. dall' offervazione 155. fino alla 160.

chi per un tempo sì diuturno potè morto confervarfi incorrotto? Chi fa gli arcani della natura?

9 Finalmente non farà fe non utile il foggiugnere qui una relazione del Signor D. Ignazio Amato Chirurgo di Morreale, e confermarla con altra fimile del Signor D. Giufeppe Cimino Chirurgo di Corleone. La prima mi fu indirizzata colla feguente Lettera:

Mando a *V. R. la richiefta nota diftinta delle Gravide defunte da me incife, alle quali ho inferta alcuna tagliata da qualche mio Collega. Indi fi può conofcere, quanto fia falfo, che i Feti non fi ritrovano vivi, fe non nell' ultimo mefe della gravidanza. Egli è vero, che a poche Gravide morte prima del quinto mefe io fono ftato chiamato; ma quando lo fono ftato, fempre ho trovato vivo il Feto; onde credo, che ancora avrei trovati vivi gli altri. Ma i Parenti in quefta materia non fono tanto diligenti, e fottili, e i Parrochi non facilmente fanno le gravidanze de' primi mefi. Quindi farebbe più che neceffario, che fempre ne dimandaffero in occafione di dare gli ultimi Sacramenti a Donne, che poffono effere gravide. Ciò, che ho vifto, molto degno di notarlo fi è, che in tante incifioni, benchè non tutte fatte immediatamente alla morte della Madre, non ho trovato mai alcun Bambino morto; e lo fteffo è accaduto al Chirurgo di Corleone nelle 13. incifioni in circa, che ha operate. Se in altro debbo fervire V. R. mi comandi alla libera; perchè oltre il piacere che ho di fervirla, ho molto a cuore il contribuire ancor io al bene delle Anime, e baciando le fagre mani, mi raffermo*

Di V. R.

Morreale li 15. Giugno 1744.

Aff.^{mo} ed Obblig.^{mo} Serv.^{re}
D. Ignazio Amato Chirurgo.

10 *Nota delle Gravide da me D. Ignazio Amato, o da qualche mio Collega incise in Morreale, e fua vicina Campagna, col tempo della Pregnezza, nome del Battezzante, e fopravivenza del Feto all' eftrazione.*

1 A 3. Novembre 1719. Margarita Bruno Moglie di Francefco gravida di mefi fette. Il Canonico Parroco D. Francefco Turdo battezzò la Creaturina, che fopravifle un' ora in circa.

2 A 14. Agofto 1724. Antonia Monte, o fia Vignuzza, Moglie di Giufeppe, di mefi fei. Il Canonico D. Giufeppe Falco battezzò la Bambina, che fopravifle un quarto.

3 A 24. Settembre 1724. Anna Maria Calcagno Moglie di Giufeppe, di mefi fette. Il detto Canonico Falco battezzò la Creaturina, che fopravifle un quarto.

4 A 4. Marzo 1725. Agoftina Smiriglio Moglie di Damiano, di mefi cinque. Il detto Canonico Falco battezzò il Feto, che fopravifle un quarto.

5 A 8. Ottobre 1725. Santa Agnelli Moglie di Giacomo, di mefi otto. Il detto Canonico Turdo battezzò il Bambino, che fopravifle ore cinque, ed un quarto.

6 A 15. Gennajo 1728. Antonina Mini Moglie di Antonino, di mefi otto. Il detto Canonico Turdo battezzò il Bambino, che fopravifle qualche tempo.

7 A 9. Novembre 1728. Rofalia Manifcalco Moglie di Giovanni, di mefi cinque, o fei. Il Canonico D. Domenico Pupella battezzò il Feto, che fopravifle poco.

8 A 25. Aprile 1730. Giulia Dimitri Moglie di Giufeppe, di mefi tre, incifa quafi un' ora dopo la morte. D. Francefco Emmanuele Cangiamila, poi Arciprete di Palma, battezzò il Feto, che fopravifle un quarto.

9 A 24. Novembre 1733. Lauria di Agoftino Moglie d'Ifidoro, di mefi fei in circa. Il Canonico D. Saverio Colelli battezzò l'Infante, che fopravifle quafi mezz' ora.

10 A 6. Agofto 1734. Eleonora li Manni Moglie di Antonio, di nove mefi. Il detto Canonico Turdo battezzò il Feto, che fopravifle qualche tempo.

11 A

11 A 4. Ottobre 1734. Nella Terra del Parco vicino Morreale, Vincenza Greco, Moglie di Nunzio, di mesi tre, e pochi giorni. Il Maestro Antonino Paruta Priore de' Cisterciesi battezzò il Feto, che sopravisse ore due.

12 Lo stesso giorno 4. Ottobre 1734. Vincenza Vetrano Moglie di Francesco, di mesi sette. Il Canonico D. Lorenzo Carlino battezzò il Feto, che sopravisse alquanto:

13 Lo stesso giorno 4. Ottobre 1734. L'Illustre D. Giuseppe Graffeo Moglie dell'Illustre Marchese di Mira, il Rio, di mesi lei, fu incisa dal Signor D. Giuseppe Calafato in mia presenza: Il Canonico D. Saverio Colelli battezzò il Feto, che sopravisse qualche tempo.

14 Lo stesso giorno 4. Ottobre 1734. Rosaria Giudice Moglie di Bartolommeo, di mesi nove, incisa dal Dottor D. Ippolito Pagnotta. Il Sacerdote D. Filippo Seggio battezzò il Feto, che sopravisse qualche tempo.

15 A 23. Febbrajo 1736. Rosaria Biundo Moglie di Giorgio, di mesi nove. Il Canonico D. Domenico Pupella battezzò l'Infante, che morì poco dopo.

16 A 10. Gennajo 1739. Giovanna Daidone Moglie di Pietro, di mesi sette. Il Canonico D. Antonino Costarelli battezzò il Feto, che sopravisse quasi ore due.

17 A 14. Settembre 1741. Agata Laurelli Moglie di Paolo, di mesi cinque, incisa in mia presenza dal detto Dottor Pagnotta quasi dopo 5. giorni di agonìa. Il Sacerdote D. Francesco Marano battezzò il Feto, che sopravisse un quarto.

18 A 15. Agosto 1743. Rosaria Bracco Moglie di Domenico, di mesi otto. Il detto Canonico Turdo battezzò il Feto, che sopravisse un quarto.

19 A 3. Settembre 1743. Anna Ribaudo Moglie di Pietro, di mesi otto, fulminata nella Campagna vicina a Morreale, ed incisa tre ore e mezza dopo la morte. Il Sacerdote D. Emmanuele ...... di Palermo battezzò il Feto, che sopravisse mezz'ora in circa.

20 A .... 1742. N. N. di mesi sette. Il Canonico Parroco.

roco D. Alberto Carlino battezzò l'Infante, che fopraviffe un quarto.

21 A . . . . N. N. di tre mefi in circa. Il Canonico
D. Domenico Pupella battezzò la Creaturina, che poco
dopo morì.

*E di quefti Bambini picciolifimi io ne ho trovati vivi di-
verfi, benchè non gli ho notati: effi battezzati fono ftati ripofti
da me nell' utero dalla Madre, e cuciti in effo, e con quella
fepolti.*

*Morreale, benchè Città Arcivefcovile, computati li Con-
tadini non formonta nove mila Anime in circa: eppure in pochi anni, oltre le qui non riferite, vi fono ftate tante incifioni,
anzi come fi vede al numero 11. 12. 13. e 14. quattro fortirono
folo in un giorno, inclufa quella del Parco Terra vicina. E
però che giudizio faremo della diligenza di que' Parrochi, i
quali dicono nelle loro Città, o Terre non effere accaduta la
neceffità di fare incifioni? O Parrochi veramente fortunatifimi
prefervati dal Cielo da una tanta follecitudine!* Sin qui l'Amato,
il quale ultimamente mi à narrato a bocca, di aver trovato vivo, e fatto battezzare un Feto di cinque mefi in Morreale,
appunto nel mefe di Aprile dell'anno 1745.

Avverto però intorno a quella relazione, che portatomi
a Morrealle, e al Parco per efaminare di prefenza le incifioni
accennate nel num: 11. e 21. giudicai, che la grandezza de' Feti
non era maggiore di quella, che ci delinea Bidlòo del fuo di
due mefi e mezzo, e che giufta le mifure, che ci dà Gaffendo
de' fuoi, non eran che di due mefi, e forfe meno, e minori
erano certamente fecondo le mifure del Bianchi, comparati alla
fua Figura XV. perchè non giungevano alla mole di quella.
Siccome ricordomi per cofa certiffima, che quello da me battezzato, e che fta nella relazione al num. 8. era molto più picciolo del Feto, che ci dà Bianchi al num. 16. di 3. mefi, e 3.
fettimane. Il Chirurgo di Corleone Città della Diocefi di Morreale, di cui parlafi nella Lettera trafcritta, è il fuccennato Signor Dottor D. Giufeppe Cimino, il quale mi autentica in una
fua

fua gentiliffima de' 14. di Novembre 1744. di aver fatte 13. incifioni, e tutte feliciffimamente, con ritrovar fempre vivi i Bambini; ma non mi potè mandare fe non la relazione delle feguenti, non avendo pronte le individuali notizie delle altre.

1 A 29. Settembre 1719. Rofa Giovenco Moglie di Blafio gravida di mefi fette fu incifa dopo un quarto, e il Feto, ch' era vivo, fu battezzato dal Sacerdote D. Giovanni Gagliardo, e fopraviffe un quarto fcarfo.

2 A 5. Agoſto 1722. Rofa Sciacchitano Moglie di Antonino di mefi nove, fu incifa dopo un quarto e mezzo: e il Figliuolino battezzato dal Sacerdote D. Onofrio Cotrone fopraviffe mezz' ora.

3 A 23. Agoſto 1726. Giovanna Cardella Moglie di Salvadore di mefi ottó, fu tagliata dopo mezz' ora, e il Bambino fu battezzato dal Sacerdote D. Giovanni Gagliardo, e fopraviffe mezz' ora.

4 A 28. Settembre 1737. Natalia Salemi Moglie di Stefano, di mefi cinque, fu fubito incifa dopo la morte, e il Feto era vivo, e fu battezzato dal Sacerdote D. Paolo di Luca.

5 A 7. Maggio 1741. Laurea Cammarata Moglie di Stefano, di mefi nove, dopo aver partorito un Gemello morì per fintomi, e sfinimento di forze prima di dare a luce il fecondo: ma eſtratto queſto fu battezzato dal Sacerdote D. Francefco Inferra, e fopraviffe un *Miferere*.

Anche in sì poco numero di Feti fe ne vedono di fette, e cinque mefi, eſtratti vivi contro l'opinione di Zacchia.

P   CA-

C A P O V.

Si moſtra filoſoficamente, come poſſa vivere il Fet•
nell'utero, morta la Madre, contra l'opinione
di Caſtro, e Varandeo: e prima,
che non muore per mancanza
di reſpiro.

1   Dicemmo ſopra, che il Volgo, il quale ſtimava il Feto morire per neceſſità o ſubito, o poco dopo la Madre, era fondato ſu quell'errore di alcuni antichi Medici, che credevano, eſſo vivere ſoltanto della vita di quella,
da cui riceveva moto, alimento, reſpiro, e tutto: ſicchè, lei
ſpirando, non poteva più conſervarſi in vita, almeno a lungo.
Or per vedere, quanto malamente diſcorrevano tali Autori
contro la ſperienza medeſima, ch'è la vera Maeſtra delle Scienze Fiſiche, biſogna prima ſapere, quale ſia la vita del Feto
nell'utero.

2   Egli adunque ſi va formando in mezzo a due membrane, cioè Corione, ed Amnio. Il Corione, ch'è la più eſte-
riore, e la più groſſa, involge in ſe medeſimo l'Amnio, ch'è
l'ultima e la più interiore, e che ſi chiama ancora Agnina,
ed Amicolo: queſta è aſſai tenue, e dilicata, e in eſſa ſta involto il Feto. Niente qui dico dell'Allentoide, membrana,
che ſi oſſerva negli Animali cornigeri, e ruminanti. Si vede
in eſſi un cannelletto chiamato Uraco, ch'è nello ſteſſo funi-
cello umbilicale, e che fra l'Amnio, e 'l Corione ſi eſpande
in un ſacco chiamato Allentoide, illuſtrato da Heiſtero, e che
ſerve a conſervare fino alla naſcita porzione dell'urina del Feto, a cui non baſta la ſola veſcica. So bene, che alcuni Medici
ânno ammeſſa l'Allentoide anche nell'Uomo, e che ſono ſegui-
tati da moderni Anatomici accuratiſſimi, e che Giovanni Mun-
nicks, Van-Horne, Graaf Littre, e Bidlòo diſſero averla oſſer-
vata:

vata : Mangeti (a) ancora ci attefta di averla più volte veduta in Ginevra piena d'un liquore diverfo da quello dell'Amnio, e che in confeguenza ei credette di effere urina. Tavuri pure celebre fra gli Anatomici l'ammette : altri però con Drelincur-zio, ed Aldes fentono, che non fi dia nell'Uomo ; e ultima-mente Trew, che per le proprie fperienze ammette folo l'ura-co, cioè un corpo tondo, conico, e groffo quanto un calamo di paglia, di cui non fi fa, fe poffa paffarne umore, che finifce in una punta tenuiffima, e finora nè per via di ragioni, nè di fperienze fi è potuto indovinare l'ufo, a cui fia deftinato dalla natura. Quindi potrebbe dirfi, per non intaccare di falfità tanti buoni Anatomici, che niegano, o ammettono l'Allentoide, che la natura recede talvolta dalla fua ftrada ordinaria : ficchè due valent'Uomini poffano riferirci cofe contrarie, fenza mentire nè l'uno, nè l'altro. Checchè ne fia adunque dell'Allentoide ; al Corione nafce accanto la Placenta, foftanza glandulofa, o piuttofto (come vuole Ruifchio, ed altri Moderni) vafculofa, e abbondante d'un fucco falivare, dagli Antichi chiamata Fegato uterino ; la quale dopo che l Embrione è quafi formato, fi at-tacca all'utero. Si genera quefta Placenta, o per dir meglio, crefce (perchè fin da principio fi ritrovava nella corteccia dell' uovo) dal fangue diffufo per li vafi umbilicali del Feto, diftefi fino all'eftremità del Corione, e poi coagolato. In effa Pla-centa ftanno piantate la vena, e le arterie umbilicali, che fpar-gono copiofi rami per lo Corione, ed Amnio, i quali rami fi aprono verfo la cavità, che formano dette membrane, ripiena d'un umor tutto limpido, e lattiginofo, di cui effa cavità è lo ricettacolo, e lo fcolatojo. Ciò premeffo.

3 La prima cagione, per cui alcuni del Volgo credono, che fubito muoja il Bambino nell'utero, morta la Gravida, è perchè fembra loro, che non refpirando più la Madre, nè an-che poffa più refpirare il Figliuoletto, e così per neceffità fia coftretto a morire. Indi è proceduto, che in fimili occafioni foglio-no gli aftanti provvederfi d'un cannelletto fenza nodi, e fubito

met-

(a) Mangeti *Theatr. anatom. l. 2. p. 2. c. 3 in obfervat. ad* Drelincurt. *n.* 49.

metterlo nella bocca della Madre, acciocchè tenendoſi così aperta a lei la medeſima, ed entrando l'aere, poſſa ſeguitare il Feto a reſpirare.

Comunque ſia, è certo, che la mancanza del reſpiro non può dargli la morte: perchè nè il Feto, mentr'è nell'utero, â biſogno della reſpirazione, come quelli, che già ſono nati, per circolare il ſuo ſangue, nè gli organi della reſpirazione della Madre ânno col Feto vera comunicazione. Ed in vero la Placenta ſuddetta â due uffizj, uno è di aſſorbire parte dell' accennata ſoſtanza lattiginoſa, e meſchiarla col ſangue portatovi dalle arterie umbilicali del Feto, per mandarla al cuore aſſieme col ſangue ſteſſo, che vi ritorna. L'altro ancor principale (come notano Majow, ed Etmullero) è di ſervire non già di Fegato, come credevano gli Antichi, ma piuttoſto di Pulmone uterino, facendo lo ſteſſo miniſtero de' Pulmoni nè nati: perciocchè eſſendo ella piena di detto ſucco bianchiccio, il quale è tutto pregno di particelle nitro-aeree; queſte ſuppliſcono a quel nitro, che dovrebbe entrare con l'aria per mezzo della reſpirazione, ed incidono il ſangue, attenuandolo, e ſottilizzandolo, e molto più poi, perch' eſſa Placenta ſerve manifeſtamente di organo alla circolazione del ſangue: ſicchè proviſto di eſſa l Feto, non â biſogno della reſpirazione, ſenza di cui i nati appena poſſono vivere pochi momenti. Il che per meglio comprenderſi, biſogna ſpiegare, come circoli detto ſangue tanto ne' nati, quanto negli eſiſtenti nell'utero. Gli Antichi credettero la reſpirazione all' Uomo neceſſaria, per rinfreſcargli il cuore, e che i Polmoni foſſero, come i ventagli: ma ſi è ſaputo ultimamente, ch'eſſi piuttoſto ſon mantici, perchè il loro uffizio principale è di promuovere il moto perpetuo del ſangue, e in conſeguenza il calor naturale. Ammettevano ſenza dubbio gli Antichi moto in quel sì nobile liquore, ma di ſemplice ondeggiamento, come quello del mare: già però da per tutto ſi è sbandito un tal' errore, e ſi ſa, che il ſangue circoli per ogni parte, dopo che Arveo, e Corringio pubblicarono il nuovo ſiſtema, di cui fu in principio creduto Autore lo ſteſſo Arveo; ma dopo ſi è ſaputo di certo, che avendo Fra Paolo Sarpi

Ve-

Veneto Servita lafciato un Trattato manofcritto nella Libreria
di S. Marco, in cui dimoftrava la circolazione del fangue, offervata prima in parte dal Colombo, ed Aranzio, e provata
dal Cefalpino; quefto manofcritto fu da Girolamo Fabrizio di
Acquapendente Medico di Venezia, che anche aveva fcoperte
le valvole nelle vene, comunicato ad Arveo (a).

4 Sentono ancora comunemente i Moderni, che le piante ancor effe abbiano la circolazione del proprio fucco nutritivo, che ferve loro di fangue, confermando ciò con le ragioni,
e con le fperienze, e che godano la loro ifpirazione, e refpirazione, a cui fervono le fue trachee, le fiftole lignofe, i vafi
fpirali, e i pori delle frondi, come notano Malpighio, Tufci,
e Purcozio. A fortiori deve dirfi lo fteffo di tutti gli Animali;
e benchè quanto a' Pefci Ariftotile abbia negata loro la refpirazione, tuttavia Plinio (b) feguitato in quefto da molti Filofofi
dell'età noftra vuole, che ancora effi refpirino per mezzo delle
loro branchie, con le quali tirano a sè, e poi rigettano e l'acqua, e l'aere.

5 Il fangue adunque non ondeggia folamente, come l'acqua nel mare, ma cammina con moto uguale, e progreffivo
per tutto il corpo, irrigandolo colle fue arterie, e ritornando,
ciò fatto, per le vene al cuore, ond'è la fua origine: per poi
tornare di nuovo a fcorrere a guifa de' fiumi, che ad locum,
unde exeunt, revertuntur, ut iterum fluant (c); verificandofi
ancora in quefto la mirabile Analogìa del Mondo picciolo col
grande. Ed in vero, entrato il fangue dalla vena cava tanto
afcendente, che porta il fangue dalle parti inferiori del Corpo,
quanto difcendente, che rimena quello, che vien dalle parti
fuperiori; entrato, dico, nell'orecchio deftro del Cuore, ed
indi nel Ventricolo pur deftro, di là per mezzo dell'arteria
polmonare va ne' Polmoni, e in quelli fi fparge, acquiftando
così nuova perfezione. Ad ogni modo il detto fangue per la
fua gran copia, e per l'anguftia de' canali non potrebbe ripaf-
fa-

(a) Theodor. Zuvinger Compend. Medic. univ. in Phyfiolog. c. 11. n. 3. Purchot.
p. 3. Phyf. fect. 4. c. 1. Corfin. tom. 4. tract. 2. difp. 3. c. 5. n. 4.
(b) Plin. Hiftor. nat. l. 9. c. 7. Purchot. p. 3. Phyf. fect. 2. cap. 3.
(c) Ecel. lib. 7.

fare di nuovo al Cuore, e fi fermerebbe con la irreparabile, e fubita morte dell'Uomo.

6 Se non che i detti Polmoni con la preffione dell'aria, per mezzo della refpirazione, ben prefto, come due torchj premendolo, fe ne fgravano, tramandandolo per moltiffimi canaletti nella vena polmonare, per mezzo di cui ritorna al Cuore, entrando nell'orecchio finiftro: indi fcendendo nel Ventricolo pur finiftro, paffa finalmente all'Aorta, o fia Arteria Magna, per pofcia diftribuirfi ne' due fuoi rami, afcendente, e difcendente, e da quelli a tutte le altre arterie del corpo. Irrigatolo così tutto, entra poi nelle vene, che con moto contrario alle arterie lo riportano di nuovo, già perfezionato il fuo giro, alla fuddetta vena cava, afcendente, e difcendente, che unifce in fè il fangue proveniente (come fi diffe) dalle parti inferiori, e fuperiori, e lo tributa tutto all'orecchio deftro del Cuore, per ricominciare di nuovo il già terminato circuito con un velociffimo, e perpetuo moto.

7 Ma nel Feto benchè circoli ancora il fangue, perchè altrimenti quello non potrebbe vivere; tuttavia ciò non fuccede nella maniera, che fi fa ne' già nati: ed ecco, come dopo infinite efattiffime offervazioni comunemente fi defcrive da' Moderni. Primieramente il fangue tutto, come fuccede ne' già nati, tanto proveniente dalle parti fuperiori, quanto dalle inferiori, va nella vena cava, difcendente, ed afcendente; quello, che fale per l'afcendente entra nel forame ovale, il quale fi offerva folo ne' non nati, e ne' già nati fi chiude, e per di là fcorre nella vena polmonare, ed indi va nel ventricolo finiftro del Cuore, o immediatamente, fe è aperto, o paffando prima per l'orecchio finiftro del medefimo Cuore: e fi offerva in detto forame ovale una valvola per impedire al folito il regreffo, o diciamo il ritorno del fangue. Quello però, che fcende dalle parti fuperiori per la vena cava defcendente da quella, entra nel ventricolo deftro del Cuore, o immediatamente, o mediante l'orecchio: indi non va tutto, come accade ne' già nati, a' polmoni; ma entrato nell'arteria polmonaria fi divide in tre altre porzioni, o rufcelli. Il primo, e più grande entra nel ca-

na-

nale detto arteriale, per cui mezzo va ad introdursi nel ramo inferiore dell'Aorta, che nel Feto è più grande, e contiene più sangue del suo medesimo tronco.

8 Gli altri due ruscelli entrati ne' due rami dell'arteria polmonare vanno a' polmoni, e benchè uniti sarebbero di capacità un poco maggiore del solo canale arteriale; tuttavia portano meno di sangue: forse perch'essendo i polmoni ancora non bene distesi, ma gravi, premono i vasi sanguiferi, e non può il sangue passare per quelli in abbondanza: onde il Verheyen dice, che i vasi succennati somigliano ai meati della Terra semiostrutti per la pressione di altri corpi cadutivi sopra; ma che il canale arteriale è come un acquedotto aperto, e libero. Giunti adunque i detti due ruscelli a' polmoni, ed irroratili, e sparsisi per essi; il sangue, che stanti le suddette due diramazioni si trova in poca quantità, non â bisogno, per essere tramandato al Cuore, che lo ricacci l'impeto della pressione de' polmoni, come ne' nati; ma entra soavemente in molte picciole venicciuole a continuare il suo circolo, e quelle si uniscono nella vena polmonare. Quindi entra il sangue nel ventricolo sinistro del Cuore, o immediatamente se è aperto; o passando prima (come si disse) per l'orecchio sinistro di esso: di là scorre nel tronco dell'Aorta: dall'Aorta si dirama di nuovo per tutto il corpo, ma specialmente ne va in buona quantità nel ramo esterno dell'arteria Iliaca proveniente dalla detta Aorta, ed esce dall'Umbilico, diviso in due arterie, e va fino alla Placenta, pullando verso di essa per acquistarvi nuova perfezione.

Non devo però qui lasciar d'avvertire, che quantunque Verhejen voglia, che il sangue entri nel tempo della Diastole immediatamente nel ventricolo destro, o sinistro del Cuore, se i detti ventricoli si trovano aperti; ma che se questi sono chiusi, vi scorra medianti le orecchie, per poi uscire da detti ventricoli in tempo della Sistole: tuttavia gli Anatomici moderni comunemente non suppongono darsi questa diversità; ma a dirittura, ed indistintamente insegnano, che il sangue passi a' ventricoli o destro, o sinistro, per mezzo dell'orecchio pur destro, o sinistro rispettivamente: onde bisogna dire, che la con-

condizione appofta da Verhejen , di trovarfi aperti detti ventricoli , fe fi verifica , ciò fia molto di rado . Ma per tornare onde ci dipartimmo : perviene il fangue, come fi è già fpiegato
fopra , finalmente nella Placenta .

9 Ivi fi divide in varj , ed infiniti ramicelli, che irrigano
effa Placenta , in quella guifa che fa ne' già nati l'arteria polmonare , irrorando con innumerabili rivoletti i polmoni. Dalla
medefima Placenta nafcono ancora molti , e varj ramicelli di
vene a fimilitudine di quelle de' polmoni , e quelle vene della
Placenta riaffumono il fangue mandatole dalle fuddette arterie ,
e finalmente fi unifcono nella vena umbilicale , che fcorrendo
al folito vicino le arterie parimente umbilicali , benchè con
moto contrario , va all'Umbilico : e quella è la cagione , per
cui fi offervano ordinariamente nafcere morti i Feti , ove molto prima ufcì dall'utero la Placenta diftaccatane , o il cordone
umbilicale fi era attorcigliato : perchè così era impedito in
quello la circolazione del fangue pe' vafi umbilicali . Il fangue
adunque va all'Umbilico , indi al feno della vena Porta , da
cui per un canale al Feto particolare va alla vena cava (a), che
riporta (come fi diffe ancora de' nati) il fangue tutto , che avevano le arterie fparfo per tutto il corpo : afcendendo quello delle parti inferiori per la vena cava afcendente , e difcendendo
quello dalle fuperiori per la vena cava defcendente ; acciocchè
poi dalla fuddetta vena maffima torni di nuovo a fcorrere al
Cuore , e dal Cuore . E quefta è l'economìa della perpetua circolazione del fangue nel Feto , offervata comunemente da tutt'
i Moderni . E' parimente da notarfi , che nel Feto il fangue ,
che fcende dalle parti fuperiori per la vena cava defcendente ,
paffando per lo canale arteriale , ed entrando così nell'Aorta
inferiore, s'indirizza ancora per le parti fimilmente inferiori del
corpo : ficcome il rovefcio quello , che viene dalle dette parti
baffe per la vena cava afcendente , entrando immediatamente
pel forame ovale nella vena polmonaria , o girando prima pe'
Polmoni , e poi entrando in detta vena , tutto va all'orecchio ,
e ventricolo finiftro del Cuore, per la maggior parte fcorre verso

_____

(a) Heifter *in Comp. Anatom. de Fœtu , & in Præfat.*

so le parti superiori del corpo: giacchè l'Aorta descendente non
ne può capir tanto, ritrovandosi preoccupata dal sangue portatovi dal detto canale arteriale.

10 Dal descritto comune sistema si è in qualche parte al-
lontanato Mery, in quanto crede, che il forame ovale serva
piuttosto a far passare il sangue dall'orecchio sinistro al destro,
che viceversa; ma siccome egli aveva pensato ciò contro tutti
gli Anatomici, che lo precedettero, così è stato contradetto da
tutti quelli, che gli sono posteriori, fra' quali du Verney, Taur-
rì, Silvestre, Bussiere, Bernardo Albino, Listero, e sopratutto
da Verheyen, ed ultimamente da Cristoforo Giacomo Trew
nel suo erudito Libro *de Differentiis inter Hominem natum, &
nascendum. Norimbergæ* 1736. A Winslow (a) però sembra na-
turalissimo, che il sangue per mezzo del forame ovale entri vi-
cendevolmente nella Diastole delle orecchie, dalla destra alla
sinistra, e da questa a quella, come se fossero una; per così
detto sangue rendersi uniforme: e che poi nella Sistole delle medesime orecchie passi ne' due ventricoli, come se quelli fossero
un solo, per indi dividersi per mezzo dell'arteria polmonare,
canale arteriale, ed Aorta per tutto il Corpo. Crede ancora,
che la valvola del forame ovale nessuno uso abbia prima della
nascita; ma che sia un principio di quel muro mediante, che
dopo la nascita dovrà compirsi, per impedire il passaggio del
sangue dall'una all'altra orecchia: e sente che i Polmoni nel
Feto abbiano un uso a noi finora sconosciuto. Sia però vera
la sentenza comune, sia vera quella di Merì, o la mitigata,
ed ultima di Winslow, sempr'è certissimo, che il sangue nel
Feto à una circolazione in tutto propria e diversa da quella de'
Nati.

11 Or succede un'altra maraviglia intorno al detto forame ovale, ed è, che nato già il Bambino vivo, e cominciando
a respirare, e a giuocar validamente i polmoni; il medesimo
colla pressione dell'aria si chiude: siccome si chiude ancora
per la detta pressione il canale arteriale, che diviene un ligamento tendinoso. Che se per sorte il forame ovale rimane aper-

Q   to,

to , come in taluno accade , allora l'Uomo , fecondo con Purcozio , e Cornelio (*a*) vogliono molti Medici , â il privilegio di
poter vivere molto tempo fotto acqua fenza neceffità di refpiro:
e quefti fono i Maragoni , de' quali tante cofe mirabili ci narrano le Storie : ed uno di effi fu il celebre noftro Cola Pefce ,
di cui tratta il tanto infigne Mongitore nel Tomo fecondo della
Sicilia Ricercata . Vejuffens (*b*) dice , d'avere veduti due forami ovali , uno grande , ed uno picciolo , ancora aperti in un_
Uomo di anni 50. in circa .

12　Ed ecco apparire chiariffimo , che il Feto nell'utero
non â bifogno di refpirazione , come i già nati . Perchè quantunque alcuni aveffero creduta un tempo la refpirazione a' Nati
neceffaria per purificare il fangue de' recrementi fuliginofi , ed
impregnarlo di nitro aereo per la fermentazione del fangue_
ifteffo , e forfe per fiffare i folfori , e fervire alla contrazione
delle fibre motrici : tuttavia ora già fi fa , che la vera , foda_ ,
e principaliffima cagione di quefta neceffità è la circolazione del
fangue . Del refto al Feto , che fi pafce di un alimento puriffimo , bafta la detta fua circolazione per liberarlo di qualche picciolo recremento : nè il fuo fangue â bifogno di tanta fermentazione : il fuo calore poi è tenue , e il moto de' liquidi blando:
ficchè i folfori non s'inafprifcono , e non ânno bifogno di effere fiffati , e le fibre motrici giuocano poco : onde non vi è neceffità di refpirazione . Tuttavia è anche probabiliffimo , ch'egli
refpiri a modo fuo , avendo efpreffamente detto Ippocrate (*c*):
*Fætus in utero comprimens labra , alimentum , & spiritum cordi
intro trabit* : difponendo così la Natura , acciocchè egli vi fia_
affuefatto , per quando ufcirà alla luce : il che appunto accade_
quando comincia ad aver bifogno di una refpirazione più libera : tale efiggendola ormai lo ftato , ed economìa del fuo corpo
già perfezionato dell'intutto ; che perciò fa violenza per nafcere , e così godere di un'aria aperta .

13 Mol-

(*a*) Thom. Cornel. Cofentin. *Progym.* 7. Etmuller. *in differtat. de circulat. fan-*
guin. in Fæta. Lipfia 1715.
(*b*) Raymund. Vejuffens *in excerpt. de remot. & prox. miff. princip. cap. de ft. &*
ftruct. cord. hum. tab. 49. *fig.* 1.
(*c*) Hippocr. *lib. de Carn.*

13 Molte ragioni comprovano questo sentimento : primo
perchè (come si disse) il Feto nell' utero nuota nel suddetto liquore chilofo, e bianchiccio, di cui senza dubbio si nudrisce.
Or egli ciò fa principalmente succhiandolo, e sorbendolo per
la bocca, come insegnano fra' Moderni Gualtero Carleton, Cornelio, Beguino, Etmullero, ed altri ; nè cercherebbe subito
nato le mammelle, se non fosse avvezzo a succhiare : nè si sgra-
verebbe del meconio ; che sono appunto le due ragioni d'Ippocrate : e lo stesso ancora si vede ne' Bruti. E s'egli succhia nell'
utero, ciò farsi non può senza la pressione, e circumpulsione
dell'aria di quello. Secondo, perch'è certo, che i Bambini spesso vagiscono nell'utero, e talor fortemente ; per nulla dire delle loro voci espresse, ed articolate, che si attribuiscono a cosa
sopranaturale : e questo loro vagito non si può fare senza pressione, e moto dell'aere. Nè manca al Bambino questo aere
per respirare ; perciocchè le membrane, in cui egli stanza,
ne contengono bastante. E' vero, che l'utero sta chiuso, e non
può uscir liquore dal suo orificio ; ma non però è impenetra-
bile all'aere, che quando non altronde, può entrarvi per mezzo de' tuboletti : giacchè non ostante la stretta chiusura di quello, e la loro picciolezza, per essi scendono eziandio liquori, come si vede nelle Donne, che patiscono di Chilosi, altrimenti
detta *fluor albus* : anzi l'aura seminale, che pe' succennati tuboletti ascende talvolta all'ovario, è la cagione e de' concetti delle Atrete, e forse delle superfetazioni. Or quanto più può entrarvi, e uscirne l'aere, tanto più sottile di ogni altra cosa ?
Certo noi lo vediamo entrare eziandio per li pori del Termo-
metro : che s'egli passare non potesse nell'utero, non lasciareb-
be però di entrarvi l'Etere, e questo unito alle particelle degli
effluvj degli umori terracquei esistenti nell'utero stesso, già
comporrebbe l'aere. I Polmoni per altro sono di lor testura
una sostanza spungosa, e rara, costante d'innumerabili vesci-
chette orbicolari, ed esagone capacissime di contener aria come
i favi del mele, secondo dimostra Malpighio in due lettere ad
Alfonso Borelli.

14 Questo aere poi, che si trova nell'Utero, e nell'Ami-

colo, anzi ne' Polmoni ſteſſi, col calore naturale delle membrane, e dell'Utero medeſimo, aumenta il ſuo elaterio, e maggiormente ſi rarefà: eſſendo ciò effetto proprio del calore, ſecondo le oſſervazioni di Carteſio fatte coll'Eliopila, o ſia Palla da vento di bronzo. Boile ancora ſperimentò l'aere talmente rarefarſi, che eſigga uno ſpazio 14000. volte più grande dell' ordinario: e che il luogo minimo, ch'egli occupa nel ſuo condenſamento, riſpetto al maſſimo di rarefazione, ſia come uno a 500000. Anzi Stancario con Mariotte, Newton, ed altri dimoſtrano, che una sfera di aere, quanto una noce, ſi poſſa dilatare in maniera, che riempia tutta la regione de' Pianeti: purchè abbia la rarità, che â quello elemento in diſtanza dalla Terra per un ſemidiametro della medeſima; giacchè ſentono, che gli ſpazj, in cui ſi comprime l'aere, ſono reciprocamente proporzionali agli ſpazj comprimenti. Checchè ne ſia di ciò: l'Utero avrà ſempre aria più che baſtante all'uſo della reſpirazione tenue del Feto. E quanto diciamo dell'Uomo, e de' Vivipari, ſi oſſerva negli Ovipari: infatti l'uovo nella parte ſuperiore è pieno di aere, ch'entra pe' pori, o ſiano i canalettini ſituati nella corteccia, come dimoſtra evidentemente il famoſo Bellini: e ſe vi è l'aere, non ſi vede, perchè non debbano ſervirſene i Polli per reſpirare: giacchè quello è il principale uſo di un tale elemento. Ed in vero ſe ne ſervono: onde pipeggiano in mezzo all'uovo, come ſpecialmente ſi oſſerva nelle Anitre, o nelle Oche tre, o quattro giorni prima, che comincino a beccarlo.

15　Il ſito ancora del Feto umano nell'utero facilita la ſua reſpirazione: perciocchè le membrane, in cui egli è chiuſo, come il Pollo nell'uovo, ſtanno a guiſa di ſacco, o di una veſcica pendente dall'utero, e a quello attaccata per mezzo della Placenta, e'l Bambino vi dimora colle ginocchia portate verſo l'addome, le gambe piegate all'indietro, i piedi incrociati, le mani alzate al capo, cioè una verſo le tempia, o un orecchia, l'altra alla maſcella, ſedendo ſopra l'orificio interno dell' utero, e facendo una figura quaſi rotonda per occupare uno ſpazio minore, e nuotando in detta ſoſtanza bianchiccia: in

ma-

maniera però, che le membrane attaccate al fondo dell'Utero, benchè per se stesse di figura orbicolare, per cagione del peso del Bambino, che le preme dalla parte opposta, divengono di figura ovale: sicchè la metà, o terza parte superiore dell'Amioolo sta vacante di ogni liquore, e piena di aria: appunto come si osserva negli uovi covati di alcuni giorni, ne' quali l'estremità ottusa è vacua di liquore, e piena di aria ad uso della respirazione del Pollo.

16 Il Bianchi vuole, che il Feto, il quale col crescergli la testa, suole mutare il centro della sua gravità, e così cadere col capo all'ingiù, si metta in quello sito verso il sesto mese, e talora fino dal terzo, e che ciò deve facilitargli la nascita, che per lo più si fa col capo di sotto. Universalmente però gli Anatomici narrano, questo rivolgimento farsi negli ultimi tempi, e 'l Bambino stare per lo più nel sito descritto di sopra. Che se si è qualche volta osservato il contrario, ciò sarà stato per un raro accidente, o perchè il Bambino era morto, e così in istato preternaturale: che se fosse vero, quanto dice Bianchi; pure dovrebbe credersi, ch'egli non stia sempre a capo rivolto, positura sì impropria all'Uomo; ma si muova di quando in quando almeno, e si componga in sito da potere respirare: giacchè per altro lo sentiamo vagire, il che far non potrebbe, se la sua bocca stesse immersa sempre in quel liquore. Così le Anitre, e le Oche stanno nell'acqua senza lasciare di quando in quando di alzar la testa, per godere del benefizio della respirazione, e dell'aere. Comunque sia, s'egli stasse per sì gran tempo rovesciato, ed immerso in quel liquido; tantopiù si proverebbe da ciò, che non deve morire, morendo la Madre: giacchè, mentr'è nell'Utero, si supporrebbe in uno stato, in cui non solo non à bisogno di respirazione, mà il sito medesimo, che vi tiene, sarebbe totalmente opposto alla respirazione.

17 Quindi molto più chiaro si vedrebbe, quanto malamente si argomenta da' nati a' non nati: giacchè lo stare col capo in giù immerso in un liquore, il che ucciderebbe all'istante un Bambino già nato, necessitoso di respirazione, e a lei assuefatto; per chi non è ancora nato, sarebbe per sì gran tem-

po.

po giovevole , e naturale . Dico affuefatto , perchè s'è nato , ma ancora nelle membrane , Arveo attefta di averlo offervato vivo dopo alcune ore , ed altre due fperienze ce ne dà Bohnio (*a*) , e fi può vedere intorno a ciò Scurigio (*b*) . So ben' io , ch' Etmullero , ed altri , che niegano la refpirazione del Feto , fanno menzione della pruova , che fi fa del polmone del Bambino per ifcoprirne l'Infanticidio : perchè , s'è nato morto , il polmone va a fondo nell'acqua ; fe ufcì vivo , fopranuota . Ma quella fperienza , oltrechè talora fallifce , può provar folamente : che refpirando il Bambino già nato con maggior libertà , i fuoi polmoni fiano più rarefatti dopo il Parto : non pruova però , che non giuochino ancora per la refpirazione nell'Utero , benchè non con tanta dilatazione , e rarefazione di loro fteffi . Ed in vero alcuni Infermi ne' loro deliquj ânno un moto di refpirazione tanto infenfibile , che pajono morti ; ma frattanto effi , benchè tenuiffimamente , ad ogni modo veramente refpirano , e fono vivi . Perciò fopra fi diffe , che i Bambini refpirano nell' Utero , ma a modo fuo , e così con fomma fua lode â infegnato , e foftenuto in pubbliche difpute il noftro Dottor D. Pietro Melazzi Palermitano Medico in Teorica , ed in Pratica eccellentiffimo , e lo fteffo ânno fcritto altri Autori (*c*) .

18 Or da tutto l'anzidetto fi cava ad evidenza , che nulla nuoce al Feto la mancanza del refpiramento della Madre morta : perchè a continuare in effo il moto del fangue , non â bifogno di quello ; anzi egli o affatto non fuole refpirare , o fe refpira a fuo modo (come or ora fi è detto) quefto fuo refpiro nulla â che fare col refpiro di quella , e col di lei moto Siftolico , e Diaftolico . Egli â una economìa di circolazione di fangue tutta propria , e diverfa da quella de' Nati , e che fi fa per mezzo de' fuoi proprj organi , cioè oltre il Cuore , â vafi Umbilicali , e Placenta , che fervono al moto perpetuo dello fteffo Sangue . E quefto medefimo moto è cominciato in lui fin da principio , e da quando l'uovo era fciolto : fenzacchè glielo aveffe

fe

(*a*) Bohnius *in circulo Anatom. Prog. 3. pag. 40.*
(*b*) Scurigius *in Embryol. pag.* 147.
(*c*) Carletòn *de OEconom. anim. exercit. 8. de refpirat. a n* 15. *ad* 22. ed altri.

sè comunicato la Madre per mezzo della Placenta, che non era ancora attaccata all' utero; ma à l'origine dall' aura seminale virile, cagione della fermentazione di detto uovo.

19 Ma quando ancora vogliamo supporre, che questo moto gli sia stato impresso dalla Madre, il che è falsissimo, ciò poco importerebbe: perchè può ora continuarsi in virtù di altro movente, cioè dall'Anima stessa del Feto col ministerio de' suoi spiriti animali. Ancora l'acqua rotto il canale, e perduto quel moto, che le dava la pressione dell' acqua posteriore, che proviene dalla sorgente, può nulladimeno seguire il suo corso per impressione, che abbia origine d'altro principio, come dall' aria: così pure l'acqua de' fiumi corre al mare per la naturale inclinazione de' gravi di andare al basso; ma entrata poi in quello, e mista colle sue onde, non perciò quasi in suo centro perde il suo moto, ma lo continua con altra direzione per l'impressione de' venti, o del flusso, e riflusso, o delle correnti, o per altre cagioni; e la palla, cacciata da una mano, continua pure il suo moto per la nuova impressione, che le dà un' altro Giuocatore.

La stessa condotta della natura si osserva in tutti gli Ovipari; perchè il Pollo vive nell' uovo, senza che la Madre lo ajuti alla respirazione: e siccome i Vivipari si generano ancora dall'uovo, e si formano in esso, a cui le membrane Corione, ed Amicolo servono di corteccia, nè altra è (come si disse) la differenza, se non che quelli si covano fuori, e questi dentro dell'utero; così non àn bisogno della respirazione della Madre i Vivipari, più che gli Ovipari.

20 Negano perciò alcuni Moderni (a) la circolazione alterna del sangue della Madre con quello del Feto, come favolosa, e può confermarsi ciò colla sperienza narrata da Bianchi delle Cagne, già rimaste esangui per molte successive, ed intermesse incisioni di vena, e perciò morte: nelle quali non per tanto non si sono ritrovati i Cagnolini tutti abbondanti al solito di detto sangue ne' loro vasi. Ma circoli pure il sangue del Fe-

to

(a) Gaspar. Bartolini *de ovar. Mulier. & generat. hist. tom.* 1. *Bibl. Anat.*

to con quel della Madre, giacchè altri valenti Anatomici moderni (*a*) fondati in contrarie fperienze così vogliono; ciò poco importa: avendo il fangue del Feto fempre baftante modo di circolare in fe fteffo per mezzo della Placenta; farà, morta la Madre, un giro più breve sì, ma fufficiente a confervare a quello la vita, benchè forfe non bafterebbe a far acquiftare al fangue medefimo tutta la fua dovuta perfezione, e renderlo efente da ogni qualità morbifica: anzi due fperienze celebri di Ofmanno, e Petit, che riferiremo nel Capitolo feguente, moftrano che non fempre fia neceffario, che il fangue del Feto circoli nella Placenta, e ne' vafi umbilicali, acciocchè egli viva.

CAPO VI.

Che al Feto, anche morta la Madre, non manca il nutrimento.

1 SIccome non muore fubito il Feto per la mancanza della refpirazione della Madre, come chiaramente fi è provato: così non è forzato a morir fubito per mancanza di nutrimento. Gli Antichi credettero, il liquore, in cui egli nuota, mentr'è nell'utero, effere urina, e fudore: non ponendo mente a quanto aveva detto Ippocrate, ed ingannati da ciò, che rompendo il Feto le membrane in tempo del Parto, fcende quefto liquore nobile mifto con altri, che fervono per provvidenza della natura a facilitargli l'ufcita, umettando le vie, per le quali fcorrono. Sicchè in tale ftato ritrovafi alterato, e non già nella fua nativa purità: fia, perchè al romperfi le membrane fi verfino le acque efcrementizie, talora congregate fra il Corione, e l'Amnio: fia, che in quell'occafione rilafciato lo sfintere del Feto, efca dalla fua vefcica l'urina, o che cada dall' Allentoide difefa, come fi diffe da alcuni: fia, che fcenda altro umore dal Corpo materno: comunque accada la cofa; quefto è certiffimo per le frequenti, ed efatte moderne anatomiche of-

fer-

(*a*) Heifter *in Comp. Anatom* nota 36.

servazioni, che l'umore contenuto nella cavità dell'Amnio è di una sostanza limpida, talora più, talora meno biancheggiante, lattea, chilosa, e di sapore molto dolce, e soave. Questo è il cibo, o succo nutritivo del Feto, in cui egli nuota, preparatogli dalla Provvidenza sempre ammirabile del Creatore, che a' Polli degli Ovipari à destinato per un cibo simile il vitello, o sia rosso dell'uovo: con questa sola differenza, che dovendosi fare l'incubazione, e lo schiudimento del Pollo degli Ovipari fuori dell'utero; questo cibo gli è preparato tutto da principio: ma ne' Vivipari, perchè l'incubazione, e lo schiudimento si deve fare nell'utero stesso, non vi è bisogno, che vi si racchiuda tutto in una volta; ma la Madre lo va somministrando di giorno in giorno recente. Che poi della detta sostanza si cibi il Feto, è certissimo: si è osservato in fatti ne' Feti incisi per uso di notomìa, questo umore non solo nella bocca, ma ancor nel ventricolo, e da questo à poi origine il Meconio, cioè quell'escremento, che si ritrova negl'intestini del Feto, e di cui (come nota Ippocrate) ei subito nato disgravasi; e siccome questo liquore bianchiccio è un chilo perfettissimo, e antecedentemente per tanti canali preparato, e facilmente assomigliabile al sangue del Feto: così egli non fa, che pochissimi escrementi, che gli restano perciò negl'intestini fino al Parto, e senza suo detrimento. Eistero poi sente non potersi più dubitare, che il Feto si nutrisca ancor per la bocca; perchè in Altorf in un freddo Inverno gli fu presentato un Feto vaccino incluso ancora nell'utero, e nelle membrane. Ed egli osservò non solo agghiacciato il liquore dell'Amnio, che circondava il detto Feto; ma che lo stesso liquore era agghiacciato per la bocca, e per tutto l'esofago, e ventricolo, come un corpo continuo, della grossezza di un dito, e che la medesima cosa vide in un altro Inverno: onde la comunicazione del liquore dell'Amnio con quello, che il Feto à nel ventricolo, per questo Autore è manifesta (a).

Depone ancora il Feto qualche altra cosa, che può avere d'impuro, nelle suddette membrane, che perciò escono violacee

R   nella

_____

(a) Henter Comp. Anatom. nota 37 fogl. 315.

nella nascita : e specialmente nell' Allentoide , come vogliono i
suoi Difensori ; perch' essendo glandulosa , stimano , che i ramicelli dell' arteria umbilicale vi rilascino qualche lentore escre-
mentizio : in quella guisa appunto , che le arterie Meseraiche
fanno nelle glandule Pejeriane intestinali .

2 Or la suddetta sostanza lattiginosa è comunicata dalla
Madre al Feto per trasudazione , come vogliono Ippocrate , e
Carletòn , sino da' primi tempi della gravidanza : perchè dalla
Madre distilla nell' utero , e poi si trascola per le dette membrane , in cui il Feto sta involto , acciocchè gli serva di nutrimento , entrandogli non solo per la bocca , ma ancora per l'umbilico : perciocchè quando la Placenta è già formata , questa
si attrae , e beve parte di detto liquore già distillato nell' utero ,
e parte ancor ne riceve immediatamente dalla stessa Madre ,
succhiandolo con la sua testura spugnosa da' vasi del medesimo
utero .

3 Dalla Placenta adunque un tal prezioso liquore si dif-
fonde parte nel Corione , forse pe' canali di Sigerio , parte viene assorbito dalla vena umbilicale , e misto col sangue colà portato dalle arterie umbilicali , trascorre poi nella vena cava , e si
muta in sangue perfetto . Da ciò si vede lo sbaglio degli antichi
Arabi , che credevano il Feto solo nutrirsi del sangue materno
succhiato dalla Placenta : errore confutato da molti insigni Moderni , fra' quali Etmullero anche insegna , che la Placenta , con
cui il Feto sta attaccato all' utero , non si formi , cioè interà-
mente , se non quasi già perfettamente formato il Feto suddetto :
e che perciò questo ne' primi giorni della gravidanza stia libero , e sciolto nell' utero . Bianchi però dice , farsi l'attaccamento
della Placenta sino da quando l'uovo scende nell' utero ; benchè
confessi , che ne' Cignali , Cavalle , Troje , e Cani marini la
medesima non si attacchi se non verso gli ultimi tempi , o mesi
della gravidanza , il che favorisce il sentimento di Etmullero .
Comunque sia , si à per certo , che nel primo tempo l'uovo umano stia sciolto , e dopo il Feto non si nutrisca solo del sangue
materno : e lo stesso dico de' Bruti : infatti insegna Arveo (a)

per

(a) Arveus exercit. de gener. Animal. 72. de uter. membran.

per proprie oſſervazioni, ed altri Autori con lui, che, ſe ſi comprimono le caruncule della Placenta, eſce, come dall' orificio delle mammelle, il ſuddetto latteo liquore alla miſura d'un cucchiajo, e che, quantunque ſi ſpremano fortemente; non perciò ne uſcirà una ſtilla di ſangue: ſmunte però, e già vacanti le dette caruncule, ſi poſſono comprimere a guiſa di ſpugne, e appaſſiſcono, anzi ſi vedono tutte perciate di molti forametti: ond'è chiaro, queſt' eſſere le mammelle uterine. Si è ancora notato, che negli ultimi tempi la Placenta, per mezzo di cui gli Antichi inſegnano derivarſi dalla Madre il ſangue nel Feto, non ſolamente non mandi da ſè veruna gocciola di eſſo; ma che ſi divida, come in due lamine. Finalmente, che la Madre non mandi ſangue al Feto, ma ſoſtanza chiloſa, ſi conferma colla ſperienza notata da Etmullero, che mangiando quella croco, o ſia zafferano, ſubito ne vien tinto il Bambino: ſegno, che quello non era ſtato ancora aggregato al ſangue di eſſa, nè perciò traſmutato di colore, quando da lei paſsò nel Figliuolo.

4   Onde è certo, che il Feto non ſi nutriſce, almeno ſolamente, del ſangue, che ſi ſuppone derivare in lui dalla Madre per mezzo della Placenta col moto Siſtolico, e Diaſtolico di detta Madre; e però può ſeguitare a vivere, ſucchiando di quello ſteſſo nutrimento chiloſo, che gli era ſervito di cibo ſino alla morte di quella: anzi che detto nutrimento, come pregno di nitro aereo, contribuiſca molto al moto medeſimo del ſuo ſangue, e non gli poſſa mancare sì preſto: primo, perchè egli vi ſia nuotando dentro: ſecondo, perchè la Placenta gliene può mandare di nuovo, non oſtante la morte della Gravida, giacchè non l'attrae ſolo immediatamente da' ſuddetti canaletti materni, ma ſucchia ancora quello, ch'era già traſudato prima nell'utero ſteſſo: terzo, perchè può ſeguitare a ſcendere ancora per qualche tempo nella Placenta quello ſteſſo liquore, che ſi ritrovava in moto per andar dalla Madre pe' canali proprj al detto utero.

5   E poi quanto più ſupponiamo il Feto debole, e mal condotto; tanto meno biſogno forſe à di cibo. Quanto durano

talora le Lucerne, nutrendosi di quel pochissimo olio, di cui
è tinto lo stoppino, per questa ragione medesima, che la sua
fiamma è moribonda, e perciò à bisogno di minore alimento?
E molto più ciò deve aver luogo nel Feto, il quale natural-
mente (e lo mostra la sperienza) è tardo e lento in tutt'i moti
de'suoi umori. Il vivere lungamente senza cibo, e senza bevanda è per ordinario miracolo: tuttavia quanti adulti, eziandio senza miracolo, per la suddetta e simili ragioni sono durati
e mesi, ed anni ancora senza mangiare, e bere? Certo infiniti
Medici l'attestano per moltissime sperienze, e si può vedere
nell'Operetta di Fortunio Liceto intitolata: *De his, qui diu vi-
vunt sine alimento*. Il nostro Bambino è in uno stato, in cui par,
che non debba avere tanta dissipazione di spiriti, e di sostanza
per mezzo dell'insensibile traspirazione; perchè il liquore, in
cui nuota, col suo peso, e pressione, e colla sua qualità gluti-
nosa la impedisce, e (moltopiù quella sostanza caleosa, di cui
tutto si vede unto,) e secondo nota Gaspare Bartolini torna il
Feto ad assorbirlo per la bocca: sicchè con una perpetua circolazione esce ed entra di nuovo nel suo corpicciuolo: sentimento approvato da Daniele Clerico, e Giacomo Mangeti nella
loro Biblioteca Anatomica al Tomo I. nelle osservazioni a detto
Bartolini, e lo confermano con un certo sperimento di Stenone: e si fa, che per una simile cagione tanto durano (se pur
veramente esistono) le Lucerne perpetue: oltrechè le Luma-
che, le quali vivono per molto tempo di ciò, che una volta as-
sorbirono, rendono (come dice Boneto) assai intelligibile ciò,
che abbiamo sinora provato.

Narrano Orazio Augenio, e Giovanni Schenchio, che una
Donna gravida di nove mesi, quando il Feto à più bisogno di
nutrimento, infermatasi per un' ulcera nel ventricolo, se ne
morì. Ella era stata gli ultimi 20. giorni senz'alcun cibo, e bevanda, perchè per la detta ulcera subito tutto vomitava; non-
dimeno tagliata alla morte, il Bambino le fu ritrovato vivente.

Più ammirabile è ciò, che ci narra Federico Ofmanno (a).
Un Bambino nato vivo, e perfetto aveva il cordone umbilicale

tutto

(a) Hofmann. *dissert. de pingued.* p. 10.

tutto corrotto dalla putredine. Or farebbe ftato impoffibile a_
lui il vivere, fe non aveffe potuto avere altronde alimento, che
dalla Madre, pel canale di detto cordone: fi deduce poi da_
quefto fatto, che ne anche è neceffario alla vita del Feto, che
il fangue fuo circoli con quel della Madre, mandandolo a lei
per mezzo delle arterie umbilicali, e della Placenta, e riceven-
dolo di nuovo dalla fteffa Placenta per via della vena del detto
cordone; giacchè in quefto cafo neppure il fangue perfeziona-
va il fuo giro nella Placenta, e ne' vafi umbilicali, proprj per
altro del Feto medefimo.

Un fatto sì notabile è confermato da un altro fimile. Attefta Petit (*a*), che un Bambino vivo aveva nella detta funicella umbilicale un nodo con manifefti indizj, che quefto nodo
ifteffo era da gran tempo ftato chiufo, e ligato. Altri Autori
ancora ci afficurano d'efferfi trovato vivo un Feto fenza punto
di cordone umbilicale (*b*).

6 Sicchè il Feto per tutt' i Moderni, tanto per quello,
che riguarda nutrizione, quanto per quello, che concerne refpiro, non vive della vita della Madre, ma della fua propria (*c*):
Fœtus in utero non vivit vitâ Matris, hauriendo ab eadem fpiri-
tus vitales, fanguinemque; fed propriam degit vitam elaborando
ex folo humore albugineo, feu fucco fuo nutritivo intra conceptum
conclufo fanguinem, & fpiritus pro fui fubftentatione; fimili nam-
que ratione atque Pullus in ovo propriam vitam eodem modo infti-
tuit, nec alio opus habet Gallinæ adjutorio, quàm blando ejufdem
fotu, & incubatu, ut caloris beneficio exfufcitetur vis genitalis in
ovo latens. Idem præftat Mater Fœtui, dum etiam uterum fovet
finu fuo, & Fœtum hoc modo fervat, & tuetur.

7 Quindi nafcono due ben chiare conclufioni: la prima,
che il Feto fi prefume vivo, non oftante la morte della Madre,
e che quefta fi deve incidere per falvare quello, come vogliono tutt' i Medici antichi, e moderni (*d*) contro Caftro, e Va-
ran-

(*a*) Petit. *in biftor. Acad. Reg. An.* 1718. *pag.* 40.
(*b*) *Acta Nat. Cur. dec.* 2. *A* 7. (*c*) Ettmuller. *in Phyfiolog*
(*d*) Cornelio, Veflingio, Timeo, A' Gundenclèe, Gefrano, Schelammero,
    Mauricò, Roonhuis, Albino, Viardel, Vatero, la Motte, Brundelio,
    Scacchero, Eiftero, ed altri comunemente.

randeo: la feconda, che il Feto quantunque di ordinario fopra-viva affai poco, tuttavia poffa vivere più affai di un ora, e, come fopra fe ne fono portate le fperienze, anche per giorni intieri: ficchè per qualunque tempo, che fia paffato dalla morte della Madre, non fi deve mai in cónto alcuno tralafciare il taglio: che fe, come dice Bartolini (a), *Varandeum Præceptorem fuum in Præfatione novæ editionis ad Lectorem nuper piè excufat Præceptore major Henricus Gras Medicus Lugdunenfis, quòd dies diem doceat*; chi può mai fcufare un errore sì intollerabile in un fecolo sì colto, ed illuminato, come il prefente?

CAPO VII.

Benchè i Medici, e le Levatrici afficurino, il Feto effer morto, non fi tralafci il Parto Cefareo.

1 MA che faremo, fe quando è trafcorfo gran tempo, i Medici, e le Mammane ci afficurano, il Feto già effere morto nel ventre? Che faremo? Si farà, ciò non oftante, il Parto Cefareo: perchè niffuno può certamente fapere, che quegli fia morto. La mancanza del moto è un fegno troppo fievole, e fallace: quante volte le Madri fteffe anche fino al fettimo mefe non lo fentono? Anzi Bartolini (b) attefta di una Matrona, che per non aver mai fentito muoverfi il Feto nell'utero per tutt'i nove mefi, non feppe mai di effere gravida, fe non quando fu l'ora di partorire. Si aggiunga, che la Levatrice non tocca la Creaturina, fe non mediatamente, e per poco tempo: eppure quanti Adulti perdurano giorni intieri fenza polfo, fenza moto, e fenz'apparente refpirazione? Quanti perciò fono ftati eziandio portati al Sepolcro? Quanto adunque più facilmente può queflo errore aver luogo in quefti

Fan-

(a) Barthol. *de infol. part. c.* 19. *n.* 8.
(b) Ibid. *cap.* 2.

Fantolini, che ben poſſono eſſer vivi, ſenzachè ſi muovano, o muoverſi di quando in quando, ſenzachè il loro moto ſi ſenta? Chi può vederli cogli occhi? Chi taſteggiare la loro arteria? Chi toccarli immediatamente con le mani?

2 La Legge Canonica (a) preſume ſempre vivo un Marito, benchè da gran tempo aſſente in lontani Paeſi potrebbe crederſi veriſimilmente morto, e che la ſola mancanza del commercio impediſca la notizia della ſua morte: e proibiſce alla Moglie il paſſare al ſecondo letto. Or quanto più devonſi preſumere vivi i Fantini per tentare di dar loro il Batteſimo? Chi non ſa, che la Divina Miſericordia ſopratutto riſplende nel dare alle ſue Creature ragionevoli abbondanti mezzi per la ſalute? Queſta miſericordia è quella, che ſuol concedere a' Pazzi qualche lucido intervallo ſul fine della vita per confeſſarſi, e queſta medeſima deve crederſi, che ſpeſſiſſimo con particolare ammirabile provvidenza attemperando, e diſponendo le cagioni ſeconde, conſervi in vita i Bambinelli, finchè poſſano eſſere eſtratti col Parto Ceſareo, rimedio faciliſſimo, perchè ad incidere (come ſi è detto) una Defunta non ſi richiede tanta perizia. Certo, noi leggiamo in buone Storie, avere più volte Iddio fatto anche miracoloſamente riſorgere e Bambini, e Fanciullini, e Adulti già morti, appunto perchè poteſſero lavarſi nelle ſagroſante acque ſalutari (b). Diſſi Storie, perchè ben ſo molte riſuſcitazioni di Fantolini abortivi eſſere ſtate invenzioni di femminucce, che giungevano con diverſi mezzi a ſcaldarli, e farli muovere per parer vivi, ed eſſere coſì battezzati (c).

3 Mille ſperienze confermano queſto avvertimento; ma niſſuna forſe più notabile di quella occorſa a Guglielmo Fabrizio Ildano Medico di Berna (d) a 4. Settembre l'anno 1605. degna perciò di eſſere colle ſue medeſime parole da me riferita:

Nel

(a) C. In Præſentia de Sponſal
(b) Evod. Epiſc. Vizel. de miracul. S. Stephani. Benedetto Mazara Leggend Franceſe. p. 2 vol. 1 31. Agoſto Vita di Fra Martino da Valenza. Galizia Vita di S. Franceſco di Sales, Vita del P Giuſeppe Anchieta c 9 e 15
(c) Euſeb Monach. Rom. in epiſt. de cultu SS Ignotorum apud Mabillon in Tom. præf ad ſac. Benedict. Statut. Synod Guidon Epiſc. Lingon. 1478.
(d) Guglielm. Fabrit. Hildan. cent. 1. epiſt. 3. ad Amandum Polenum: & in reſponſ. ad epiſt. Michaël. Doring.

Nel Castello di Murato una onesta Matrona di nome Judica aveva sofferti i dolori del Parto per giorni sei, e vi erano alcuni segni, che il Parto fosse già morto nell'utero: perchè nel giorno precedente con un certo rigore, o freddo della Madre, il Feto aveva cessato di più muoversi: dimodochè nè la Parturiente stessa, nè le Levatrici, nè altre Matrone assistenti poterono più sentire alcun moto. La sommità ancora del Capo di questo Feto essendo a poco a poco apparsa si dimostrò sfracellata: vi era ancora il fetore: sicchè da questi, ed alcuni altri segni concludemmo, il Feto essere morto: malamente però, perchè finalmente io lo estrassi vivo; ma perchè il Capo per l'angustia delle parti genitali (essendo la Madre già di 30. anni senza essere stata mai gravida, e di complessione secca) era stato compresso gravemente per più giorni, e da quella compressione era seguita l'infiammazione, e poi la corruzione, il terzo giorno dopo egli se ne morì. Se sei giorni di gran travaglio infruttuoso per uscire dall'utero, se la cessazione del moto col rigor della Madre, se il fetore, e lo sfracello medesimo visto, e toccato in un Feto già mezzo nato, fallirono; qual segno certo può darsi mai della morte del Bambino, se prima non si vedrà cogli occhi, e si toccherà colle mani?

4 Un fatto non tanto dissimile occorse a me medesimo li 5. Ottobre del 1736. essendo morta una assai povera Contadina della mia Parrocchia di Palma, la Mammana Spina, ch'era antica, e D. Luciano Talbi eccellente Chirurgo, per molti anni addottrinato nello Spedale di S. Spirito in Roma, attestavano, che la Creaturina era morta da due giorni; ma io volli in ogni conto, che la Madre s'incidesse, e la Bambina trovossi viva, sicchè la battezzai, imponendole nome Placida, giacchè correva la Festa di S. Placido Martire. Ella morì poi un quarto dopo, ed io feci, che si seppellisse con pompa, e ne celebrai io stesso l'uffizio funebre, per rendere a bella posta sonoro il fatto: acciocchè tutti s'invogliassero a dinunziarmi le gravidanze delle inferme, come sempre felicemente sperimentai; perchè non è credibile, quale brio, ed allegrezza spirituale ispirino a' Popoli Fedeli queste pubbliche dimostrazioni di gioja per la salute eterna di questi Bambini: laonde consiglio i Parrochi a fare

lo stesso in simili occasioni, convitando il Clero a condurre in Chiesa, come in trionfo, questi fortunati Agnellini, imitando il buon Pastor del Vangelo, che con tanta festa porta sopra gli omeri la Pecorella ricuperata: ed appunto a proposito di Fantolini giustificati Cristo in S. Matteo (*a*) nella Parabola delle cento Pecore ci descrive il giubilo del loro Custode per la salvazione della smarrita.

5 Ma tornando al punto principale conchiudo, che nulla si perde a fare il taglio con tutt' i segni, che il Feto sia morto, se può contro ogni apparente speranza guadagnarsi tutto; e poi: *Conviene piuttosto*, dice lo stesso Autore (*b*), *incidere indarno cento cadaveri di Pregnanti, che permettere una sola volta, che qualche Feto vivo così miseramente si soffochi, e perisca nell' utero materno. Questo veramente sarebbe rendersi crudele, ed inumano verso del Prossimo: anzi provocare la giustissima ira di Dio contro del Genere Umano.* Lo stesso dicono Gobat, Nimanno, Alberto, ed Eistero.

S   CAPO

(*a*) Cap. 18.
(*b*) Fabric. Ildan. in respons. ad Mich. Doring.

CAPO VIII.

*Che il Parroco non deve fidarsi nè de' Parenti della
Defunta, nè de' Chirurghi, nè de' suoi medesimi Subalterni, nè di altri, se
vuole salve le Anime
de' Bambini.*

1 L'Obbligo di curare, che si faccia il Parto Cesareo, è
senza dubbio molto preciso nel Marito della Defunta,
ne' suoi Parenti, Eredi, Affini, e Domestici. Ad ogni
modo tutti questi, o per non pagare il Chirurgo, o perchè
sembra loro un'azione crudele l'incidere una morta, o perchè
scioccamente apprendono, come indecente, il permettere, che
una loro Donna, benchè Defunta, sia veduta da occhio vivente; in luogo di procurare, che si faccia il taglio, spesso lo dif-
ficultano. In Palermo stesso, ove io scrivo, verso il primo di
Agosto dell'anno 1743. morta una Gravida nella Parrocchia
della Metropolitana, i Parenti si affrettarono a seppellirla, prima che si spargesse la notizia, ch'ella fosse gravida, e che per-
venisse all'orecchio del Cappellano Sagramentale, acciocchè
non li forzasse al taglio: veramente *Inimici Hominis domestici
ejus.* Io non niego, che si trovano de' Parenti pii, e giudiziosi;
ma quelli medesimi non di rado si lusingano facilmente, che
la Creaturina sia già morta nell'utero, e trovano subito, chi gli
aduli in questo loro pernicioso dettame, eziandio fra Chirurghi, e Mammane: o perchè a questi porti fastidio, e noja l'operazione medesima, che à l'apparenza di fiera, e stomachevole:
o perchè temano, che loro non riesca, e vi perdano di credito:
o perchè non ne sperano paga: o per una occulta istigazione
diabolica.

2 Ma vi è anche di peggio: non mancano de' Parenti,
e Domestici in gran numero, che non solamente non procura-

no il Parto Cefareo, e cercano di sfuggirlo; ma apertamente, e barbaramente l'impedifcono. In una Città, che à Cattedra Vefcovile in Sicilia, un Nobile non potè effere indotto a permettere, che s'incideffe la Moglie, e fece perire il Feto. Lo fteffo accadette in una Terra della Diocefi di Girgenti, perchè andato l'Arciprete, il quale me lo raccontò nella Congregazione de' Parrochi nell'anno 1739. per fare eftrarre il Feto maturo per altro al nafcere, fu ributtato da Parenti: riprenfibile al certo, perchè non fece petto, nè ricorfe al braccio Secolare, come doveva: e l'iftefo, me prefente, farebbe occorfo in Morreale terza Metropoli Ecclefiaftica di Sicilia, ove il Clero fiorifce in lettere, e in zelo, ed il Popolo tutto nella pietà: morta una Gravida, volò fubito D. Ignazio Amato Chirurgo fpinto dalla propria carità, per eftrarre il Bambino; ma ne fu rimandato, e coftretto a partirfi: e già periva la mifera Creaturina, fe non che accorfovi io accidentalmente con minaccie di feveri caftighi, obbligai i Parenti a permettere il taglio. Peggio accadde al degniffimo Arciprete vivente d'Aragona, com'egli raccontommi nella fuddetta Congregazione de' Parrochi: perchè i Parenti volevano ucciderlo con lo fchioppo; ma egli non defiftè dall'impegno, e col favor celefte fuperate le oppofizioni, falvò il Bambino.

3 Eppure quefi' erano gravidanze legitime. Or che diremo delle occulte, ed infami? Allora addirittura mandanfi li poveri Fantolini al Sepolcro infieme colla Madre, fenza che fe ne facciano motto alcuno, e fenza neppure recarfelo a fcrupolo. Avvertano adunque bene a quefto difordine i Sacerdoti maffime Parrochi, perciocchè, ficcome fi dice nell'Editto di Girgenti (a), in cafi tali: *Sebbene dovranno ufarfi tutt'i riguardi poffibili, che detterà la Crifiana prudenza; tuttavia il Parroco non permetterà mai, che perifca eternamente l'Anima del Bambino.* E lo fteffo obbligo per legge di carità s'intende avere ogni Crifiano, che ciò fapeffe. O cafi veramente deplorabili, e che ricercano tutto lo zelo d'un cuore veramente Crifiano, ma non rari a fuccedere! Un Vicecurato d'una Parrocchia di Sicilia

S 2   di

(a) *Editto di Monfignor Lorenzo Gioeni Vefcovo di Girgenti* §. 9.

di circa 40. mila Anime ebbe a confidarmi, che tra i numerofi Abortivi, e quei, che fi feppellivano con le Madri illegitimi, e legitimi, egli càlcolava, che fi perdeffero in quella fua
Parrocchia da circa venti Anime l'anno.

4 'O voluto narrare quefti pochi fatti; ma fe ne potrebbero riferire infiniti, acciocchè ben fi comprenda, che non
può il Parroco fidarfi de' Parenti, anche più ftretti del povero
Fantolino, nè di altri. Tale negligenza non è foltanto in Sicilia, ma altrove ancora: Bartolino la confeffa nella fua Danimarca, e fa menzione di un omicidio di una Gravida in Federi-
burgo, incolpando i Superiori, o fiano i Magiftrati, che non
curarono l'incifione, per eftrarre il Bambino, che ancor fi moveva, e di un omicidio ne fecero due. Indi deplora il funefto
cafo di Olbecca, ove un Carnefice uccife una Gravida, a cui,
mentre fi feppelliva, due cani ftrapparono di quà, e di là due
Gemelli, che aveva nell'utero. Mauricò fcrive della Francia
(a) di effer'egli ftato impedito dall' incidere una Defunta gravida
dal Padre di effa, che fi contentò che periffe piuttofto la fua
medefima prole. Della trafcuraggine della Germania fi quere-
lano Gobat (b), ed Eiftero; quefto fecondo narra, che due volte
fu ributtato, volendo incidere due Gravide; minacciandolo di
volerlo uccidere con lo fchioppo, di una Defunta il Fratello,
e di un'altra il Marito nell'anno 1737. e che ambedue i cafi gli
fuccedettero nella Città di Helmftadio; e dice apertamente,
che il difordine di feppellire i Bambini vivi con le Madri è quafi
univerfale per tutto il Mondo.

5 Ma ch' il crederebbe? Talora impedifcono i Parti Cefarei quegl' ifteffi Superiori, a' quali incombe il promoverne,
con tutta efficacia l'efecuzione. Un Parroco della Diocefi di Si-
racufa mio Amico narrommi, che l'Economo, prima ch' egli
prendeffe poffeffo, volendo far incidere una Defunta gravida
di nove mefi, n'era ftato diftornato dal Superior temporale,
Uomo per altro inclinatiffimo alla pietà; per non farfi (com'ei
diceva) una cofa non mai praticata in quella Terra: e feppel-
lirono

(a) Mauriceau obferv. 345.
(b) Gobat de Bapt. tract. 2 c. 2 n. 260. & feq.

f.

lirono il Figliuoletto vivo infiem colla Madre . Il fimile occorfe , non è gran tempo , in altra Città della ftefla Diocefi : Morta una Maritata già vicina al Parto , ed offerendofi perfona a fare il taglio , e facendone iftanza , ne fu impedita con circoftanze , che mi vergogno di riferire in quefto Libro : e 'l povero Fantolino perdette l'Anima , e il Corpo : e ciò perchè in detta Città non fi aveva memoria di efferfi mai praticato un Parto Cefareo . Infatti effendo poi morta un' altra , ed avendo il Parroco mio Amico procurato , che s'incideffe ; tutta la Piazza fi riempì di Preti , e Religiofi accorfi alla novità , e curiofi dell' efito , che fu felice .

6 Bifogna dunque , che il Parroco ftia vigilantiffimo ; anzi , che neppure fi fidi tanto nè de' Chirurghi , nè de' fuoi ftefli Cappellani , e Subalterni : eziandio nel cafo , che i Parenti già fieno difpofti a fare il taglio : perchè i Chirurghi alla fine non fono i Curatori delle Anime ; e i Vicecurati (fia detto con pace di molti) non ânno fempre lo fteffo zelo , la ftefla fcienza , e le altre qualità , che ordinariamente fuole avere il Paftore principale : certo non ânno mai la medefima autorità , e perciò fono fempre meno rifpettati , e meno temuti di quelli : ficchè talora fi corre pericolo , che reftando l'affare in cura loro , per qualche impenfato , e fopraveniente oftacolo non riefca . Ogni regola di buon governo vuole , che i negozj di maggiore importanza paffino per mano del Superiore , da Dio a tal fine coftituito , ed a cui fpecialmente incombe il pefo della falute delle Anime . Or la cura del Parto Cefareo , per quanto poffo giudicarne dopo 12. anni di Parrocato , è la maffima fra tutte le cure Paftorali per l'importanza dell'affare in fe fteffo , per gli oftacoli , che talor fi attraverfano , e per la celerità , con cui deve efeguirfi .

7 Nell'anno 1736. un Parroco da me conofciuto , per alcuni affari d'importanza fu neceffitato a far un viaggio , e dimorare per qualche tempo in altra Città : e prima raccomandò molto al fuo Vicario , per altro timorato di Dio , ed attento , la follecitudine verfo le Gravide , e i loro Bambini . Or quefti dopo avere per qualche tempo col Chirurgo affiftita una già

Mori-

Moribonda, si ritirò in sua casa a riposarsi un poco: raccomandando al Chirurgo, che se venisse l'ora dell'incisione, subito lo facesse chiamare, massime che non era assai lontano. Morì fra tanto la Pregnante, e 'l Chirurgo mandò a chiamarlo; ma i Domestici non comprendendo la celerità, con cui si doveva effettuare il negozio, trascurarono di svegliarlo. Allora il Chirurgo disanimato dall'assenza del Sacerdote, non volle più fare il taglio, e si partì. Svegliato il Vicario, e sapendo, che il Chirurgo aveva abbandonata l'impresa, credette già il Bambino essere morto con la Madre. In somma l'affare s'imbrogliò, la Defunta fu portata al Sepolcro col Fantolino ancor vivo nell' utero, come dall'alzarsi, ed abbassarsi il ventre ben se ne accorse una Donna, la quale però non ebbe il giudizio di avvertirlo a quel Cappellano, che faceva l'uffizio della Seppoltura; ma conservò soltanto questa notizia, per darla dopo due anni, quando non vi era più rimedio, al Parroco, il quale non si poteva dar pace, al pensare, che fra tanti Bambini questo solo gli era scappato dalle mani per una incuria aliena così per altro balorda.

8　Quindi è necessario, che non solo il Parroco visiti la Moribonda per disporre l'affare del futuro taglio, anzi che l'assista sino alla morte, come sotto pena di Scomunica maggiore, riserbata si comanda nell'Editto di Catania; ma che stia in ogni conto sino al fine dell'operazione, per farla riuscire felicemente con la sua accuratezza, e premura, e mediti, come a sè dette quelle parole del Salmo, che si udiva intuonare spesso al cuore il Ven. Giuseppe Calasanzio in favor de' Fanciulli: *Tibi derelictus est pauper, orphano tu eris adjutor*: e 'l fidarsi di altri, specialmente Parenti, sarebbe una scioperaggine, ed una pazzia manifesta.

CAPO

C A P O IX.

Obbligo de' Superiori spirituali, e temporali di pro-
movere il Parto Cesareo, e di costringere
i Parenti renitenti a permetterlo.

1 CHe se qualcheduno di quelli, a' quali appartiene (siano
Parenti, Affini, Eredi, o Domestici della Defunta)
non curassero il taglio, o il Perito non volesse eseguir-
lo, o differisse, eziandio nel caso, che non vogliano pagarlo;
è certissimo, che tutti rispettivamente peccherebbero mortalmente, come rei della morte temporale, ed eterna del Bambino (a), e il Chirurgo controverrebbe ancora al suo giuramento di ajutare i poveri, perchè poveri sono in quello stato que'
miseri Fantolini. Ormè quanti di questi si sarebbero salvati, e
si salvarebbero ogni giorno! sfortunate Creature, che perite
eternamente per l'altrui crudeltà, e trascuraggine! Ma Iddio
non lascerà nel gran giorno del Giudizio di vendicarvi; perchè
se contro di voi sarà promulgato l'eterno bando dal Cielo, chi
à colpa nella vostra perdizione, sarà precipitato co' Diavoli a
gemere senza fine in mezzo al fuoco degli abissi.

2 E quanto a' Parrochi, almeno se il Feto poteva essere
vitale, non vedo, come possano liberarsi dalla pena dell' irregolarità per l'omicidio colpabile, benchè non preteso: perciocchè
è chiaro, che sono rei della morte corporale del Bambino, che
ex officio, e per obbligo di giustizia, come Padri de' Poveri, e
miserabili, erano obbligati ad impedire.

3 Ma che diremo di chi ardisse proibire positivamente
il Parto Cesareo? Io non ò termini proporzionati ad esprimere
l'atrocità del delitto. Nel §. 4. del succennato Editto di Catania
s'impone Scomunica *ipso facto* incorrenda a chicchesia, eziandio Parenti, che impedissero il taglio; e la stessa pena si ful-
mina contro il Chirurgo, che pretendesse una mercede non
do-

_____

(a) Rainaud. *de ort. Infant.* c. 2. n. 12.

dovuta, ed eccedente le forze di quei Congiunti. Nell'Editto però di Girgenti si dice, che s'impongono le stesse pene, seguita la morte del Bambino senza Battesimo; la Scomunica però al Chirurgo vi è decretata eziandio nel caso, che non vogliano pagarlo.

4 Quando poi vedesse il Parroco simili resistenze o nelli Congiunti, o nel Chirurgo, ricorra subito a' Superiori spirituali, e temporali: e i Magistrati Laici sono obbligati strettamente sotto peccato mortale, e sindicato a dare il loro braccio ausiliario, per isforzare i Congiunti suddetti, come si dice nel citato Editto di Girgenti al §. 9., ed ancora per costringere il Perito, o altri, per cui mancasse. Un Gentiluomo primario di certa Città Vescovile, da me conosciuto, non voleva permettere l'incisione della Moglie; allora il Vicario Generale *Sede vacante* invocò il braccio Secolare, che gli mandò una squadra di milizia regolata, che attorniato il Palazzo astrinse il Gentiluomo al dovere; e 'l Figlio estratto vivo ricevette il Battesimo. Nè permetterà mai il Parroco, che si seppellisca la Gravida senza farsi prima il taglio, e negherà perciò l'acqua benedetta dell'ultimo *vale*, acciocchè nissuno ardisca seppellirla, eziandio i Regolari, che incorrerebbero in pene gravissime: altrimente il Parroco e controverrebbe alla Legge, che proibisce seppellirsi le Gravide senza prima fare l'incisione, e concorrerebbe positivamente alla morte del Bambolino. Che se per la resistenza de' Parenti questo frattanto morisse (benchè poi per ordine de' Superiori si facesse infruttuosamente il taglio) allora chi à la cura delle Anime si farà i testimonj delle diligenze, ed esortazioni da sè impiegate, come vuole il *Manuale Parochorum* con le seguenti parole illustrate da Gobat: *Quare si opus est authoritate Magistratus, aut comminatione delationis ad Episcopum, quoquomodo rem urge, hujusque diligentiæ testes adhibe, ut de præstito tuo officio constet. Multa quidem mandas, verum est; sed tanti est Infanti periclitanti Parochum non defuisse. Ita ille sapiens Scriptor Manualis: quæ hic memoro propter luctuosum casum, qui alicubi ob neglectam hanc doctrinam contigit post jam impressum, sed non lectum istud meum Alphabetum:* perchè non facendo le

dedovute diligenze il Parroco, dev'effere fenza dubbio procelfato, come delinquente. in materia graviffima nell' uffizio a lui commeffo .

5 Perciò nella Diocefi di Girgenti fta ordinato nel citato Editto al §. 9. *Che fe per qualche accidente perirà qualche Bambino di quefti fenza Battefimo , il Parroco facciafi i teftimonj , come infegnano i Dottori* (a), *delle diligenze da sè ufate , e darà parte fempre a Noi dell' occorfo , nella Città fra lo fpazio di tre giorni , e nella Diocefi di otto , fotto pena di fofpenfione* ipfo facto incurrenda , *per punire Noi colle pene Canoniche chi avrà in ciò mancato .* Ed oh quanto farebbe utile , che lo fteffo ordinaffero gli altri Prelati ! i quali non devono in fimili contingenze ufare lentezza , ma uno zelo vigorofo , e rigorofo infieme per vendicare l'omicidio fpirituale del Fantolino , l'ingiuria fatta alla Chiefa , e 'l difprezzo ufato al Sangue del Redentore , perchè ferva di efempio , e di terrore agli altri .

6 Per quello poi , che riguarda a' Magiftrati Laici , già dicemmo , che fono obbligati a dare il loro braccio , per isforzare i Parenti , e chicchefia , che oftaffero al taglio . Bifogna ora qui foggiungere , che la Legge comune , e civile de' Digefti ordina efpreffamente a tenore della Legge chiamata *Regia* , perchè prefcritta dagli antichi Re di Roma , che non fi feppellifcano Gravide fenza prima eftrarfi il Feto fotto pena a chi fa altrimente , di effere trattato da omicida ; eppure quefti Legislatori non penfarono , che a falvare il corpo del Bambino: quantopiù adunque dobbiamo noi Criftiani , per zelo di falvare e il Corpo , e l'Anima , efeguire con puntualità una difpofizione sì giufta , e conforme ancora al diritto della Natura ? Quindi è , che i Magiftrati , che ne trafcurano l'offervanza , e non punifcono feveriffimamente i trafgreffori , peccano graviffimamente, e i Principi fupremi fono ancora obbligati dallo fteffo loro uffizio ad inculcarla : ed oh quanto farebbe profittevole ancora , che imponeffero con nuove Leggi pene gravi a chi tardaffe di fare il taglio , e a' Periti , fe mai ricufaffero di farlo nelle occa-

T   fio-

(a) Poffevin. *de Offic. Cur. c. 6. n. 10. Manual. Parochor. p. 2. c. 2. n. 2. Gobar.* *de Bapt. tract. 2. c. 8. n. 260. & feq.*

fioni, che fi prefentano! Che fe i Vefcovi nelle loro Dioceſi veggono ne' Magiftrati fuddetti circa quefti punti trafcuraggine; debbono riconofcere, come una parte del loro uffizio, l'obbligo di fare vive iftanze a' fuddetti Principi, acciocchè vi provedano in maniera, che mai non manchi nè pe' Parenti, nè pe' Periti, entrandovi un manifefto intereffe della gloria di Dio, e della falvezza delle Anime.

7   Nè folamente deve ciò curare la podeftà Laica, per falvarſi a quel Bambino in particolare la vita del Corpo, e dell' Anima; ma perchè pure vi è l'intereffe univerfale; giacchè il Parto Cefareo (come ben nota Eiftero) è utiliffimo, acciocchè i Medici, e Chirurghi, e le Mammane offervino nelle Gravide la figura, la grandezza, e coftituzione dell'addome, e dell' utero, e la pofitura, e 'l fito del Feto in effo: di più la difpofizione delle membrane, o fecondine, e l'attacco, che ânno con l'utero per mezzo della fune umbilicale, e la Placenta: con le quali notizie tanto meglio potranno giovare ad altre Parturienti, e foccorrerle. Soggiunge Duventero, che con quefte incifioni fi potrebbe ancora fcoprire, fe forfe la Levatrice inetta, o il Chirurgo, fe ne fa effo l'uffizio, fia ftato cagione della morte della Parturiente, o fia d'altronde provenuta: acciocchè nel primo cafo o fiano puniti dal Magiftrato fecondo il merito, fe vi ebbero colpa; o almèno imparino meglio l'arte, il che appruova ancora il citato Eiftero. Niffuno però più chiaramente conferma quanto finora abbiamo detto, di quel che faccia il medefimo Eiftero, che, febbene Laico, e Proteftante, molto favorifce la caufa de' noftri Bambini, per loro validamente perorando: mi fi permetta adunque, ch'io qui trafcriva alcuni fuoi fenfi, benchè in dicería un poco lunga diftefi:

8   *Univerfalmente ammonifco, che tutte le Donne gravide defunte ad un fubito, o quanto prima fi può, devono incider̃fi: maffime quelle, che, come dicemmo, fono vicine al Parto, o muojono nel Parto fteffo . . . . Pertanto con ragione niffuna Gravida morta fi deve lafciare in abbandono, o fopra di effa dimorare, e perdere tempo: molto meno feppellirla infieme col Feto, fenza prima inciderla, come oimè vedo, che da per tutto fuol farfi! perchè il*

Feto

Feto talora vive lungo tempo dopo la morte, come sopra abbiamo insegnato: ed è cosa inumana, e barbara, e dalla Cristiana dottrina o quanto alienissima, ed empia, a mio giudizio, il sagrificare a una morte certissima il Feto vivo nascosto nell'utero, o seppellirlo onninamente ancor vivo, come forse non di rado si fa, insieme colla Madre. Per la qual cosa fra i Cristiani, e fra qualunque sorta di Uomini, purchè di sana ragione, da' Principi, e qualsisia Magistrato si dovrebbe stabilire con severe Leggi: che tutte le Donne gravide non solo prima di seppellirsi s'incidano; ma che questo medesimo si faccia subito dopo morte, e quanto prima da' Periti Medici, e Chirurghi: e che i Feti si estraggano, acciocchè non muojano nell'utero con la dimora; o tralasciandosi affatto l'incisione, si seppelliscano vivi con le Madri, il che è cosa sommamente orrenda, e detestabile. Ciò è un ucciderli, secondo il detto notissimo: Quem non servasti, dum potuisti, occidisti. Gli antichissimi Re di Roma, benchè non imbevuti della vera Religione verso Dio, pur' ebbero misericordia di questi miseri innocenti Fanciullini: e stabilirono in grazia loro la Legge (a), che perciò si chiama Regia; ma certo dovrebbe chiamarsi Cristiana, anzi Divina, che comanda, che nissuna Pregnante morta si seppellisca prima di estrarne il Feto, e giudica reo di omicidio, chi fa il contrario: perchè apparisce uccidere colla Madre la speranza della vita del Figlio animato: dove vollero senza dubbio, che il taglio si facesse in tempo giusto, cioè in brieve tempo dalla morte della Madre; perchè la sperienza mostra, che per lo più non sopravivono lungamente.

9 *Frattanto, benchè molti Giurisconsulti conoscano l'equità, e santità di questa Legge (come può vedersi in Feltmanno) (b) io non so per quale disgraziata fatalità questa medesima Legge sì santa quasi in nissun luogo oggi fra' Cristiani si riverisce, e si osserva: quasicchè nel Corpo del Dritto civile niente affatto si contenga intorno a ciò decretato. Ildano alcerto assevera, che la detta Legge Regia nella sua Patria, cioè nell'Elvezia, per lo più si ubbidisce; ma quanto agli altri Paesi, almeno per quanto ho potuto*

co-

(a) *L. Negat. DD. de mortuo infer.*
(b) *Feltmann. de non humand. Muliere, quæ utero gerit l. de cadav. inspic.*

conofcere , oggi i Magiftrati , è maraviglia , fe almeno penfano , che fi deve offervare : ma le Gravide morte fenza incifione fi feppellifcono . I Principi , e i Magiftrati trattano , e punifcono , come ree di omicidio le Meretrici , quando i loro Infanti , o per non efferfi loro ligata la funicella umbilicale , o per altra cagione fe ne muojono , e a fentimento mio , bene : ma per quefto medefimo io non fo comprendere , perchè non punifcano ancora quelli , per negligenza de' quali quefti mifer' Infanti , le di cui Madri fe ne muojono , perifcono nell'utero , i quali fpeffo potrebbero falvarfi ? Certo non meno in quefto , che in quel cafo trattafi della vita dell' innocente Bambinello , ficchè per mia fentenza devefi far conto affatto ugualmente tanto di quefto delitto , quanto di quello .

10 Ed in vero , niente alieno dal loro uffizio farebbero i Principi , e qualfifia Magiftrato , fe con tutta la poffibile vigilanza provvedeffero , e comandaffero : che niffuna Donna pregnante defunta , o prima , o nel Parto fteffo , fi feppelliffe , fe non prima che con preftezza fia ftato incifo il fuo ventre , e l'utero . Ma di quefto medefimo argomento più largamente trattai nella Differtazione poco fa da me citata al numero primo , dove con efempj , e ragioni infegnai diftefamente , che l'incifione fi deve fare fenza perdere tempo , e fi può ancora confultare la Differtazione giuridica De Jure Embrionum , che un tempo ufcì a luce in Jena l'anno 1716. fotto il prefidio del celebre Giurifconfulto Wildvogelio . Si leggano ancora Nimanno , Winclero De vita Fœtus in utero , Guillemeau , Ildano , Parèo , Scultèto , Pau , Mauriceau , Voechero , Deventero , e la Motta : Di più Melli (a) in varj luoghi , ed altri moltiffimi , i quali benchè egregiamente , invano però , ciò , che fi debbe fare nella prefente materia , ânno prefcritto , e precettato .

CAPO

(a) Melli de art. obftetric.

CAPO X.

Che in mancanza de' Chirurghi, Barbieri, Mammane, ed altri Periti, la carità obbliga ogni altro, eziandio Sacerdote, massime Parroco, a fare il taglio Cesareo.

1 CHi â occhio, mano, e rasojo, o altro simile stromento, se non vi è chi possa, o voglia, già si è detto, che senz' altra pratica in un caso di estrema necessità può fare il taglio : e se può, è tenuto per legge di Carità, e per le ragioni, che appresso addurremo. Onde i Magistrati in simili casi debbono costringere, chi giudicheranno più a proposito, per esempio una Donna animosa e destra, o in suo difetto un Uomo. Ed invero l'autorità pubblica può in mancanza di Carnefice, benchè l'uffizio sia orrido, ed abominevole alla stessa natura, sforzare un' altro a supplirne le veci, come dicono tutt' i Leggisti (a), e in qualche Regno si obbligherebbero i Macellaj : anzi anticamente gli stessi Nobili non si recavano a disonore il servire eziandio in questo la Repubblica, e la Giustizia, come notano gli Eruditi, ed apparisce dalla Sacra Scrittura (b). Quanto più adunque potranno i Magistrati costringere chi supplica all' uffizio onorevole, e caritativo del Chirurgo, per salvare dalla morte sì temporale, ch'eterna un misero Bambinello ? Ma il ricorso a' Magistrati dev' essere prima che muoja la Gravida : altrimenti si perderà tempo, è frattanto muore l'Infante, e il soccorso poi sarà tardo, ed inutile : o almeno il pericolo di ciò è evidentissimo.

Se

(a) Bartolo, Baldo, Benedictis, Claro, ed altri con Muta *in Pragm. R Sicil. to. 1. tit. 52. n. 7.*

(b) 2. *Reg.* 1. & 4. 14. Di più 3. *Reg* 2. 25. & 34. Cassinæus *in consuet Burg tit. de Ruff.* § 7 n. 42. Tholosan. *syntagm* p. 3. l 31. c. 38. n. 3. & seq. Baidilia *Polit. l. 2. c. 3. in fin* Jo: Heusler. *in t. 3. Jur. publ. var. Thes.* 49. larghissimamente Ricciulli *de Person. Reprob. l. 12. c. 7.* Didac. Perez *ordin. Castell. lib. 2. tit.* 14. *leg.* 38. *litt.* A.

2 Se adunque muore la Gravida, e non si ritrova alcuno, che possa fare l'incisione, non Chirurgo, non Levatrice, non Segniere, non altri, o non volesse farla, che farà mai un Sacerdote, massime Parroco? Lascierà egli, che la Creaturina si seppellisca viva con la Madre, e senza Battesimo? Avrà egli cuore di abbandonare all'eterna perdizione un'Anima confidata alla sua carità, ed alla sua cura? Il male è succeduto due anni sono in quella Diocesi, come raccontommi lo stesso Parroco, e più recentemente in quella di Morreale. Che farà il Sacerdote? Che farà il Parroco? Eglino stessi con un rasojo faranno l'incisione: così espressamente si avverte nel citato Editto di Catania *num. 3.*

Ordiniamo inoltre sotto la medesima pena di Scomunica ipso facto incurrenda, che, ove mancassero i Periti a fare una tale operazione, particolarmente ne' minuti villaggi; si riconoscano in obbligo i Parrochi di ricercare i migliori, che potranno; ed in caso di lor difetto, non si rechino mica a scrupolo di fare eglino stessi quel taglio, dopo di averlo appreso dall'altrui perizia; per non far perire quell'Anima comprata collo sborso del Sangue preziosissimo dell'Agnello Divino. Ci basti per mallevadore di sì fatto dettame tra tanti altri eruditi Scrittori il Vanespen (a).

Cum non rarò contingat, nullum in Parochia inveniri, aut saltem hic & nunc haberi posse, qui peritiam, modumque convenientem aperiendi uterum, & extrahendi Infantem habeat; oportet, ut ipsimet Pastores, praecipuè rurales, hujus rei aliquam notitiam a Perito aliquo accipiant, qua subinde, cogente necessitate, uti possint.

3 Lo stesso prescrivesi nell'Editto di Girgenti al §. 4. *Useranno diligenza i detti Curati, che sia chiamato a tempo il Chirurgo, che assista sinchè muoja la Pregnante: e se non potrà aversi un Chirurgo, sia un Barbiere, o una Mammana, che segnando il Medico Fisico la parte secanda, faranno l'operazione almeno con un rasojo: e procureranno ancora che più d'uno nelle loro Parrocchie acquistino tal perizia; ed essi medesimi cercheranno d'istruirsene, e non si recheranno punto a scrupolo di fare per se stessi quel taglio,*

(a) Vanespen *p. 2. tit. 2. de Bapt. s. 4. n. 25.*

glio, *quando altri non vi foſſe : per non far perire un' Anima com-prata col Sangue di un Dio, come inſegna il Vaneſpen, e com' è ſta-to ancora ſaviamente preſcritto nella Dioceſi di Catania : anzi la dottrina di Gobat gli obbliga con formole aſſai rigoroſe .*

4 Pare ſuperfluo, che in queſti Editti ſi avverta a' Curati, che non abbiano ſcrupolo a far queſto taglio : perchè chi non ſa, che o parliamo del precetto di non eſercitare la Chirurgia, e queſto non può obbligare in una sì eſtrema neceſſità dell'Ani-ma, e del Corpo del Bambino : o ſi ragiona dell' irregolarità *ex defeƈtu lenitatis* ; e queſta non à luogo, ſe non nelle inciſioni, e mutilazioni de' Corpi vivi. Ad ogni modo è ſtato ben fatto l'avvertirlo ; perchè poteva facilmente naſcere queſto ſcrupolo a qualche Sacerdote delle picciole Ville. Del reſto io conoſco un Arciprete, per altro dotto, e zelante, che pregato da un ſuo Vicecurato à permettergli di fare il taglio, perchè quan-tunque erano in una grande Città, non ſi potè avere pronto il Chirurgo, glielo proibì, intimorendolo coll'irregolarità, e ſi perdette quell'Anima : tanto è vero, che ne' caſi più gravi, ed improviſi diventiamo, come i Naviganti nelle tempeſte, de' quali ſta ſcritto : (*a*) *Turbati ſunt, & moti ſunt, ſicut ebrius, & omnis ſapientia eorum devorata eſt* ; onde ci dimentichiamo di quello ſteſſo, che ſappiamo, e imbarazzati ci atteniamo al partito peggiore : diſgrazia, che ſuccede non di rado anche ad Uomi-ni di eminente ſapere.

5 Ma perchè, quanto ſantiſſimamente vogliono queſti Editti, e ciò che ſi diſſe al principio del Capitolo, può a taluno ſembrar duro, e inconveniente ; perchè può eſſere origine di cattivi penſieri, non è fuor di propoſito il corroborarlo, ed il-luſtrarlo col fondamento, e col lume della Teologia. Deve adunque ſupporſi, che non è coſa nuova, che la legge della Carità obblighi a preferire la Vita ſpirituale del Proſſimo alla noſtra medeſima Vita corporale. Così inſegna S. Tommaſo (*b*) con tutta la ſua Scuola : *Et ideo Proximum, quantùm ad ſalutem Animæ, magis debemus diligere, quàm proprium Corpus*. Sentimento,

(*a*) Pſal. 106. 27.
(*b*) S. Thom. 2. 2. q. 26. art. 5. per tot.

mento, che imparò dal suo Maestro S. Agostino (a): *Plus debemus diligere Proximum, quàm Corpus proprium*; anzi dallo esempio, e dottrina di Cristo medesimo: perchè la società nella piena partecipazione di Beatitudine, ch'è la ragione di amare l'Anima del Prossimo, a cui siamo destinati compagni, è maggiore della partecipazione di Beatitudine per ridondanza, ch'è la ragione di amare il proprio Corpo: onde (come divinamente discorre lo stesso Angelico Dottore) benchè d'ordinario l'esporre la propria vita pe 'l Prossimo, spetterebbe soltanto alla perfezione della Carità; se mai succede il caso, che siano obbligati a provedere alla salute dell'Anima del medesimo, allora appartiene alla rigorosa necessità di questa eccellente virtù.

6 Supposta una tale dottrina, è da sapere, che i Dottori comunemente vogliono, che il peso di esporre la vita propria, sia maggiore di quello di esporsi alla molestia di una grave tentazione: perciocchè quella si suppone insuperabile dal nostro libero arbitrio; questa però è vincibile dalla nostra volontà assistita dalla grazia: onde in quei casi, ne' quali siamo obbligati eziandio ad esporci alla morte, *a fortiori* siamo tenuti ad esporci ad una benchè grave tentazione. Or l'obbligo di dare il Battesimo ad una Creaturina, che si trova all'estremo, è sì preciso, e indispensabile, che non solo i Teologi l'impongono anche a vista di una forte tentazione imminente; ma molti di essi l'estendono ancora al caso, in cui il Sacerdote, per battezzare un Bambino moribondo in Paese d'Infedeli, dovesse soggiacere al pericolo di perdervi la vita. Così Bagnez, Ocaga, Ledelma, Coninch, ed altri Moralisti, benchè per altro de' più benigni Probabilisti, che per brevità si tralasciano: perciò Armilla, e Sanchez vogliono: Che se sto battezzando un Bambino moribondo, e vengono i Nemici per uccidermi, non posso fuggire, e salvarmi (b).

7 Egli è vero, che Giovanni Sanchez è di sentimento di non vi essere obbligo di esporsi alla morte per battezzare; ma confessa, ciò non ostante, che vi sia, quando il pericolo è solo

di

(a) S. August. *de Doctr. Christ.* l. 1 c. 27.
(b) Sanchez *de Matrim.* lib. 9. disp. 20. n. 17. Armilla v. *Defensio* n. 3.

di rinnegare la Fede : per la ragione detta di fopra, che il primo rifchio è infuperabile dalla volontà, fuperabile però è il fecondo : ed amplia quefta dottrina ad aftringere il Chirurgo a curare con fuo pericolo le parti vergognofe di una Donna : il ch' è da notarfi, perchè ferve a provare in lui la fteffa obbligazione a fare l'ufficio di Levatrice, ove fia neceffario. Anzi lo fteffo Giovanni Sanchez non niega, che il debito di efporre la propria Fede per battezzare il Bambino abbia luogo ne' Parrochi. *At licet* (a) *cum periculo amittendi Fidem conftrictus fit Fidelis Puerum baptizare, quando folùm inductione, feu precibus metueret illam omittere ; credo tamen non teneri, quando mors effet illi inferenda, nifi Fidem negaret : quia in primo cafu nulla infertur vis ad negandam Fidem, & poterit illam Fidelis non amittere absque detrimento ; non fic in poftero cafu : unde credendum Soto, & Sa cenfentibus, neminem cum periculo vitæ teneri Infantem baptizare, nifi fortè in cafu, quo pactum interceffiffet de non omittenda cura Animæ Proximi, etiam cum periculo amittendi propriam vitam : qua ratione Parochos obnoxios reddi Sacramenta miniftrare fuis Ovibus cum periculo vitæ, præcipuè pœnitentiæ, cum ob id decimas, & cetera emolumenta percipiant ; tenent Doctores. Eodem igitur modo vitam Mariæ erit adftrictus Joannes confervare, licèt adfit periculum lapfus, & Chirurgus tenebitur verenda Fœminæ curare, licèt cum periculo confenfus in peccatum ; & fi in domo effet Parvulus, qui fine Baptifmo moreretur, tenetur ingredi domum, etfi fequatur fcandalum.*

8 Quefto temperamento però non piace a Gobat (b), anche egli Autore benigno, e Probabilifta, e benchè lodi l'acuta differenza, che mette quegli tra l'efporfi al pericolo di peccare, ch' è male evitabile, e fra l'efporfi al pericolo della morte, ch' è male inevitabile dall'arbitrio umano ; tuttavia fente non folo effervi obbligazione di battezzare un Bambino col pericolo di peccare, ma con quello ancora della vita : non folo, fe, chi deve battezzare, è tenuto *ex juftitia* a procurare la falute eterna di colui, come fono i Parrochi ; ma eziandio, fe foltanto

V ex

(a) Joann. Sanchez *in felect difp.* 10 n. 9.
(b) Gobat *tract.* 2. *de Bapt. cafu* 7. n. 237.

ex caritate, come farebbero gli altri.

9 Ma niente è più notabile nel citato Gobat (*a*) intorno alla prefente materia della rifoluzione, che egli dona a un fatto ftraordinario accaduto preffo Coftanza, che riferirò con le fue fteffe parole: *L'altro cafo è quello, che vien comprefo nella rifo-luzione di una mirabile quiftione, che non è gran tempo mi fu pro-pofta, cioè: fe un Uomo fia obbligato fotto peccato mortale a fare l'uffizio di Levatrice, quando in altra maniera non fi poteffe fal-vare la Madre, ed il Feto. La occafione di fare un tal quefito fu data da un certo Sacerdote di quefta Diocefi di Coftanza, alcuni anni fono, il quale fpeffiffimo dinanzi a molti narrò il fatto, e tra quefti ad un altro Sacerdote. Or dalla fua veridica, e fincera boc-ca fappiamo, ch'egli mentre fi ritrovava in campagna, fu fcoper-to da una Donna parturiente, che giaceva non lungi dalla ftrada, e con lamentevole voce fu pregato, che fubito le daffe ajuto. Ef-fendo egli accorfo, quella gli diffe: Mio Signore, io fono ftata qui all' improvifo oppreffa da feveriffimi dolori del parto, e fe Voi non fate meco l'uffizio di Levatrice, perirò io, e la mia prole nel mio utero. Io adunque vi priego per Dio, e per lo fuo eftremo giu-dizio, che Voi anteponiate l'eftrema neceffità mia, e della mia pro-le alla voftra, e mia vergogna. Il Sacerdote fi piegò alle preghie-re, benchè con fua ripugnanza, e falvò la vita alla Madre, ed al Figliuolo. Si dimanda primo, fe fu lecito ciò, che fece? Secondo, fe era obbligato a farlo, e così neceffario? Terzo, fe fuccedendo di nuovo un fimile cafo, vi farebbe obbligo di replicare quefto raro e ftraordinario efempio di carità? Ho rifpofto, che occorrendo un fimile bifogno, deve per neceffità di precetto efeguirfi ancora ciò, che fece il fuccennato Sacerdote. Primo per ragione della prole, che altrimenti perirebbe e quanto all' Anima, e quanto al Corpic-ciuolo; perciocchè noi proveremo nel fefto cafo, che per una tale cagione deve anche efporfi a pericolo la fteffa vita. Secondo, per ragione della Madre; perciocchè tu facilmente comprenderai da ciò, che difcorrono i Commentatori di S. Tommafo (*b*) fopra l'obb-bligo di foccorrere il Proffimo nell' eftrema neceffità corporale; che*

per

(*a*) Gobat *tratt.* 2. *de Bapt cafu* 5. *n.* 193. *& feq.*
(*b*) D. Thom. 2. 2. *q.* 26. *art.* 5.

per la *conservazione della vita altena ß deve foggiacere a una tale moleßia graviߣima al certo a un'animo caßo, benchè per altro confideri il detto dell'Appoßolo*: Omnia munda mundis. *Suppongo però, che quel Sacerdote abbia prudentemente creduto, che veramente fopraßava il detto pericolo. Vedi inoltre la dottrina, che daremo altrove nel* num. 237. (ch'è appunto quella, ove riprova la dißinzione di Sanchez, e che noi riferimmo fopra.) *Che ße forße ti accada un ßimile caßo al già qui deßcritto, penßa, ße forße tu potreßi ßenza pericolo della Parturiente, e del Feto imitare un certo Parroco di eßimia dottrina, e prudenza, il quale vicino la Villa Volminga preßo a queßa Città di Coßanza, eßendoßi abbattuto in una ßimile Parturiente, e pregato a darle ajuto, rißpoße: che s'egli tentaße, forße piuttoßo nuocerebbe, che giovarebbe; ma però, che con veloce corßo andarebbe alla Villa per mandare Perßone, che meglio ßapeßero farle. Queßo Parroco Dottore di Teologìa io poi lo conobbi Canonico della noßra Chießa Cattedrale. Di un tal fatto mi ßcriße il Decano, Uomo degniߣimo di ogni fede, ed a bella poßa, acciocchè inßieme con due altri caßi l'inßeriߣi nella rißampa di queßo Alfabeto.*

10 Ben ßi ßcorge dall'antidetto, che Gobat, ßecondo i principj Teologici, e maßßime della Scuola di S. Tommaßo, *a fortiori* obbliga un Sacerdote, e molto più un Parroco a fare il Parto Cefareo delle Defunte: poich'è coßa incomparabilmente maggiore il far la Levatrice a una Vivente, che il ßolo tagliare il fianco a una Morta, sì per l'azione ßteßa, come pe 'l pericolo, e preßente, e futuro, e dell'uno, e dell'altra. Narrano gli Storici (a), che uccißa da' Mori con una ferita nell'utero Urraca Regina di Navarra gravida in un fatto di armi, a cui trovoßi preßente; fu laßciata in quella confußione da' ßuoi morta ßul Campo. Dopo qualche tempo paßsò il celebre Guevara, Progenitore della nobile Famiglia di tal cognome, e compiangendo a uno ßpettacolo sì funeßo, ßi accorße che il Bambino, di cui era gravida, aveva meßßa fuori una manina dalla ferita, e cogli inutili ßforzi pareva di chiedere ajuto: allora il magnani-

V 2 mo

_____

(a) Roderic. Tolet. *hiß. Hißp. lib. 5. cap. 22.* Marineus *lib. 8. rer. Hißp.* Vafæus *in Chron. 860.*

mo Cavaliere dilatò la ferita con la fua fpada , e n'eftraffe l'Infante , che fu poi il Re Gafpare Garzia tanto celebre per le fue vittorie . Or fi figuri il Sacerdote, che fimili Fantolini, li quali fono in uguale neceffità , ftendano a lui la mano tremante invocandolo per ajuto ; anzi che Crifto medefimo Pargoletto gli dica : *Ciò , che farai a quefto mio veramente minimo , lo farai a me fteffo* .

11   Occorrendo adunque la neceffità di un Parto Cefareo, il Sacerdote armato di carità , e fiducia in Dio , fi accinga all' imprefa . La Chiefa Greca fa le unzioni quafi per tutto il corpo de' Catecumeni , anche Donne . Quefto rito era troppo molefto al piiffimo Prete Conone, (*a*) : penfò adunque di abbandonar l'uffizio di battezzare, ma fu confortato da S. Giovanni Battifta , che apparfo gli diffe : *Ego te ab boc bello liberabo* : effendo poi , ciò non oftante , fuggito Conone dalla fua Chiefa , il Santo fe gli fè vedere di nuovo , e difapprovò la fua fuga : tanto è vero , che chi fi efpone a un pericolo per comando , e volontà dell' Altiffimo , obbligato dal proprio meftiere , e dalla legge di Carità , à l'Onnipotenza fempre , ed in ogni luogo prontiffima a foccorrerlo con ajuti foprabbondanti , ed a renderlo trionfatore in ogni cimento , e maffime in un cafo, com'è il noftro di tanta neceffità , e tanta gloria di Dio . Corra adunque il Sacerdote a falvare quefti Bambini , anche col taglio , e lafci latrare , chi vuole ; perchè non fono mai mancati al Mondo coloro , de' quali fcriffe S. Giuda , *quæcumque ignorant , blafphemant* .

12   Ma per non effere i Parrochi ridotti a quefti cimenti , ragion vuole , che s'induftriino a tempo di avere , come fopra infinuai , molti nella loro Parrocchia , che fappiano far l'operazione cefarea, Mammane, e Segnieri , e fpecialmente qualche Chirurgo di vera carità dotato , che ftia fempre apparecchiato alla caccia delle Anime di quefti Bambolini , amandolo perciò , ed accarezzandolo con affetto particolare : ed oltre a ciò procurino , maffime ne' luoghi piccioli , di acquiftarne effi medefimi la perizia . Ma non perciò lafceranno di cercarla nelle

(*a*) Joann. Mofch. *in Vitis SS. PP. apud Eribert. Rofweid lib. 9.*

nelle Città grandi, perchè talora in queste per gli accidenti fubitanei, ed inopinati, è più difficile l'aver tra giorno un Chirurgo, benchè ve ne fiano molti: perchè fi ritrovano tutti sbandati quà e là con pericolo evidente, che, mentre fi va in traccia di loro, la Creaturina perifca fenza Battefimo. Terrà pure in cafa il Parroco per quefti accidenti inopinati un rafojo, da fervirfene la Mammana, od altri, a cui baftaffe l'animo di far l'operazione in mancanza di Chirurgo: e quando poi fi vedeffe aftretto dalla pura e inevitabile neceffità, per non mandare al Limbo quella mifer'Anima, faccia in nome di Dio effo medefimo il taglio, ed avrà da lui doppia mercede per la doppia fatica, e carità di eftrarre la Creaturina, e di battezzarla, Padre infieme fpirituale, perchè la rigenera a Crifto, e in certa maniera anche Madre Corporale, perchè la mette artificialmente alla luce. Che fe fra brieve (come fuol accadere) ella muore, divenuto di lei cliente, l'avrà in Cielo per Avvocata impegnatiffima. Ed in vero, benchè egli abbia falvate molte Anime; di niffuna può con più ragione in Dio gloriarfi, che fiafi precifamente falvata pe'l fuo miniftero, come di quella. Gli Adulti cooperano co' proprj atti falutari alla loro giuftificazione: a gli altri Bambini non mancheranno mai Sacerdoti, che li battezzino con licenza del proprio Curato, fe a coftui dà noja la funzione; ma la falute de' poveri Bambolini racchiufi nell'utero materno fuole effere tutta frutto della carità del fuo Paftore. Che fe S. Giacopo per corona de' fuoi ammirabili documenti nel fine della fua Epiftola promette l'eterna Beatitudine a chi folo infegna la ftrada della falute a un Peccatore, perfuadendolo a retrocedere dalla cattiva: *Qui converti fecerit Peccatorem ab errore vitæ fuæ, falvabit Animam ejus*, cioè *fuam*, fecondo il Grecifmo, *& operiet multitudinem Peccatorum*; che farà del noftro Parroco, il quale non infegnerà folamente la ftrada del Cielo, acciocchè il Bambolino vi s'incammini co' proprj piedi; ma lo metterà egli fteffo, per così dire, di pefo in poffeffo dell'eterna felicità?

CAPO

CAPO XI.

Chi procura un' Aborto, o impedisce, o trascura un
Parto Cesareo, talora è reo di più omicidj.
Avvertenze alle Mammane, e Chirurghi,
per osservare se il Feto sia più
d'uno.

1 SPesso il mal, che facciamo, è molto maggiore di quello, che crediamo: perchè chi procura un' Aborto, o
impedisce l'incisione di una Gravida morta, o la trascura, è creduto di nuocere a un solo Feto, e non sarà stato così,
giacchè fors'era più d'uno: e lo stesso intendesi ancora di chi
soltanto impedisse una concezione, giusta la regola, che dà
S. Agostino (a): *Mulier autem, quæcumque fecerit hoc, per quod*
jam non possit concipere; quantoscumque parere poterat, tantorum
homicidiorum se ream esse cognoscat. Dicemmo sopra, che l'aura
del seme Virile fecondi gli uovi Femminei, e quanti ne ritrova maturi, altrettanti saranno i Feti; che di questi uovi se ne
osservano 12. 20. o 30. all'incirca in ognuno de' due Gemelli delle Donne, che sono appunto il loro ovario: sicchè se i maturi
sono due, vi saranno Gemelli, se tre Trigemini, ec. e che le
due uovi staranno sotto le stesse pellucce, allora i due Feti si
formeranno, e cresceranno nelle stesse membrane comuni: se
però ogni uovo avrà le sue proprie (come accade per l'ordinario) anche i Feti cresceranno, e si formeranno sotto membrane diverse; perchè le dette pellucce crescendo diventano membrane del Bambolino: ciò posto.

2 Ordinariamente la moltiplicità de' Feti si ritrova negli
Aborti, essendo più difficile, che la Natura li porti a perfezione, quando sono più di uno. Gli Antichi, e Moderni ci narrano infiniti esempj di Aborti numerosi. Plinio ne racconta

uno

(a) S. Augustin. Serm. 224. de temp.

uno di dodici . Fabro di fette . Borello di otto . Peredia di nove . Scotto di 22. 36. e 70. Bonacciuoli di 3. di 7. di 12. di 76.
e finalmente uno di Matrona nobile di 150. (a) quefti ultimi
erano nelle fecondinucce, e da principio furono creduti vermi,
ma venuto il Medico , e rotte per curiofità le membrane , fi
trovarono tutti Bambolini di fpecie umana , e molti erano ancora vivi : ficchè fe fi foffe fatta la diligenza a tempo , forfe fi
farebbero potuti battezzar tutti .

3   Ad ogni modo non folamente negli Aborti , ma anche
talora ne' Parti legitimi fatti a fuo tempo può offervarfi la moltiplicità de' Feti . Non occorre parlar qui de' Gemelli , perchè
fono affai frequenti . Solo in quefto genere non è da tralafciare ciò , che narra Bartolini effere occorfo in Danimarca nel
paffato Secolo XVII. (b) La Mammana Siffelia efaminata for-
malmente dinanzi al Regio Prefetto , al Principe dell'Accademia Suana , e diverfe Illuftri Matrone , atteftò con giuramento , di effere ftata prefente a un parto difficile della Moglie di
un Contadino di nome Giovanni , la quale aveva partorita una
Bambina morta , che teneva il ventre gonfio ; e ch' avendolo
aperto il Chirurgo per curiofità , vi fi ritrovò un'altra Bambi-
nelluccia viva . Boneti , e Gabriele Claudero (c) narrano una
fimile maraviglia occorfa l'anno 1674. in Retzgendorf Villaggio nella Turena vicino Amburgo . La Moglie di un Mulinaro
dopo molte difficoltà partorì una Figliuoletta : quefta dopo otto
giorni con le grandi contorfioni , gridi , e pianti , moffe le cir-
coftanti a sfafciarla , e fi avvidero , che la tenera Bambina aveva partorita un'altra Bambinella uguale al noftro dito mezzano
colle fue fecondinucce , e aveva cacciati ancora i confueti lochj :
quefta feconda Fantina prefo il Battefimo , l'indimani morì infieme con l'altra .

4   A me non piace la fentenza di Fabri , e Malebranche,
i quali ammettono una quafi infinita ferie di uovi nell'ovario ,

in-

(a) Joann. Fab. in not ad biftor. Mexic pag. 475. Borelli obferv. medic. cent. 2.
   Paul. Pered. in Schol ad Pafchal. lib. 1. cap. 19. Ludovic. Bonacciol. in fua
   Ennead. mulieb.
(b) Barthol. cent. 6. Hiftor. Anatom. obferv. 100. & de infol. Part. cap. 16.
(c) Bonet. t. 2. in analect. ad fect. 9. lib. 4.

inclusi uno nell'altro, come sopra si narrò: ma dati questi due fatti per veri, crederei, che la natura, la quale â ancora le sue bizzarrìe, avesse già nel primo uovo, di cui doveva nascere la prima Bambina, formato, e maturato anche il secondo, benchè picciolissimo (il che non è in vero impossibile), e che quando entrò l'aura virile secondò l'uno, e l'altro; sicchè la seconda Bambina, ch'era una vera Pigmea, aveva un Padre, e due Madri, la prima delle quali l'era ancor Ava: e la seconda, che l'aveva data a luce otto giorni dopo la sua nascita, ma dopo nove mesi di gravidanza, l'era pure Sorella. Cose, che pajono enimmatici paradossi, ma sono fatti Storici da intenderli alla semplice, secondo la lettera, ed il naturale senso delle parole, e gli ân creduti, e difesi Bartolino, e Deusingio (a). E in vero narra il primo, di avere egli veduto nel Museo del Re di Danimarca un uovo pregnante di un'altro uovo, e fa menzione di una Mula, che nacque gravida; come ancora riferiscono Nierimbergh, e Torquemada: di un Vitello maschio, in cui allo spararsi furono ritrovati due Vitellini, e di un Cervo anche maschio, in cui pure all'aprirlo fu trovato un Cerviatto, come ancora ce ne fan fede Scrittori Antichi, e Moderni (b): Simili maraviglie raccontano altri, e ne' Sorci di Europa veduti da Castro medesimo, e ne' Vermi, e ne' Granchi maschi, come si può leggere in Franchenau (c), che conferma lo stesso con altri esempj non solo del Regno vegetabile ne' Peri, Aranci, Limoni, Cedri, e Garofali, che sono anche volgari; ma pure del Regno minerale nelle Selci, Belzartiche, e Gemme.

5   Quanto a' Trigemini sono più rari. I tre Orazj, e i tre Curiazj loro rivali, erano di questa sorte; ma non ne mancano presso i Moderni, e un mio Amico in Morreale ebbe ancora tre Figli di un parto. Nel fine del Secolo passato un Gentiluomo Siciliano si separò dalla Moglie giovane, che in 12. anni gli aveva generati 12. Figli, per timore, che gli moltiplicasse troppo la Famiglia. Dopo due anni ritornato alla Moglie, questa

sta

(a) Barthol. *de insol. part* loc. cit Anton. Deusing. *in Fœt. Mussip* sect. 6.
(b) Jul. Obsequen. *de Prodig.* conf. C. Val & M. Heren Lang. epist. 70.
(c) Franchenau *Satir. medic.* 4. n. 4.

sta a' nove mesi gli partorì tre Femmine : quasichè a Dio fosse dispiaciuto quel divorzio nato non da amore della castità , ma da pusillanimità sconfidente. Crescettero tutte e tre , si maritarono , e ne vivono i Nipoti .

6 Ma questo è poco : si riferiscono presso gli Autori infiniti Parti assai numerosi. Plinio (*a*) narra di una Donna , che a cinque a cinque partorì 20. Bambini . Un fatto simile narra Aulo Gellio di una Serva di Cesare Augusto . Paolo Diacono , e Sigeberto dicono , che la Madre di Lamisio Re de' Langobardi , che il primo dinomina Meretrice, avendo partoriti 7. Figli, li buttò tutti in un pantano: ma che trovandosi a passare Agelmondo Re , e agitando a caso con la sua asta quell'acqua ; Lamisio , che era ancor vivo , se le afferrò : onde il Re accortosi del Poverino , salvollo , e fattolo nutrire , l'ebbe poi erede del Regno .

7 Quanto a' Moderni , Bartolini racconta di una Donna chiamata Antonia a' tempi di Niccolò III. , che prima del suo 40. anno aveva già partoriti 30. Figli : cioè undici volte a due a due , alcuna altra a cinque , e che finalmente morì al Parto.

Boneti (*b*) ancora fa menzione di varj Parti numerosi moderni , cioè quattro di tre Bambini l'uno ; due di quattro ; uno da Madre Settuagenaria di 7. e finalmente narra di una Donna, che aveva partorito 18. volte : la quale prima dava alla luce i Bambini ad uno ad uno , poi a due a due , indi quattro volte a tre a tre , dopo sei insieme , e all'ultimo sette .

In Messina verso il fine del passato Secolo XVII. Don Marco Antonio Troja Gentiluomo ebbe sette Figli natigli insieme , che tutti poi cinsero spada , ebbero Mogli , e Figliuoli .

8 Schenchio , e Scotto (*c*) narrano , che la Contessa di Altorf Irmertrude Moglie d'Ilemberto , avendo giudicata temerariamente per impudica una Donna , che aveva partoriti in una volta tre Figli, ne diede ella stessa poi alla luce dodici insieme : temendo perciò di venire incolpata di adulterio , salvonne

X   un

(*a*) Plin. *lib* 7. *cap.* 3. *ubi Delecamp.* Tertullian. *lib. de Anim. cap.* 6.
(*b*) Boneti *Medic. Septentr.* t. 2. l. 4. sect. 4. observ. 3. 4. 5.
(*c*) Scott. *in Phys. cur. lib.* 3. *cap* 29 §. 1.

un folo, e ordinò alla Commare di buttare gli undici nel fiume Schercio : ma quella incontrata dal Conte , e dimandata , che_ portaffe ? Rifpofe : Welfi, che fignificava Cagnuoli. Allora il Conte volendo offervare , fe ve ne foffe qualcuno a fuo talento da allevarlo per la caccia fcuopre , ch'erano Bambini , e fuoi Figli , Li fa adunque tutti nutrire fegretamente , e non li prefentà alla Madre , che dopo fei anni , ordinando , che fi chiamaffero Welfi di cognome , ed erigendo in ringraziamento a_ Dio un Moniftero .

9　Ma più celebre è il fatto di Margarita Conteffa di Fiandra , figlia di Florenzio , di cui efifte in una lapida in Laudua l'ifcrizione trafcritta da Salmuth. Una Donna , che aveva due_ figli al petto , e che le dimandò la limofina , fu da lei ributtata, e tacciata di adulterio : quella le imprecò , che ne partoriffe_ tanti , quanti giorni à un'anno: e appunto il Venerdì Santo dell' anno feguente , che fu del 1276. il 43. anno di fua età , partorì 365. figli dell'uno , e l'altro feffo , battezzati da Guidone Vefcovo , i Mafchi fotto nome di Giovanni , le Femmine fotto quella di Lifabetta , e tutti poco dopo morirono con la Madre .

10　Salmafio (a) crede , i Bambini non effere ftati più di fette , perchè fette fono i giorni dell'anno a numerarfi dalla_ Domenica al Sabato ; ma in verità parlafi qui di numero di giorni , e non di fpecie ; perchè nel fecondo cafo doveva dire l'ifcrizione , quanti giorni à una Settimana , e non un Anno: altrimenti ad ognuno batterebbe l'animo di numerare i giorni della fteffa eternità , riducendoli a fette , e non credo , che Salmafio gli menerebbe poi buono un tal vanto .

11　Ancora Bianchi ftima favolofo un tal fatto ; anzi giudica , che non avendo la Donna nell'ovario più di 50. uovi in_ tutto ; nella fua vita non poffa oltrepaffare i 50. Feti: ma è più verifimile , che parte di quefti 50. uovi col tempo fi abolifcano, e fi rinuovino di mano in mano . Del refto fi trovano degli Alberi più fecondi degli altri della fua fpecie nella moltitudine de' loro frutti : e tal'Anno fe ne caricano di tanti , che fuperano la folita propria fecondità . Comunque fia , fupponendofi
queſto

(a) Salmaf. in epiſt. ad Bartbol. apud ipfum de viis infolis Part. caf. 19. n. 6.

quefto fatto più miracolofo, che naturale, non foggiace all'oppofizione di Bianchi.

12 Più ftrano è quello, che raccontano altri, cioè, che
Metilde Conteffa di Ennembergh figlia di Florenzio IV. Conte
di Olanda a' tempi di Arrigo VII. l'anno 1310. abbia partoriti 1514.
Feti, battezzati tutti da Ottone Vefcovo di Utrech Zio di quella (a), ma Cufpiniano dice, i figli effere ftati 350. Or effendo
morto Florenzio IV. verfo l'anno 1250. è impoffibile, che una
fua figlia fia ftata tuttavia in età da partorire l'anno 1310. ficchè fento, che il parto di Metilde figlia di Florenzio IV. Conte
di Olanda fia lo-fteffo, che di Margarita, che chiamano ancora
figlia di Florenzio, ma alterato nelle circoftanze: e che la maraviglia d'un Parto numerofo abbiane ancor ella partorita un'
altra, e d'un portento fe ne fiano fatti due. Del refto fenza
parlare di cofe affatto ftraordinarie; infiniti fono i Parti, ed
Aborti numerofi, che ci narrano e Storici, e Medici. Il folo
Schenchio ce ne dà innumerabili, e tutti fogliono avvertire
con Ariftotile, che fiano frequenti affai in certi luoghi, fpecialmente nell'Egitto, ove, come dice quefto Filofofo, *Quinque
quamplurimùm nafcuntur*.

13 Noi fappiamo dalla Scrittura Santa, ch'entrati gli Ebrei
in quel Regno al numero di 70. fi moltiplicarono a maraviglia,
e feeondo la forza del tefto Ebraico (b): *Ebullierunt, & in
morem ranarum, & pifcium maximâ copiâ effufi funt*. Infatti 215.
anni dopo l'entrata di Giacobbe in Egitto; all'ufcirne, nume-
rati i foli atti all'armi dall'anno 20. in fu, ed efclufa la Tribù
di Levi, erano già 603550. il che, quantunque in gran parte
debba attribuirfi alla benedizione di Dio promeffa a' Patriarchi,
e fpecialmente ad Abramo; pure non mancano degli Efpofi-
tori, fra' quali Tirino, che giudicano, potere non effere ftato
rigorofo miracolo.

14 Quanto poi alle fuperfetazioni, alcuni le niegano,
come S. Agoftino, e Valverde (c), perchè fuppofta la prima
X 2 gra-

(a) Aventin. lib. 7. *Annal*.
(b) *Exod*. 1. 7.
(c) S. Auguftin. *de Civit. Dei lib*. 5. *cap*. 6. Valverd. *Anatom. lib*. 3. *cap*. 14.

gravidanza, l'utero sta chiuso : e credono il Bambino nato, per esempio due mesi dopo del primo ; essere suo Gemello, ma perfezionato più tardi : comunemente però si stima da' Medici, darsi le rigorose superfetazioni : e alla ragione in contrario si trovano buone risposte, tanto in Ippocrate (a), quanto in Zacchia (b), che non è qui luogo di esaminare. Poco importa al mio assunto, se si dia, o no la vera superfetazione : basta, che spesso accada, che nascendo un Feto, resti nel ventre un'altro da maturarsi, e nascere dopo uno, due, o tre mesi ; e questo è indubitabile. Io stesso conosco una Dama, che à superfetato, e partorito 5. mesi dopo il primo parto : ella è stata sì feconda, che à generato dopo il 50. anno di sua età ; benchè mi è narrato intorno a questa circostanza una maraviglia maggiore : cioè, che nella sua Parrocchia 10. anni addietro, partorì una vecchia di anni 70. da lei conosciuta.

15 Tralascio, che talora morto il primo Feto nell'utero, e restandovi il suo cadavere, la Donna à potuto concepire di nuovo, e partorire a suo tempo il secondo Feto, e due mesi dopo il Parto cacciare le ossa del primo, e ce ne dà un'esempio Arveo, e due altri non dissimili casi ci narrano Albucasi Medico Arabo, e Giacomo Primerosio (c).

16 Supposto adunque, che possa il Feto essere doppio, o anche numeroso, per quanto abbiamo finora detto, è necessario il dare i seguenti ricordi.

Primo, i Sacerdoti devono insegnare, che chi procura un Aborto, o impedisce, o trascura un Parto Cesareo, è reo talora di più d'un omicidio, e della rovina di più di un'Anima.

17 Secondo, perchè negli Aborti soddisfatti gli Astanti di aver fatto battezzare il Feto, non badano più a ciò, che siegue a buttare la Madre, e può essere un secondo Feto, o Gemello, o di Superfetazione, tanto più facile a fuggire la loro vista, quanto più picciolo ; insegnino i Sacerdoti, e i Parrochi, che i detti

---

(a) Hippocr. lib. de superfœtat.
(b) Zacchia Q. Medic t. 1. l. 1. tit. 3. q 3 num. 18. & seq.
(c) Arveus exercit. de Partu. Primerof de morb. Mulier. lib. 4. cap. 7. cum observat. Stephani Mansald. Albucaf. lib. 2. Chirurg. cap. 76.

i detti Aflanti fempre devono offervare, che cofa mandi da sè la Madre.

18 Terzo, trattandofi di Parto Cefareo, il Sacerdote, che affifle, ammonifca il Chirurgo, che, mentr' effo battezza il Bambino, ricerchi quegli, fe ve ne fia forfe alcun' altro: sì perchè ve ne può effere di fuperfetazione, e minore del primo: sì perchè non fempre i Gemelli medefimi fi formano fotto le fteffe membrane, come fi è detto.

19 Quarto, i Parrochi iftruifcano di tutto ciò le Leva-trici, acciocchè ancora dopo il Parto ftiano con cautela allo ftringere la Parturiente: dimandandole prima, fe à qualche pefo nel ventre, che poffa effere un' altro Feto (a): perchè, fpecialmente ne' luoghi piccioli, fpeffo le Levatrici tutt' altro fapranno, che ajutare le Parturienti, fe non vi è altro di peg-gio. Narra Schenchio (b) di una Gravida, che litigava con la Levatrice, dicendo quella, che il Feto era vivo, quefta, ch' era morto, e che lo aveva nelle mani: ma l'una, e l'altra dice-vano il vero, perch' erano due, e il morto era venuto già all' orificio dell'utero: ftantechè in tali cafi egli fuol nafcere prima del vivo.

20 Quinto finalmente, che tutte quefte avvertenze fono tanto pe' luoghi, ove fpeffo fi offervano parti doppj; quanto per dove fi vedono rari: ne' primi, perchè l'ufo ne può effere più frequente: ne' fecondi, perchè altrimenti occorrendo il ca-fo, che come raro non è fofpettato, e ftandone i Chirurghi, e le Levatrici perciò fpenfierati, facilmente lafcerebbero perire qualche mifera Creaturina.

21 Conchiudiamo quefto Libro con un fatto orribile oc-corfo in Sicilia verfo i principj di quefto Secolo, autenticatomi da più Perfone degniffime di fede: perchè comproverà diverfe cofe, che abbiamo dette, e potrà nelle occafioni da' Sacerdoti addurfi per efempio funefto.

Una Dama venuta a morte chiamoffi i molti Figli, che aveva, e dimandò loro due grazie: l'una fu che non permettef-

fero,

(a) Jo: Schench. t. 2. obfervat. 161. de Partu facundo.

(b) Ibid. t. 2. l. 3. obfervat. 190.

fero, che dopo morte le foffe fatto il taglio per eftrarne il Bambino; e l'altra, che la feppelliffero colle vefti preziofe del fuo fponfalizio. Morì, e i Figli furono troppo ubbidienti: perchè venuto l'Arciprete col Chirurgo per farla incidere, non fu poffibile nè con preghiere, nè con ragioni il perfuaderneli; anzi poftifi con le fpade nude innanzi alla camera minacciarono il Parroco, e l'obbligarono a dipartirfi. Adornato pofcia il cadavero della Madre come una Spofa, lo mandarono al fepolcro. Pochi giorni dopo fi fuffurrò, che i Religiofi, de' quali era la Chiefa, avevano fpogliata la Defunta della fua bramata preziofa vefte. Quindi i Figli fanno de' grandi ftrepiti, ed obbligano i Religiofi ad aprire la tomba: ed oh fpettacolo miferabile! vedono la Madre veftita sì bene dell'abito delle Nozze, ma già fcoppiata, e con due poveri Bambini gemelli biondi nel crine, faltati fuori dell'utero, e morti: vedono co' proprj occhi il loro doppio parricidio, doppio perchè di Anima, e di Corpo, doppio perchè contro due sfortunati Fratelli, e fe fteffi più di Caino crudeli. Di allora in poi quefta cafa prima cofpicua e ricca parve il berfaglio dell'ira vendicatrice di Dio, perchè le tremende fpirituali e temporali difgrazie, in cui incorfero il Marito, e i fette Figli, fembrarono un effetto fenfibile della Giuftizia Divina. Lo fteffo minimo di età non fu efente della povertà, ed altri difaftri, quantunque ritrovatofi alla morte della Madre affai picciolo, fia ftato dell'intutto innocente di quell'efecrando misfatto.

FINE DEL SECONDO LIBRO.

LIBRO

LIBRO TERZO.

Della vigilanza del Parroco, e dell'uffizio de' Chirurghi in favor de' Bambini ne' Parti difficili, e disperati.

CAPO I.

Del Parto Cesareo delle Viventi, e quando siano obbligate a permetterlo.

1 NOn è un'accidente raro, e difficile ad una Nave, dopo compita già la navigazione, rompere nel punto di entrare in Porto, ed ivi trovare il naufragio, ove sperava il riposo, e la sicurezza: ma è una disgrazia pur troppo facile, e frequente a' poveri Bambinelli, dopo di avere felicemente trascorso già il tempo necessario a formarsi, e corroborarsi nell'utero: quando poi cercano di uscire alla luce; per la difficoltà insuperabile di nascere, in luogo di una vita più libera, l'incontrare una morte più dolorosa, e funesta, ed in vece della cuna la tomba. In vero, quando il Bambino è già perfetto, o per la mancanza dell'alimento, come vogliono alcuni, o per la copia degli escrementi, come vogliono altri, o per la necessità, che comincia a pro-

a provare di un'aere più libero, in cui respirare, principia a far violenza per uscir fuori dal carcere materno. Or occorre talora, che ciò riesce difficile alle sole sue forze, onde à bisogno di esterno ajuto. E prima di ogni altra cosa giova molto il far sedere la Parturiente in una sedia propria pe'l parto, chiamata ancora *Banco*: ma questa suole mancare in certi luoghi piccioli, onde sarebbe una gran carità del Parroco, se vi provedesse, o procurasse, che altri vi provedesse. E' vero, che (come osserva Eistero) molte Donne possono partorire stando all' in piè, eziandio senza Levatrice, sito, di cui si servono le Zitelle gravide di nascosto: ma è molto necessaria la detta sedia pe' parti difficili, che di leggieri possono occorrere: in mancanza però di essa, consiglia l'Autore citato, che si uniscano con cordelle due sedie ordinarie, lasciando fra loro lo spazio di sei, o otto pollici.

2 In Germania si usa fra' Rustici, e Plebei, che la Parturiente sieda in grembo a una Donna robusta, che la tiene abbracciata, o sopra il Marito rispettivamente assisi sopra una sedia ordinaria: supplendosi così alla mancanza del detto *Banco*, siccome narra Eistero (a). Non ostante però tutti questi ajuti, spesso la Donna non può partorire: ed allora sogliono i Medici per dilatare l'orificio superiore, e l'inferiore, e la vagina dell'utero, servirsi di uno stromento detto *Speculum Matricis*, operazione, che in Sicilia si chiama *svitare*: perchè lo stromento si va aprendo a foggia di vite: e la Gravida sarebbe obbligata *sub gravi* a permetterla, ove si sperasse buon esito. Benchè Eistero (b) l'à per poco utile, e talora per la lesione, che può portare all'utero, pericolosa. Ad ogni modo è certo, che non sempre si può da tale stromento sperare il parto: perciocchè non sempre la difficoltà di esso proviene dalla sola strettezza del canale, ma talvolta dalla grossezza dell'Infante, o dalla naturale materia, o da tumore vizioso, o fimosi, o da lussazione dell'osso femorale verso la parte interna, e che comprime l'utero: di più da qualche callo, cicatrice, lupia, scirro, pie-

(a) Heister p. 2. sect. 3. cap. 142.
(b) Ibid. p. 2. sect. 5. cap. 153. n. 10.

pietra , mole di carne , e fimili cofe : talora da cancro, o cancrena , e finalmente fpefliflime volte dalla ftrettezza , e mala
conformazione delle offa del pube , e dell' ilio , impedimenti
tutti notati comunemente da' Medici (*a*).

3 Quando adunque non giova lo *Speculum Matricis* , come è certo , che accade fpeffe volte ne' cafi fuddetti , (e fempre nell'ultimo della mala conformazione delle offa , e lo notò
Bartolino (*b*)); allora il Bambolo fta in gran pericolo di pretto
morire : perchè molto patifce , tanto per l'eftinzione del fuo
Cuore , che non può effere rinfrefcato , e può foffogarfi ; quanto per la debolezza , in cui incorre per il poco alimento , che
prende , e per gl'inutili sforzi , che adopra per nafcere . Volte-
ro Chirurgo Germano (*c*) narra , che una Donna , avendo fette
volte concepito , non poiè mai partorire , ma i Bambini le furono fempre cavati a pezzo à pezzo . Or in tale pericolo per
non far perire il povero Infante , i Medici inventarono l'incifione della Madre viva , la quale , benchè a lei molto pericolo-
fa , tuttavia fpeffo è neceffaria per liberar lei dalla morte certa , e fempre per falvare il Feto : acciocchè almeno non efca
da quefta vita fenza Battefimo . Ad ogni modo gli antichi Profeffori erano quafi tutti mal'inclinati a una tale operazione , perchè riufciva loro poco felicememe , ed Aleffandro Maffaria attefta , che tre incifioni , che aveva vedute , erano tutte ftate
feguite dalla morte della Paziente . Perciò con faviezza la maggior parte de' Teologi diceva , che la Madre non era obbligata
a farfi tagliare per dare ajuto al Bambino : e fra quefti Soto ,
Sì , Zambrano , e Ragucci *Lucerna Parochorum* . Per verità
fupponendo , che la morte di quella fia certa , o quafi certa ;
facebbe lo fteffo inciderla , che ucciderla : il che non è mai lecito fotto qualunque pretefto , o buon fine ; perchè *Non funt
facienda mala , ut eveniant bona :*

4 Del refto ficcome la Madre , quando fi tratta di fare il
taglio per folo bene di lei medefima , cioè qualora il Bambino

Y

è già

(*a*) Mofchio, Achachia, Teodoro, Prifciano, Avicenna, Bartolino, Arveo, Claudio della Corvèe , *ed altri* .
(*b*) Barthol. *de infol. Part. cap.* 3.
(*c*) Volter. *lib. de arte obftetric.*

è già morto nell'utero, non è mai obbligata a lasciarsi tagliare: essendo questo un rimedio crudele, e straordinario, benchè ella ne potria sperare per se stessa la vita; tuttavia al presente
una gran parte de' Teologi ve la obbligano, quando si tratta di
salvare la Vita spirituale del Fanciullino: perciocchè la perizia
odierna della Chirurgia à fatto vedere, che si può insieme salvare il Figlio, e non uccider la Madre: eccetto se questa per
la debolezza delle forze, e gravezza del morbo non potesse più
sostenere il taglio, il che dipende da circostanze individuali, il
pesare le quali, e poi decidere, appartiene a' Medici. Sicchè
prescindendo da quelle, oggi la sentenza, che favorisce il Parto Cesareo delle Viventi, fra' Medici è comunissima (*a*). Sopra
tutti però gli Autori, che ne ânno scritto, celebre è Francesco
Rousseto Francese, che ne fa un'intiero nobilissimo Trattato,
oggi raro, il cui Compendio può leggersi appò Sculteto nella
spiegazione della Tavola del Parto Cesareo, che nella edizione
di Francfort è la 42. ed in quella di Asterdam in *Auctario primo* è la decima.

5　Bartolini (*b*) si lamenta, che nel suo Paese per negligenza si trascuri questa sorta di ajuto, che potrebbe darsi alle
Gravide, ed al Bambino: *Miror Patriæ nostræ aversum ab hac
sectione animum, quo multi pereunt, qui servari possent.* Ma s'egli
fosse stato in Sicilia, direbbe altrettanto. Egli è vero, che questa sentenza comune cominciò a prender vigore verso il principio del passato Secolo XVII. quando già alcuni Medici più ani-
mosi col loro esempio incoraggirono gli altri a praticare il Parto Cesareo delle Viventi. Indi dopo molte sperienze si sono già
tutt' i Medici assicurati, che la Madre (non ostante la suddetta
incisione, eziandio tagliato l'utero) può non solamente vivere,
ma ancora conservare la virtù di generare, e partorire, la
quale virtù, se sopravivesse, erale negata da molti a cagione
della

(*a*) *Vedi fra gli altri* Baunio, Albosio, Seguierio, Cordeo, Duvallio, Castro,
Veicardo, Marinello, Schenchio, Vizaldo, Ronchino, Sannerto, Bahuino, Ildano, Fieno, Sculteto, Ronchusio, Rullonio, Lanchischio,
Saviardo, Irberto, la Motta, Teicamejero, Goveo, Velschio, Mercurio, Eittero.
(*b*) Barthol. *de insol. Part. cap.* 12.

della ferita, e cicatrice, che poi le refta nell'utero: quefta, a parer loro, doveva impedire la dilatazione dell'utero fteffo nel parto, o colli sforzi aprirfi di nuovo, come credettero Caftro, Parèo, Vionio, e Varandeo. Ma il citato Rouffeto (*a*) porta molte fperienze in contrario: e lo fteffo fa Duvallio (*b*): ed il tutto conferma Rainaudo, raccontando varj efempj di Parti Cefarei riufciti feliciffimamente, e fono i feguenti:

6 Primo una Donna in Fleffia vicino Angiò fu incifa profperamente tre volte, come gli raccontò un Gefuita, che prima era ftato Chirurgo, e l'aveva vifto.

II. Giacomo Rubino dell'Ordine de' Minori di Burgos narrò allo fteffo Rainaudo, sè effere il quinto Figlio Cefone di fua Madre, a cui ferviva il famofo Chirurgo Brunetto, alleviandole il dolore dell'incifione co'foporiferi, che prima le propinava.

III. Una Donna in Meffulia, Campagna di Vattineto vicino Parigi, fu tagliata fei volte, eftraendofele fempre vivo il Bambino; ma nella fettima gravidanza non avendo potuto avere al tempo del parto il folito Chirurgo, che era Niccolò Grillet, non potè effere incifa: onde morì infieme colla prole: quefto fatto è raccontato pur da Rouffeto.

IV. Il Dottor Pellaire Medico preffo i Morianefi nelle Lettere ad Amedeo Gentile narra, che nel Caftello di Aufèt della Contèa Morianefe, una Donna era ftata fei volte tagliata, ufcendone fempre viva la prole; e che lo fteffo era accaduto nella Città Morianefe ad una Donna chiamata Maupa.

V. Mirabile però, e degno di rifleffione è ciò, che narra Gafpare Bahuino, e da lui Rainaudo, cioè che un Caftratore nel Secolo XVI. con licenza del Magiftrato volle incidere la Moglie, il cui parto era difperato: e benchè egli non aveffe alcuna perizia di Chirurgia, ed ayeffele fatta una ferita sì profonda, che alla prima ufcì l'Infante; tuttavia avendole poi egli cucita la ferita alla peggio, quella ciò non oftante fopraviffe: anzi pofcia partorì due Gemelli, che furono feguìti d'altri 4. figli, ed al fine morì feffagenaria.

Y 2   7 A

(*a*) Rouffet. *de Part. Cefar. fect. 7. per totam.*
(*b*) Duvall. *de Hermaphr. cap. 2.*

7 A quefti efempj addotti da Rainaudo fi può aggiungere quello riferito da Bartolino di una Donna da lui conofciuta
in Parigi, ch'era ftata ben quattro volte tagliata : di più quello
di Gobat (*a*), della Matrona incifa due volte non già da Chirurgo , ma da una femplice Levatrice l'anno 1670. in circa , e
finalmente altri di efito pur feliciffimo riferiti da Aizaldo , Gafpare Bahuino , Sannerto , Lodovico Panhòt , Giovanni Feret ,
e Francefco Rouffeto . Ora per ritornare a Rainaudo ; fent'egli
per tante fperienze profpere de' noftri tempi , che gli antichi
Medici , li quali proibivano il Parto Cefareo delle Viventi , furono poco pratici , e perciò troppo timidi : perchè alla fine non
fi deve tagliar altro , che i mufcoli dell'Epigaftrio , il Peritoneo,
ch'è una membrana ftefa fotto i mufcoli dell'addome , e l'utero . Soggiunge , che la ferita dell'Epigaftrio , benchè ampia ,
non è mortale , come offerva Galeno (*b*) : che lo fteffo ugualmente dicono delle ferite benchè fpaziofe del Peritoneo il detto
Galeno , ed Egineta : e che finalmente il medefimo deve intenderfi della ferita dell'utero dopo tante fperienze , che non poffono negarfi fenza incorrere nella taccia d'incivile , e di temerario . Ciò pofto :

8 Sarebbe qui luogo di trattare , fe fia obbligata la Madre
a farfi incidere per non lafciar perire il Bambino fenza Battefimo , dato già , che per lei refti fperanza di vita dopo il taglio :
ma ficcome l'eruditiffimo Teofilo Rainaudo à fcritto un' accu-
rato Trattato : *De Ortu Infantium per fectionem Cæfaream*, in cui
tolte alcune cofe , che diffe quafi di paffaggio intorno al Parto
Cefareo delle Defunte, tutto s'immerfe in efaminare teologicamente quale , e quanto fia quefto debito della Madre ; così per
non fare di nuovo ciò , che fta ben fatto , io mi contenterò di
mettere qui un eftratto di quanto egli infegna , avvertendo frattanto , che rare volte (come appreffo diremo) può verificarfi
il cafo , in cui il Bambino non poffa battezzarfi almeno con
una firinghetta : e che perciò la Madre fia obbligata a farfi incidere perchè quello non perifca eternamente , fuppofta la validità

(*a*) Gobat *in Append. ad tract. de Bapt fub lit.* D.
(*b*) Galen. *lib. 6. de Meth. Med. cap.* 4.

dità di detto Battesimo. Egli adunque dice, che la Madre (giusta la sentenza odierna de' Medici, che possa non difficilmente sopravivere al taglio dell'utero) sia obbligata sotto grave peccato a farsi incidere; anzi a farne essa medesima l'istanza per la salute eterna del Bambino.

9 Amplia questa conclusione al caso, ove fosse dubbio, se tagliandosi la Madre, ciò recherebbe o no giovamento al Figlio: dicendo, che la salute eterna di questo, benchè soltanto probabile, preponderi sempre al dolore, ed al pericolo probabile della morte di quella, se non *ex justitia*, almeno *ex caritate*, fondato principalmente su l'autorità di S. Tommaso, a cui si lamenta, che Giovanni Sanchez, per ischermirsene, abbia data una interpetrazione ridicola; dicendo: *Sanchez illudere Divum Thomam adeò distorta interpretatione*, e che sarebbe stato meno male l'impugnarlo a dirittura. Del resto favoriscono ancora questa sentenza contro di Sanchez tutti gli Autori, che dicono, esservi obbligo di battezzare un Bambino eziandio con pericolo della vita, i quali sono innumerabili: di più Paolo Vecchi, Pelbarto, e Brianzone, che, sebbene antichi Dottori, inclinarono al taglio; purchè si potesse fare senza un grande pericolo della Madre, come già ne' tempi nostri si fa.

10 Estende ancora questa dottrina il detto Rainaudo al caso, in cui potesse in vero il Bambino battezzarsi senza incidere la Madre, ma non potrebbe poi sopravivere: purchè la vita di quello fosse necessaria al pubblico bene, come di un rampollo unico di Reale Famiglia, ed Erede della Corona.

Non vuole però, che si possa incidere, per darsi Battesimo al Figliuolino, una Madre vivente, condannata a giustiziarsi; perchè le Leggi vogliono, che si aspetti allora il Parto naturale: altrimenti sarebbe un uccidere il Feto innocente, ch'essendo immaturo non sarebbe vitale: eccettuato se per questa dimora pericolasse il bene pubblico; perchè allora potrebbe tagliarsi la Madre all'ottavo mese, o almeno al settimo. Siccome ancora proibisce l'incidere viva la detta condannata per fare Notomìa, per lo gravissimo pericolo della Prole, a cui sta sempre

pre

pre efpofta, ove non nafca a fuo tempo, e quando la Natura il difpone,

11   Infegna pure, che fe i Cefoni fono Gemelli, debbono fuccedere ugualmente con la divifione de'beni: perchè non può faperfi chi di loro fia il Primogenito, e non fi può prefumere in favore di chi fu eftratto il primo, effendo una nafcita artifiziale, e non naturale. Che fe la quiftione foffe di eredità indivifibili, com'è il diritto alla Corona; allora fpetti al Re Padre la predilezione, ed elezione di uno de' due: e in difetto di quello, al Popolo fteffo, fopra di cui dovrà regnare. Avverte però, che acciocchè quefti Cefoni fi abbiano in confiderazione per quel, che appartiene a' diritti civili in ordine a fucceffioni, eredità, e legati; è di bifogno, ch'effi fiano maturi, ed atti al Parto naturale: altrimenti morendo fi reputano, come fe mai non foffero nati, fecondo Carranza (a); ed in Spagna è neceffario, che fiano ftati battezzati, e che fiano fopraviffuti al Parto Cefareo almeno per ore 24. come di fopra io notai.

CAPO

(a)   Carranza lib. de Part. natur. c. 6. §. 1. n. 14.

C A P O II.

S'impugnano i Sentimenti di Gio: Battiſta Bianchi contra al Parto Ceſareo delle Viventi, ove il concetto è uterino, e naturale.

1 BEnchè l'opinione comune de' Medici voglia, che ſi debba fare il Taglio Ceſareo ne' Parti difficiliſſimi, e diſperati: tuttavia non le ſono mancati de' Contradittori, come Pareo, Mauricò, Rolfincio, e Solingero; ma ſopra tutti à cercato d'impugnare ultimamente l'inciſione dell'utero Gio: Battiſta Bianchi Primo Medico Anatomiſta dell'Univerſità di Torino nel ſuo elegantiſſimo, e curioſo Trattato: *De naturali, vitioſa, & morboſa Generatione.* Egli ſi gloria di avere meſſo in chiaro un punto così importante, e di avere già ſcoperti gli abbagli preſi da' Medici antipaſſati. Io metterò qui in compendio quanto egli ſopra di ciò dice nell'intiero Libro: *De vitioſa Generatione*, per poi eſaminarlo.

2 E' adunque (dic'egli) da ſaperſi, che gli antichi Medici, li quali nulla ſeppero dell'ovario delle Donne, credettero tutte le generazioni umane farſi nell'utero, ove ſupponevano farſi la miſtura de' due ſemi Maſcolino, e Femminile: ma dopo il ritiramento di detto ovario, e delle trombe Falloppiane, e dopo l'avanzamento, ed illuſtrazione della ſcienza Anatomica ſi è già ſaputo ciò eſſere falſo: perchè ſi danno due ſorte di generazioni, una naturale, che ſi fa nell'otero ſcendendovi l'uovo fecondato dall'ovario per mezzo delle dette trombe; l'altra vizioſa, che ſi fa fuori: e quella è ancor di più ſorti; la prima è quella dell'uovo maturo, e fecondato nell'intimo dell'ovario Femminile, ove ritrovaſi, perchè allora creſce nell'ovario ſteſſo, dilatandolo. La ſeconda è quella, quando l'uovo maturo ſi ritrova bensì nella ſponda, od eſtremità di detto ovario, e vicino alla membrana di eſſo; ma benchè fecondato, ivi reſta

sta senza poterne scappare, e passar nella tromba. La terza, quando, benchè caduto nella tromba, si ferma nel principio di essa, e non scende per l'impedimento di qualche ostruzione. La quarta se scende nella tromba, ma resta nel di lei mezzo, senza poter passare nell'utero. La quinta se l'uovo fecondato all'uscir dell'ovario, non ritrovandosi pronta a riceverlo bene la tromba, cade nella cavità dell'addome. La sesta se in questa caduta va a situarsi nel bacino di detto addome. In tutti questi casi la Placenta, che à l'uovo, o ritrovandosi ancor attaccata all'ovario, come nel primo, e secondo caso; od attaccandosi alla membrana della tromba, o dell'addome, come accade in tutt' i seguenti; (a somiglianza di ciò, che suol fare abbarbicandosi nell'utero, ove la generazione sia naturale), e succhiandone il nutrimento, l'uovo germoglia non men che nell'utero stesso, ed il Feto va distendendo il luogo, ove si ritrova, per esempio l'ovario, o la tromba, a misura del suo accrescimento: in quella guisa appunto, che suol dilatare nella generazione ordinaria l'utero stesso, il quale nel suo stato naturale n n essendo maggior di una fava, (s'intenda quanto alla sua cavità) si va sempre più amplificando al crescere dell'Embrione.

3 In queste concezioni viziose l'utero resta nella sua ordinaria picciolezza situato sotto sopra il Pube, la gravidanza si va avanzando, tutti credono il Feto crescere al solito nell'utero; ma egli n'è fuori, e ritrovasi nel ventre. Onde poi il Parto è non solamente difficile, ma impossibile: perchè dovendo, per uscire dalla vagina dell'utero, essere prima nell'utero stesso; e non potendo più in quello stato di grandezza, in cui si ritrova, entrar nella tromba, e molto meno poi passare dall'orificio inferiore di essa, ch'è strettissimo, all'utero; per necessità morirà nell'addome, come sempre è accaduto, con la morte ancor della Madre: se la natura provida non à liberata questa, facendo qualche ascesso nell'addome medesimo, per cui à dopo cacciato, o le sono stati estratti gli ossi del Feto morto, come narrano Autori degni di fede.

4 Or posta una tal diversità di generazione naturale nell' utero, e viziosa fuori di esso; vuole il Bianchi, che l'incisione

non

non competifca mai, quando il concepimento è naturale, ma
quando è viziofo, cioè nel ventre : e allora pure con diftinzione, cioè s'è nell'addome, o nell'eftremità dell'ovario, o della
tromba, il Parto Cefareo non farà letale : ma fe il Feto è nell'
intimo dell'ovario, o della tromba ; allora l'incifione cofterà la
vita alla Madre. La ragione, per cui i tagli fopradetti non
fono mortiferi, è perchè non fi deve tagliare l'utero, nè l'intimo dell'ovario, o della tromba, il che farebbe equivalente a
una ferita di utero ; ma la loro fola membrana, e l'addome :
e riferifce varj efempj di quelle gravidanze ventrali, ov'è gio-
vata l'incifione, e fpecialmente d'una Germana moglie d'un
Soldato in Savoja, ch' era ftata ben nove volte incifa felicemente .

5 Crede egli adunque impraticabile l'incifione, quando
la concezione fu naturale : cioè fe il Feto fu ricevuto, ed è crefciuto nell'utero ; perchè allora per eftrarlo alla luce, deve neceffariamente tagliarfi l'utero fteffo, il quale à innumerabili vene, ed arterie, e molte di dette vene ne' mefi ultimi della gravidanza fono pieniffime di fangue, e groffe quanto una penna
da fcrivere : e fimili alle fuddettè fono le 4. arterie, cioè le due
Spermatiche, e le due Ipogaftriche : ficchè è impoffibile, che
facendofi il taglio non ne fucceda una irreparabile emorrogia
di fangue, convulfioni, e fintomi atrociffimi, e da quefti la
morte delle Gravide : motivo, per cui dopo Celfo, tutt' i Medici ânno detto, che le ferite dell'utero fono mortali .

6 Efamina poi diftintamente molti Parti Cefarei riferiti
da varj Autori, e dice, che o riferifcono fatti, de' quali non
fono effi teftimonj oculati, e allora non provano, che l'incifione naturale non fu nell'utero : o fe narrano qualche incifione
fatta veramente nell'utero, quefta riufcì mortale alla Madre :
e con alcune circoftanze, ch' egli pondera ne' cafi, ove la Madre fi era falvata, pretende moftrare, che allora non era ftato
già tagliato l'utero, ma il folo addome : e che i Medici arri-
fchiatifi una volta, dopo Cipriano, a fare i Parti Cefarei delle
Viventi, contro il fentimento degli Antichi, e non avvertendo
la diverfità del concepimento ventrale dall'uterino, ânno falfa-

Z   mente

mente creduto di avere tagliato l'utero, e moſtrato, colla **grazia**
di Dio, che ſi poſſa incidere impunemente contro il pregiudi-
zio degli Antichi.

7 A vero dire queſto diſcorſo del Bianchi ſi può corroborare col far riflettere, che non ſolo il Volgo è giunto eziandio
a confondere la ſemplice eſtrazione dall'utero per la via naturale, fatta da Chirurghi ſenza inciſione, con quella, che ſi fa
per taglio nel Parto Ceſareo, ma che ſono inciampati nello ſteſſo errore alcuni Scrittori di Medicina, come oſſerva Eiſtero.
Infatti Valleriola nelle oſſervazioni Mediche ne à una col titolo:
Quibus Mulieribus Arelate exſectus ſit Infans Chirurgica manu,
Matre ſalva. E Scipione Mercurio ſcrive: *Exſectionem Fœtus*
ſuo tempore adeò vulgarem, atque uſitatam fuiſſe in Gallia, quàm
ſanguinis miſſionem contra capitis dolorem in Italia. Da ciò io credo nata la favola, che vi ſia Paeſe, in cui tutte le Femmine
danno a luce i Figliuoli col Parto Ceſareo: conchiude Eiſtero
(*a*): *Pertanto da queſte coſe, ſe non m'inganno, a baſtanza ſi co-*
noſce, che non ſolamente il Volgo, ma ſpeſſo ancora gli Eruditi,
e i Medici i primi, malamente, ed incongruamente delle coſe di
gran momento e parlano, e ſcrivono; e non di rado traſcurano la
grande, e mirabile differenza fra l'eſtrazione del Feto dall'utero,
e l'inciſione dell'utero per eſtrarnelo, cioè fra l'Embriulcia, e l'Iſte-
rotomia: il che fece ancora Gaſpare Bauuino nella prefazione del
Libro ſpeſſo citato: le quali operazioni però oh quanto grandiſſi-
mamente ſono diverſe! come parmi eſſere chiaro da quanto ſi è detto.

8 Ma torniamo al Bianchi: egli in ſeguito moſtra, che
non è difficile il diſtinguere, ſe l'Infante ſia ſtato concepito nell'
utero, o nell'addome; perchè queſta ſeconda gravidanza, come viziosa, e preternaturale, è dolorifica, e intollerabile: nè
la Madre può trovarſi ſenza dolore; perchè la diſtenſione, che
fa il Feto nel creſcere, la fa in parti di lor condizione non or-
dinate dalla natura a diſtenderſi, come l'utero. Di più ſuole
in queſte gravidanze vizioſe il Bambino eſſere in luogo più alto
del ſito naturale. Se però è già il tempo del Parto, è anche
più facile il diſcifrarſi la coſa: perciocchè ſe il Feto non è nell'

utero,

(*a*) Heiſter *t. 2. ſect. 5. cap.* 113.

utero, gl'impeti delle doglie sono gagliardi, i dolori sono atrocissimi; ma il Bambino non comparisce nell'orificio dell'utero, da questo non scendono al solito le acque, anzi rimane chiuso. Al contrario del Parto naturale, benchè difficile: perchè in esso succede tutto l'opposto; e benchè il Bambino per la strettezza del canale, o mala conformazione delle ossa, o altro impedimento passar non possa; tuttavia ordinariamente si osserva nello stesso orificio superiore dell'utero; sicchè per conchiudere, in questo caso di generazione naturale vuole, che solo si pratichino i soliti rimedj dell'arte ostetricaria.

Ma per quanto il discorso di questo erudito Autore sia a prima vista plausibile, non può abbattere la sentenza comune, fondata su l'esperienza, che nelle materie Fisiche deve antiporsi a qualsissia raziocinio: nè vi soddisfa egli abbastanza colle sue risposte; perchè veramente gli Autori, che riferiscono Parti Cesarei, tutti parlano d'incisioni, non già del solo addome, ma dell'utero stesso. Di più in grandissima parte sono anteriori ad Abramo Cipriano, che scrisse la sua incisione fatta poco avanti l'anno 1691. come si può vedere nel Teatro Anatomico di Mangeti. In oltre nè Cipriano, nè altri dicono, ch'egli abbia tagliato utero, ma la tuba, in cui si trovava il Feto, ch'egli estrasse: perchè il concepimento era stato tubale: e sempre ciò, ch'egli dice, ricade contro del Bianchi; il quale già insegna, che ove si debba tagliare la tuba, il Parto Cesareo è mortale. Ma veniamo ad altri Autori.

9. Primamente Francesco Rousseto (a) narra saperne dieci incisioni, parte da se viste, parte da altri degni di fede. Gaspare Bahuino (b) ne riferisce sette, pur anche viste da se medesimo, o da Persone da non potersene dubitare.

A questi può aggiungersi Tenselio, che ne' Colloquj mensali riferisce, che Olao Rubdechio celebratissimo Medico Svezzese la praticò ancor colla Moglie; e Ronhusio narra di Songio ancor egli Medico rinomato di Bruges, aver fatto lo stesso colla propria Consorte, non una, ma 7. volte, e l'uno, e l'altro

Z 2   tro

_____

(a) Rousset de Part. Cesar. cap. 5.
(b) Bahuin. cap. 7.

tro feliciſſimamente. Per quanto poi qualche Autore poſſa, per iſcarſezza di Vocaboli, o per metafora, o altra figura, ſervirſi di qualche termine non tanto proprio, ſembra ſempre coſa duriſſima il credere di tanti Medici, e Chirurghi, a molti de'quali, ſe forſe vecchi, non ſaran certo mancati gli occhiali, il credere, dico, che niſſuno prima di Bianchi ſi ſia accorto, che tagliava il ſolo addome, e non l'utero, quando tutti dicono il contrario, e preſcrivono ancor la maniera di come unire l'utero già tagliato. Sarebbe quella una goffaggine, che non meriterebbe nè perdono, nè compaſſione. E' poſſibile, che tutti ſiano ſtati ciechi non ſolo al tagliare, ma al rammarginare ancor la ferita?

10   Mi fa ſaper da Parigi ſotto li 23. Febbrajo dell' anno 1744. D. Giuſeppe Maſtiani valentiſſimo Chirurgo Palermitano, che à veduto egli medeſimo eſeguire il Parto Ceſareo con l'inciſione dell'utero, e non del ſolo addome: la Madre, che fu tagliata nella prima operazione, dopo più anni è ancor viva, e il Figlio morì alcuni meſi appreſſo per incuria della Nutrice. Nella ſeconda egli aveva oſſervato, che prima era morto il Figlio, e poi la Madre, defunta giorni quindici dopo il taglio; ma piuttoſto per altra infermità: e ſoggiunge, che tanto l'una, quanto l'altra Gravida erano di piccioliſſima ſtatura, e che da ciò veriſimilmente naſceva la difficoltà del Parto: ma che in Borgogna una Femmina biſognò inciderſi due volte, perchè tornò a concepire dopo la prima, e che l'anno ſcorſo andò a Parigi, e che vive ancora:

11   Ma dice il Bianchi, ſembra incredibile, che queſti Chirurghi abbiano tagliato l'utero, ſe ſopraviſſe la Donna, giacchè la ferita dell'utero è mortale. Tale ſarebbe in verità, conſiderata in ſe ſteſſa, come ſono le ferite dell'altre viſcere; perchè oltre l'eſſere parti delicate, non ſi poſſono ordinariamente dal Chirurgo maneggiar, come ſi vorrebbe, nè applicarviſi comodamente i Balſami: ma ciò non à luogo, ſe la ferita è del Parto Ceſareo; perchè l'utero è già ſcoperto, ſi può maneggiare a bell'agio, e, prima di chiuderlo, aſtergergli il ſangue, ed applicarviſi con ogni felicità tutt' i Balſami, che ſi vorranno.

12 E'

12 E' vero, che in tempo vicino al Parto le sue vene, ed arterie sono grosse, e piene di sangue : ma egli a differenza delle altre viscere â una proprietà, che, toltone il Feto, di natura sua stessa si aggomitola, e si ristringe in poca figura, il che serve mirabilmente a riunire le parti. Eistero (a) ci dà la misura dell' utero nelle Donne, che non sono attualmente gravide : *Magnitudo in non Gravidis : longitudo est trium pollicum, latitudo in parte superiori duorum, in inferiori unius : crassitudo verò sesquipollicis : in virginibus adhuc minor.* Onde consigliano i moderni Chirurghi di neppure cucirlo in occasione di questo Cesareo taglio, lasciando, che da se medesimo si ristringa. Che se in principio, o avanti che la natura lo riunisse, accadesse una grande emotrogia, questa non deve spaventare il Medico, non essendo nuovo, che anche ne' Parti naturali si patiscano, e si superino simili copiosi flussi di sangue.

13 Del resto, che la ferita dell' utero da sè non sia assolutamente mortale, si può comprovare da altri esempj diversi da quei del Parto Cesareo, che sono tanto sospetti al Bianchi. E vaglia il vero : si vede, che gli Antichi erano soliti di castrare le Donne non meno, che le Troje, tagliando loro l'Epigrastio, e il Peritoneo, e di più recidendo loro i due Gemelli : il che, secondo lo stesso Bianchi, sarebbe un' operazione ugualmente mortale, che l'incisione dell' utero. Rainaudo cita Ateneo, che nel Libro XII. fa Autore di questo barbaro costume Artemiti Re della Lidia : di più Brodeo, che si serve del testo del medesimo Ateneo. Ma Giacomo Delecampio nelle note a questo Autore sente, che non si faceva taglio alle Donne, ma che si affibbiavano come le Cavalle. Comunque sia, che le Troje si possano castrare con tagliar loro l'utero, l'ò per indubbitato : e in Palma se ne sono vedute vivere con l'utero tagliato per metà : inoltre Galeno (b) espressamente dice, che si castravano con tagli le Troje tanto in Asia, quanto in altri Paesi alla Cappadocia superiori : e che l'operazione è più pericolosa nelle Donne ; benchè non si spieghi chiaro, se veramente ancora in queste si facesse. 14 Ol-

(a) Heister *Comp. Anatom. de uter.*
(b) Galeno *lib. 1. de sem. cap. 19.*

14 Oltrecchè non mancano de'fatti innegabili anche nelle Donne in gran parte accennati ancora dallo ſteſſo Rainaudo, che provano lo ſteſſo. Ed in vero molte volte per varj accidenti è accaduto, che quelle ſono ſopraviſſute alla rottura del loro utero. Certamente Farnelio (*a*) narra di alcune Parturienti per lo sforzo ſtraordinario nel partorire averlo mandato fuori tutto diſtaccato dal loro corpo, e non perciò eſſere morte: e dice di eſſerne teſtimonio oculare.

Ollerio (*b*) ci racconta di aver viſto, che a una Donna il Bambino 15. giorni prima di naſcere ruppe l'utero, e mandò fuori un braccio dal luogo dell'umbilico della Madre, e che ciò non oſtante poi nacque per la via naturale, e la Madre reſtò ſalva: ed è certo, che queſto Bambino, giacchè uſcì dalla vagina dell'utero, in eſſo fu concepito, e non già nell'ovario, tromba, o addome: onde non potè non rompere l'utero ſteſſo, quando cacciò fuori dell'umbilico della Gravida il proprio braccio.

Langio (*c*) pure è teſtimonio di viſta, che Andrea Rempter trafiſſe la Moglie sì profondamente nel ventre, che ferì ancora il Bambino: il quale nacque morto tre giorni dopo per la via ordinaria, ed aveva la ferita dalla parte deſtra della Calvaria, ch'era ancora come un callo, ſino al ſopraciglio dell'occhio ſiniſtro, ſenza che perciò ſia morta la Madre.

15 Altri Medici ânno tagliato l'utero per cancrena, e le Donne pur viſſero: ne ſon teſtimonj Criſtoforo Vega, Carpo, Langio, Parèo, Mercurio, Rouſſeto, e Bahuino, e ne abbiamo in Palermo l'eſempio di una Matrona ancor vivente. Onde Paolo Egineta (*d*) ebbe a ſcrivere: *Conſtat tota ablata Matrice nec mortem inde ſubſequi*. E Sorano (*e*): *Minimè exiſtimandum eſt uterum principatum ad vitam tenere, quia is non ſolum procidit, ſed etiam in quibuſdam præciditur, nec tamen mortem affert, ut Themiſo litterarum monumentis commendavit. Præterea in Gallia*

Sues

(*a*) Farnel. *lib.* 3. *Phyſiol. cap* 11.
(*b*) Holler *lib.* 1. *de morb. intern. ſub finem*.
(*c*) Lang *lib* 2. *epiſt.* 39.
(*d*) Paul. Egineta *lib.* 6. *cap.* 88. & *lib.* 2. *cap.* 72.
(*e*) Soran. *de loc. Muliebr.*

Sues habitiores , & valentioris alimenti fieri ajunt , poftquam ute-
rus abfciffus fuerit . Lo fteffo confermano Aezio , ed Avicenna
con Avenzoar preffo Parèo (*a*) .

16 Ma il fatto , di cui è teftimonio lo fteffo Ambrogio Parèo , è fenza replica . Quefto Autore era del fentimento di Bianchi , che non fi poffa ferir l'utero , fenza uccider la Gravida ;
e perciò negava il Parto Cefareo delle Viventi : ad ogni modo
coftretto dalla neceffità giunfe una volta (com' egli fteffo rifert-
fce (*b*)) a recidere ad una Donna non folo tutto l'utero intiero , ma ancora uno de' due Gemelli : ciò non oftante quella
guarì per fua medefima teftimonianza . Si può dare una fperienza più grande , e più incontrovertibile di quefta ? Crederemo
noi , che Parèo non feppe conofcere l'utero , egli ch'era ftato
così impreffionato dell'impoffibilità di tagliarlo ?

17 So ben' io , che Bianchi per ifchermirfi di alcuni Autori , che fanno menzione di tagliamento di utero , rifponde ,
che non è da credere , che l'abbiano tagliato intieramente , ma
che foltanto *Aliquam uteri propendentiam amputarunt* : e che altro alla fine farebbe il tagliare l'utero delle Gravide , ch'è difte-
fo , ed abbondantiffimo di fangue , altro incidere quello aggomitolato delle non Gravide . Ma Parèo dice di aver tagliato
l'utero intiero , e non parte di effo , Fernelio dice le Gravide
aver colli sforzi del Parto cacciato via col Feto l'utero diftaccato dal corpo , e non già pezzo di quello : e s'eran gravide , già
l'utero era abbondante di fangue , e le vene , ed arterie erano
già dilatate . In fomma quanto dicono Ollerio , Langio , Egineta , e Sorano fopracitati , efclude affatto quefte ingegnofe rifpo-
fte , ed interpetrazioni del Bianchi .

18 'A pure la Medicina altri tagli crudeli , e pericolofiffi-
mi , che pure nelle neceffità eftreme fi fanno : così la recifione
del braccio , o mano affiderata : la paracentefi per l'Idropifia :
l'apertura del petto per farne ufcire la marcia ; come fi legge
nelle Opere del celebre noftro Ingraffia : il taglio , che fi fa a'
veri Eunuchi de' Serragli , a' quali fi recidono affatto tutt' i ge-
ni-

(*a*) Parœus *lib.* 16. *cap.* 76. Idem *lib.* 24. *cap.* 48.
(*b*) Ambrof. Parœus *Chirurg. lib.* 23.

nitali : e la Laringotomia nelle ancine , proibita come mortale dagli Antichi , derisi da Eistero dopo che per molti esempj si è veduto , che quantunque sia una delle più gravi ferite , non è però insuperabile .

19 Pericolosissima ancora è senza dubbio alcuno la Litotomia , o sia taglio per estrarre la pietra : massime se si à da tagliar la vescica . Ella si vede ogni giorno riuscire felicemente in infiniti : e Goveo moderno Scrittor Francese di Chirurgia , con Rousseto , Scipione Mercurio , e Velschio , portandone gli esempj , sentono , che la incisione dell' utero non sia di quella , nè più difficile , nè più pericolosa .

E senza qui parlare della Litotomia di maggióre apparato inventata l'anno 1520. da Francesco de Romanis , in cui per altro , benchè non si tagli la vescica , pure s'incorrono gravissimi pericoli , ed incomodi , e non pertanto non si liberano facilmente gl'Infermi ; la Litotomia con incisione della vescica può farsi con minore apparato pe 'l Perineo , ed allòra il pericolo è assai maggiore , che nell'antedetta : perchè oltre quello , che procede dalle insigni vene arterie , muscoli , tendini , e ligamento del medesimo Perineo inciso , e l'infiammazione , e cancrena , che facilmente ne può seguire , e la ferita della vescica ; si considera la lesione del muscolo Sfinter , e de' vicini vasi spermatici , e in parte la privazione della virtù generativa col pericolo ancora di tagliare l'intestino retto : eppur'ella si pratica da due mila anni in quà , dinominata perciò di metodo antico , e lodata da Celso , e nella prova , che Arnolfo Conte di Fiandra , volle nel Secolo X. che se ne facesse sopra degli altri , prima , che l'ammettesse in se medesimo , si narra , che di 20. Infermi uno solo ne morisse , restando gli altri vivi , e liberi dal calcolo .

20 Anche pericolosa è giudicata l'incisione della vescica , di alto apparato , o sia la Franconiana *per epigastrium* : lo stesso Pietro Franco , che l'inventò , e gli riuscì prosperamente in un Fanciullino , la condannò subito , come di grandissimo rischio , e quasi temeraria : attribuendo il buon esito , ch'egli stesso ne aveva osservato , alla fortuna . Ciò non ostante infiniti esempj ,

e Dote Dottori oggi la commendano per falutare , fe fi ufa con chi non oltrepaffa l'età di anni 30. come ragiona a lungo Eiftero (a), fiancheggiato da altri : anzi dopo avere a minuto confiderate le graviffime difficoltà , e pericoli di quefta incifione , attefta pure , che fra tanti , ch'egli con quefta operazione liberò , neffuno mai gliene morì fanciullo , o minor di anni 30.

21 Nè devo paffare fotto filenzio l'altra fpecie di Litotomia , detta Jacobina , dal Romito Fra Giacomo Bealieu di Belfort vicino Bifanzone , che l'inventò verfo l'anno 1698. In effa tagliafi ancor la vefcica , e ne' principj fu ftimata perniciofa , per l'imprudente condotta però di Giacomo , per cui moltiffimi ne morivano , o ne reftavano malconci : pure emendato il metodo di effa dal medefimo Inventore , fu poi da Rafio fperimentata ordinariamente falutare : e narrano Esbachio , ed Eiftero (b), che dopo la detta correzione in Argentina di venti , che Fra Giacomo tagliò , appena vi fu chi ne moriffe .

Or fi rifletta , che tutti gli antichi Medici per l'autorità d'Ippocrate , e di Celfo (c) credettero ancora la ferita della vefcica mortale , non meno di quella dell' utero ; e perciò un facrilegio l'inciderla : tuttavia coftretti dall' eftrema neceffità non lafciarono da due mila anni in quà di praticare il taglio di minore apparato . E Celfo medefimo approvollo , ed altri (come abbiam veduto) ne ânno inventati degli altri , che fi fperimentano ancor falutari : tanto è vero , che l'eftremo bifogno ci coftringe ad appigliarci a' rimedj anch'eftremi , e che quefti colla pratica , e le offervazioni fi vanno facendo ancora meno pericolofi . Onde non è maraviglia fe de' Medici antichi molti credettero la ferita dell' utero effere fempre mortale ; ma la odierna fperienza , e perizia de' Moderni â fatto vedere , che tale non fia .

22 Siccome adunque io commendo molto la bella offervazione del Bianchi , che quando il Feto non è nell'utero , ma

A a   nell'

(a) Heifter p. 2. fez. 5. cap. 142. n. 8. Rouffeto , Ildano , Pietreo , Riolano , Tolero , Solingerio , Probi . Liftero , Dionifio , Greemfieldio , Garengrot , Tibautho , Douglaffio , Ghefeldeno .
(b) Heifter p. 2. fect. 5. cap. 143. n. 10.
(c) Hippocr. aphor. 18. Celf. lib. 6. cap. 6.

nell'addome, si salva facilissimamente la Madre : e che perciò
deve praticarsi il Parto Cesareo senza timore ; così non posso
convenire con lui intorno al negare assolutamente l'incisione,
ove il Feto sia concepito nell'utero :

Un' altra dottrina singolare, e che a me non piace, insegna con questa occasione l'erudito Scrittore, ed è, che gran
parte degli uovi fecondati all'uscir dall'ovario in luogo di entrar
nelle tube, cadano nella cavità dell'addome, o nel suo bacino,
ed ivi periscano . Ciò dic'egli succede : Prima perchè le tube
non sono ligate all'ovario, nè di tanta ferma struttura, e le loro bocche superiori non si combaciano perpetuamente con questo, ma ne stanno libere, e sciolte : sicchè facilmente può accadere, che nel tempo, in cui si distacca l'uovo, si trovi la
tuba lontana, o non si applichi colla giusta simetria all'ovario,
e così non riceva in se l'uovo . Secondo perchè non è difficile,
che la bocca della stessa tuba, benchè applicata all'ovario, si ritrovi ostrutta, onde rigetti l'uovo, e lo faccia cader nell'addome . Conferma la sua dottrina coll'essersi ritrovati nelle Donne
i calici vacui dell'ovario in maggior numero de' Figli prodotti.
Segno evidente (com'ei dice) che alcuni uovi già fecondati non
erano pervenuti nell'utero . Ma questo sentimento vien contradetto dalla sperienza, e dalla ragione : dalla ragione, perchè
è affatto inverisimile, che la natura, la quale in nessun altra
cosa â più voluto far mostra della sua ammirabile condotta, ed
artifizio, che nella generazione dell'Uomo, ne abbia poi disposti
gli organi in modo, che il maggior numero de' suoi Feti
perisca : quando ciò (come confessa il Bianchi medesimo) non
accade negli altri animali . E' d'uopo adunque dire, che quando la tuba è ostrutta, non passi da lei lo spirito seminale Virile
a fecondare l'uovo Femmineo : ma che se non è ostrutta, siccome nel tempo della generazione sempre si contorce in virtù degli spiriti, che servono alla stessa generazione, e ciò per opra
del gruppo de' nervi osservati in lei dallo stesso Bianchi, a por-
tarle quell' aura vivificante : così sempre per lo divino magistero della natura, e per la simpatìa, che â la tuba coll'aura
seminale, che già è nell'uovo fecondato, e lo sta mettendo at-
tual-

tualmente in moto ; sempre ancora si accosti ajutata da' detti nervi , per aderire all'ovario , e così ricevere l'uovo , che se ne distacca .

23 Ciò si comprova con l'esperienza medesima ; perchè altrimenti se infiniti fossero questi uovi fecondati , che cadono nella cavità dell'addome ; infiniti ancora sarebbero i concepimenti ventrali : giacchè (come confessa lo stesso Autore) il calor dell'addome può far germogliar l'uovo non meno , che quello dell'utero : eppure sono rarissimi , come o per le ragioni da me assegnate , o per altro arcano della natura non ancora scoperto , si vedono ; perchè appena tra migliaja di migliaja se ne può osservare uno . Che poi si trovino più calici vacui , che non sono stati i Parti , potrebbe a dirittura negarsi : perchè il contrario dicono osservarsi altri Autori , come Purcozio (a). Ma sia , come vuole il Bianchi ; bisogna dire , che alcuni uovi si secchino , ed abboliscano con l'andare del tempo , per mancanza del concorso di liquore proporzionato , come si osserva nelle Vecchie : altri essendo maturi , cadano da sè per una intrinseca fermentazione , senza essere distaccati dall'aura del seme Virile portatavi dalla tromba : sicchè scendono nell'addome , ma non fecondi : che se forse anche allora si accosti la tromba , scendano infruttuosamente nell'utero , e nell'uno , e nell'altro caso la natura li disciolga col suo calore : altri si guastino nell'ovario , o scesi nelle trombe , o nell'utero , e siano cagioni di fastidiosi morbi , secondo pensa Drelincurzio (b). Certamente i frutti parte si colgono a mano dall'albero , parte appassiscono ne' rami perchè non colti a tempo , parte da sè già maturi ne cadono : e noi vediamo questo medesimo nelle Galline , che cacciano dall'ovario gli uovi maturi suvventanei non meno , che i fecondati : e non mancano nell'ovario delle Donne le sue fermentazioni , e spumescenze de' liquidi nello stesso uovo benchè infecondo , che possono stimolarlo ad aprire l'ovario , ed uscire , senza che ammettiamo , che la natura non abbia a sufficienza

A a 2   pro-

(a) Purchot. p. 1. Phys. sect. 2 cap. 2.
(b) Drelincurt. sistem de human. Fœtu perioche 18. & de fem. ov. cur. secund. num 10. 14. 19. 21.

proveduto al gran difordine, che penfa il Bianchi, e non è in conto alcuno credibile.

24 E poi non è vero ciò, ch' ei dice, che non abbiano tanta conneffione le tube Falloppiane con l'ovario, quanta ne ânno gli ovidutti de' Quadrupedi. Più tofto una tal cofa potrebbe dirfi degli Uccelli, l'infondibolo, o fia ovidutto, de' quali è affai molle, e fiacco, ma pure baftantiffimo per non far perdere l'uovo fecondato: ma quanto alle Donne, effe in ciò vanno del pari co' Quadrupedi, come fi nota nella Tefi Medica di Parigi de' 25. Gennajo 1691. n. 5. *Longè major eft proportio ovi Muliebris, aut Quadrupedum ad uteri tubas, quàm in Volatilibus Vitelli ad oviductum. Oviductus in his nufquam ovario annexus liberè in abdomine huc illucque fluentat. In Homine verò, & Quadrupedibus tubarum expanfio per unam, aut alteram laciniam ovario connexa, parum ab ea recedere, ac divagari poteft. Oviductus denique in plerifque Volatilibus undique indivifus; in Homine autem, & Quadrupedibus tubarum expanfio in varias hinc inde lacinias divifa, ac quodammodo lacera, longè faciliùs conceptionis tempore, aut forfitan aliquot a conceptione diebus, ovario applicari poteft, illudque amplecti.* Vedafi ancora Purcozio (a). Anzi il celebre Filippo Verejennio vuole, che non folamente nella concezione, ma quafi fempre ftiano le tube attaccate all'ovario: *Earum fitus varius: fæpiùs autem inveniuntur tefticulis incumbentes, qui fitus videtur illis magis naturalis: quia dum furfum deorfumque reponuntur, apparent circa uterum contortæ (b).* Drelincurzio (c), benchè contro l'opinione comune, feguitata dal Bianchi, fenta che l'uovo fcenda nell'utero prima della fecondazione; pure con belle fimilitudini meccaniche dimoftra, che non devii nell'addome allo fcendere dall'ovario nelle tube, fe non in qualche cafo raro: perchè le tube col fuo corpo fimbriato, e co' fuoi molti minuti mufcoli fi attaccano talmente all'ovario, che il cadere dell'uovo nell'addome nello ftato naturale farebbe impoffibile.

CAPO

(a) Purchot. p. 3. Phyfic. fect. 2. cap. 2.
(b) Verheyen *Anatom. lib.* 1 *tract.* 2. cap. 27.
(c) Drelincurt. in epift. ad D. Bafnage tom. 1. Biblioth. Anatom. & in fiftemate de Fœtu.

C A P O III.

Si dichiara, secondo la sentenza de' Moderni, quando
competisca, e quando no il Parto Cesareo
delle Viventi.

1 LAsciata adunque da parte l'opinione del Bianchi, è giusto, che ci uniformiamo al sentimento comune di tutt'
i Medici, e Chirurghi del Secolo passato, e del presente, fra' quali al certo assai celebre è il dottissimo Eistero, che
à scritto appunto ultimamente la sua compitissima Opera Chirurgica, intorno alla quale à impiegati anni 30. Or egli ci assicura essere innegabile, che non solamente siano riuscite con
felicità varie incisioni, quando il concetto è stato nell'ovario,
o nelle trombe, o nell'addome; ma ancora quando è stato veramente nell'utero; censurando perciò Francesco Mauricò, che
l'à negato, e dicendo, che *à sparlato contro de' sensi, e la esperienza.* Chiama ancora timidi, e non circospetti quei Teologi,
che ànno negato questo taglio, e la loro opinione falsa; e quanto a' Medici, che l'ànno impugnata, e a' Chirurghi, che non
volessero praticarla, ove non può farsene di meno, e alle Femminucce, che la dissuadessero; non solamente timidi di un vano timore, ridicoli, e superstiziosi, perchè mossi da un mal
fondato scrupolo, o da una intempestiva misericordia; ma crudeli, barbari, ed empj. Al contrario dice, il Parto Cesareo,
anche uterino, essere rimedio nobile, generoso, ed unico ne'
casi estremi, conforme a' principj della retta ragione, e della
Religione Cristiana; e chi non vuole usarlo, essere un vero
omicida (a). *Perchè vecchio è quel pio e cristiano proverbio: Chi
non salvasti, potendo, l'uccidesti. Ed in vero con questa operazione fatta a tempo giusto, o la Prole, o la Madre, non di rado
ancora ambedue, si possono salvare, e spessissime volte certamente*
la

(a) Heister p. 2. sect. 5. cap. 113. n. 12. & 17.

la Prole , la quale in altra forma perirebbe . . . . Coll' incifione Ce-
farea , (parla qui dell' uterina) varj Bambini , e Madri felice-
mente fi fono liberati , come fopra già ne notammo gli efempj . . . .
Perciocchè vi è fperanza , che tanto il Feto , quanto la Madre , fe
ogni cofa fecondo l'arte , ed a tempo s'intraprenderà , fi confervino ,
e con quefto medefimo fi poffano liberare dalla morte imminente . Ed
altrove (a) parlando della ftefla incifione uterina : *Effendovi*
moltiffime altre cagioni , che richiedono quefta forte di taglio fo-
praccennata , dove il Feto non fi può eftrarre per le vie naturali ;
non è lecito , falva la cofcienza , il rigettarlo affolutamente : co-
me abbaftanza mi pare , che io fopra l'ho dimoftrato incontraftabil-
mente .

    2   Or nulladimeno quefto Autore nel fuo meftiere pru-
dentiffimo non vuole già , che fi faccia il Parto Cefareo indifferentemente , ma ne' dovuti cafi , e con la neceffaria circofpe-
zione . Io metterò qui adunque un eftratto della fua dottrina
medica intorno a quefta materia . In tre cafi (dic' egli) può
trattarfi del Parto Cefareo :

    I.   Quando la Madre è morta , e il Feto è vivo , o fi crede
            poter effere vivo .

    II.   Quando la Madre è viva , ma il Feto è morto .

    III. Quando la Madre è viva , e il Feto è ancor vivo .

    Se la Madre è morta , fia il Bambino nell'utero , fia nell'
addome , fempre dovrà farfi indifferentemente l'incifione .

    Se la Madre è viva , il Feto però è morto , e fi trova nella
tromba Falloppiana , ovario , o cavo dell'addome , convengo-
no quafi tutt'i Medici , che debba farfi l'incifione ; perchè allora non vi è grave pericolo di morte per la Madre , fe fi fa il
taglio : al contrario fe il Feto refta nel ventre , ella morirà certo . Che fe in tal cafo la natura medefima fa qualche afceffo ,
allora concordano pure , che non deve in conto alcuno tralafciarfi l'incifione .

    Se però il Feto morto fi trovaffe nell'utero , la maggior
parte de' Medici vogliono , che fi faccia l'incifione , fuppofta
l'impoffibilità di cacciarlo fuori in altro modo : provenga quefta

                                            dif-

(a) Haifter adm. 16.

disgrazia da callo, scirro, mala conformazione delle ossa del Pube, come accade nelle Nane, o da qualsissia altro impedimento insuperabile: e lo stesso dicasi, se il Feto è in qualche ernia uterina; allora a dirittura si tagli l'utero; perchè quantunque la sua incisione sia pericolosa, ad ogni modo non è assolutamente mortale, e la Gravida così migliora di condizione, perchè acquista speranza di vita, quando altrimenti la sua morte era certa. E qui cita Eistero molti in confermazione del suo sentimento (*a*). Anzi in questo caso consiglia, che si faccia l'operazione, non solo se consente la Gravida, ma eziandio per forza, s'ella dissentisse: vuole però, che sempre si ponderi, se la detta Pregnante è in istato di poter soffrire il taglio con isperanza di vita; perciocchè s'ella lo dimandasse, ma le sue forze fossero cadute affatto, ed ella già fredda con sudor freddo, s'infamerebbe il Parto Cesareo inutilmente: perchè soltanto potrebbe servire ad accelerarle forse la morte senza prò del Bambino già morto.

3 Nel terzo caso, cioè quando vivono la Madre, ed il Feto, eziandio che questo sia nell'utero, se però non può uscire; sia perchè troppo grande di corporatura, specialmente nel Capo; sia per impedimento insuperabile di callo, o di altro, o per la mala conformazione delle ossa, che niega lo ingresso alla mano del Chirurgo; quando l'affare è disperato, sicchè senza il taglio morirebbe il Feto, e la Madre, necessariamente deve venirsi alla incisione.

Dice quando il caso è disperato: perchè prima tentar si dovrà, se possa dilatarsi l'orificio dell'utero eziandio con taglio, o anche lacerazione; perchè sarebbero meno pericolosi, che l'incisione dell'utero. Lo stesso dicesi, per quando la vagina è chiusa da Imene, o altra membrana preternaturale. Se adunque, adoprati tutt'i rimedj, non può in conto alcuno uscire l'Infante, deve ricorrersi alla incisione dell'utero, come favorevole alla stessa Madre, che così â speranza di vita, la qual' è cer-

(*a*) Rousseto, Bahuino, Mattia Cornace, Sennerto, Ildano, Cipriano, Landischero, Saviardo, Ronhusio, Rulovio, *ed altri; e specialmente gli Atti Anglicani, Francesi, e Germani.*

certamente preclusa affatto, se il Bambino non esce; e molto più trattandosi d'un successor di Regno; perchè pel bene pubblico deve la Madre soccombere al taglio: purchè secondo le circostanze ciò non sia un sagrificarla, il che sempre è illecito.

Ma se la Madre è già esausta di forze, e vicina alla morte; sente questo Autore, che il Chirurgo non deve inciderla, perchè ciò sarebbe un trucidarla: ma piuttosto tirare come può l'Infante (intendasi purchè prima siasi potuto battezzare), perchè allora lo considera per Assalitore, e Matricida, e può a suo parere la Madre *cum moderamine inculpatæ tutelæ* cacciare lungi da sè chi le sta dando la morte, ed eziandio con levarlo di vita. Questo però io non approvo in una Madre, e in tali circostanze: non avrei sì difficoltà, che lo facesse estrarre co' ferramenti; purchè questo non sia il medesimo, che ucciderlo; ma sia ordinato alla salvezza di ambedue, benchè con qualche pericolo del Bambino di restarne gravemente maltrattato, e forse anche dopo morirne.

4 Se il Bambino avesse rotto l'utero, e fosse situato o in tutto, o in parte nell'addome, competerà l'incisione; perchè non può uscire in altra forma. Censura perciò il nostro Autore i Medici di Argentina, che nel caso riferito da Pistorio non solamente non vollero incidere viva una Pregnante, per altro vigorosa, e robusta, il cui Feto era entrato nell'addome, ma neppure dopo ch'ella era già morta. Riprende ancor Siviardo, per non aver voluto tagliare una simile Donna in Parigi nello Spedale Hoteldieu, lasciandola perire col Feto (*a*): *la quale azione* (soggiunge) *certamente fu assai atroce, ed empia; onde doveva egli vergognarsi di eziandio solamente riferirla: sicchè, se qui i Medici abbiano peccato gravemente, giacchè non fecero quel, che dovevano, lascio giudicarlo agli altri.*

5 Se il Bambino è mostruoso, o à due teste, o due corpi attaccati in uno, e perciò non può nascere dall'utero, non vuole, che s'incida la Madre per liberare tai parricidi: (*b*) E poi (dic' egli) *i Mostri di questa fatta per lo più non sono vitali,*

nè

(*a*) Heister p. 2. sect. 5. cap. 113.
(*b*) Ibid. n. 8. & p. 2. sect. 5. cap. 152. n. 27.

nè poſſono ſopravivere molto: ma ordinariamente *non ſono*, *che orridi e inutili peſi della Terra*. Onde ſi laſcino morire, e dopo ſi eſtraggano. Ciò però ſempre debbe intenderſi, purchè vi ſia ſtato il modo non ſolo di battezzare quelle infelici Creature; ma di aſſicurarci ancora, che ſiano ſtate battezzate ambedue le teſte ſeparatamente; quando no, entrerà la dottrina Teologica di Rainaudo, cioè, che la Madre ſia obbligata a ſoffrire il taglio per la vita ſpirituale de' ſuoi Infanti, eziandio dubbia, come ſopra ſi diſſe. Lo ſteſſo deve dirſi, ove foſſero due Gemelli, che non poſſono naſcere per la mala conformazione delle oſſa della Madre, e noi non ci poteſſimo aſſicurare di eſſere battezzati entrambi colla ſiringhetta.

6 Quando il Bambolino â il capo incagliato nell' orificio ſuperiore dell'utero, o nella vagina, e non vi foſſe modo di ajutarlo a naſcere; dubita Eiſtero, ſe debba venirſi al Parto Ceſareo. Queſta ambiguità par che non ſi componga con la riſoluzione data dal medeſimo ſopra, e da noi riferita, ove ſi principiò a parlare del terzo caſo; tuttavia accorda beniſſimo: perchè allora, ſiccome il pericolo del taglio è della Madre; coſì ancora eſſa ne migliora di condizione per la ſperanza, che acquiſta con quello di liberarſi dalla morte, in altra forma per lei inevitabile. Ma non va coſì la faccenda nella figurazione preſente: perchè la Gravida dall'inciſione altro non ricaverebbe, che il ſolo pericolo della propria morte, e il Bambino in tale ſtato potrà faciliſſimamente battezzarſi, ed aſpettarſi, che muoja da ſe ſteſſo, nè ſarebbe impoſſibile tirarlo vivo co' ferramenti, benchè a lui pericoloſo.

Vuole egli adunque in tale caſo difficiliſſimo fra quanti ne poſſano occorrere alle Mammane, che non ſi debba venire al taglio, ſe non foſſe il Bambino ſucceſſore di Regno, e neceſſario alla pace pubblica: o ſe la Madre per amor della Prole non ſi contentaſſe di ſoggiacere al riſchio. Altrimenti battezzato il Bambino con una ſiringhetta, è di parere, che ſi ajutì quanto ſi può, cercando di ſlargargli la via ſe per ſorte in qualche maniera poteſſe uſcire: e quando no, che ſi laſci morire da ſè, e morto ſi cavi fuori co' ferramenti. Ma ſe la Madre per debolezza, deliquj, convulſioni, e mali ſimili è vicina a morte, e dimanda ajuto con anſietà; ſente che allora poſſa il Chirurgo eſtrarlo co' ferramenti, quantunque ciò ſia un eſporlo a maniſeſto pericolo di morte: perchè la ſua vita ſpirituale è già in ſalvo, la corporale è diſperata; e la Madre, che a ſua difeſa lo fa cacciare, non intende già direttamente la di lui morte, ma la propria liberazione: crede pure, che poſſa trucidarſi a dirittura cogli ſtrumenti, ch'ei deſcrive: *De Partu difficili* con Mauriceau, Oornio, e Deventero. Io non approvo queſt'ultimo partito; ammetterei sì l'eſtrazione co' ferramenti ove ſi poteſſe fare con iſperanza di ſalvare ancora il Bambino, e nella maniera, che diſſi già di ſopra.

7 La dottrina dunque di Eiſtero (a) intorno al Parto Ceſareo delle Viventi ſi riduce a queſte propoſizioni. Cioè:

I.   Il taglio della Madre, ove il Feto non ſia nell'utero, non è gran fatto pericoloſo, e deve uſarſi liberamente, ſia vivo il Feto, o ſia morto.

II. Se il Feto è vivo nell'utero, ma la vita della Madre è diſperata; ſempre ſi può, e deve fare l'inciſione dell'utero ſteſſo; perchè quantunque pericoloſa, non è mortale, e la Gravida ſempre vi migliora di condizione, ſe ſi fa a tempo giuſto; perciocchè così può guarire, e ſopravivere.

III. Che talora ſi deve il Parto Ceſareo praticare ancora in favor della prole, ſe è neceſſaria al pubblico bene, purchè queſto non ſia un uccider la Madre: e lo ſteſſo deve intenderſi da ciò, che ſi è detto, ſe la detta prole non può in altro modo battezzarſi.

IV. Fuori di queſti caſi non ſi uſi il Parto Ceſareo uterino, perchè pericoloſo: nè per ſalvarſi il ramo, ch'è il Feto, ſi metta a riſchio di perderſi l'albero, cioè la Madre medeſima.

8 Quanto poi alla maniera di praticare il Parto Ceſareo delle Viventi, preſſo a poco ella è la medeſima, che delle Deſunte:

_____

(a) Heiſter *p. 2. ſect. 5. cap. 152. n. 27.*

funte : fe non che fi ſta attento ad andar ſempre aſſorbendo con le ſpugne il ſangue , che continuamente ſtilla da' vaſi ta-gliati , perchè non reſti dentro all'Inferma , e poi corrompaſi : indi , ſecondo Dioniſio , e gli Antichi , debbono cucirſi non_ ſolo le altre parti tagliate (come ſi oſſerva nella operazione del-la gaſtroraſia), ma l'utero ſteſſo , e poi ſeguitare a medicarſi l'Inferma , ſecondo l'arte comanda , e i nuovi accidenti richiedono. Vuole ancora il detto Dioniſio , che la inciſione ſi faccia non_ già dall'umbilico in giù , e così per linea longitudinale , ma_ dalla parte laterale del ventre , e con una linea ſemilunare. Ei-ſtero la vuole laterale ſì , ma retta ; e di più co' Moderni co-manda , che la cucitura dell'utero ſi tralaſci , commettendo alla natura ſteſſa l'unione delle parti dell'utero inciſe , perchè da ſe medeſime ſogliono reſtringerſi , ed unirſi . Queſto Parto Ceſa-reo delle Viventi può leggerſi alla diſteſa , e minutamente de-ſcritto dal medeſimo Eiſtero : baſtandoci di aver data di ſopra_ la norma di quello delle Defunte , ch'è il taglio , che può oc-correre al Parroco , o ad altri , che non profeſſano Chirurgia , di mettere in opera .

CAPO

CAPO IV.

Si dà risposta a quanto dice Bodowinger intorno al Parto Cesareo delle Viventi, e si ragiona dell'obbligo del Chirurgo, e dell'ajuto, che questi può dare ne' Parti difficili.

1 Michele Bodowinger Medico di Anversa nel suo Ventilabro Medicoteologico (*a*) à cercato ancora d'impugnare il Rainaudo circa l'obbligo, che à in coscienza la Madre ne' Parti disperati di farsi incidere, non già per la parte, che spetta alla Medicina, ma per quella, che riguarda alla Teologìa: pretendendo, che quantunque il taglio Cesareo delle Viventi ne' Parti disperati sia lecito, e salutare; tuttavia il lasciarsi incidere sia un'atto nobile della virtù della Fortezza, e non già un peso imposto dalla Carità; e cerca ancor egli come Giovanni Sanchez d'interpetrare il testo di S. Tommaso: ma non pone mente alle parole di questo grande Dottore, che pur sono troppo chiare (*b*): *Non est de ratione caritatis, quòd Homo proprium corpus exponat pro salute proximi, nisi in casu, quo tenetur ejus saluti providere: sed quòd aliquis spontè ad hoc se offerat, pertinet ad perfectionem caritatis.* Or noi siamo nel caso dell'eccezione, e non già della regola: perchè si tratta di estrema necessità spirituale del Prossimo, a cui se ognuno è obbligato a provedere; molto più si verificherà della Madre, che con vincolo più stretto di natura è tenuta a curare l'eterna salute de' proprj Figli. Sicchè non può considerarsi in lei il Parto Cesareo secondo S. Tommaso, come un'atto di semplice consiglio appartenente all'eroica perfezione, ma come precettato dalla Legge della Carità.

2 Ma

(*a*) Bodowing. *Ventilabrum Medic* p. 2. q. 20.
(*b*) S. Thom. 2. 2. q. 26. art. 5. ad 3.

2 Ma niente fa meglio apparire la fodezza di questa ragione contro di Bodowinger, fuppofta la fperanza di vita nella Pregnante, che la ritrattazione di Gobat. Aveva prima infegnato quefto Teologo, la Madre non effere obbligata a lafciarfi fare l'incifione; ma avendo poi letto il trattato di Rainaudo, ingenuamente fi difdiffe nell'Appendice (*a*), e foggiunfe: *Omnes Doctores, quos ipfe fequutus fueram negans fectionem, approbaturos fententiam Rainaudi, fi judicia Medicorum perfpecta habuiffent*; cioè de' Moderni, che non ân per mortale alle Madri il Parto Cefareo.

Il Parroco adunque fe fpera di ottener dalla Gravida l'affenfo, ove i Medici dicono effervi buona fperanza, ch'ella n'efca felicemente, non lafcerà di proporlo: perchè neffuno mai potrà negare, che almeno non farebbe la medefima un' atto eccellentiffimo di Carità Criftiana: per altro è uffizio, ed obbligo del Curato, non folo il fare, che le fue Pecore offervino la Divina Legge, ma il guidarle ancora a tutte le più fine virtù, e fe fi può alla più fublime, ed eroica perfezione. Se però egli ftimaffe di certo, che le fue parole non recherebbero alcun profitto, dopo di avere prudentemente, e fenza parlare di obbligo precifo, propofto l'affare nella più propria, e migliore maniera; lo commetterà fenz'altro alla Divina Provvidenza, per timore, che in luogo di falvare un' Anima non fe ne perdano due: cioè quella del Bambino, e della Madre ancora, e così fi avverte a' Parrochi nel citato Editto di Catania al *n*. 5.

Effendo dettame de' più eruditi, e gravi Scrittori, probabiliffimo anche in pratica, che la Madre fia tenuta a foffrire qualche nuovo dolore nel taglio più volte lodato, affin di provvedere al proprio fuo Parto della falute eterna; faranno però maffima del loro dovere i Parrochi l'infegnare cotal dottrina, ove riconofceranno, ch' effa metterà a bene: tanto più che ora dopo tante prove l'arte Cerufica fiorifce nel meccanifmo a tal fegno, che con certi ftromenti può infieme e confervarfi in vita la Donna pregnante, ancorchè fi lafci aprire, e trar fuori la Creatura dell' utero, per farla partecipe del fanto Battefimo.

3 Ma

(*a*) Gobat in *Append. 2. ad tract. 2. de Bapt.*

3   Ma perchè i motivi cavati dall'amor di noi steffi, per mancanza di perfetta virtù, speffo fogliono riufcire affai più efficaci di quelli della vera Carità col proffimo; il Parroco, e lo fteffo dico degli altri Sacerdoti, farà vedere alla Pregnante, che qui vi è ancora il di lei utile: perchè morendo il Fantolino nell' utero, ella morirà ancora: o almeno fe la natura ne daffe il comodo, farà aftretta a foffrire l'attrazione del detto Feto morto, operazione Chirurgica crudele, ed orrenda. E in vero fanno fpavento a folo vederfi gli ftromenti a ciò deftinati, pinti, e defcritti da Celfo, Parèo, Acquapendente, Rouffeto, Sculteto, & Aetio (*a*); e fe non altro ufcirà da fe fteffo a pezzi, e a brani lo fgraziato Bambinello, cofa di pericolo ancora alla Madre, e feconda di dolori intolerabili, e non meno crudeli, che la fteffa incifione Cefarea, la quale fi efeguifce in brieve, e alla fine è feguitata dalla confolazione, ch'è venuto al Mondo un Uomo, come diceva la Sapienza Incarnata: o almeno quando anche muoja fubito dopo il Battefimo, è nato un eletto al Paradifo, il che rafciuga in vero tutte le lagrime, ed alleggerifce ogni dolore; che ove il Feto efce morto, e fi perde eternamente, quell'Anima, farà affatto inconfolabile.

4   Del refto ficcome veramente quefta incifione non â luogo (fecondo abbiamo ftabilito) che ne' Parti difperati, allora quando la detta Madre fi trova in un mare d'affanni, e di dolori fenz'altra fperanza di vita: così fpeffo ella fteffa la poverina impazientemente brama di effere incifa, come più volte fi è veduto, e lo notano Eiftero, ed altri Autori, fe non per liberarfi dalla morte imminente, almeno per efentarfi da fpafimi tanto atroci, ed orrendi. E quefto è poco: riferifcono l'Efemeridi Germane, che una Gravida giunfe a farla da Chirurgo temerariamente incidendofi ella medefima (*b*).

Che diremo però del Chirurgo, e del Medico? Sono effi tenuti a comandare, e rifpettivamente praticare il Parto Cefareo delle Viventi, ove conofcono, ch'è fpediente? O poffono tralafciarlo pe'l vano timore, che fe non riefce felicemente

per-

(*a*) Aët. *tetr.* 4. *ferm.* 4. *cap.* 2a. Eginet. *lib.* 3. *de Medic. cap.* 76.
(*b*) Ephem. Germ. *curiof. dec.* 3. *A.* 1. *obferv.* 59. *pag.* 84. *& feg.*

perderanno eſſi di credito? Se lo ſteſſo pericolo di peccare, come ſopra ſi diſſe, non iſcuſerebbe il Chirurgo da ſimili operazioni; molto meno lo ſcuſerà il frivolo motivo di ſuggire il pericolo di non accertare la cura, e così perdere qualche poco di credito. L'Uomo, che vuol eſſere veramente virtuoſo (diceva un Filoſofo) biſogna, che talora compariſca malvaggio agli occhi de' Malvaggi, qualor prevede, che queſti prenderanno in mala parte ciò, ch'ei farà di bene: perchè in verità l'eſſere è più del parere: così biſogna talvolta apparire indiſcreto, ed imprudente, appreſſo il volgo, che non giudica le coſe, ſe non dall'evento, per non incorrere con verità nell'imprudenza, e nella indiſcretezza.

5 Io mi contento di recare qui le parole, non già d'un Teologo, ma d'un Laico, e di aliena Religione, benchè Medico, e Chirurgo valoroſiſſimo: voglio dire di Eiſtero, che non ſa ſcuſare da un gran peccato queſti Medici, e Chirurghi idolatri del loro nome (a):

Ma perchè occorrono non di rado caſi, molti de' quali ſopra notammo; in cui è impoſſibile eſtrarre il Feto per le vie conſuete, e ſovraſta alla Madre un graviſſimo pericolo di morte, per ritrovarſi il Feto nel ventre; allora certamente credo eſſere barbaro, ed empio l'abbandonare la miſera Donna, che con anſia implora il noſtro ajuto, o almeno ſommamente n'è biſognoſa: ma più toſto a' mali eſtremi giudico doverſi adoprar eſtremi rimedj; perchè in verità allora ſecondo lo ſteſſo ſentimento de' ſupremi Padri della Medicina, cioè Ippocrate, e Celſo, è meglio ſperimentare un rimedio dubbio, che niſſuno, o abbandonare in quel deploratiſſimo ſtato ſotto graviſſimi dolori le Inferme, o conſagrarle ad una certa morte, quando ancora reſta ſperanza di ſalvarle, come inſegnano eſempj felici .... Al contrario quando il pericolo è imminente, perchè nuoceremo alla Madre col più aſpettare; anzi quaſi l'uccideremo noi ſteſſi? Sento, che ſi deve ricorrere a' rimedj eſtremi, ſpecialmente a quelli, che ánno giovato ad altre: acciocchè non laſciamo in abbandono, e a una morte miſerabiliſſima, e certa, quella, a cui

poſ-

_____

(a) Heiſter p. 2. ſect. 5. cap. 113. n. 6.

possiamo soccorrere con un ajuto benchè dubbio: perchè certamente allora finalmente pare, che il Medico à soddisfatto al suo obbligo, e compito con la coscienza, quando tutte le cose à fatte, e nulla à tralasciàto (benchè altri lo contradicessero) di ciò, ch'egli sa poter giovàre, e che conosce ad altri in simili casi essere stato di giovamento: massime quando la Gravida stessa, a cui la vita è cara, lo desidera, e vuole più tosto sperimentare un rimedio incerto, che nissuno. Alcuni Chirurghi confessano, che intanto non prendono a fare questa operazione, in quanto ànno timore, che se poi contro la speranza la cosa riesca malamente, restino con disonore, come dicono Rolfincio Solingerio, ed altri. Ma troppo leggiera, e ridicola in un affare di tanta importanza mi sembra una tale scusa, che a mio giudizio non è degna di un Uomo dabbene; molto meno d'un Medico Cristiano, il quale operando, come deve, non stia a temere nissuno, e massime le calunnie del volgo, o de' malevoli:

Conscia mens recti famæ mendacia ridet.

Ed in vero a me pajono di commettere un gran delitto quelli, che per non si arrischiare ad una cura dubbia, per cui possano patire qualche detrimento nella fama, sostengono doversi lasciar perire il Feto, e la Madre con una certissima morte: onde tutte quelle cose si devono fare universalmente dal Medico agli ammalati, e specialmente a queste misere, ed infelici Donne, che pajono potere servire alla loro conservazione. Anzi la Motte alcune operazioni Chirurgiche nelle Donne, e nominatamente l'estrazioni del Feto dall'utero, l'à fatte alle volte anche non volendo le stesse Gravide, per liberarle dalla morte imminente; onde le fece tenere forte, e fermamente da Uomini robusti, acciocchè estraesse il Feto malamente situato. Che s'egli giudica ciò essere giusto, e lecito; mi potrete qui dimandare, se possa in coscienza forzarsi nella stessa maniera una Gravida, dove il Feto non possa estrarsi, se non tagliandole il ventre: acciocchè soffra ciò, che i Medici prudenti conoscono essere necessario per conservarla, s'ella ricusa di farlo volontariamente? Ed al certo io non sono alieno da questa sentenza: benchè ancora maggiormente giudico doversi soccorrere a quella del primo caso, cioè quando spontaneamente, anzi con premura desidera il taglio.

Cer-

Certamente un Medico, o Chirurgo, che non proponeſſe queſto ſalutare rimedio, ove lo conoſceſſe ſpediente, non ſolo peccherebbe, ma meriterebbe caſtigo dall'autorità pubblica: molto più poi, ſe deſiderandolo l'Inferma, non voleſſe accingerſi all'opra per li ſuddetti vani motivi: perch'è coſa chiara, che debbe, ove occorra la neceſſità, non ſolamente proporlo, ma proporlo a tempo, cioè a dire, prima che l'Inferma ſia ridotta a tale ſtato, in cui poi non ſia più lecito di fare il taglio, quando per le circoſtanze ſarebbe un trucidarla.

7 Nè poſſo qui omettere al propoſito di Parti difficili, che nelle Terre, e Luoghi piccioli debbono i Parrochi inſinuare a' Padroni temporali di mantenervi Medico, e Chirurgo, o chi ſia capace per l'uno, e l'altro, non ſolo atteſa la neceſſità, che vi è ſpeſſo di ſimili Profeſſori, per ſapere il tempo di dare gli ultimi Sagramenti, e ſoccorrere a quelli, che per qualche letargo non poſſono confeſſarſi, ajutandoli con proporzionati rimedj a riavere i ſenſi; ma ancora per li Parti difficili, e diſperati, e che queſti abbiano e ſtromenti, e buoni libri, che trattino dell'Arte Chirurgica, fra' quali celebratiſſima, e compitiſſima è la tante volte da noi citata Opera di Eiſtero, in cui ſi trova tutto ciò, che appartiene a tal arte: e per quel, che riguarda il mio aſſunto, oltre varie coſe, che vi ſi leggono in diverſi ſuoi Luoghi, fa due nobiliſſimi Trattati nel ſecondo Tomo: *De Partu Cæſareo*, & *De Partu Difficili*, che molto poſſono ſervire al Medico, e Chirurgo, per ajutare i Bambini pericolanti nell'utero. Talora vi ſono Mammane, maſſime in detti Luoghi piccioli, e Terre, più atte ad uccidere il Bambino, che a ſalvarlo, e non mancano ne' Libri Medici funeſti racconti in queſto genere, che pajono incredibili. In America univerſalmente in tutt'i Parti eſercita l'arte oſtetricaria il Marito ſteſſo della Gravida *(a)*. Ma ciò può ſervire ſolo ad eſimerla dalle impertinenze delle Mammane ſenza carità co' Bambini, ma non già per grande ajuto della povera Parturiente; perchè non tutti poſſono avere la perizia, e deſtrezza neceſſaria. Onde più ragionevole ſembra l'uſo di Valenza, ove (come riferiſce Gʹovanni

C c

_____

(a) Joan. Ler. *Hiſt. nav. in Braſ. cap.* 17.

vanni Pafchafio) ne' Parti difficili fervono a quefto uffizio i Paſtori di pecore , per la cognizione , che ânno acquiſtata colle pecore ſteſſe (*a*) . Del reſto ove il Parto è veramente arduo , e malagevole , ottimo fpediente farebbe l'ajuto d'un buon Chirurgo . Alcuni ânno orrore a quefto rimedio ; ma i Pópoli più colti lo praticano , Italiani , Francefi , Tedefchi , ec. e a me è riufcito di perfuaderlo in qualche fimile accidente , e vi efercitò la fua perizia un Chirurgo eccellente .

8   Certamente il Volgo â molti pregiudizj , che il Parroco nelle fue iſtruzioni pubbliche , o private ancora , quando occorre la neceffità , può bene ſvellere *labore* , *& patientia fua* . Finalmente fopra tutto bifogna avvertire , effere neceffario , che il Chirurgo fia provveduto di tutti gli ſtromenti proprj dell'arte : diverfamente preffo a poco farà , come fe non vi foſſe , e fi fcuferà non di rado dinanzi a gli Uomini , fe accadono i bifogni , di non poter fare il fuo uffizio , perchè gli manca il non fo che , o al più che l'afpetta non fo donde , ma che per difgrazia non potrà capitare , che non fo quando : ma in verità la fcufa non è ammeffa da' prudenti , e molto meno da Dio . Ognuno , che profeffa un' arte , maffime neceffaria al pubblico bene , è obbligato non folo ad efferne perito , ma ad avere ancora gli ſtromenti almeno ufuali , ed importanti per efercitarla , e per bene efercitarla : che fe i Padroni delle Terre , e delle Ville , a' quali è confidato il governo , e la tutela di quei Popoli , non badano a quefto , non faprei a che cofa mai baderanno?

CAPO

(*a*) Joan. Pafchaf. *lib.* 1. *de cur. morb. cap.* 19.

C A P O V.

Che per lo più in tempo di Parto difficile la Creatu-
rina può battezzarsi nell'utero stesso, e che questo
Battesimo è da molti giudicato valido, con
varie prove dell'Autore per confermare
una tale validità.

1 SI è detto di sopra, che molte volte non occorre tagliare
la Madre, per salvare l'Anima del Bambino, potendo
questi battezzarsi nell'utero stesso; è necessario ora spiegare meglio questo avviso, e discorrere della validità del succennato Battesimo; perchè molto può servire questa dottrina
ne' Parti difficili.

Bisogna adunque sapere, che se il Bambolino è uscito in
parte dell'utero, à cacciata fuori la testa, e dà indizio di vita
col moto, può battezzarsi assolutamente: ma se à mandata
fuori soltanto la mano, piede, o altra parte del Corpo non
principale, ma che indica moto; si deve ancora battezzare,
ma *sub conditione*, secondo la dottrina del Rituale Romano;
che se poi è veramente chiuso nell'utero materno, allora non
se gli può dare ajuto. Perciocchè l'utero, ch'è come una caraffa rivolta all'ingiù, col suo collo (detto ancora Vagina) à due
orificj in detto collo, il superiore, e l'inferiore. Ora il superiore, quando non è venuto il tempo del Parto, sta talmente
serrato, che non ammette neppure la punta d'un ago, come
insegnano Ippocrate, Galeno, Bartolini, e tutt' i Medici antichi, e moderni, fra' quali il Bianchi (a): *Os Matricis est clau-*
sum, inflexum versùs anum, densè rugosum, & tenacissimo insu-
per glutine obsignatum: ed oltre a ciò il Feto è involto nelle sue
membrane. Sicchè in tale supposizione è impossibile di lavare
fisicamente il Bambino colle Acque Battesimali: se non si vo-

(a) Bianchi *de nat. vit. & morb. generat.*

lesse battezzare il Figlio, lavando il corpo della Madre, il che non basta; e perciò è condannato dalla Chiesa nel Rituale (a): *Nemo clausus in utero baptizari debet*. Queste cose sono certe, ed indubitabili: resta adunque solo la difficoltà nel caso, in cui vi è Parto: cioè quando venuto il tempo di partorire, benchè il Feto sia ancora tutto situato nell' utero, nè abbia mandato fuori nè testa, nè mano, nè piede, nè altra parte di se stesso; tuttavia l'orificio superiore di detto utero è già aperto. Allora per la grande contrazione, che fanno i muscoli, sogliono eziandio unirsi l'orificio superiore, ed inferiore, e divenir uno, sparendo il collo, o sia la Vagina. Di più il Fantino rompe le secondine, nelle quali era involto, col dimenarsi, e far violenza per uscire da quel carcere, ormai a lui divenuto molesto. Che s'egli non à potuto ciò fare, gliele rompe la Mammana stessa: giacchè la membrana detta Corione non è tanto grossa, e l'amicolo è tenuissimo, e trasparente: onde sono facili a lacerarsi colle forbici, o eziandio colle unghie. Velschio (b) illustratore di Scipione Mercurio inventò a questo fine una nuova lancetta da usarsi senza pericolo. In Danimarca serve di lancetta un pezzetto di sale acuminato, come narra Bartolino (c); e la Ballana celebre Commare di Padova vi sostituiva un pezzetto di zucchero canditato, ancor esso acuminato.

2 Se adunque vi è Parto, e le secondine sono rotte, è certo oggidì appresso tutti i Medici, Chirurghi, e Mammane, che possa il Feto fisicamente battezzarsi, nè difficilmente: e ciò o con una spugna piena di acqua, o servendosi destramente di acqua posta nella concavità della mano; come dice di essere solita a fare una esperta Levatrice di Palermo, o con un cucchiarino, od almeno ne' casi più difficili con una siringhetta, come distesamente insegna Francesco Mauriceau (d), il quale perciò contende non doversi in conto alcuno fare il Parto Cesareo alla Madre vivente; sì perch'è sempre a lei di pericolo; sì perchè

non

(a) *Rit. Rom. in rubr. de Bapt. Parvul.*
(b) Velsch. *lib. 2 cap. 26.*
(c) Bartholin. *de insolit. Part. cap. 19.*
(d) Franc. Mauriceau *de morb. gravid. lib. 2. cap. 37. pag. 289.*

non è neceſſario al Figlio, potendoſi almeno queſto battezzare nella forma, che lo ſteſſo Autore dimoſtra, e così mettere in ſalvo quell'Anima. Ecco le ſue parole: *Che non ſi può trovare alcun caſo, nel quale non ſi poſſa dare il Batteſimo, mentrechè il Bambino è ancora nel ventre della Madre: eſſendo facile di portare con una ſiringhella ben netta l'acqua ſopra qualſivoglia parte del ſuo Corpo: e ſarebbe inutile il dire, che l'acqua non vi ſi può portàre, perch'è involto nelle proprie membrane, che glielo impedirebbero: perchè già ſi ſa, che ſi poſſono con facilità rompere, in caſo che non lo foſſero: dopo di che ſi può con tutta facilità toccare il Corpo con la ſiringa: e ſe ſi preſuppone, che l'orificio interno della Matrice non ſia ſufficientemente aperto; è facile a riſponderſi: perchè biſognerebbe ſupporre, che non foſſe in travaglio: giacchè per poco che lo ſia, ſi può a baſtanza dilatare affin di poterlo battezzare; benchè foſſe neceſſario far violenza con qualche ſtromento.*

3 In ſeguito mette queſto Autore la figura di varj ſtromenti uſati ne' Parti difficili, e ſpecialmente alle lettere *I. K. L.* quello di tre figure, con cui ſi apre la Matrice, e alla lettera *N.* la ſiringhetta, con cui ſogliono i Medici fare le injezioni fino al fondo di quella. E circa la ſiringhetta; ella nel ſuo bottone à più forami; ed è curva nel ſuo becco, e però più comoda per fare l'injezione in qualſiſſia parte laterale della Matrice. Ma quanto dice queſto Autore intorno al proibire affatto il Parto Ceſareo, patiſce difficoltà: perchè quantunque ſia veriſſimo, che di ordinario, aperto l'utero, e rotte le ſecondine, poſſa il Feto battezzarſi con la ſiringhetta: ad ogni modo ſi danno le concezioni tubarie, o ventrali; in cui non può la Creatura in conto alcuno cavarſi, ſe non venendoſi al Parto Ceſareo. Occorrono ancora, benchè il concetto ſia naturale, ed uterino, caſi, ne' quali non può entrare la mano, e rompere le ſecondine, od effettuarſi la lavanda, o noi reſtar ſicuri ch'ella ſia fatta a dovere: cioè, che ſia lavato il corpo, o la teſta, e non già la ſola mano, o il piede, perchè allora il Sagramento ſarebbe dubbio. Ma ſiccome queſti accidenti ſono rari, così deve farſi molto conto di ciò, che ſuggeriſce il detto Mauriceau.

4　Il punto sta qui , se poi questo Battesimo , che già si concede fisicamente potersi fare , sia teologicamente valido , e Sagramento : molti Teologi , e Canonisti sostengono , o par che sostengano essere nullo : e fra questi Riccardo , Mairone , Astesano , Suarez , Biel , Enriquez , Anglez , Tiraquello , e Graffio , sopra tutti Comitolo . Se fosse vero ciò , che disse Rainaudo , che la loro opinione sia già antiquata , non mi prenderei la briga di esaminare la presente controversia ; ma Monsignor Giovanni di Arantòn Vescovo di Geneva nelle sue Costituzioni Sinodali , Martino Orelli nella sua Operetta stampata a questo proposito l'anno 1710. difendono la medesima nullità : e par che li favoriscano Pontàs , e Natale di Alessandro , che sono tutti Autori moderni ; onde non sarà inutile il qui trattarne . Sento adunque che il Battesimo , di cui si parla , sia validissimo , come insegnano innumerabili Teologi , fiancheggiati già da tutt' i Medici , e Chirurghi (a) ; ma sopratutti Gabriele Gualdi Cherico Regolare nel suo studiatissimo Libro intitolato : *Baptisma Puerorum in utero existentium* . Contro di lui scrisse il detto Orelli , ma fu impugnato da Antonio Boverio , e dal celebre Manuello Aguilera sotto nome di Alessandro Bountir . Ciò non ostante ô giudicato profittevole di comporre la presente Dissertazione , le cui ragioni confido , che convinceranno il Lettore , e serviranno a corroborare quanto in favor di tale Battesimo scrissero i succennati Valentuomini , che eccettuato il Gualdi non ô potuto avere alle mani .

5　Che questo Battesimo adunque sia valido non è già difficile il provarlo con la ragione teologica : perciocchè essendo i Bambolini , benchè esistenti nell'utero materno , rei del peccato originale , ed avendo Cristo istituito un tal Sagramento in rimedio di quello ; non si vede come si possano eccettuare queste povere Creature dal poterne godere , se può loro ministrarsi colla dovuta materia , forma , ed intenzione , come già si suppone

pone

(a) I Teologi sono Iqueo , il Prepofito , Alstenghaino , Vittoria , Valenza , Maldonato , Diana , Zambrano , Ledesma , Vivaldo , Pasqualigo , Filiarco , Bonacina , Laiman , Capeaville , Pignatelli , Reginaldo , Lamberto , Lezzana , Naldo , Molfesio , Lessio , Coninch , Dicastillo , Tannero , l'Autore del *Candelabrum aureum* , Veismer , e Viva .

pone poterſi praticare, ſe l'utero è aperto, e le ſecondine ſono rotte. Ancora quelli Bambolini ſono Uomini, e tutte le Scritture gridano, che Criſto è venuto a ſalvar tutti gli Uomini (*a*): *Obſecro igitur primùm omnium fieri obſecrationes, orationes, poſtulationes, gratiarum actiones pro omnibus Hominibus; hoc enim bonum eſt, & acceptum coram Salvatore noſtro Deo, qui omnes Homines vult ſalvos fieri, & ad agnitionem veritatis venire: Unus enim Deus, Unus & Mediator Dei, & Hominum, Homo Chriſtus Jeſus, qui dedit redemptionem ſemetipſum pro omnibus.* S. Paolo cel dice, e l'inculca S. Agoſtino (*b*): *Numquid parvuli Homines non ſunt, ut non pertineant ad id, quod dictum eſt, vult omnes ſalvos fieri?* Or eſſendo non meno Uomini i Bambini, che ſono nell' utero, che quelli che ne ſono già uſciti fuori; queſte parole dell' Apoſtolo per la ragione di S. Agoſtino appartengono ad entrambi. Lo ſteſſo replica il medeſimo Apoſtolo a' Corintj (*c*): *Si unus pro omnibus mortuus eſt; ergo omnes mortui ſunt. Et pro omnibus mortuus eſt Chriſtus.* Sicchè ſi dicono queſte due coſe a convertenza: i Bambini nell' utero ânno il peccato originale, e ſono morti: dunque Criſto è morto per loro. Siccome: Criſto è morto per loro: adunque ebbero biſogno di redenzione. Quanto dice l'Apoſtolo era ſtato prima detto ancora dal Salvadore medeſimo (*d*): *Euntes ergo docete omnes Gentes, baptizantes eos in nomine Patris, & Filii, & Spiritus Sancti.* Lo ſteſſo vuole in S. Marco (*e*). E ſiccome i Bambini già nati di freſco, benchè incapaci di ragione, e di eſſere per allora addottrinati, è venire in cognizione della verità; non ſono perciò eſcluſi nè da queſto *omnes* Evangelico, nè dall' *omnes* di S. Paolo *ad Timotheum* ponderato di ſopra; coſì neppure debbono eſſerne eſcluſi i Bambini eſiſtenti ancora nell' utero; baſtando agli uni, e agli altri, che battezzati per ora, e ricevendo l'abito della Fede, con quello della Speranza, e Carità, poſſano poi un giorno, o adulti in queſto Mondo, ſe ſopravivano; o morendo, nella gloria celeſte venire in cognizione della verità, e ſapere

per

(*a*) 1. ad Thimoth. 2. 1.
(*b*) D. Auguſt. lib. 4. contra Julian.
(*c*) 2. ad Cor. 5. 14.
(*d*) Matth. 29. 19.   (*e*) Marci cap. 16. 15.

per vifióne ciò, che non poterono fapere per fede attuale, oftandovi l'incapacità propria dell'età loro infantile, che fi difobbligava dall'efercizio del credere.

6 A quefto difcorfo mi pare che non fi poffa replicare: folamente i Teologi della contraria fentenza oppongono il celebre Tefto del Vangelo, in cui Crifto diffe (a): *Nifi quis renatus fuerit denuo, non poteft videre Regnum Dei* . . . . . *Nifi quis renatus fuerit ex aqua, & Spiritu Sanéto, non poteft introire in Regnum Dei* . . . . . *Non mireris, quia dixi tibi: oportet vos nafci denuo.* Ed argomentano, che dir non fi potrebbe rinato col Battefimo, chi ancor non è nato : Ma fi rifponde, che Crifto con quel *nifi quis renatus fuerit &c.* e le altre fimili formole, fuccennate, pretefe a noi fpiegare con la fimilitudine della nafcita corporale gli effetti di quefto primo fra i Sagramenti, che ci fa nafcere a Dio, e ci coftituifce fuoi Figli, e della Chiefa. Or per effere vera la fimilitudine, bafta che quefto rinafcimento fi dica tale rifpetto alla generazione, che ancora fecondo il modo di parlare della Scrittura fi chiama nafcita. Onde diffe l'Angiolo a S. Giufeppe: (b) *Quod enim in ea natum eft, de Spiritu Sanéto eft.* E i Dottori comunemente diftinguono due nafcite, una *in utero*, e l'altra *ex utero.* Che poi Crifto abbia voluto più affomigliare il Battefimo alla prima, che alla feconda, apparifce primicramente dall'effere la generazione tra le due natività la più principale, per cui dal non effere di Uomo, fi proviene all'effere di Uomo: ed è perciò di quefto la vera origine; giacchè nella feconda nafcita colui, che di già efifteva, foltanto ufcendo alla luce fi manifefta. Secondo, perch'è cofa indubbitata in Teologìa, che il peccato originale non fi contrae nella feconda nafcita, ma proviene dalla generazione, che ci fa Figlj del primo Adamo, e s'incorre nell'ifteffa animazione del Feto, in crearfi l'Anima, ed unirfi al Corpicciuolo, fenza afpettare ad infettarci finchè nafciamo dall'utero. Quefto è più chiaro del Sole, fpecialmente dalle Opere di S. Agoftino, che giunfe ad inclinare, che gli Uomini contraggono il fuddetto peccato, non folo perchè i loro Corpi fono generati per carnale

_____

(a) *Joan. 3.*   (b) *Matth. 1.*

nale concupifcenza della maffa dannata , e viziata nella fua radice , cioè in Adamo ; ma ancora perchè le fteffe Anime fono
come germogli dell'Anima di quello , benchè ciò fia falfo . Il
Battefimo adunque , che ci fa Figli del fecondo Adamo , più fi
affomiglia alla prima nafcita , che alla feconda ; benchè poffa
all'una ed all'altra indifferentemente compararfi , e con baftante proprietà .

7 Il tutto fi renderà chiaro dalla ponderazione attenta
del medefimo tefto Evangelico . E' da fupporre adunque , che
Nicodemo ito di notte a Crifto , gli diffe , che fapeva , effere
egli il Maeftro dato da Dio , con ciò accennando , che defide-
rava da lui udire ciò , che doveffe pur fare per confeguire la
falute , e la perfezione . Rifpofe il Redentore , che per vedere
il Regno di Dio , cioè per effere a parte de' divini Mifterj in
Terra , e della fua gloria in Cielo , era neceffario il nafcer di
nuovo (a): *Rabbi fcimus , quia a Deo venifti Magifter ; nemo
enim poteft hæc figna facere , quæ tu facis , nifi fuerit Deus cum
eo . Refpondit Jefus , & dixit ei : Amen , amen , dico tibi : nifi
quis renatus fuerit denuo , non poteft videre Regnum Dei .* Nicodemo ben fi avvide , che ancorchè la propofizione era generale ,
con ifpecialità era diretta a lui , e non comprendendola nel fuo
vero fenfo , ripigliò , ciò parergli impoffibile : *Quomodo poteft
Homo nafci , cum fit fenex ? Numquid poteft in ventrem Matris fuæ
iterato introire , & renafci ?* Crifto allora gli diffe , che quella
era una legge univerfale , che ognuno rinafceffe di acqua , e
Spirito Santo : *Amen , amen dico tibi : nifi quis renatus fuerit ex
aqua , & Spiritu Sancto , non poteft introire Regnum Dei ;* e ne
affegnò fubito la ragione : *Quod natum eft ex carne , caro eft ;
quod natum eft ex Spiritu , Spiritus eft . Non mireris , quia dixi
tibi : oportet vos nafci denuo .* Ben averebbe dovuto comprendere Nicodemo , che il parlare di nuova nafcita era allegorico :
tuttavia non penetrò quefto medefimo , e rifpofe : *Quomodo pof-
funt hæc fieri ?* Onde fu riprefo da Crifto : *Tu es Magifter in
Ifraël , & hæc ignoras ? . . . . . Si terrena dixi vobis , & non cre-
ditis , quomodo fi dixero vobis cæleftia credetis ?* Cioè fe voi pren-

Dd   dete

(a) Joan. 3.

dete materialmente le cose meno astruse, e che io cerco di farvi capire per via di similitudini, e le intendete al rovescio, come vi darò a comprendere le cose più difficili, e più sublimi?

8 Si rifletta adunque, che Cristo assegna per ragione della necessità di rinascere la prima nascita viziosa, cioè l'origine carnale di Adamo, per cui nascendo noi macchiati, e carnali abbiamo bisogno d'una nuova origine Spirituale, e Divina, che ci ristori i danni da quella cagionatici: *Quod natum est ex carne, caro est; quod natum est ex Spiritu, Spiritus est*. Or siccome per prima nascita, che ci fa carnali, s'intende la nascita *in utero*, e non quella *ex utero*: perchè in quella, e per quella da noi si contrae il peccato, che appunto per ciò medesimo si chiama originale, o sia d'origine, e riceviamo l'essere carnali: così la seconda nascita *ex Spiritu*, che dice Cristo, dev'essere seconda, rispetto a quella, e non è necessario, che sia tale rispetto alla natività *ex utero*, la quale (rigorosamente parlando) non à che fare col peccato originale, essendo esso stato già perfettamente cagionato dalla prima nascita *in utero*. Infatti S. Paolo chiama rigenerazione ciò, che Cristo dinomina rinascimento (a): *Lavacrum regenerationis*; e quanto a' Concilj, e Padri, eglino comunissimamente ân per sinonimi questi due vocaboli, *rigenerazione*, e *rinascimento*, perchè ambedue battono il medesimo scopo, e l'ânno imparato da S. Pietro, che ora dice a' Battezzati: (b) *Regeneravit nos in spem vivam*; ora dice: (c) *Sicut modò geniti Infantes, rationabile sine dolo lac concupiscite.*

9 Così S. Innocenzo I. decretò contro i Pelagiani ad istanza di S. Agostino, e d'altri Padri Affricani: *Ut Parvuli ex Christiana etiam Muliere nati, per Baptismum renasci deberent, ut in eis regeneratione mundetur, quod generatione contraxerunt.* Così S. Agostino (d) alludendo appunto al *nisi quis renatus fuerit &c.* dice a' Neofiti: *Ad omnes quidem pertinet sermo, quos cura nostra complectitur: verumtamen hodie terminata Sacramentorum solemnitate, vos alloquimur novella germina sanctitatis, regenerata ex aqua, & Spiritu Sancto, germen pium, examen novellum,*

(a) *Ad Tit. 3. 5.* (b) *1. Petri 1. 3.* (c) *1. Petri 2. 2.*
(d) S. August. *serm. 1. in oct. Pasch. qui est 157. de temp.*

vellum , flos noſtri honoris , & fruͨtus laboris , gaudium , & corona mea , omnes qui ſtatis in Domino .

E il Tridentino (a) volendo provare , che il Batteſimo ſia rigenerazione , porta le parole di Criſto ſuddette , in cui ſi chiama rinaſcimento . *Parvuli* , dic' eſſo , *veraciter baptizantur , ut in eis regeneratione mundetur , quod in generatione contraxerunt : niſi enim quis renatus fuerit ex aqua , & Spiritu Sanͨto , non poteſt introire in Regnum Dei .*

10 Si riſponde in ſecondo luogo , che quando ancora Criſto parli onninamente , e ſolamente di naſcita *ex utero* , il che ſi niega per le ſodiſſime ragioni ſuddette : pure ciò non proverebbe , che per neceſſità debba precedere ſempre al Batteſimo la naſcita . Che s'egli dice , che chi non è rinato non può ſalvarſi , ei parla così ; perchè ordinariamente neſſuno può battezzarſi prima di naſcere . Ed in vero , o ſi diſcorre degli Adulti , e queſti ſi ſuppongono già nati , e così per loro il Batteſimo è ſempre una ſeconda naſcita : ed appunto con uno di queſti , cioè con Nicodemo ſtava parlando attualmente Criſto , quando ciò diſſe ; e nella medeſima conferenza ei ſoggiunſe : *Non mireris , quia dixi tibi : oportet vos naſci denuo* ; benchè poi la propoſizione , come generale , comprenda ancora i Bambini . O ſimilmente ſi parla di Bambini , e queſti o ſono già nati , e battezzandoſi già ſi verifica in loro ſempre il rinaſcimento , non meno che negli Adulti . O al contrario ſono totalmente chiuſi nell' utero , ed allora il Batteſimo non ſi potrebbe lor miniſtrare validamente , nè anche lavando per loro la Madre . O finalmente poi non ſono affatto chiuſi nell' utero , e ſempre l'uſcita da quello è neceſſaria , in quanto prima di eſſa il Batteſimo farebbe illecito , e peccaminoſo : perchè Criſto â iſtituiti nella ſua Gerarchia Miniſtri proprj , ed ordinarj di queſto Sagramento : ed egli ſteſſo diſegnò , che la ſua Chieſa io faceſſe da queſti ſuoi medeſimi Miniſtri conferire ne' Templi con ſolennità , e riti miſterioſi , nè vuole , che ſi amminiſtri dalle Mammane ſenz'alcuna pompa , e prima che la Perſona , che deve riceverlo , naſca , e in circoſtanze le meno proprie alla maeſtà del Sagramento :

Dd 2   ſe

se non quando la necessità, che non à legge, non permettesse di fare altrimenti: cioè in caso di grave pericolo di morire il Fantolino prima di nascere.

11 Supposto adunque il corso ordinario delle cose, per cui il Bambino non si battezza, e non può, nè deve battezzarsi prima di uscire alla luce; nostro Signore lo chiama seconda nascita spirituale, e necessaria: ma questa necessità cade qui sopra l'essere nascita, non già sopra l'essere seconda; poco importando al fine del ragionamento, e all'intento, e disegno di Cristo un tale ordine di posteriorità: stando la sostanza in che si riceva onninamente il Battesimo, se si vuole esser salvo: perchè oltre l'origine carnale d'Adamo bisogna avere un'altra origine spirituale dallo Spirito Santo, con cui ci si ristorino i danni cagionatici dalla prima: ancorchè questo Sagramento, secondo il sistema ordinario, e comune, non soglia ministrarsi, (ora perchè non si possa, ora perchè non si debba) se non dopo la nascita corporale *ex utero*: e perciò convenga di nominarlo seconda nascita.

Così Cristo medesimo intìma in altro luogo. (a): *Qui non renuntiat omnibus, quæ possidet, non potest meus esse discipulus.* Or la rinunzia è privazione, e la privazione suppone l'abito, come dicono le Scuole: e non perciò sarà necessario per essere Discepolo perfetto di Cristo, che si abbia prima avuto qualche attacco ad alcun bene creato, per poi verificarsi con ogni *rigore grammaticalmente, che si rinunzia a tale bene; ma il tetto s'intende secondo ciò, che accade per ordinario: cioè solendo noi avere qualche attacco ad alcuna cosa, che non è Dio, bisogna rinunziarvi: che se non l'abbiamo, basterà, per essere veri Cristiani, che ci conserviamo nella buona disposizione, in cui siamo. Si vede adunque, che questa proposizione di Cristo è ipotetica, e concepita col riguardo a ciò, che ordinariamente suole accadere, e della stessa natura è l'altra: *Nisi quis renatus fuerit &c.*

12 Più forte è la locuzione di S. Paolo agli Ebrei (b). Nel Testo da' Contrarj allegato, Cristo ci dice essere necessaria una

se-

seconda nascita , e ciò per darci insieme una similitudine , che spieghi gli effetti del Battesimo , nella quale la forza principale del discorso , quando si voglia intendere di nascita *ex utero* , sta più nell'essere nascita , che nell'essere seconda . Ma S. Paolo ci dice senza similitudine , che morir dobbiamo per Decreto divino una volta sola , e fa tutta la sua forza nella parola *semel* , per provare , che Cristo ancora una , e non più volte dovette morire : (a) *Neque ut saepe offerat semetipsum , quemadmodum Pontifex intrat in Sancta per singulos annos , in sanguine alieno : alioquin oportebat eum frequenter pati ab origine Mundi . Nunc autem semel in consummatione seculorum ad destitutionem peccati per hostiam suam apparuit : & quemadmodum statutum est Hominibus semel mori , post hoc autem Judicium : sic & Christus semel oblatus est ad multorum exhaurienda peccata , secundò sine peccato apparebit expectantibus se in salutem .*

Ma chi mai , s'è morto una volta , e poi per divino favore risorto , come nella Storia Ecclesiastica si legge d'infiniti , à preteso in virtù di questo passo non dover esso più morire ? Già si vede , che S. Paolo qui parla dell'ordinario , e ordinariamente non si muore più d'una volta . Che se il detto di S. Paolo , che precisamente fa forza sopra quel *semel* , non si deve intendere sempre come suona la lettera : quanto più il detto di Cristo , ch'è figurato , com'egli stesso disse a Nicodemo , non dovrà intendersi in maniera , che sempre , e in ogni supposizione si verifichi un secondo nascimento ? Basta , che la nascita spirituale sia per lo più seconda , rispetto alla corporale *ex utero* , acciocchè possa formarsene una similitudine .

Ed in vero questa è la natura ancora della Metafora , la quale come vocabolo improprio non è di bisogno (secondo i Rettorici) che quadri sempre per ogni verso , e in tutto , e per tutto al suo figurato . Una tal dottrina de' Rettorici molto più à luogo nella presente controversia , perchè nello stesso caso rarissimo , in cui il Battesimo si ministra a' Nonnati , benchè in rigore non sarebbe rinascimento rispetto alla nascita *ex utero* ; ma rigenerazione rispetto alla generazione *in utero* : pure questa me-

_____

(a) *Ad Hebr.* 9. 25.

medefima prima generazione può anche dirfi natività non folo metaforicamente, perchè con lei fraternizza, il che bafterebbe nel cafo noftro, ove il parlare di Crifto è allegorico; ma anche e molto più perchè già quefto vocabolo *nafcere* è ufatiffimo a fignificare ogni origine anche di cofe inanimate, e che propriamente non nafcono, nè fono generate: così diciamo, mi *nacque* un penfiere in mente, uno fdegno al cuore, *nacque* la Luna, *nacque* una Cometa, il rufcello *nafce* dal fiume, e fimili. Oltrechè la generazione, fecondo l'ufo della Scrittura, fi chiama ancora natività; anzi effa è la più principale di ogni altra, come fopra pienamente fi diffe. E fe Dio è noftro Padre per creazione, come tutte le Scritture ci gridano, noi nafcemmo da quefto gran Padre molto prima, che noftra Madre ci aveffe partoriti: ficchè in ogni fuppofizione fempre fi verificherà, che il Battefimo fia una vera, e feconda nafcita, anche nel cafo controverfo: e la fimilitudine corrifponderà fempre efattamente al figurato.

Terzo fi rifponde: che ove il Bambino fi à aperto l'utero, fi à sbrigato dalle fecondine, trovandofi in moto, e in procinto di ufcire, è già atto ad effer toccato dall'acqua, e battezzato, e perciò fi deve computare fra' nati *ex utero*, e non più fra' folamente nati *in utero*.

Chi non fa, che il giorno, rigorofamente parlando, comincia dallo fpuntare del Sole, e termina nel fuo Occafo? contuttociò non fi dice ancora in qualche maniera nato quefto gran Luminare, e perciò giorno, non folamente quando vediamo quello meramente nella fua refrazione, ma ancora quando fenza effere apparfo direttamente a' noftri occhi indora co' fuoi raggi le fole cime de' Monti? Anzi non ci dice Crifto medefimo in S. Giovanni, che di giorno fi può camminare fenza pericolo d'inciampo per la luce, che fi gode; ma che nella notte s'inciampa? (a) *Si quis ambulat in die, non offendit, quia lucem hujus Mundi videt: fi autem ambulaverit in nocte, offendit, quia lux non eft in eo.* E non è così evidente, ch'egli paffa per giorno tutt'i tempi foppraccennati, e la fteffa alba ancora: cioè il

fin

(a) *Joann.* 11. 9.

fin della notte, o sia principio del dì? Perchè quantunque il Sole non sia effettivamente nato, è nato però il suo lume, ed egli è presente al nostro emisfero, quanto ci basti agli usi civili, e a farci vedere dove posiamo il piede. Similmente nel Salmo 103. non si dice nato il Sole, quando terminate le tenebre escono gli Uomini alla fatica, e le Fiere si ritirano alle loro tane? Eppure veramente quando ciò succede, egli rigorosamente nato non è; anzi neppure ci comparisce in qualche maniera, ma solamente è principiato a nascere col premettere la sua luce: *Ortus est Sol, & congregati sunt, & in cubilibus suis collocabuntur. Exibit Homo ad opus suum, & ad operationem suam usque ad vesperum.* Certo gli Uomini ch'escono a lavorare sino a Vespro sono i Contadini per lo più, e i Professori di arti meccaniche, (perchè chi lavora di mente più fatica con la lucerna, che col lume del Sole): eppure i succennati Artisti non aspettano a principiare le loro fatiche dopo ch'è nato realmente il gran Pianeta, ma molto prima, cioè nell'alba.

Senza però ricercare altronde gli esempj, ordina il Rituale, che chi manda fuori solo il piede, o la mano, in quelli si battezzi (benchè *sub conditione* per non essere parti primarie), e morto seppelliscasi in Chiesa (*a*). Eppure può egli in verità dirsi nato, se la maggior parte del Corpo, e massime i membri principali sono ancor dentro? Perchè dunque si battezza? Non per altro (debbono confessare gli Avversarj stessi), se non perchè è principiato a nascere quanto gli basti per essere lavato in se medesimo.

14 Finalmente è da ponderarsi bene, ch' essendovi tre sorti di Battesimo: *Aquæ, Sanguinis, & Flaminis;* si à per certo, che i Bambini nell'utero possono salvarsi per mezzo de' due ultimi, cioè quanto al *Sanguinis,* se sono uccisi con la Madre in odio della Fede, come nota Scoto (*b*): e quanto al *Flaminis,* se per miracolo Iddio accelera loro l'uso della ragione, e credono, sperano, ed amano. Se adunque sono capaci di questi due Battesimi, che sono i rimedj straordinarj; perchè devo-

DO

no effere incapaci dell'ordinario, cioè di quello dell'acqua? E fi noti, che il Battefimo *Flaminis* contiene il voto del preaccennato di acqua, e in virtù di quefto voto unito alla carità, e che fupplifce alla mancanza di quello, effo giuftificherebbe i Bambini. Se adunque il defiderio del Sagramento loro farebbe falutare; perchè non gioverà il medefimo Sagramento *in re*, fuppofto che poffa loro fificamente conferirfi? Ma fe i Contrarj vogliono, che il *nifi quis renatus fuerit* importi una neceffità affolutiffima di effere in ogni conto, e in tutto il rigore primamente compitamente, per potere rinafcere alla grazia col Battefimo, e verificarfi che nafce di nuovo; ne verrà *a fortiori* per infallibile, ed inevitabile confeguenza, che un Bambino non poffa nell'utero giuftificarfi in virtù della fteffa carità unita al defiderio del medefimo Sagramento. Che poi poffa Iddio accelerare l'ufo della ragione, e così giuftificare un Bambino nell'utero della Madre, non fe ne può affatto dubbitare, e lo fuppone efpreffamente S. Agoftino (a) parlando di S. Gio: Battifta: *Quamquam etiam fi ufque adeo eft in illo Puero acceleratus ufus rationis, & voluntatis; ut inter vifcera materna jam poffet agnofcere, credere, confentire, quod in aliis Parvulis ætas expectatur, ut poffint; etiam hoc in miraculis habendum divinæ potentiæ, non ad humanæ trahendum eft exemplar naturæ: nam quando Deus voluit, etiam jumentum mutum rationabiliter eft locutum.*

(a) S. Auguft. to. 2. nova edit. epift. 187. ad Dardan.

C A P O VI.

Che S. Agostino, e gli altri Padri non sono contrarj alla validità di questo Battesimo.

1 BEnchè abbiamo cercato di corroborare la nostra sentenza, oltre le ragioni Teologiche, co'principj, e co' detti di S. Agostino in varj luoghi, tuttavia oppongono i Contrarj alcuni Testi di Padri, e Dottori, fondati nel famoso pisto di S. Agostino medesimo nella stessa citata Epistola, o sia Libro a Dardano, in cui pare che non solo riprovi la nostra sentenza; ma che ancora distrugga da' fondamenti la distinzione di nascita *ex utero*, e nascita *in utero*, con cui spieghiamo il Testo Evangelico. Ecco le sue parole: (a) *Illa sanctificatio, qua efficimur singuli Templa Dei, & in unum omnes Templum Dei, non est nisi renatorum, quod nisi Homines nati esse non possunt. Nullus autem vitam, in qua natus est, bene finiet, nisi renatus antequam finiat. Quòd si quisquam dicit jam esse natum Hominem etiam dum adhuc in utero est Matris, testimoniumque adhibet ex Evangelio Matthæi primo, quia dictum est ad Joseph de Prægnante Virgine, Domini Matre: quod in ea natum est, de Spiritu Sancto est; numquidnam huic nativitati accedit secunda nativitas? Alioquin jam non erit secunda, sed tertia. Dominus autem cùm sic loqueretur: nisi quis, inquit, renatus fuerit denuo, eam scilicet computans nativitatem, quæ fit Matre pariente, non concipiente, atque prægnante, quæ fit ex ea, quæ non fit in ea: nec enim renatum dicimus Hominem, quem Mater peperit, tamquam iterum natus sit, qui jam semel natus fuerat in utero: sed illa nativitate non computata, quæ gravidam facit, natus dicitur Homo partu, ut possit renasci ex Aqua, & Spiritu: secundùm quam ex Matre nativitatem etiam ipse Dominus in Bethlehem Judæ dicitur natus.*

Ee   Si

_____

(a) S. August. t. 2. nova edit epist 187. ad Dardan. cap. 10. n. 35.

Si igitur Homo regenerari per gratiam Spiritus in utero poteſt, quoniam reſtat adhuc naſci; renaſcitur ergo antequam naſcatur, quod nullo modo fieri poteſt.

Lo ſteſſo altrove replica il S. Dottore (*a*) con le parole, che ſi metteranno più ſotto nella riſpoſta alla preſente obbiezione: ed altri Padri, e Dottori moſtrano di ſeguire il ſentimento di Agoſtino, ed eſſere contrarj a queſta ſorte di Batteſimo. In fatti S. Iſidoro dice coſì (*b*): *Qui in maternis ſunt uteris, ideo cum Matre baptizari non poſſunt, quia qui natus ſecundùm Adam non eſt, ſecundùm Chriſtum regenerari non poteſt: neque enim dici in eo regeneratio poteſt, quam generatio non præceſſit:* ed il Teſto è inſerito nella ſua Opera delle Sentenze da Pietro Lombardo, e da Graziano nel ſuo Decreto.

Il B. Alberto Magno (*c*) ammette, è vero, la diſtinzione di naſcita *in utero*, e di naſcita *ex utero*: ed inſegna, che per la ſantificazione baſti la prima; ad ogni modo per lo Batteſimo ricerca la ſeconda. Lo ſteſſo par che dica S. Tommaſo (*d*), S. Bonaventura (*e*), e Scoto (*f*); onde i più celebri Dottori ſembrano contrarj alla noſtra ſentenza.

1 Ma ſiccome S. Agoſtino è il primo, che paſſa di aver dato in queſta materia il voto negativo, e che tutti gli altri ſi appoggino ſolamente a lui; coſì biſogna che prima ſi dia riſpoſta alla ſua autorità. Gualdi nel ſuo Libro *Baptiſma Parvulorum in utero exiſtentium* in tutto il cap. 8. cerca di ſchermirſene con dire, che ſi può in certe coſe laſciar di ſeguire il parere di quello, maſſime nella preſente quiſtione, in cui tanti Dottori Cattolici ſpalleggiati da altri Padri, e muniti di tante ragioni fondate apertamente nella Scrittura, militano contro di lui. In verità S. Agoſtino medeſimo nè pur vuole, che ogni ſuo detto ſi creda per certo (*g*): *Neminem velim ſic amplecti omnia mea, ut me ſequatur, niſi in iis, in quibus me non erraſſe perſpexerit. Nam* pro-

(*a*) S. Auguſt. lib. ... de Geneſ. ... c. 7 ...
(*b*) S. Iſidorus lib. 2. ſent. c. 22.
(*c*) B. Albert. Magn. in 4. art. 9.
(*d*) S. Thom. in 4. q. 68. ...
(*e*) Bonavent. in 4. diſtin. 6. art. 1. q. 1.
(*f*) Scotus in 4. diſt. 4. q. 5.
(*g*) S. Auguſt. de dono perſeverantiæ ...

propterea facio libros , in quibus opuscula mea retractanda suscepi ; ut nec meipsum in omnibus me sequutum fuisse demonstrem . E questo medesimo degli altri Padri ancora ci dice a S. Girolamo (a): sentimento approvato da S. Tommaso , e da Melchior Cano (b). Onde Tostato disse (c) : *Non ergo necesse est nobis quaecumque dixerit Augustinus concedere .* Anzi Alessandro VIII. condannò a' Giansenilti la *Proposizione* 30. *Ubi quis invenerit doctrinam in Augustino clarè fundatam, illam absolutè potest tenere , & docere, non respiciendo ad ullam Pontificis Bullam .* Quanto a me sono di fermo parere , che il Grande Agostino in verità non è dalla nostra sentenza alieno ; anzi ben compreso ciò , che egli pretende , facilissimamente s'intenderà ciò , che dicono gli altri, che si vogliono a noi contrarj .

3. È adunque da saperli , che ne' tempi del S. Dottore infine l'Eresìa de' Pelagiani . Dicevan fra gli altri errori , che i Bambini non àn peccato originale , e feriti dal Testo *nisi quis renatus fuerit ex Aqua , & Spiritu Sancto , non potest introire in Regnum Dei ,* che non eccettua Bambini ; inventarono un terzo luogo fra l'Inferno , e 'l Regno de' Cieli ; nel quale terzo luogo però insegnavano, i Bambini benchè morti senza Battesimo essere Beati ; e che se la Chiesa dà loro un tal Sagramento, ciò è solo per renderli Figlj adottivi di Cristo , e potere eglino entrare con lui nel Regno de' Cieli . Ma non facendosi loro buono questo nuovo rigiro ; dissero , che , se non altro , non è necessario il Battesimo almeno pe' Figlj di Madre Cristiana , perchè nascono da Persona già battezzata , e però santificata : citando malamente quel passo di S. Paolo (d): *Filii vestri immundi essent , nunc autem sancti sunt* ; e quell'altro del Genesi 17. *Ut sim Deus tuus , & seminis tui post te* (e) ; o che almeno questo si verificherebbe , se il Battesimo è stato dato alla Madre in tempo , che il Bambino era nell'utero : perchè così essendo allora il Feto una parte della Madre stessa, battezzandosi lei, ve-

E e 2   ni-

(a) *Idem ad Hieron. epist.* 82.
(b) S. Thom. *p. p. q.* 1. *art.* 8. Melchior Canus *de loc. Theol.* 7. *c.* 3.
(c) Tostat. *in defens.* p. 2. c. 18.
(d) *Ad Hebraos* c. 7. 14.
(e) *Genes.* 17. 7.

niva in conſeguenza ad eſſere battezzato ancor quello : contro l'aperta deciſione del Concilio di Neoceſarea (*a*) ; come ſe la Vita , e l'Anima dell'uno , e dell'altra foſſe una ſola .

4 Per abbattere queſti altri errori di Pelagio , avendo dovuto ſcrivere S. Agoſtino ; ſoſtenne , che i Figliuoli , che ſono generati da' Parenti Criſtiani , ânno pure neceſſità del Batteſimo : perchè ancor eſſi contraggono nella generazione il peccato originale , e coſì decretò a ſua iſtanza Innocenzo I. Papa , e ne' ſuoi anatematiſmi il Concilio di Trento : e queſto , e non altro in quel celebre Teſto S. Agoſtino preteſe , come appariſà meglio da ciò , che anderemo dicendo : quantunque egli ſupponga , che queſto Batteſimo conferirſi non poſſa a chi ancor non è nato *ex utero* , benchè lo ſia *in utero* : il che ordinariamente è veriſſimo . Giova qui udire lo ſteſſo Dottore (*b*) : *Renovati Parentes non ex principiis novitatis , ſed ex reliquiis vetuſtatis carnaliter gignunt : & Filii , ex reliqua vetuſtate toti vetuſti , & in peccati carne propagati , damnationem veteri Homini debitam Sacramento ſpiritualis regenerationis evadunt .* Notiſi qui ancora , come S. Agoſtino non meno , che gli altri Padri , aſſomiglia , e compara il Batteſimo alla generazione carnale , e coſì alla naſcita *in utero* , e non *ex utero* . La ſteſſa dottrina della neceſſità del Batteſimo ne' Figlj de' Criſtiani inculca altrove : (*c*) *Sicuti generatio carnis peccati per unum Adam in condemnationem trahit omnes , qui eò modo generantur ; ſic generatio Spiritus gratiæ per unum Jeſum Chriſtum ad ſanctificationem Vitæ æternæ ducit omnes , qui eo modo prædeſtinati regenerantur .* Notiſi come ancora qui il Sagramento del Batteſimo chiamaſi rigenerativo , e per ciò relativo alla generazione più che alla naſcita : perchè in quella , e non in queſta s'incorre la colpa originale : *Baptiſmi porrò Sacramentum* (proſiegue Agoſtino) *Sacramentum regenerationis eſt : quo circa ſicut Homo , qui non vixerit , mori non poteſt , & qui mortuus non fuerit , reſurgere non poteſt : ita qui natus non fuerit , renaſci non poteſt . Ex quo conficitur ,*

ne-

(*a*) *Concil. Neocæſar. c. 6.*
(*b*) S Auguſtin. *de Bapt. Parvulorum.*
(*c*) S. Auguſt *lib. 11. de peccat. merit. & remiſſ. c. 7.*

neminem in suo Parente renasci potuisse non natum : oportet autem,
ut si natus fuerit, renascatur . Quia nisi quis renatus fuerit denuo,
non potest videre Regnum Dei : oportet igitur ut Sacramento rege-
nerationis , ne sine illo malè de hac vita exeat , etiam parvulus
imbuatur .

5 Or questo passo, che a prima vista favorisce i Contrarj,
è che per ciò da loro è citato, come contesto del Libro *ad Dar-*
danum ; se si penetra il suo midollo, serve più tosto a confermare la nostra risposta, e soluzione . Perciocchè dov' egli dice:
Qui natus non fuerit renasci non potest , se intende di nascita *in*
utero , ch'è lo stesso, che la generazione (giacchè egli, come
gli altri Padri, à per sinonimi nascita, e generazione) nulla
dice contro di noi . Or che prenda egli qui la parola *nascere*
in significato di generazione , si può ben argomentare da tutta
la diceria, nella quale sempre à parlato di generazione , in cui
si contrae la macchia originale, e in conseguenza della natività
in utero , e non *ex utero* . O noi vogliamo, ch'egli usi la parola
nascere per significar nascimento *ex utero* : e allora poco importa , perchè sempre lo fa , in quanto questa connota, e suppone
la generazione stessa, e fa una cosa medesima con quella; e la
forza dell' argomento sodissimo del Santo sta qui : Il Battesimo
(dic' egli) è Sagramento di rigenerazione; adunque suppone nel
Bambino una generazione antecedente , e macchiata, per mezzo di cui sia costituito Figlio di Adamo, acciocchè poi dir si
possa rinato, o sia rigenerato a Cristo . Adunque il Battesimo
conferito alla Madre prima , ch'egli sia concepito nell' utero ,
e che così contragga il peccato originale, non può fare in lui
veruno effetto .

6 Questo è il vero, e genuino senso di Agostino ; altrimenti se il Santo pretendesse in virtù delle sue premesse , che
per necessità debba il Bambino essere nato fuori dell' utero, l'argomento non averebbe alcun vigore: perchè dicendo egli, che
il peccato si contrae con la generazione carnale, e così con la
nascita *in utero* : viene soltanto per legitima conseguenza, che
se non è generato alla colpa, non può avere il rimedio di questa medesima colpa: siccome chi non è morto (com'egli stesso
di-

dice) non può risuscitare. Ma non può venire per conseguenza: adunque è necessario che sia nato dall'utero per verificarsi, che sia rinato a Cristo; perchè se gli averebbe potuto rispondere, che bastava, che si rigenerasse a Cristo, se meramente era generato secondo Adamo: senzachè si dovesse per necessità verificare, che rinasca alla grazia, giacchè ancora non era nato al Mondo. Ed è chiaro, che qui il Santo pretende parlare argomentando, come si vede dalla congiunzione da inferire: *Qua circa*; il che non fa scrivendo a Dardano.

7. Si conferma quanto si è detto col ponderare, che l'errore de' Pelagiani, ch'egli qui confutava, non era già circa il tempo, in cui possa, o debba ministrarsi il Battesimo a' Bambini: cioè se prima, o dopo la nascita: era, se sia questo, o no necessario in supposizione, che i Parenti siano Cristiani. E così qui il Santo prescinde affatto dalla quistione presente, di cui sto trattando, e soltanto manifestando i suoi veri sensi, ci porge egli stesso la fiacola per ben leggere la sua mente nella celebre Epistola a Dardano, secondo che meglio appresso vedremo. In fatti egli non solo impugnò l'errore de' Pelagiani, che credevano giovare al Bambino il Sagramento conferito a' Parenti prima della sua concezione; ma sostenne contro Giuliano (a), che ne anche gli giovi il Battesimo ricevuto dalla Madre in tempo della sua gravidanza, quando già era concepito, ed esistente nell'utero: e prova il suo assunto colla pratica della Chiesa, che non lascia di battezzare il Bambino, la cui Madre aveva ricevuta la sagra lavanda in tempo, ch'era Pregnante dello stesso Infante. *Si ad Matris corpus id, quod in ea concipitur, pertinet, ita ut ejus pars deputetur; non baptizaretur Infans, cujus Mater baptizata est aliquo mortis urgente periculo, cùm eum gestaret in utero: nunc verò cùm etiam ipse baptizetur, non utique bis baptizatus habetur: non utique ad maternum corpus, cùm esset in utero, pertinebat.*

8. Da tutti questi luoghi di S. Agostino adunque si cava la vera intelligenza dell'Epistola a Dardano, dove altro non pretende, che quello stesso, che negli altri suddetti luoghi egli di-

---

(a) S. August. *contra Julian. lib 6. c. 5.*

dichiara ; cioè ch'essendo necessario al Bambino l'essere battezzáto per avere la vita eterna , benchè sia figlio di Cristiani ; ed essendo ancor necessario , ch'egli sia battezzato in se stesso immediatamente , e in conseguenza non bastando , che la Madre sia battezzata per lui , o esso nella Madre , s'ella riceve il Sagramento in tempo , ch'egli dimora nel ventre ; è ancor necessario , che nasca dall'utero per ricevere il Battesimo in se stesso : perchè non può in realtà fisicamente essere lavato nella sua propria carne , mentr'è chiuso nel ventre della Madre : il ch'è verissimo , se si eccettua il nostro caso , ch'è speciale , in cui il Bambino si à aperta , anzi sforzata la porta , si è svestito delle sue spoglie per essere più lesto , è già accinto all'uscita , e si è reso già sensibile , e palpabile alla Mammana : onde con ogni verità può dirsi , che à principiato già a nascere .

9 Che se S. Agostino in detta Epistola , per opprimere maggiormente i Pelagiani , inculca pure contro di essi le parole : *Nisi quis renatus fuerit ex aqua &c.* volendo , che il *renatus* s'interpetri relativamente a una nascita , che si dica tale nel senso più stretto , e rigoroso , cioè a quella *ex utero* , non contentandosi di semplice nascita *in utero* , o sia generazione : ciò fa sol di passaggio , servendosene soltanto , come di un argomento probabile , e non già proponendolo come una dottrina irrefragabile della Chiesa : nè tutte le ragioni , di cui si servono i Dottori , e Padri contro un errore , nè le risoluzioni date da taluno di loro a quistioni incidenti sono ancora ugualmente incontrastabili , e certe , come sono i Dommi , per comprovare i quali si adducono . *Profundiores partes quæstionum* , diceva Celestino I. Pontefice *(a)* , *quas pertractarunt Augustinus , & alii , qui Hæreticis restiterunt , sicut non audemus contemnere ; ita non necesse habemus astruere.* Questo ben sanno pure tutti coloro , che àn qualche tintura di scienza Dommatica . Si schierano per confondere il nemico dal valente , e savio Oratore tutti gli argomenti , che si possono e demostrativi , e probabili , similitudini ancora , e congruenze : perchè saper non può , se l'Avversario , che si è reso ostinato alle armi più terribili , ceda niente-
di-

---

dimeno talora alle meno poſſenti, e ſi renda per vinto: nè la
Chieſa medeſima, quando definiſce ne' Concilj qualche Domma, canonizza ancora ſempre tutt' i motivi, e le ragioni, che
i Teologi nelle Diſpute ânno portato in mezzo per confermarlo.

10 Si aggiunga, che ſe S. Agoſtino (*a*) in queſto luogo
par che ſpieghi il Teſto di S. Matteo di naſcita *ex utero*, in altro l'interpetra egli ſteſſo di ſemplice naſcita *in utero*, cioè di
ſola generazione, chiamando i Neofiti: *Germina ſanctitatis regenerata ex Aqua, & Spiritu Sancto*: ove è chiaro, che allude
al Teſto citato di S. Matteo: ed è certo, che queſta ſeconda
intelligenza meglio concorda co' principj Teologici del Santo
Dottore in tale materia. Del reſto quando ancora aveſſe il Santo ſempre inculcato, che in ogni conto il Teſto di S. Matteo ſi
debba interpetrare di naſcita effettiva *ex utero*, e non già ſoltanto *in utero*, e che quella ſia aſſolutamente neceſſaria: ciò, ſe
ben ſi riflette a quanto abbiamo detto, nulla affatto pregiudicherebbe alla noſtra ſentenza, e al caſo figurato; perchè queſta medeſima neceſſità ſi deve ſempre intendere, acciocchè il
Bambino poſſa venir battezzato in ſe medeſimo, non baſtando,
che lo ſia in perſona della Madre, ch' è il fine, per cui ricercherebbe la naſcita S. Agoſtino. Ora per eſſere battezzato nella
propria carne non è di biſogno, che ſia compitamente nato,
ma baſta, che lo ſia incoativamente, come dicono le Scuole:
cioè che ſiaſi disbrigato dalle ſecondine, abbia aperto l'utero, e
ſi ſia renduto ſenſibile già alla Levatrice: onde poſſa battezzarlo in ſe medeſimo.

11 A queſto caſo chi non vede, che non quadra la dottrina di S. Agoſtino, il quale non â mai detto, che il Batteſimo
dell' Infante nell' utero ſia nullo, quantunque poſſa lavarſi in
lui ſteſſo: anzi ſuppone, che il Fantolino ſia chiuſo nell' utero,
e che la controverſia conſiſta ſoltanto in vedere, ſe baſti per
ſalvar lui il battezzare la Madre: altrimenti ſe ſi ricercaſſe onninamente da S. Agoſtino quanto in tutto rigore ſignifica la parola *naſcere*; neppure per lui ſarebbe valido il Batteſimo conferito

(*a*) S. Auguſt. ſer. 1. in oſtav Paſch

rito a quei Bambini, che fono eftratti per via di taglio dal fianco della Madre ; che perciò comunemente fi chiamano Nonnati .

12 E quefta è la diverfità della neceffità, che vi è fra la nafcita *ex utero* , e quella *in utero* ricercata da S. Agoftino, come fopra fi ponderò . La nativ19à *in utero* è indifpenfabile, acciocchè l'Uomo efifta : e ficcome fenza quefta efiftenza è incapace di avere alcun peccato o attuale, o originale : così ancora è incapace di averne alcun rimedio in qualche Sagramento , e di ricevere la Grazia, eziandio per mezzo d'una fantificazione ftraordinaria , e miracolofa , come la confeguì il Battifta , e di effere rigenerato a Crifto ; perchè ciò fuppone effere prima ftato generato alla colpa . La nafcita però *ex utero* è folamente un requifito neceffario acciocchè poffa il Bambino effere lavato in fe fteffo : al che però bafta , che non fia totalmente chiufo nell'utero , ma che abbia già principiato a nafcere : perchè allora fi dice baftantemente , benchè non compitamente ancor nato : giacch'è in iftato, in cui fe gli può già applicare il rimedio , come fopra diftefamente fpiegoffi .

13 Chi diceffe così : un Bambino fe foffe corporalmente ferito da un Demonio , mentre fta nell'utero, non fi potrebbe topicamente curare dalla Chirurgia. La propofizione certo nel fuo giufto fenfo è veriffima ; dovrebbe però fpiegarfi : cioè fe totalmente è chiufo nel ventre, come fta in tutto il tempo della gravidanza : non però fe già ftando per nafcere, le fecondine fon rotte , e l'utero è aperto , ficchè la Mammana poffa toccar la ferita ; perchè allora che dubbio vi farebbe , che potrebbe ancora in qualche maniera applicarfi del balfamo , e medicarlo? E quefta medefima fpiegazione, ch'è naturaliffima, deve darfi a S. Agoftino , mutando foltanto la ferita corporale diabolica nella fpirituale della colpa di origine , ed il Balfamo in Battefimo .

Ff   CAPO

CAPO VII.

Si confiderano le autorità degli altri Santi Padri, ed antichi Dottori, e fi propone la quiftione fe fi poffa battezzare l'Infante involto nelle fecondine.

1 QUanto s'è detto nel Capitolo antecedente in rifpofta all'autorità di S. Agoftino, deve dirfi ancora per S. Ifidoro trafcritto dal Maeftro delle Sentenze, e da Graziano: anzi la maniera di parlare di quefto Santo è più facile a conciliarfi colla noftra fentenza. Infegna adunque folamente, che il Battefimo dato alla Madre, mentr'ella è gravida, nulla giova al Bambino, contro l'errore de' Pelagiani; ma che il Sagramento dev'effere conferito perfonalmente al Figlio medefimo: il che dic'egli non poterfi fare, mentr'è nell'utero: e ciò non fi controverte; s'intende però quando l'utero è totalmente chiufo, perchè allora folamente non può battezzarfi il Fantino, ch'è tutto quello, che pretende S. Ifidoro, il quale per altro prende ancora per finonimi *nafcita*, e *generazione*; ma nel noftro cafo ceffa ogni difficoltà; perchè fi parla di Battefimo, che fi poffa conferire al Figlio fteffo individualmente.

Vengo al B. Alberto Magno. Dic'egli, che vi fono due nafcite, una *in utero*, e l'altra *ex utero*, e che per quanto â relazione a' nati *in utero*, può Dio liberarli dal peccato originale, fantificandoli effo immediatamente, come il Battifta; ma che il Battefimo, ch'è il rimedio ordinario, è de' nati *ex utero*. In vero così è in tutto il tempo della gravidanza; perchè non poffono allora battezzarfi in fe medefimi i non nati, e, fecondo la dottrina della Chiefa, non giova loro il Battefimo dato alla Madre. Ma fe ânno principiato a nafcere in maniera, che poffano effer lavati in fe fteffi, che è il cafo, di cui fi parla, fi reputano

tano

tano come già nati : poco importando, se loro si conferisca il Sagramento fuori, o dentro dell'utero.

2 Ma acciocchè non paja, che le risposte date a questi tre Santi Dottori sieno a capriccio, bisogna udire S. Tommaso (*a*) discepolo per altro del B. Alberto, e più ancora di S. Agostino. Scriv'egli adunque : essere vero, che non si può battezzare il Bambino mentr'è nell'utero : *Non debet aliquis baptizari priusquam ex utero nascatur;* ma bisogna dall'istesso udire il perchè : *De necessitate Baptismi est, quòd corpus baptizandi aliquo modo aquà abluatur. Corpus Infantis, antequam nascatur ex utero, non potest aliquo modo ablui aquà : nisi fortè dicatur, quòd ablutio Baptismalis, qua corpus Matris lavatur, ad Filium in ventre existentem perveniat. Sed hoc esse non potest, tum quia Anima Pueri, ad cujus sanctificationem ordinatur Baptismus, distincta est ab Anima Matris; tum quia corpus Pueri animati jam est formatum, & per consequens a corpore Matris distinctum : & ideo Baptismus, quo Mater baptizatur, non redundat in Prolem in utero Matris existentem. Unde dicit Augustinus contra Julianum &c.* E qui mette le parole da noi sopra riferite.

Si noti quella espressione di S. Tommaso : *Non potest aliquo modo ablui aquà;* dalla quale si ricava, che la impossibilità del Battesimo si rifonde dal Santo non già al ritrovarsi meramente il Bambino nell'utero; ma al non poter essere filicamente in modo alcuno lavato dall'acqua. La stessa ragione dell'impraticabilità, e necessità dell'abluzione assegna altrove il medesimo Santo (*b*).

3 Nè dissimile è la dottrina di S. Bonaventura. Insegna egli : il Battesimo non potersi conferire al Bambino nell'utero, ma solamente poter essere santificato straordinariamente da Dio. Se però si ponderano le seguenti ragioni da lui assegnate, si vede, che non è lontano dal nostro sentimento. Una è, che la Chiesa l'averebbe a santificare per mezzo della sua operazione, cioè della lavanda; e questa non può effettuarsi, mentr'è nell' utero : l'altra è, che in tale stato è sol conosciuto da Dio, e non

dalla

(*a*) S Thom. 3. p. q. 68 art. 11.
(*b*) Idem in 4. dist. 6. & dist. 24. art. 2. q. 1. ad 2.

dalla Chiefa ; e perciò non è del fuo Foro : *Sacramentale reme-dium refpicit operationem Ecclefiæ , & operatio Ecclefiæ non fe ex-tendit ad Parvulum , nifi extra uterum . In primo ftatu , boc eft in utero , cùm foli Deo notus fit , poteft per ejus voluntatem fanctifi-cari , non per noftram cooperationem , cùm non cognofcat eum Ec-clefia , nec fit de Foro ejus.* . Da quefte principali ragioni , ch'egli affegna , perchè le altre fono congruenze , vedefi ch'egli non parla del noftro cafo particolare , e che nega il Battefimo a' Bam-bini nell' utero , perchè loro fificamente impoffibile a confe-rirfi , e perchè lo fuppone nell'utero in iftato , che non è co-nofciuto dalla Chiefa . E così in verità è in tutti li nove mefi prima d'effervi parto : perchè non fi fa , s'egli fia moftro , o creatura umana ; anzi neppure fi può fificamente fapere , fe la Madre è gravida , o inferma . E certamente tutt' i fegni della gravidanza (dice Zacchia) poffono fallire : quante volte anco-ra (come teftificano Ippocrate , e Bartolini) le Donne fi ânno credute effe fteffe , e fono ftate da altri credute gravide , e non lo erano in conto alcuno , onde fono poi rimafte la burla del Popolo ? Ma quando la nafcita del Bambino è principiata , ciò non fuole aver luogo , e la Mammana , che allora fa di Mini-ftro della Chiefa battezzando la Creatura , ben può toccarla , e maneggiarla . Del refto è impoffibile , che il Santo Dottore fia a noi contrario , e sì fevero co' noftri Bambini : egli , che all'op-pofto fu sì benigno nell'opinare in favor loro nella prefente materia , che giunfe a dire : (a) *Che battezzandofi , ove morif-fero prima di compirfi la forma , Iddio fupplirebbe da sè al difetto , ed infonderebbe la grazia prima , che quelli fpiraffero.*

4 Minore difficoltà ci porta Scoto , perchè quantunque fi citi per contra di noi , è più tofto in favore : come ben fi ve-de dal fuo celebre Commentatore Iqueo . Ecco le fue parole : *Ad quæftionem dico , quòd vel Puer fecundùm omnes fui partes eft in utero Matris , vel fecundùm aliquam partem apparet extra ute-rum . Si primo modo : dico quòd non poteft baptizari , non propter rationem priorem , quia conjunctus eft caufæ conceptionis* , cioè alla carne della Madre : altrimente (com' ei foggiunge) effendo

l'Ani-

***

(a) S. Bonav. *dift. 3. p. 1. art. 2. q. 2. ad 2.*

l'Anima del Bambino unita più alla sua propria carne, ch'è la cagione più immediata di contrarre il peccato, non potrebbe mai giustificarsi, com'ei più distesamente pondera: *Sed quia Baptismus est Lotio, vel Ablutio in Aqua: sed Parvulus sic in utero non potest lavari, quia nec immediatè tangi aquá.* Ecco adunque come Scoto risonde tutta la cagione all'impossibilità fisica; e avverte il suddetto suo Commentatore: *Ratio autem est, quia nequit ablui, aut tangi aquá: quòd si contrarium posset fieri, & salvari sufficiens ablutio* (e questo è il nostro caso) *validè baptizaretur, a contrario sensu.* E che bene abbia ciò dedotto l'Iqueo, appare anche chiaro da ciò, che soggiunge il medesimo Scoto immediatamente al Testo citato: *Ex hoc sequitur Corollarium, quòd si Parvulus corio includeretur ita, quòd aqua non tangeret corpus, non esset baptizatus; sed si tangeretur, bene.* Sicchè Scoto non costituisce differenza alcuna fra nati, e non nati: perchè o non possono lavarsi, e il Sagramento negli uni, e negli altri sarà sempre nullo: o possono, benchè racchiusi nel corio, o nell'utero, e saranno ugualmente, e validamente battezzati.

5 Quanto poi a gli altri Teologi, che si citano, o si possono citare per contrarj a noi, specialmente degli Antichi; alcuni de' quali dissero, che non si deve dare il Battesimo a'Bambini non nati; essi debbono spiegarsi, ed intendersi nella supposizione dell'impotenza fisica di battezzarsi, perchè non parlano già d'impossibilità Sagramentale, e Teologica. Ciò ben si vede in Gabriele Biel Teologo celebratissimo del Secolo XV. Dic' egli, no'l niego, che il Fantolino battezzarsi non può nell'utero; ma ciò, che soggiunge, accomoda tutto: *Si verò, ut aliquibus placet, Puer adhuc latens in utero Matris, quamvis Matri conjunctus, aquá corpus ejus contingente, ablueretur, vel aspergeretur cum debita intentione, & forma, verè baptizaretur.* Notisi che al tempo di Biel, benchè molti il negassero; pure dicevano alcuni, potersi il Bambino fisicamente lavare, eziandio nell'utero: ma ciò, che allora dicevano alcuni, oggidì già sanno, e confessano tutti. Così un tempo molti credettero non darsi gli Antipodi, ed erano in questo sentimento favoriti aperta-

tamente da S. Agoſtino : ma oggi ſi ſa per certo , che vi ſono , e corrono infiniti Operarj Evangelici a convertirli , e battezzarli .

6 Ciò, che ſi è detto di Biel, può dirſi di Suarez (*a*) Teologo benchè non antico , eſimio però , e de' più rinomati : ei ſembra contrario al noſtro ſentimento, ma in verità non è coſì. Ecco le ſue parole : *Reſpondetur in primis : expectandum eſſe ut Infans ſit perfectè natus ex utero Matris ; nam qui omnino natus non eſt , ita ut aquâ contingi non poſſit , nullo modo baptizari poteſt : quia , ut rectè dicit Auguſtinus (b), nec per ſe ablui poteſt , ut per ſe conſtat , nec per Matrem, cum revera ſit perſona ab illa diſtincta , & Animam habeat propriam , & diſtinctâ peccati maculâ affectam . Qui verò naſci incœpit , baptizari interea non debet , donec integrè , & perfectè naſcatur; quia ordinariè non renaſcitur, niſi qui jam ſemel natus eſt , ut Auguſtinus dixit* epiſt. 57. *quæ eſt* ad Dardanum . *Hoc autem intelligendum eſt extra caſum neceſſitatis : tunc enim & ad reverentiam Sacramenti , & ad corporale commodum ipſius Infantis pertinet , ut aliquantulum differatur Baptiſmus , & commodius tempus expectetur . Propter neceſſitatem verò baptizari poteſt , & debet Infans ante perfectam nativitatem ex utero , ut dicemus in Comment.* art. 11.

E nel luogo mentovato dice : *Hic articulus ferè expoſitus eſt in ſuperioribus : nam ſi parvulus omnino clauſus eſt in utero Matris , conſtat non poſſe baptizari , quia neque aquâ tangi in ſe poſſit , neque per Matrem baptizari : nam cùm ſit perſona ab illa diſtincta , ablutio Matris non poteſt ablutio Filii reputari , ut benè notavit* Auguſtinus contra Julian. lib. 6. cap. 1. & 6. *& habetur* C. ſi quidquid 35. diſt. 4. de Conſecr. *& ideo in Concilio Neocæſareenſi* cap. 6. *dicitur: Baptiſmum Mulieris Prægnantis non communicari , nec prodeſſe Filio . Oportet ergo ut prius aliquo modo egrediatur ex utero , & quidem extra caſum neceſſitatis jam ſupra diximus expectandum eſſe ut perfectè naſcatur : in neceſſitate verò baptizari poteſt ſtatim ac ex utero exiit pars corporis , quæ ad Baptiſmum perficiendum ſufficit , ut ſuperiùs* lect. 2. *dictum eſt .*

Hic

(*a*) Suarez *in* 3 *p q.* 68. *art.* 10 *ſect.* 2 *& art* 11.
(*b*) S. Auguſt. *contra* Julianum *lib.* 6 *cap.* 15.

Hic verò solum addendum occurrit, cùm dicitur debere Hominem prius nasci ex utero vel omnino, vel ex parte, quàm baptizetur, non oportere intelligi de propria nativitate; quacumque enim ratione fieri possit, ut abluatur, id satis est ad valorem Baptismi, etiamsi propria nativitas humana non procedat: quia substantia Sacramenti consistit in ablutione cum debita forma verborum. Unde si mortua sit Mater habens Infantem in utero, & aperiatur, & detegatur Puer, illa non est propria corporis nativitas, & tamen circa illam perfici potest Baptismus: nec solùm potest, sed etiam debet, quando Mater prius mortua est.

7 Nelle parole: *Detegatur Puer*, allude Suarez alla pratica di quelli, che battezzano il Bambino scoperto, dopo tagliato l'utero, e prima di estrarlo dal medesimo, come prescrive Monsieur Dionisio, Anatomico, e Chirurgo Francese: benchè io per rispetto degli occhi del Parroco sopra abbia detto che si estragga prima, e poi si battezzi, quando non vi è timore, che muoja subito. Sicchè tutta la difficoltà per Suarez consiste nel potersi, o no, fisicamente lavare il Bambino; e così egli è con noi, e disfavorisce i nostri Avversarj. Lo stesso deve dirsi di Natale d'Alessandro, Pontàs, e moltissimi altri Teologi, e specialmente di tutti quasi gli Antichi, che si citano contro di noi: perchè ragionano di quello punto secondo lo stato ordinario del Bambino nell'utero, senza aversi presa la briga d'informarsi più esattamente da' Medici, e dalle Levatrici, se in qualche caso, cioè nel nostro, possa l'acqua lavare il Bambino: onde non toccano quelle speciali circostanze.

8 Da quanto abbiamo finora discorso, vedesi non aver esaminata bene la materia Comitolo (a), quando insegnò: *Sententia contraria videtur sola posse defendi, quam* Sotus in 4. disp. 5. quæst. unica art. 11. ait! *Sacris esse Canonibus definitum: Infantem non esse capacem Baptismi, nisi in lucem editum, & vitam cum reliquis degentem Hominibus, a quibus juvari possit.... Nam licèt aperiatur ostium uteri, quando paritura est Mulier, & manibus tangi possit Obstetricis, qui in eo inclusus est Infans, cerni tamen oculis nequit, ut mihi pro certo narravit perantiqua, & ex-*

per-

_____

(a) *Comitol. Respons. Moral. lib.* 1. q. 13.

pertiffima Obftetrix . Ma con buona pace di quello Autore, non
è di bifogno , che il Bambino fi veda , fe , come egli confeffa ,
può effer toccato: perchè non è alla fine neceffario, che chi riceve un Sagramento fia efpofto a tutti i cinque fenfi del Corpo del Miniftro , quando è fificamente foggetto all'operazione
del medefimo, ficchè quefti poffa , per efempio nel Battefimo,
lavarlo . Or che ciò poffa, narra Pignatelli Parroco di Roma,
averlo anche atteftato Mammane alla Congregazione tenuta
d'ordine del Cardinal Vicario per efaminarle : ed io fteffo me
ne fono ancora informato dalle Perite ; onde qui in Palermo
(com'effe fteffe mi ânno riferito) battezzano a dirittura l'Infante , benchè in neffuna fua parte ufcito dall'utero : e quel , che
più è da notarfi , lo battezzano affolutamente; anzi giudico per
cofa certa, che quefta fia la pratica univerfale in tutta la Chiefa di Sicilia . Michele Bodowinger fcrive ancora battezzarfi in
Parigi tali Bambini , ed in confeguenza in tutta la Francia : ed
è verifimile , che lo fteffo facciafi in altri Paefi : tanto è vero ,
che talvolta mentre i Letterati ancora contraftano tra di loro
di qualche dottrina , la pratica da gran tempo â già decifa la
lite . (a) *Hanc etiam fententiam ex Sorbonicorum Doctorum con-*
fenfu in praxi effe receptam patet ex bis Joannis Riolani Gallia-
rum Reginæ , & Academiæ Parifienfis Medici primarii verbis (ut
extinctæ Matris fuperftes Infans Baptifmi particeps fiat , & ad Cæ-
los rediens in Beatorum fedibus Dei confpectu fruatur ; nunc Pari-
fiis confuevimus in Moribundis , atque etiam in Mortuis gravidis ,
fi digito in finum pudoris intrufo caput Infantis bianti ofculo ma-
tricis oppofitum deprebendatur ; bic enim fitus maximè naturalis
eft , & obvius ; Aquâ benedictâ afpergere , vel digito intincto ri-
gare , prolatis verbis Baptifmi .) Riprova però Bodowinger folamente l'ufo della firinghetta , o d'altro ftromento Chirurgico,
volendo , che fi faccia fempre a mano, ma fenza affegnarci ragione , o difparità , la quale non può trovarfi : e per ciò efpreffamente, e rifolutamente ammette quefto Battefimo per mezzo
d'iftromento il moderno Roncaglia : *Placet omnino afferere :*
Puerum exiftentem in utero Matris effe faltem fub conditione bapti-
zan-

(a) Bodowing. Ventilabr. p. 2. q. 20. Joann. Riolan. Anthropogr. lib. 6. cap. 8.

zandum , ſi aliquo modo , ſaltem mediante inſtrumento , ablui aquâ poſſit (*a*). Vedi ancora la riſpoſta della Sorbona al Chirurgo da Parto , inventore di un nuovo ſtromento per battezzare nell' utero il Bambino pericolante , riferita intiera da Giacomo Giovanni Brujer d'Albaincourt Dottore della Facoltà di Parigi nelle Rifleſſioni a Deuenter (*b*).

9 Se dunque è chiaro , che ſia lecito almeno *ſub conditione* miniſtrare al Bambinello nella maniera ſopraddetta , e in tempo di neceſſità il Batteſimo ; ne ſiegue , che ſi peccarebbe mortalmente non miniſtrandoſi . Ed in vero S. Tommaſo voleva , che ſe non ſi poteſſe lavar altro al Bambino , che il piede , ſi faceſſe : perchè a ſuo tempo , come riferiſce S. Antonino (*c*), comunemente i Teologi Scolaſtici credevano invalido tal Batteſimo , giacchè , diceva egli , *non nocet* .... *& divina Miſericordia non eſt arcanda* . Oggi però queſto medeſimo da' Moderni ſi tiene quaſi per certamente valido , dopo che vi propende il Rituale Romano di Paolo V. perchè le coſe col dibbatterſi , e col tempo ſi ſogliono più riſchiarare .

10 Quanto poi alle Chieſe eziandio Occidentali , che ânno l'uſo di battezzare *per trinam immerſionem* ; ſanno beniſſimo , che ciò non è di loſtanza : onde poco importa , ſe in ſimili accidenti di battezzare un Bambino , che non â mandato fuori alcun membro , la trina immerſione ſia impraticabile : baſta che in qualche maniera ſi verifichi realmente l'abluzione , o una , o tre , come ſi potrà .

11 Reſta per compimento di queſto Capitolo l'avvertire , che molti antichi Teologi , e Moderni ancora (*d*) ânno creduto , che il Bambino poſſa battezzarſi , benchè involto nelle ſecondine , che conſiderano come parte di eſſo Bambino . E in verità eſſe ſtanno attaccate al medeſimo ; vegetano con lui , e contengono le ſue vene , ed arterie ; ſono pure neceſſarie alla

G g ſua

___

(*a*) Roncaglia *t.* 2. *tratt.* 17. *de Bapt. cap.* 4.
(*b*) Errigo Deuenter *Oſſervaz import. del Manual. de' Parti fu tradotto in Franceſe da* Giacomo Giovanni Brujer d'Albaincourt Dottore della Facoltà di Parigi , *colle ſue Rifleſſioni* .
(*c*) S. Antonin. 3. *p. tit.* 14. *c.* 15. §. 1. S. Thom. *in* 4. *diſt.* 6. *art.* 1. *q.* 6. *ad* 3.
(*d*) Diana *tom.* 1. *tratt.* 1. *reſol.* 76. Caſtropal. *p.* 4. *tratt.* 19. *pun.* 4. *n.* 8.

sua vita, ed alla circolazione, e tranfmutazione del fangue: facendo Placenta, Vafi umbilicali, e Membrane una cofa col Feto; e non dipendendo il loro crefcere, e moto dall'Anima della Madre (come giudicavano gli antichi Medici), ma da quella del Bambino: vogliono adunque i detti Teologi, che fi miniftri il Battefimo, *fub conditione* però, attefa l'autorità in contrario di tanti altri Dottori, ficcome lo nota Roncaglia (*a*). Tuttavia la quiftione pe 'l cafo prefente, in cui non trattafi di Feti picciolini, ed immaturi, è puramente fpeculativa, e poco giova alla pratica: perchè fe fupponiamo il Bambino già nato, non vedo, perchè debba battezzarfi *fub conditione* involto nelle Membrane, e non piuttofto fpezzate quefte con celerità, battezzarfi affolutamente. Se però fi ritrova ancora nell'utero, già aperto l'orificio fuperiore; ed allora o fono ftate da lui medefimo rotte le fecondine fuccennate, o le può rompere agevoliffimamente la Commare: ficchè non vi è bifogno di fervirci di quefto Battefimo condizionato, fe non foffe nel cafo raro, in cui, benchè aperto l'utero, le dette Membrane non poteffero lacerarfi, e vi foffe pericolo di morire l'Infante.

FINE DEL TERZO LIBRO.

CAPO

(*a*) Roncaglia *t. 2. tract. 17. de Bapt. cap. 4. q. 4. rub. 1.*

LIBRO QUARTO.

Della Carità di Dio verſo i Bambini eſiſtenti
nell' Utero Materno, e degli altri ajuti,
che a ſua imitazione debbono dar
loro i Parenti, i Parrochi,
ed i Veſcovi.

C A P O I.

*Come Iddio abbia proviſti, e preparati i mezzi per
la ſalute eterna de' Bambini totalmente racchiuſi
nel Ventre materno. Utilità dell' Orazione, e probità de' Parenti,
acciocchè abbiano l'effetto.*

1 ROttaſi anni ſono al traſportarſi in Palermo una
gran colonna di marmo, e dividendoſi dopo per
farſene tante colonnette, le fu trovato in mezzo
a certa interiore cavità, un verme vivo, ſenz' apparire, come ivi ſi foſſe queſto generato, e vi ſi
foſſe nutrito. Un tal fatto eſercitò l'ingegno, e la filoſofia degli Accademici Geniali; ma inſieme fece molto ammirare la

Gg 2   ſovrafovrana **Provvidenza** di Dio, il quale fe tanta cura à delle Creature irragionevoli, che di lui altro non fono, che ombre; quanta mai ne avrà delle ragionevoli fatte a fua immagine, deftinate alla fua figliuolanza adottiva, e ad effere in Cielo fue eredi? Certo il fuo amore verfo di noi non è folamente paterno per la coftanza, ma è materno, e più che materno ancora per la tenerezza. Che s'egli tanto rigorofamente comanda alle Madri l'aver cura del Feto, che portano effe nel ventre; lafcerà egli di eleguire il primo quefta fua fantiffima Legge, dandone a tutte l'efempio? Ed in vero ei dice in Ifaïa (a): *Qui portamini a meo utero .... Ego feci, & ego feram, ego portabo, & falvabo*. E in altro luogo (b): *Numquid oblivifci poterit Mulier Infantem fuum, ut non mifereatur Filio uteri fui? Et fi illa oblita fuerit; ego tamen non oblivifcar tui*. Ora ciò pofto, e pofto ancora, che il rimedio del Battefimo non è fe non per quei Bambini, che o per nativtà, almeno parziale, e principiata, o per aborto, o fe non altro per taglio Cefareo fono già ufciti alla luce; vediamo fe l'infinita carità di Dio à dato modo alcuno di ajutar quei Bambini, che in neffuna maniera fon nati, nè poffono effere eftratti col taglio, eppure fono in pericolo di morire fenza Battefimo. Prima però di efaminar quefto punto, è neceffario il fupporre, che celebre fra' Teologi è ftata la controverfia del come Iddio abbia difpofti I mezzi neceffarj all'eterna falute di chi muore prima di nafcere: che l'abbia fatto, è certo, come fi provò fopra nel Capo V. del Libro III. con varie teftimonianze della Santa Scrittura, perchè ancora quefti Bambini fono Figlj di Adamo contaminati da quella macchia, che venne Crifto a fcancellare, ed attergere col fuo Sangue, e inchiufi per confeguenza nell'univerfalità di quel detto: *Vult Deus omnes Homines falvos fieri*: detto, che non può effere fe non veriffimo, e fedeliffimo: ficcome quefta volontà di falvare non può effere in quella immenfa Bontà, fe non fe finceriffima, e quanto à sè efficaciffima. Refta adunque la difficoltà nello fpiegar la maniera, con cui ella, che infieme e Sapientiffima,

e On-

(a) *Ifa.* 46. 3. 4.
(b) *Ifa.* 49. 15.

e Onnipoſſente , abbia provveduto alla eſecuzione di un sì miſericordioſo diſegno .

2 Suarez , Bellarmino , ed altri ſentono , Iddio aver proviſto colla iſtituzione del Sagramento del Batteſimo , d'applicarſi poi dipendentemente dal concorſo delle cagioni ſeconde libere , e naturali ; ſicchè voglia ſinceriſſimamente , quanto è da ſè , la loro eterna ſalute , purchè non vi ſia impedimento . Soggiungono , che ſebbene queſto impedimento nato da cauſe libere , o dal concorſo , ed incontro d'altre cagioni ſeconde naturali , ſia ſtato da Dio ſteſſo preveduto ; non ſia ſtato però intento , ma ſolamente permeſſo per altri ſuoi altiſſimi fini . Queſta ſentenza però ammettendo , che l'impedimento naſca talora da cagioni , che non ſono libere , non pare , che ſalvi gli ajuti veramente ſufficienti : perchè in tal maniera queſti ſarebbero ſolo rimotamente preparati .

3 Una tale difficoltà fece che a dirittura diceſſe Vaſquez (a) , aver Dio provveduto proſſimamente a quei Bambini , che muojono nel ventre materno per negligenza de' Parenti ; non avere però provveduto a quelli , che muojono per ſola debolezza di natura , e che queſta ſia la più vera , e comune opinione . Ma è falſo , che ſia comune , perchè il celebratiſſimo Andrea Duvallio Dottore Sorbonico coetaneo al Vaſquez , prima diſcepolo nello ſpirito di S. Franceſco di Sales , che l'ebbe per Amico cariſſimo , e ne ammirò l'eccellente dottrina , e la pietà , e poi Direttore di S. Vincenzo de Paulis ; Duvallio , dico , ſcrive , che la ſentenza più comune fra' Teologi , e la più certa è , che veramente Iddio abbia provviſto a tutti i Bambini il rimedio , e gli ajuti ſufficienti . Viva (b) ancora fa teſtimonianza di eſſere queſta l'opinione oggidì più abbracciata : e queſta mi aggrada .

4 Ma in che conſiſtono tali ajuti ? Si crede , che Dio abbia attaccata l'eterna ſalute de' Figliuolini , de' quali ſi parla , alle orazioni de' Parenti : ſicchè ſe queſti oraſſero , e faceſſero alcune buone opere , ed evitaſſero certi peccati , Iddio conſerve-

(a) Vaſquez p. p. diſp. 96. cap. 2.
(b) Viva in Propoſ. 4. & 5. Alex. 8.

verebbe quelli in vita fino alla nafcita : anzi Duvallo vuole, che Iddio per l'orazione , e probità della Madre previfte, muti non di rado le caufe naturali , che darebbero la morte all'Infante .

5 A quefto comune fentimento , per altro sì confentaneo alla divina Pietà , oppongono alcuni ciò , che notò S. Agoftino in più luoghi , e fpecialmente nell'Epiftola 105. *Quid dicam de inopinatis , & repentinis innumerabilibus mortibus , quibus fæpe etiam religioforum Chriftianorum præveniuntur , & Baptifmo præripiuntur Infantes ? Cùm e contrario facrilegorum , & inimicorum Chrifti aliquo modo in Chriftianorum manus venientes , ex hac vita non fine Sacramento regenerationis emigrant ?* e nel Lib. de Grat. & lib. Arbitr. cap. 22. *& aliquando Filiis Infidelium præftatur hæc gratia , dum occultâ Dei Providentiâ in manus Piorum quomodocumque proveniunt : aliquando Fidelium Filii non eam confequuntur , aliquo impedimento exiftente , ne poffit periclitantibus fubveniri ;* e nell'Epiftola 107. *aliquando cupientibus , feftinantibufque Parentibus , Miniftris quoque volentibus , & paratis , Deo nolente non datur , cùm repentè antequam detur , expirat , pro quo ut acciperet , currebant.* S. Profpero (a) pondera lo fteffo nella Differtazione , che Antelmio contro Quefnello prova effere di lui , e non di S. Leone Pontefice (b) .

6 A quefte , e fimili autorità però chiara è la rifpofta : che ove fi battezzano i Figlj degli Uomini fcelerati , fi manifefta al certo la Divina elezione , che a niffuno fa ingiuria ; ove però muojono fenza Battefimo i Figlj de' buoni Criftiani prima di nafcere ; non perciò può inferirfi , che non abbiano avuto gli ajuti fufficienti : ficcome la verità della divina Predeftinazione , e Predilezione degli Adulti niente pregiudica al conferimento de' foccorfi neceffarj a' Prefciti . Poffono in vero i Parenti di quefti Bambini , benchè oggi perfetti , avere almeno anticamente commeffo qualche grave peccato , ànno forfe qualche peccato veniale di prefente , in pena de' quali il Figlio fia ftato generato sì debole : poffono avere trafcurata , e negletta qual-

---

(a) S Profper *in Carm. de ingrat. & in lib de vocat Gent.*
(b) Antelm. *in differt. de oper. SS. Leonis M & Profperi .*

qualche azione virtuosa, a cui poteva essere attaccata questa
grazia di venire viva alla luce la loro Prole: possono finalmente aver peccato non solo i loro Genitori, ma ancora gli Avi,
specialmente con qualche intemperanza, ubbriachezza, od altra colpa, dalla quale sia originata eziandio fisicamente la debolezza del Feto: e noi sappiamo dalla Scrittura Santa, che Dio
punisce fino alla quarta generazione, e premia fino alla mille-
sima. Il detto castigo può specialmente aver luogo pe' disordini, che si commettono tanto nell'uso conjugale, quanto nello
stesso maritarsi; perchè il fine deve essere la procreazione, e
buona educazione della Prole, o almeno il rimedio della con-
cupiscenza, e non già la lussuria, o l'avarizia: ma pochi sono
quelli, che possono gloriarsi in Dio con Tobia (a): *Et nunc
Domine tu scis, quia non luxuriæ causá accipio Conjugem, sed
sola posteritatis dilectione, in qua benedicatur Nomen tuum in se-
cula seculorum.*

7 Ad ogni modo la Chiesa (b) comanda a' Parrochi d'ammonire i Fedeli a non contrarre il Matrimonio rato, prima di
confessarsi, e comunicarsi: e a non consumarlo, nè coabitare,
prima di ricevere la nuziale benedizione: e ad osservar continenza ne' giorni di orazione, e di digiuno: ed ordina, che
s'istruiscano della maniera, come debbono accostarsi a celebrare lo Sponsalizio, e come debbano in quello diportarsi, con
l'esempio di Tobia, e di Sara, e con le parole dell'Arcangelo
Raffaello, il quale espressamente insegnò a Tobia, che per tre
giorni dopo lo Sponsalizio si contenesse, ed attendesse alle sole
preghiere: perchè la prima notte fuggirebbe il Demonio, senza
dubbio, all'odore dell'orazione, anche figurata nel fegato del
Pesce, che Tobia doveva bruciare in quella notte medesima; nella seconda sarebbe fatto degno del consorzio, e merito de' Santi
Patriarchi; e nella terza notte conseguirebbe la benedizione Divina, e così i Figliuoli nascerebbero vivi, e di buona tempra,
e sarebbe Padre, e Padre felice (c): *Tertia autem nocte benedi-*
ctio-

(a) *Tob. 8. 9.*
(b) *Ritual Rom. Missal. Rom.* vedi ancora *Concil. Carthag. 4. cap. 13. & Concil*
Mediol. V. sub S. Carol. Borrom.
(c) *Tob. 6. 18. & seq.*

Ctionem consequéris, ut filii ex vobis procreentur incolumes: tranf-
acta autem tertia nocte , accipies virginem cum timore Domini ,
amore Filiorum magis , quàm libidine ductus, ut in femine Abrahæ
benedictionem in Filiis consequaris . Abbiamo dalla vita di S. Lui-
gi Re di Francia, che mise in pratica quello infegnamento dell'
Angelo , e dalla vita di S. Eduvige, ch' ella ottenne dal Marito la continenza ne' giorni di digiuno , ed orazione : e lo flesso
potrebbe dirsi di molti servi di Dio , e pii Crifiani ; ma sono
molto pochi in questa parte coloro , che corrispondono a' dise-
gni di Dio, o per mancanza di volontà , o per poca cognizione.
So che non è tanto facile l'istruire i Fedeli in queste materie.
Tuttavia si potrebbe leggere a' futuri Spofi nella Chiesa in giorni fissi , e ad ore pomeridiane colla presenza de' Parenti della
Sposa , ed esclusi i Ragazzi , ed altre Persone , a cui non conviene l'esser prefenti, qualche Catechismo, come quello del Tur-
lot nel luogo dove parla del Sagramento del Matrimonio, od
altro simile, massime dispofto dal Vefcovo, in cui modestamen-
te sia spiegato quanto intorno a questo soggetto è necessario av-
vertirsi : e così non vi sarebbe timore di sdrucciolare in parole
improprie chi insegna . Per altro la Chiesa esprefsamente prescrive l'istruzione; anzi nel Mefsale comanda a' Parrochi il fare
l'ammonizione della continenza pe' giorni di digiuno , e di orazione infra la Mefsa medesima dello Sponsalizio : ed è certo ,
che dal non saper bene i Maritati ciò , che lor convien, che
sappiano in materia di pudicizia , sogliono aver l'origine disordini gravissimi ; perchè come avvertì l'Arcangelo a Tobia : *Hi*
namque, qui conjugium ita suscipiunt, ut Deum a se, & a sua
mente excludant, & suæ libidini ita vacent, sicut equus, & mulus,
quibus non est intellectus , habet Dæmonium potestatem super eos .
E farà poi maraviglia, se molti de' loro Figlj , privi della protezione speciale di Dio, non vengano vivi alla luce, ma periscano nell'utero ?

La bontà adunque , o la malizia de' Genitori può molto
contribuire al bene, o al male della Prole nella maniera soprac-
cennata .

§ Ba-

8 Basta ciò per salvare, che la divina Misericordia abbia preordinati i mezzi sufficienti al Bambino per salvarsi, provvedendo i Genitori di ajuti per evitare quel peccato, o fare quella buona opera, alle quali cose era attaccata la grazia di venire alla luce il Bambino; e facendosi altrimenti, la permissione, che perisse nell'utero per un effetto delle cagioni seconde. Che poi faccia Dio generare robusto il Figlio d'un Empio con una grazia da questi demeritata, impedendo così, che quegli non muoja nel ventre, come forse accaderebbe pe'l concorso delle cause naturali : ed al contrario, che punisca una Madre santa per una picciola intemperanza di cibo, permettendo, che muoja il suo Feto ; ciò appartiene alla sublimità de' giudizj Divini, che non possiamo noi scrutinare. *Tu noli investigare, si non vis errare*, diceva in simile proposito S. Agostino : bastando a noi il sapere, che se quando Dio ci salva usa una sovrana Misericordia ; quando poi ci punisce lo fa con Giustizia. Onde bisogna esclamar coll'Appostolo : *O altitudo divitiarum Sapientiæ, & Scientiæ Dei, quàm incomprehensibilia sunt judicia ejus, & investigabiles viæ ejus* ! Del resto S. Prospero (a) medesimo bastantemente par che insegni, che non è mancato per Dio, se questi Fantolini son morti senza Battesimo, ma pe' Parenti, in persona de' quali aveva la divina Bontà dati loro gli ajuti generali sufficienti, che non niega ad alcuna Creatura ragionevole : quantunque perchè quelli non se ne servirono, questi poi si perdettero senza Battesimo : siccome, al rovescio ad altri Bambini â dati ajuti più speciali, ed efficaci, salvandoli a dispetto per così dire della negligenza, e colpa de' Genitori : *Et cùm quærimus quomodo omnes Homines salvos fieri velit, qui non omnibus illud tempus impertit, in quo per voluntariam fidem percipiendæ gratiæ sint capaces ; non irreligiosè arbitror credi, neque inconvenienter intelligi, quòd isti paucorum dierum Homines ad illam pertineant gratiæ partem, quæ semper universis est impensa nationibus, quá utique si bene uterentur Parentes, etiam ipsi per eosdem juvarentur : omnium namque exordia Parvulorum, totaque illa principia necdum*

Hh   *dum*

(a) S. Prosp. *lib. de vocat. Gent* cap. 8.

dum rationalis infantiæ sub arbitrio jacent voluntatis alienæ : nec ullo modo eis nisi per alios consuli potest : & consequens est illos ad eorum pertinere consortium , quorum vel recto , vel pravo aguntur affectu . Sicut enim ex aliena confessione credunt ; ita ex aliena infidelitate , aut dissimulatione non credunt . Et cùm ipsi nec præsentis vitæ desiderium habuerunt , nec futuræ ; quàm ipsorum factum est nasci , tam ipsorum efficitur non renasci . Sicut autem circa Majores præter illam generalem gratiam parciùs , atque occultiùs omnium Hominum corda pulsantem , excellentiore opere , largiore munere , potentiore virtute vocatio specialis exeritur ; ita etiam circa innumeros Parvulos eadem manifestatur electio : quæ quidem nec illis , qui renati non sunt in Parentibus defuit ; sed in his , qui renati sunt præ Parentibus adfuit , ita ut multis , sæpe , quos suorum impietas deseruit , alienorum cura servierit , & ad regenerationem venerint per extraneos , quæ eis non erat providenda per proximos . In quo opere gratiæ quis nisi arrogantissimus , atque vanissimus de divina Justitia conqueratur , quòd non omnibus Parvulis similis providentia consulat ? omniaque pericula , quæ moriturorum regenerationem prohibere possunt , aut potestate submoveat , aut miseratione præveniat ? Quod utique erga omnes ita fieret , si ita fieri deberet . Non autem latet , quantum cordibus Fidelium desidiæ gigneretur , si in baptizandis Parvulis nihil de cujusquam negligentia , nihil de ipsorum esset mortalitate metuendum : quandoquidem ut tales Baptismo fraudarentur nullo modo posset accidere . E benchè qui parli propriamente per li Bambini già nati, che (come si ponderò) possono essere ajutati dagli estranei ; *a fortiori* in sua sentenza deve ciò aver luogo ne' Bambini racchiusi nell' utero materno : perchè questi non possono essere soccorsi fisicamente per opera d'altri . Al contrario può giovar loro non meno, che a quelli la diligenza caritatevole de' Parenti, massime unita alla loro orazione, acciocchè arrivino vivi fino alla nascita (*): perchè alla fine essendo non meno Uomini i Bambini nati, che i nonnati, deve, secondo i principj di questo Santo Dottore, verificarsi e negli

uni,

_____

(*) A tale riflesso si è posta in fine una Orazione composta da S. Francesco di Sales, perchè venga recitata dalle Donne gravide , per implorare dalla Divina assistenza la conservazione de' loro Portati sino al maturo nascimento .

uni , e negli altri quel *Deus vult omnes Homines salvos fieri :* benchè per alcuni gli ajuti siano più che per gli altri speciali, ed efficaci .

C A P O II.

Della santificazione straordinaria nell'utero , con cui sono stati privilegiati alcuni Santi : e se pe' Bambini totalmente chiusi nello stesso utero si dia alcun rimedio .

1 SPesso adunque è un frutto della probità , ed orazione de' Parenti , il conservarsi in vita il Bambino nel ventre , e che poi nasca sano , e salvo , acciocchè possa venir messo in istato di salute : giacchè mentre è totalmente chiuso nel materno carcere , non vi è rimedio alcuno ordinario , che possa salvarlo . Può bene Iddio santificarvelo , come insegna S. Agostino (*a*) , e con esso S. Bonaventura , il Beato Alberto Magno , e tutti gli altri communemente ; ma questo favore è molto raro . Nel Vecchio Testamento si sa di Geremìa , nel Nuovo (senza parlare della Vergine Madre di Dio , che con singolar privilegio fu ripiena di grazia nel primo istante) si dice con molta probabilità essere stato santificato nell'utero S. Giuseppe ; e benchè S. Agostino non abbia tenuto per certo un simile favore in S. Gio: Battista , dubbitando se egli solamente brillò nel ventre , o ancora ricevè la grazia ; tuttavia comunissimamente si crede , che il Precursore sia stato giustificato .

2 Quanto poi ad altri (come dice Gersone , e si cava da S. Agostino) non si può affermare senza temerità , se non ce ne dà un segno lo stesso Dio , o ce lo dicano i Santi Padri , che ânno avuto lume speciale da Dio . S. Girolamo (*b*) lo dice di S. Asella , che fu benedetta nell'utero , e mostrata al Padre in_

figu-

(*a*) S. August. *epist.* 57. *ad Dardanum .*
(*b*) S. Hieronym. *epist.* 15. *ad Marcellum .*

figura di una caraffa di criftallo puriffimo. S. Ambrofio (*a*) del Patriarca Giacobbe per la lotta avuta nel ventre con Efaù figura de' Malvaggi. S. Efrem Siro (*b*) lo infegna di Moisè: di S. Benedetto lo dicono molti per avere prima di nafcere cantate le lodi Divine. Altri lo fentono di S. Domenico per effere apparfo alla Madre in figura di Cane fedele illuminante, ed infiammante con una fiaccola, fimbolo di Amor divino, il Mondo tutto. Molti, fra' quali Tritemio, Pietro di Alva, Pietro Cantor Parigino, ed Egidio Camarto, credono lo fteffo del gran Profeta, e fecondo Precurfore di Crifto Elia: perchè dal Padre prima di nafcere fu vifto cibarfi di fuoco, ed effere falutato dagli Angioli, citando per quefta vifione S. Epifanio nel Libro *de Vita Prophetarum*, operetta che Bellarmino fente effere di S. Epifanio, ma Natale di Aleffandro â per fuppofitizia. Pietro Cornejo Carmelitano difefe in Roma quefta fantificazione di Elia in pubblica difputa alla prefenza di molti Cardinali, come narra Fornari (*c*); ma quefte, e fimili vifioni poffono effere un mero prefagio della futura fantità, e non già neceffariamente un fegno della grazia prefente. Altri vogliono che fia ftata data la grazia nel ventre materno a S. Niccolò di Mira, e forfe non manca chi dica il medefimo di altri Santi.

3 Comunque fia, quefto favore effendo sì raro, fi deve pregare il Signore, acciocchè fi degni confervare in vita il Bambino, finchè efca alla luce, e fi renda così capace del Battefimo: ne' cafi però difperati vuole Gio: Gerfone nell'Orazione *de Nativ. Virg. Mariæ* recitata nel Concilio Generale di Coftanza, che fi debba pregare Iddio da' Parenti: *Quatenus Infans necdum natus fi fortè moriturus eft priufquam ad Baptifmi fluminis gratiam pervenire valeat; dignetur ipfum Dominus Jefus Summus Pontifex Baptifmo Spiritus Sancti præveniendo mifericorditer confecrare; quis enim fcit, fi fortè exaudiat Deus? Imò quis non devotiùs fperare valeat, quòd orationem humilium, & in fe fperantium nequaquam defpiciat? Proficit hæc confideratio ad exercitationem*

nem

(*a*) S. Ambrof. *lib. 4 de Fide cap. 4.*
(*b*) S. Efrem Sir. *Orat. de transfigurat. Domini.*
(*c*) Fornari *Anno memorabile de' Carmelitani*, *vita di S. Elia p. 1. cap. 16.*

nem devotionis in Parentibus , proficit ad leviandam eorum angu-
stiam , dum sine Baptismo decedit Puer , quia non omnis inde spes
sublata est : sed neque absque revelatione datur favoris certitudo .

4 La cosa non è impossibile : ed in vero oltrecchè potrebbe Iddio santificare , se vuole , un tal Bambino infondendo-
gli senz' altro la grazia , e gli abiti delle virtù ; il che sarebbe
un favore affatto straordinario ; o pure farlo battezzare da un
Angiolo , il che però sarebbe impropiamente Sagramento , perchè non ministrato da Uomo viatore ; è chiaro che possa acce-
lerargli l'uso della ragione , e dandogli ajuti efficaci , eccitarlo
ad atti di Fede , Speranza , e Carità , e salvarlo in virtù del Battesimo *in voto* , e degli atti salutari sopraddetti : e benchè non
abbiamo dalle Storie se ciò abbia fatto , o nò qualche volta a
preghiere de' Parenti : sappiamo però dalla Teologia , ch' Egli
è Onnipotente , e può fare più assai di questo : e siccome per le
preghiere de' Parenti ha talvolta risuscitato i Bambini morti
senza Battesimo , (il che notammo (*a*) in altro luogo) acciocchè
potessero essere battezzati , e poi morir con la grazia , e se fu
lodevole , com' è stato comprovato dall' esito , il pregare Iddio
in questi accidenti a fare un sì gran miracolo , qual' è la risusci-
tazione d'un Morto ; perchè non potrà un Padre pregare Iddio ,
acciocchè acceleri al suo Figliuoletto , che altrimente perirebbe ,
l'uso della ragione , e lo illumini in maniera , che creda , speri ,
ed ami , ed in conseguenza si salvi ?

5 Alcuni confondono questa opinione di Gersone con
quella del Cardinal Gaetano , malamente però ; perciocchè sono
ben diverse , e come diverse le tratta il Pallavicino nella Storia
del Concilio di Trento *lib. 9. cap.* 8. Opinò il Gaetano , che se
il Bambino fosse già nato , ma vicino a morire , e mancasse
l'acqua per battezzarlo ; ottimo consiglio sarebbe in tale angustia , che i Parenti gli applicassero la loro fede per mezzo di un
segno sensibile , qual' è quello della Croce , benedicendolo in
nome della SS. Trinità : e credette questo Autore , che siccome
Iddio giustificava prima della Legge Evangelica i Figliuoletti per mezzo della fede de' Parenti applicata loro col segno
sen-

(*a*) L. 2. c. 7. n. 2. della presente Opera.

fenfibile, cioè col Sagramento: faccia ora lo fteffo, in cafo che manchi l'acqua per battezzarli, e non vi fia più tempo (a): *Debet in tali cafu Parens figno Crucis Infantem cum invocatione Trinitatis munire: ficque DEO offerre morientem in nomine Patris, & Filii, & Spiritus Sancti*; lo fteffo dice in cafo che il Bambino pericolaffe nell'utero: (b) *In articulo undecimo occurrit fcribendum, & confequenter dicendum, fub correctione tamen, Parvulos in maternis uteris periclitantes poffe falvari per Sacramentum Baptifmi non in re, fed in voto fufceptum, cum aliqua benedictione Prolis, feu oblatione ipfius ad Deum cum invocatione Trinitatis.* Ora, benchè il fentimento del Gerfone foffe ftato da lui proferito in quel sì famofo Concilio, non incontrò oppofizione alcuna: ma non ebbe la forte medefima quello di Gaetano; anzi pochi anni dopo fu meffo in nota da' Teologi Tridentini per condannarfi dal Concilio. E' vero che il Cardinal Seripando, che n'era Prefidente, lo fcusò dalla cenfura, ed ottenne, che non fi profcriveffe, col ripiego, che in quella Seffione non fi trattava di tal materia. E' vero che alcuni Moderni riferiti da Serra (c), e Caramuele (d), che citano per loro Gabriele (e), e Gerfone (benchè impropriamente, come fopra fi ponderò) lo credettero probabile: ma egli è rigettato comunemente. Soto lo cenfura come ereticale, Suarez come temerario, e proffimo all'errore; e Pio V. ordinò, che fi efpungeffe dall'Edizione Romana di Gaetano, il che fi è poi praticato in tutte le altre Edizioni di quel celebre Teologo, di cui diffe Cano (f): *Summis Ædificatoribus Ecclefiæ parem effe potuiffe, nifi quibufdam erroribus doctrinam fuam quafi cujufdam lepræ admixtione fædaffet.*

7 Errò adunque Gaetano, perchè nel Nuovo Teftamento, ficcome i Sagrificj della Legge di Natura, e Scritta fono divenuti non folo morti, ma mortiferi; così ancora dell'intutto
fono

(a) Cajet. 3. p. qu. 68. art. 2.
(b) Ibid. art. 11.
(c) Serra quaff. 68. art. 2.
(d) Caramuel in Theolog. fundam. cap. 7. fundam. 64.
(e) Gabriel in 4. difp. 4 qu. 4. qu. 2. art. 3.
(f) Melch. Can. de Loc Theolog. lib. 7. cap. 3.

fono aboliti i rimedj, che per quei tempi erano ftati prefcritti in ordine all'efpiazione del peccato originale: e ciò effendo certo; non occorre fperare nè pure ne' cafi di neceffità, che Dio conceda la grazia fantificante per mezzo di loro: e benchè il Battefimo *in voto* giuftifichi; ciò s'intende, quando il voto è della fteffa Perfona, che deve giuftificarfi, ed è unito alla carità, non però quando è mancante di quefta, e fi ritrova fol ne' Parenti.

8 Non dice già quefto il Gerfone: ma che poffa Iddio, fe vuole, giuftificare l'Infante, moffo dalle preghiere de' Parenti, il che (come fopra fi diffe) può fare a dirittura colla fua onnipotente Mifericordia, che non â limiti, eziandio immediatamente per fe fteffo, e fenza cooperazione del Bambino; perchè può difpenfare, fe vuole, all'ordine da sè coftituito, come infegnano apertamente i Teologi, e Padri fuddetti. Ma perchè farebbe quefto un favore affatto ftraordinario, e un miracolo nell'ordine della grazia, e maggiore della rifufcitazione de' morti: può intenderfi l'opinione di Gerfone non già di una fantificazione immediata fenz'alcuna cooperazione del Bambino; ma d'un altro favore meno difficile, cioè che Dio fantifichi l'Infante accelerandogli prima l'ufo della ragione, indi eccitandolo agli atti di Fede, Speranza, Carità, e defiderio del Battefimo, e così rendendolo amico fuo: perchè in tal cafo il miracolo fta nell'accelerazione della ragione, ch'è nell'ordine naturale, e non già in quello della grazia, e nella maniera di giuftificare: giacchè fecondo la fteffa Legge comune della giuftificazione, chi crede, fpera, ed ama con defiderio del Battefimo viene anche prima di ricevere quefto Sagramento profciolto da' fuoi peccati. E quanto all'iftruzione previa alla Fede potrebbe Iddio farla immediatamente per fe fteffo, potrebbe anche farla per mezzo dell'Angelo Cuftode del Bambino: che fe non è miracolo per un Uomo iftruire un altr' Uomo, molto meno lo farà per un' Angiolo.

9 Per altro la Storia Ecclefiaftica del Vecchio, e Nuovo Teftamento è piena d'infinite rivelazioni, intelligenze, e comunicazioni, che Dio â fatte, e per fe fteffo, o per mezzo de'

Beati

Beati Spiriti a gli Uomini ; per la falute eterna de'quali quella infinita Bontà à fatto ancora cofe immenfamente fuperiori, e maggiori . Che fe Dio può in quefta ultima forma , fenza difpenfare alla Legge ordinaria della giuftificazione , fantificare un Bambino , anche non pregato d'alcuno , e per folo iftinto della fua Mifericordia ; ben potrà far lo fteffo più facilmente pregato da'Genitori : farà fempre però quefto un favore ftraordinario impetrato coll'efficacia dell'orazione , e non già un rimedio ordinario , o un Sagramento , come voleva il Gaetano : perchè fta fempre inconcuffo , che nella Legge Evangelica non fi dà altro Sagramento efpiatorio della colpa originale , che il folo Battefimo , e che : *Nifi quis renatus fuerit ex Aqua, & Spiritu Sancto non poteft introire in Regnum Dei .*

C A P O   I I I.

Quanto giovino a' Bambini la Pietà, e le Orazioni de' loro Genitori . Zelo di S. Francefco di Sales pe' Bambini fpecialmente racchiufi nell' utero .

1 NOn effendovi adunque alcun Sagramento per giuftificare i Bambini nell'utero , quando non poffono lavarfi : è chiaro , che debbano i Parenti pregare affiduamente , e maffime ne'pericoli , la divina Mifericordia a confervar quelli vivi , acciocchè poi a fuo tempo ufciti alla luce poffano confeguire il Battefimo : fperando che quella fovrana Bontà non li defroderà d'un tal pio defiderio : e quefta è la via , per cui fuole Dio falvare i Fantolini ; anzi le dette preghiere tanto più faranno efficaci , quanto più faranno accompagnate da una vita pia , ed illibata , perchè fta fcritto (a): *Mifericordia ejus a progenie in progenies timentibus eum* ; e nel Salmo 102. *Et juftitia illius in filios filiorum bis, qui fervant teftamentum ejus,* &

_____

(a) *Luc.* 1. 50.

& memores funt mandatorum ipfius ad faciendum ea . Siccome al rovefcio fpeffo Iddio ufa mifericordia a' Genitori per riguardo de' loro Figlj. Scrivono in fatti gli Autori della vita di S. Brigida Vedova, ch'effendo di lei gravida fua Madre, fcampò quafi per miracolo da un naufragio, in cui molti della nave periro-no : e che la notte feguente le fu rivelato, di effere ftata prefervata dal naufragio in grazia della Bambina, che portava nel ventre ; al certo quefta poteva dire perciò al Signore : *De ventre Matris meæ tu es Protector meus .*

Abbiano adunque una fomma cura e Paftori, ed altri Sacerdoti, e ne' Pulpiti, e ne' Confeffionali d'iftruire i loro Popoli in quefta importantiffima verità ; che fe i Parenti debbono pregare fempre pe' loro figliuoli, con più efficacia, ed affiduità debbono ciò praticare, mentre quelli ancora nati non fono, per il pericolo grande, in cui ftanno di perire fenza Battefimo : e lo fteffo ân da fare gli altri Domeftici, ed ogni Fedele ancora implorando la Divina Bontà, e in generale per tutt' i Bambini racchiufi nell'utero, e in particolare ne' cafi, in cui fi teme di qualche difgrazia. Grande in vero è la neceffità dell'orazione per ottenere le grazie dal Cielo : ancor le prime fuppongono fe non altro le preghiere di Crifto, e la Chiefa : onde (come dicono comunemente i Teologi fondati in S. Agoftino) neffuna grazia ci fi dà fe non per mezzo dell'orazione, fe non fatta da noi, almeno fatta per noi. Ella è il vafo, con cui da quel mare immenfo di Bontà fi attinge l'acqua de' Divini favori; perciò diceva S. Giacomo : pregate l'uno per l'altro, acciocchè fiate da Dio falvati . Ma fe le orazioni de' Fedeli ancorchè viatori, e privati impetrano da Dio eziandio la converfione de' Peccatori, anche Infedeli, al bene de' quali refifte il demerito de' peccati proprj, o abituali, od attuali, verfo de' quali fpeffo ânno un affetto ftraordinario, ed oftinatiffimo ; quanto più poffono giovare a' noftri Bambinelli racchiufi nell' utero, affinchè Iddio fi degni di condurli alla grazia del Battefimo ; giacchè non ânno altra colpa, che la fola originale ? E fe fi deve da ognun pregare per tutt' i Peccatori, benchè quefti fiano in iftato di potere orare per fe medefimi, quanto più dobbiamo

I i im-

impegnarci a farlo per le povere Creaturine, che non si possono ajutar da se stesse, ma tutto il bene aspettano dalla Misericordia di Dio pe' meriti del Redentore, e bene spesso coll'ajuto
della nostra fervida carità? Quindi è salutevole consiglio alle
Gravide, oltre il recitare ogni giorno la orazione di S. Francesco di Sales, della quale parleremo appresso, l'offerire ognora
a Dio per le mani della Vergine, e de' Santi, massime de' Martiri Innocenti Protettori de' Bambolini, la medesima Prole, frequentare i Sagramenti della Confessione, e Comunione, visitare le Chiese de' Santi Protettori, dar limosine, e far pregare da'
Sacerdoti, Religiosi, ed altri Servi di Dio, ed esercitarsi in
ispeziali atti di Cristiana Pietà: e simile condotta devono anche
tenere i Padri. S. Carlo, oltre le cotidiane orazioni, vuole,
che la Pregnante vicina al Parto vada alla Chiesa, ove il Sacerdote prieghi per lei, ed essa riceva dinanzi l'Altare maggiore
la benedizione Sacerdotale, secondo la formola dal Santo medesimo prescritta (a). *Hoc etiam Parentes, & Domesticos, prout*
opportunitas feret, admonebit, pro Fœtu qui in utero est Deum
assiduè, intimèque precari: ut ille incolumis in lucem edatur, di-
gnusque sit, antequam obeat, Baptismi gratiam recipere: ne sine
salutis Sacramento decedat. Et quod piæ devotionis est, id quoque,
prout usu venerit, admonebit: ut tempori pariendi propinqua Mu-
lier ad Ecclesiam accedat, ubi pro ea præsente Sacerdos oret. Mu-
lier autem eo nomine cùm venerit, piè, ac devotè ad Altare majus
benedictionem suscipiet, quam ille ritè adhibebit, ut suo loco de-
scripta est. E nel sesto Concilio Provinciale (b) ordina, che in
questa vicinanza di Parto si confessi, e nell'istruzione del Sagramento dell'Eucaristia, che si comunichi ancora, e che lo stesso
faccia in ringraziamento la prima volta, che verrà alla Chiesa
dopo del Parto (c).

2   Ed in vero siccome la divina Provvidenza à eletti i Genitori per suoi Ministri in ordine alla generazione de' Figlj; così
gli à eletti per cooperatori della sua carità in ordine alla loro
eter-

(a) S. Carol. *Act. Eccl. Mediol. p. 4. Instruct. pro Bapt.*
(b) *Concil. Mediol 6. de Sacr. Pœnit.*
(c) *Act. p. 4. Instruct. de Sanctissimo Sacr. Euch.*

eterna falute . La Madre di S. Francefco di Sales Francefca di
Sionas era folita raccomandare , ed offerire a Dio caldamente
i fuoi Bambolini , quando era gravida , e le fue orazioni furono
fempre efaudite . Infatti ebbe undici Figlj tutti eccellenti nella
pietà , e l'ultimo poi morì , dicendo: *Ecce quàm bonum , & quàm*
jucundum babitare Fratres in unum : alludendo così alla fanta
morte de' primi , che egli fperava ben prefto di rivedere , ed
abbracciare nel Cielo . Ma fpecialmente tutti gli Autori della
Vita di Francefco , che fu il Primogenito , attribuifcono l'origine della fua fingolariffima riufcita a quell'offerta , che ne fece
a Dio la detta fua Genitrice innanzi la fanta Sindone : perchè
di allora in poi ebbe varj prefaggi in alcuni fogni mifteriofi della futura virtù del Figliuolo , indicanti che Dio ne aveva di già
accettata , e gradita l'offerta .

3   Francefco fu tutto a tutti per la fua carità , e potè chia-
marfi meglio che Tito la delizia del genere umano : ma fpecialmente fu fpecchio de' Vefcovi , e de' Parrochi in quello , che riguarda la cura de' Bambini , e Pargoletti , co'quali fu molto tenero : degno perciò d'effere imitato da tutt'i Curatori d'Anime ,
com'egli era ftato in quefto fedeliffimo imitatore della Carità
di Gesù Crifto. Egli era nato di fette mefi , e tanto debole , de-
licato , e picciolino , che per più mefi bifognò non fafciarlo al
folito , ma tenerlo involto nel bambagio . Ad ogni modo le
orazioni , e le limofine della Madre gli ottennero , che non folo
contro il giudizio de' Medici gli foffe confervata la vita , che
aveva corfo pericolo di perdere , eziandio prima che ne godef-
fe col nafcere ; ma che anzi crefceffe robufto , e ben fatto. Confiderando egli adunque la fpeciale grazia avuta da Dio , d'effere
ufcito vivo alla luce , aveva molta follecitudine per tutt' i Bambini , ch'erano ancora nell'utero materno. Onde primieramente prefcriffe alle Donne nella fua Introduzione alla vita divota
a Filotea (a) , ch'effendo gravide preghino fervorofamente pe'
loro Portati ; ecco le fue parole :
     S. Monica , effendo gravida del Grande S. Agoftino , lo dedicò
per più offerte alla Religione Criftiana , ed al fervigio della gloria

_____

(a) S. Franc. Sal. *Introd. p. 3 cap. 38.*

di Dio, com'egli ſteſſo lo teſtifica, dicendo, che di già aveva egli
guſtato il ſale di Dio nel ventre di ſua Madre. Queſto è un grande
inſegnamento per le Donne Criſtiane di offerire alla Divina Maeſtà
i frutti del loro ventre, anche prima ch'eglino ne ſiano uſciti: perchè Dio, che accetta le obblazioni d'un cuore umile, e volontario,
ſeconda per l'ordinario i buoni affetti delle Madri, che fanno in
quel tempo: teſtimonio n'è Samuele, S. Tommaſo d'Aquino, S. Andrea da Fieſole, e molti altri. La Madre di S. Bernardo, degna
Madre d'un tal Figlio, prendeva i ſuoi Infanti nelle ſue braccia
ſubito, ch'erano nati, e gli offeriva a Gesù Criſto: e di allora
gli amava con riſpetto, come coſa conſagrata, e che Dio le aveva
confidata: ciò, che le riuſcì felicemente, perchè alla fine furono
tutti ſette ſantiſſimi. Lo ſteſſo replicò ad una Signora maritata,
e gravida. (a) Ho inteſo, che ſiete gravida, e ne ho benedetto Dio,
che vuole accreſcere il numero de' ſuoi Servi con l'aumento della voſtra Prole: gli alberi producono i frutti per gli Uomini, ma le
Donne partoriſcono i Figliuoli per Dio; e perciò la fecondità è una
delle ſue benedizioni. Approfittatevi in due maniere di queſta gravidanza, offerendo cento volte al giorno il frutto del voſtro ventre,
come dice S. Agoſtino, che ſua Madre, eſſendo gravida di lui, era
ſolita di fare: e ne' dolori, e nel tedio, e nelle afflizioni, che ſogliono accompagnare la gravidanza, benedite, e ringraziate Iddio
de' patimenti, che tolerate, per produrgli un Servo, o una Serva,
che con l'ajuto della ſua Divina grazia lo loderà eternamente inſieme con voi: ſia ſempre Iddio in tutto, e per tutto glorificato ne'
voſtri patimenti, e conſolazioni. Nè era ſoddisfatto di ajutare i
Bambini, mentr'eran nell'utero, colle ſole orazioni delle Madri;
ſi prendeva ancora ſollecitudine, che in quel tempo aveſſero il
convenevole nutrimento: perciò ſcrive ad un altra: (b) Mi
vien detto, che voi digiunate eſſendo gravida, e private il voſtro
frutto dell'alimento, ch'è neceſſario a ſua Madre, per dare a lui
quello, che gli è dovuto: non lo fate più ve lo ſupplico, ed umi-
liandovi al parere de' Dottori, nutrite ſenza ſcrupolo il voſtro corpo in conſiderazione di quello, che portate. E le ſuggeriſce un'

ec-

(a) S. Franc. Saleſ. nella Lettera 1. lib. 3.
(b) Lo ſteſſo nella Lettera 83. ed ultima del lib. 3.

eccellente formola di orazione da farfi per la Madre , è per la
Prole , che io metterò al fine di quella opera nell' Appendice .
Ma quanto alla materia del digiuno , che tocca il S.nto , farà
cura de' Parrochi far fapere alle Gravide , che compito il terzo
mefe , il digiuno fuole effere dannofo al Feto ; e perciò i Teologi n'efentano le Pregnanti , e che quelle non devono oftinarfi
ad offervarlo con pericolo della Prole . Ed in vero ne' principj
della gravidanza poffono farlo , perchè in luogo della libra e
mezza di fangue in circa , che fogliono cacciare ne' tributi lunari , che allora ceffano , fi manda nell' utero altrettanto di foftanza chilofa , che cede in alimento del Feto ; ma dopo il terzo mefe la detta quantità non bafta più all' aumento del Bambino , ma fi ricerca nelle Madri un maggior nutrimento , acciòc-
chè in più abbondante copia lo comunichino ancora alla Prole:
onde cominciano ad effere difpenfate dal digiuno . Se però la
Gravida ne aveffe patimento anche nel primiero mefe; non vi
è dubbio alcuno , che fino di allora goderebbe di tal difpenfa .
Se poi fentiva il Santo , che qualcuna ftentava a partorire , l'aju-
tava colle fue orazioni : come fece con quella fua vicina , a cui
mandò eziandio per mano di fuo Fratello Gio: Francefco una
cintura portata da Loreto, di cui appena fi cinfe la Parturiente ,
che fubito mandò fuori il Bambino fenza dolore (a).

4 Strepitofo poi fu il feguente miracolo da lui operato
per falvare un Bambino . Avendo una Donna Eretica trafcura-
to di far battezzare il fuo Figliuoletto , morì quefti fenza Battefimo : confufa ricorfe al Santo , che faeva allora la Miffione
nello Sciablefe , promettendogli di farfi Cattolica , fe glielo ri-
fufcitaffe , almeno per quanto poteffe battezzarfi . Francefco ar-
dendo di zelo della falute del Bambino , e della Madre porfe a
Dio sì ferventi orazioni , che la fiamma , per così dire, del fuoco della fua carità riaccefe la eftinta vita al Fantolino , che in
feguito fi battezzò , e fopraviffe ancora due giorni : ed il miracolo , che fu notorio , e predicato dal Pulpito dal P. Cherubino
della Moriana a confufione degli Eretici , tirò dopo di sè non
folo la converfione della Donna , e del Marito , ma di molti altri . 5 Ma

─────────────────────────

(a) Galizia *vita di S. Francefco di Sales lib. 2. cap.* 36.

5 Ma che ? Non si fermava la sua carità in cercare, che i Bambinelli ricevessero il Battesimo : e ricordevole, che Cristo era venuto , (a) *ut vitam habeant, & abundantiùs habeant,* e che aveva detto (b): *finite parvulos venire ad me ; tàlium est enim Regnum Cælorum ;* per tirare a Dio i Pargoletti fino dalla più tenera età, si faceva Fanciullo co' Fanciulli: essendo sua massima, che la grazia trovando in essi meno di resistenza, e di ostacoli, gioca più francamente in loro, che ne' grandi. Carlo Augusto di Sales ci dà delle belle notizie della sua carità, condiscendenza, istruzioni, e finezze verso della celebre Serva di Dio Maria Amedea di Blonè (c) ancor fanciulla. Di essa il Santo diceva, averla amata, mentr' era ancora nel ventre della Madre. *Io posso,* le scrivette una volta, *con ragione chiamarvi mia carissima Figlia : perchè in verità mi siete stata cara fino dal ventre di vostra Madre, od almeno fin dalle fasce, nelle quali vi ho cento volte benedetta, e desiderata la corona, che Iddio tiene preparata dare alle Vergini, e Spose di Gesù Cristo :* e spesso diceva a Claudio di Blonè Padre della Fanciulla, ch' egli l'amava sì teneramente, che più non avrebbe fatto se fosse stata sua propria Figlia, o Sorella, e che alla ragion di Padre naturale del Signor Claudio toccava dare la dote corporale, a sè la spirituale. In fatti morendo lasciolla erede del suo cuore, e del suo spirito. Ma Monsignore Gio: Pietro Camus Vescovo di Bellei nel suo Trattato dello Spirito di questo grande Operario (d) ci fa vedere, che la carità di lui era universale verso i Fanciullini, e ci narra cose incredibili della somma benignità, ed amore, che loro portava. Ed in vero, oltrechè li confessava con piacere, accettava i piccioli regali, che con filiale amorosa semplicità gli facevano d'un pugno di noci, di castagne, di pomi, d'un poco di formaggio, d'un soldo, d'un quattrino, d'un mezzo bajocco, ch' egli riceveva benignamente, e ne rendeva grazie condite di umiltà, ed amorevolezza a' Donatori. Il danajo era da lui distribuito a' Poveri, che incontrava in uscir da Chie-

(a) *Matth.* 19. 14.
(b) Idem. 10. 13. 14.
(c) *Vita della Madre Maria Amedea di Blonè cap.* 1. e 2.
(d) Camus *Spir. di S. Franc. di Sales p.* 4. e 23.

Chiefa : ma quanto al comeftibile, fe lo portava egli fteffo nel fuo roccetto, o in faccoccia, e lo metteva poi ful tavolino della fua Camera, o lo dava all' Economo ordinando, che glielo apponeffero a menfa, dicendo alle volte : *Labores manuum tuarum quia manducabis, beatus es, & bene tibi erit.*

7 Ma quanto operò in vita in favor de' Fanciullini fu un nulla rifpetto a quanto per loro aveva ideato, e che fecondo è credibile egli ha da Dio impetrato colle fue orazioni. Aveva egli concepito il difegno di fondare una nuova Congregazione di fagre Vergini, iftituto delle quali foffe non folo tenere in educazione le Fanciulline, ma per ammaeftrarne molte, di aprire infieme per loro Scuole pubbliche; prevenuto dalla morte non potè efeguire il nobiliffimo fuo penfiere. Ma ficcome a lui aveva comunicato una fimile idea Maria Uiller Signora di Villanova fua Figlia Spirituale, e gran Serva di Dio: quefta con la fua approvazione principiò in Parigi la Congregazione, che per le molte contradizioni, che patì, fi chiama delle Figlie della Croce. Ma morto Francefco, l'ammirabile S. Vincenzo de Paulis fuo grande Amico, che aveva una infinita venerazione per tutti i fentimenti avuti dal Santo Vefcovo, come fece vedere fpecialmente nel governo di anni in circa 40. de' Monafterj della Vifitazione in Parigi, e che chiamavalo fuo Padre Spirituale, e il più naturale ritratto di Crifto converfante cogli Uomini; Vincenzo, dico, fuccedette nella guida della Uiller, e col fuo credito, e diligenza foftenne, e ftabilì la Congregazione allora tenera, e per le furiofe tempefte già vicina ad eftinguerfi: ma che oggidì nella Francia rifplende, e fiorifce. (a)

8 Ella à lo fteffo fine, e i medefimi Efercizj della Congregazione della Sagra Famiglia d'Italia fondata ultimamente dal celebre Cardinale Pietro Marcellino Corradini, e fra gli altri, e principali, l'infegnare l'arti femminili alle Fanciulle, infieme colla Dottrina Criftiana, difporle alla prima Comunione, iftruirle in ogni genere di virtù, e riceverne ancora molte in educazione: il che è un bene sì grande, e di sì nobili confeguenze fecondo; che Monfignor di Bellei tutto ripieno dello fpirito di

S. Fran-

(a) Gio: dal SS. Sacram. *Vita di S. Vincenzo cap.* 32. Abellì *lib.* 1. *c.* 38.

S. Francesco di Sales, di cui era stato amantissimo, ed amatissimo Discepolo, dice nel trattato dello spirito di quello (a): stimar' egli simili Case, sopra tutti gli altri Monasterj di Donne. Le Costituzioni poi e Regole della stessa Congregazione Italiana, e suoi Direttorj delle costumanze sono in gran parte cavati dalle Costituzioni, e dal Costumiere dell' Ordine Salesiano, o sia della Visitazione, e la Dottrina del Santo è per le Religiose approvata per ammaestrarle nelle medesime Costituzioni confermate dalla Santa Sede Appostolica. Sicchè se Francesco di Sales non potè ergere questo eccellente edifizio alla gloria di Dio, e al bene delle Fanciulle; ne à però non solamente fatto il disegno, ma contribuitovi molto del materiale stesso per la gran fabbrica, e deve essere a parte dell' onore, come Davide rispetto al Tempio, che poi edificò Salomone suo Figlio.

    9   In somma non è maraviglia, che questo grande Eroe abbia avuto tanto amore a' Bambini, e Fanciullini; perciocchè era sua celebre massima, che l'apice della più sublime Perfezione Cristiana consiste nell'imitare la Sagra Infanzia di Gesù Cristo. Avendo dunque egli cercato di conformar la sua vita a Cristo Picciolino, e procurando sempre di farsi Bambino per l'umiltà, docilità, purità, candore, veracità, ubbidienza, benignità, ed altre virtù proprie de' Figliuoletti; ed essendo riuscito a maraviglia non meno in queste, che nelle altre virtù degne di un Cuore veramente Serafico, ed Appostolico, come fu il suo; è cosa connaturale, che tanto abbia amato i Fanciullini, e nati, e ancor non nati per riguardo di Cristo Infante. Quindi Iddio lo volle chiamare appunto in Cielo dentro all' Ottava della sua Nascita, il giorno de' Santi Innocenti, e nel punto che s'invocavano questi al soccorso del Moribondo, dicendosi nelle Litanie: *Omnes Sancti Innocentes, orate pro eo*: per dargli quell' incomprensibile premio, ch'era dovuto alla sua Battesimale Innocenza, arricchita sempre da lui col numero quasi infinito d'inestimabili margarite di nuovi meriti.

    10   Or l'amore verso i Bambini non è in Francesco estinto con la morte, ma perfezionato con la gloria: e siccome viven-

_____

(a) Camus *Spir. di S. Francesco di Sales p.* 18. *c.* 21.

vendo foleva alle Donne fterili impetrar da Dio la benedizione
della fecondità , predicendo pur anche il feffo del Bambino da
nafcere ; così è folito ora il ricorrere a lui per impetrar fimili
grazie , ed egli continua ad ottenere ancora feliciffimi Parti a
chi fi ferve dell'Acqua benedetta con le fue Reliquie ; ed è molto da notarfi , che quantunque quelle Acque fi fperimentino
prodigiofe in tutte le infermità ; fpecialmente però riefcono tali
in quelle de' Fanciullini , de' quali par che Dio abbialo coftituito
Avvocato , sì perchè ad efempio del Salvadore ne fu amante sì
fvifcerato , come per effere ftato fingolare nel praticar le virtù
fimboleggiate da quella tenera età , fecondo riflette l'Autore
della fua vita . (a)

11   E quefto è il motivo , per cui fopra io configliai alle
Gravide il fervirfi ogni giorno dell'Orazione compofta per loro ,
e per la Prole da un sì gran Santo : il quale non vi è dubbio
(maffime fe verrà invocato) che accompagnerà ancora la fua
interceffione colle loro orazioni : effendo coftume de' Beati il
pregare Dio per noi , fpecialmente quando noi ci ferviamo in
pregando delle parole da loro medefimi fuggeriteci : così Natan
Profeta dopo aver meffo in bocca a Berfabea le parole , che doveva dire a Davide in favore di fuo Figliuolo Salomone , per
farlo dichiarare Erede della Corona ; le promife , *& adhuc ibi
te loquente cum Rege , ego veniam poft te , & complebo fermones
tuos* (b) , come adempì con efito feliciffimo . Io ne ô un'eccellente , e frefca efperienza . Anni fono in Vittoria Città di quefto Regno popolata di dodici mila Anime in circa , per una
maligna Epidemia in tre mefi morirono innumerabili Perfone ,
e 'l peggio era , che tutte le Gravide abortivano , ufcendone
morti i Bambini . Si ricorfe allora al S. Vefcovo Francefco di
Sales , di cui e il Parroco , e il Popolo fono molto divoti , e fi
fè , che tutte le Gravide recitaffero l'orazione fuddetta compofta
dal Santo , implorando ancora la di lui interceffione : ella fi mo-
ftrò efficaciffima , perciocchè non fi videro più Aborti : folo alcune partorirono Bambini di fette mefi , e quefti furono vitali .

Kk   CAPO

(a) Galizia *lib. 3 eap. 41. e lib. 4. eap. 18.*
(b) *3. Reg. 1. 14.*

C A P O   I V.

Della vigilanza, a cui sono tenuti i Vescovi in favor de' Bambini racchiusi nell' utero materno.

PEr quanto abbiamo raccomandato a' Parrochi, Sacerdoti, Medici, e Magistrati la cura de' Bambini racchiusi nel ventre delle loro Madri; è sempre necessario, che vi ci impieghino ancora i Vescovi la loro autorità, se vogliono imitare la divina Provvidenza, e Carità verso di quelli, e che il tutto proceda felicemente.

A tre cose par, che si riduca la cura de' Vescovi in questa materia: a conoscere i disordini: a prescriverne i rimedj: a invigilare all'esecuzione di questi. E quanto al primo punto: nelle visite dimandino al Parroco, al Vicario Foraneo, e a' Testimonj Sinodali:

1 Se in quella Città, o Luogo corrono Aborti volontarj, o involontarj?

2 Se il Parroco usa diligenza per impedirli? E quale? Massime nelle gravidanze infamatorie, e se sta attento ad interrogare di queste gravidanze, quando ne â prudente sospetto?

3 Se vi sia nel Luogo Spedale, ove in questi casi di necessità si portino i Figliuoletti illegitimi? E se no: se gli accolga l'Università, come de jure è obbligata? O pure se all' opposto si espongono con pericolo di essere divorati da' Cani?

4 Se si â la dovuta cura di battezzare gli Abortivi, che dan segno di vita col moto, benchè picciolissimi; o se all' opposito si â la crudeltà di ucciderli?

5 Se i Maritati sanno la forma del Battesimo, e la maniera di darlo in simili necessità? non dovendo il Parroco sposarli,

farli, se non sanno bene amministrare questo Sagramento, di cui possono facilmente essere Ministri.

6 Se i Parrochi cercano di sapere se le Donne maritate, che debbonsi comunicare per Viatico, o confessare ne' morbi gravi, siano gravide? E se non son maritate, quando essi ânno giusto motivo di sospettarlo.

7 Se i Parenti delle Gravide, che muojono, sogliono avere difficoltà a permettere il Parto Cesareo, e se lo impediscono?

8 Se in caso di resistenza i Parrochi ricorrono al braccio secolare, e se le Potestà temporali loro l'accordano?

9 Se i Parrochi sono diligenti a persuadere il Parto Cesareo suddetto, e vi assistono in persona?

10 Se ne' Luoghi piccioli vi sia, chi sappia fare il taglio, e se pretende paga eccedente?

11 Se si fa subito, e se si usano le diligenze dovute per conservare frattanto vivo il Bambino, mantenendo caldo l'utero?

12 Se si tralascia col pretesto insussistente, ch'è molto tempo scorso da che spirò la Madre?

13 Se si tralascia pe' Bambini minori di sette mesi? Come se fosse lecito lasciar questi perire.

14 Se nelle Terre, e Luoghi piccioli si trovino le sedie da Parto, e se ne' Parti difficili vi siano Chirurghi, che con la loro perizia, e stromenti possano ajutare la Parturiente, e salvare, ed estrarre il Bambino?

15 Se ne' casi disperati si usi il Parto Cesareo delle Viventi?

16 Se le Commari, o Mammane sono diligenti a battezzare, cioè *sub conditione*, i Bambini, che sono tutti situati nell' utero? Se possono però fisicamente lavarli.

17 Se i Parrochi istruiscono in questa materia il Popolo di proposito, almeno una volta l'anno (e certo il più proprio sarebbe il giorno degl'Innocenti), e poi secondo le occasioni, che s'incontrano nell'insegnare il Catechismo a' grandi. Nella Diocesi di Girgenti sta ordinato, che l'Editto in questa materia si legga ogni anno nella Messa Parrocchiale della Festa succennata, in cui pure si co-

manda, che i Curati declamino contro i delitti efecrandi tanto di far perire fenza Battefimo colle Madri defunte i Bambolini non nati, quanto di procurare l'aborto;
della quale lettura di Editto, e di Predica fatta devono
fotto la pena di fcudi dieci mandare al Vefcovo fede
ogni anno fra lo fpazio d'un mefe: e quella fede nella
Diocefi à da effere fofcritta ancora dal Vicario locale, e
in fua mancanza dal Prete più antico.

18 Perchè i Parrochi in alcune Diocefi, come in quella di Girgenti, fono obbligati ad efaminar le Mammane intorno
al Sagramento del Battefimo ogni due mefi (provvidenza neceffaria, e degna di ftabilirfi da tutt' i Prelati nelle
loro Diocefi), s'informino i Vefcovi, fe in tale occafione
i Parrochi iftruifcono le Mammane fopra quanto s'è detto in quefto medefimo Capitolo, e cofe a quefte fimili
(a).

Quanto poi al rimedio de' difordini, effo confifterà in fare alcuni regolamenti, che per confervarfene la memoria nel
Clero, e per reftare perpetuamente in vigore, dovranno effere inferiti nel Sinodo. Io qui noteronne alcuni.

Primo: Concedere Indulgenza a chi, a fine d'impedire, dinun-
zia al Curato, chi fta procurando qualche aborto.

2 Concedere la fteffa Indulgenza a chi rivela al Parroco, qualche moribonda effere gravida.

3 Similmente a chi battezza gli Abortivi, o a ciò coopera.

4 E a chi coopera in qualfiffia maniera al Parto Cefareo delle
Defunte (come fu conceffa nella Diocefi di Lingon), o
delle Vive ancora, tanto fe il Feto fia vivo, quanto fe
morto, e a chi in qualfiffia maniera ajuta o la Parturiente, o il Feto per liberarli.

5 Che prima di fare i proclami, quando fi efaminano i futuri
Spofi intorno al Catechifmo, fi efaminino ancora circa
la maniera di miniftrare il Battefimo ne' cafi di neceffità.
Utile

(a) Ramirez *Synod. Agrig. p. 2. cap. 2.*

Utile ancora farebbe l'impofizione della Scomunica:

1 A chi fapendo che fi cerca di fare abortire una Gravida, nè potendo altrimente impedire il danno, non lo rivela al Parroco: il che fpecialmente è neceffario per le gravidanze illegitime; purchè veramente gli confti la gravidanza, e la procurazione dell'aborto: ma che la pena s'intenda *effeſtu fequuto*.

2 A chi non rivela, eziandio Parente, che la morta è gravida.

3 Al Perito, che non voleffe fare il taglio per eftrarre il Feto, eziandio fe non à fperanza di paga.

4 A' Parenti, domeftici, od altri, che impediffero di fare il taglio alle Defunte. Converrebbe di più ordinare, che fe per qualche accidente perirà qualche Bambino di quefti fenza Battefimo; il Parroco fattifi i Teftimonj delle diligenze da sè ufate, dia parte fempre al Prelato dell' occorfo nella Città fra lo fpazio di tre giorni, e nella Diocefi di otto, fotto pena di fofpenfione *ipfo faſto incurrendæ*: acciocchè quegli poffa punire colle pene canoniche, chi avrà in ciò mancato. Tutte le fuddette cenfure fono impofte nel citato Editto del Vefcovo di Girgenti per la fua Diocefi; la terza però, e la quarta fi vedono ancora fulminate in quella' di Catania, benchè quanto alla terza ivi è pe'Chirurghi, che pretendono una mercede indebita, a cui non poffano giungere le forze de' Congiunti della Defunta.

Circa poi l'efecuzione delle ordinazioni prefcritte da' Prelati in favor de' Bambini, è neceffario:

1 Che fe l'intendano co' Principi temporali, facendo inculcar da loro le Leggi, per altro antiche, di non fi feppellire le Gravide fenza prima fpararle fotto le pene degli omicidi, ed ordinare da' medefimi con fevere pene a' Miniftri locali, e fubalterni di dar braccio a' Parrochi in quefte occafioni. Le più belle cofe, che fi leggono fra le coftituzioni Imperiali in favore dell'Anime, e della difciplina Ecclefiaftica, fono tutti effetti dello zelo de' Santi Vefcovi antichi, che congregati ne' Concilj allora frequenti

quenti, ne concepivano la bella idea, e ne facevano istanze agl'Imperadori, come ânno offervato gli Eruditi.

2 Secondo inculchi il Vefcovo lteffo ciò, che fi deve fare in_ quella materia, tanto nelle Congregazioni de' Parrochi, quanto nel Sinodo, inferendo (come fi diffe) i regolamenti da sè fatti tra i Decreti Sinodali: acciocchè reftino per fempre, e non fe ne perda la memoria. E lo lteffo farà ancora nelle vifite, e nelle conferenze private co' Parrochi, quando vengono da lui.

3 S'informi da' Curati medefimi, e per lettere, e moltopiù fegretamente da' Vicarj Foranei, e Teftimonj Sinodali, fe ogni anno fi fa (come fopra fi avvertì) l'iftruzione al Popolo in quella materia, imponendo ancora qualche_ pena ftabile pecuniaria per chi la trafcura, come fi decretò per la Diocefi di Girgenti: e procuri di fapere in che flato fi ritrovi intorno a ciò la buona difciplina: la_ quale diligenza, e ricerca dev'egli fare tanto per Luoghi più piccioli, quanto per li più grandi: perchè i maggiori difordini fi ritrovano fempre, o ne' primi per l'ignoranza, che può facilmente allignar ne' Miniftri, e per la_ mancanza d'altri ajuti: e ne' fecondi per la gran calca_ degli affari, e per la moltitudine del Popolo, che non_ permette talora, che poffano i Paftori aver l'occhio a_ tutto.

4 Chi crederebbe? Monfignor Abellì nella Vita di S. Vincenzo da Paolo racconta, che al tempo di quefto grand'Eroe, cioè in un tempo il più florido per la Città di Parigi, in cui per altro rifplendeva molto la letteratura, e la difciplina Ecclefiaftica; pure fi perdevano ogni anno 400. Bambini in circa de' Nati illegittimamente, che in ufcire alla luce fi confegnavano ad una Vedova, che li dava_ in gran parte a gente di mal'affare, altri vendeva fpeffo a Streghe, e Fattucchieri: ed il peggio fi è, che_ morivano fenza Battefimo: perchè la Vedova confefsò di tanti mai averne fatto battezzare niuno: onde fu obbli-

bligato a ripararvi lo zelo apoſtolico di Vincenzo (a) con fondare la Congregazione delle Dame della Carità. Se tante Anime ſi perdevano de' già Nati, quante ancora poſſiamo ſoſpettare, che ſe ne perdeſſero con Aborti volontarj? Quanti Bambinelli vivi ſi ſaran ſeppelliti colle loro Madri morte, e forſe anche legitimi? Le Città grandi benchè illuſtri, e ben regolate quanto ſi voglia, ſono ſempre gran boſchi, in cui facilmente ſi poſſono appiatare le Fiere, e i Serpenti de' diſordini più nocivi: ond' è neceſſario, che i Prelati a guiſa de' Gran Cacciatori de' Principi vi raddoppiino la diligenza. Per altro Iddio ſuol benedire la cura, e ſollecitudine, che ânno i Superiori di eſtirpare gli abuſi, e promovere la gloria di Dio. Io voglio qui a queſto propoſito ſoggiungere un Capitolo di lettera, che mi ſcrive ſotto li 15. Dicembre 1743. Monſignor Fra D. Paolo Alfaran degniſſimo odierno Veſcovo di Malta, Città inſigne per molti titoli, e ſpecialmente per la gran pietà del Sagro Ordine Geroſolimitano, di cui è la fortunata ſede, e per lo buon ſiſtema del governo ſpirituale, e temporale. *In queſta mia Dioceſi vi è una regola ſtabilita dal zelantiſſimo fu Monſignor Cocco Palmeri, che nelle gravidanze occulte tutte le Levatrici vengono obbligate ſotto pene arduiſſime di manifeſtarle in ſegreto, o al Fiſcale Generale, o a' Profiſcali di quèſta mia Curia: affinchè portatane la notizia al Veſcovo, poſſa il Prelato fare il precetto della cuſtodia del parto, e dare ordine al Parroco, che giudica più convenevole, per conferire il Sagramento del Battéſimo: e da che il Signor Iddio ſi è degnato contr' ogni mio merito, ſciegliermi per aver la cura Paſtorale di queſta Dioceſi; ſi è oſſervato inviolabilmente in moltiſſimi caſi di Figliuole di famiglia, ed altre Zitelle queſto ſanto metodo. Devo anche ſoggiungere, che i Ceruſici ſono pure obbligati a fare lo ſteſſo delle Levatrici, ed i Parrochi a tenore degli Editti,*

che

(a) Abellì *Vita di S. Vincenzo da Paolo lib.* 1. *cap.* 3. Giovanni del SS. Sagram. *Vita dello ſteſſo Santo cap.* 16.

che si fanno nella sagra visita , invigilano con grande ocu-
latezza , per essere informati di simili gravidanze occulte ,
e me ne danno subito parte . La cura poi , che vi è nella
sagra Infermeria per li Bambini esposti , è così mirabile ;
che quelle povere disgraziate Fanciulle , alle quali succede
una vergognosa gravidanza , piene di fiducia al ricovero ,
che trovano in quel santo luogo , non pensano alla malizia
degli Aborti ; e per riparare ancora il delitto degli aborti ;
il grande zelo Ecclesiastico di Monsignor Cocco Palmeri ,
fece terzo caso riservato colla pena della Scomunica : Abor-
tum procurantes etiam Fœtus inanimati . *Onde molto di*
rado succedono Aborti per malizia .

5 Or se si è trovato il modo di soccorrere a' Bambini illegitimi dalla diligenza , ed industria de' zelanti Prelati ; quanto più facile assai è l'impedire , che non si seppelliscano
vivi i Bambini legitimi colla Madre ? So ben io , che
per queste , e simili cose è necessaria ne' Vescovi ugualmente , che ne' Parrochi una somma sollecitudine ; ma
la carità , quando è fina , ed eccellente , come debbe essere , e si suppone , che sia ne' Ministri di Dio , vince
tutti gli ostacoli .

6 L'ultima e importantissima avvertenza , acciocchè questi regolamenti siano eseguiti , è il punire quei Parenti , o Chirurghi , o Parrochi , od altri , che mancassero al loro
obbligo : perchè tutte le Leggi son belle , e buone , ma
restano inutili , anzi si disprezzano , quando non si ese-
guiscono le pene , che esse minacciano contro de' Trasf-
gressori . Cristo si sdegnò cogli stessi Appostoli , quando
vide , che impedivano di venire da lui i Fanciullini , come non senza mistero ci narra S. Marco (a): *Et offere-*
bant illi Parvulos , ut tangeret illos : Discipuli autem com-
minabantur offerentibus , quos cùm videret Jesus , indignè
tulit , & ait illis : sinite , Parvulos venire ad me , & ne
probibueritis eos ; talium est enim Regnum Dei ; perchè a
dirlo tutto in una volta : Sacerdoti , Parrochi , Vescovi ,
Ma-

(a) *Marc.* 10. 13.

Magiſtrati, Medici, che non ajutano queſti poveri Fantolini, ſono ugualmente rei, che ſe poſitivamente l'uc-
cideſſero, o l'impediſſero dal conſeguire l'eterna ſalute,
dicendo Seneca: *Qui non vetat peccare cùm poſſit, jubet.*
Ma ſe a taluno, che leggerà queſto Libro, ſembrerà,
che troppe coſe io voglia qui praticate da' Curatori delle
Anime tanto Veſcovi, quanto Parrochi: io gli riſpon-
do, che non deve egli miſurare le obbligazioni de' Succ-
ceſſori degli Appoſtoli, e de' Diſcepoli di Criſto colla
tepidezza, e limitazione del proprio zelo; ma con la
ſublimità, lunghezza, ed eſtenſione della carica Paſtorale, colla forza della grazia di Dio, che ſi dona ad una
sì ſublime vocazione, e coll' eſempio de' veri Eccleſiaſtici, e di Criſto medeſimo, il quale è sì grande, e sì
eccellente, che i SS. Padri, e da eſſi il Concilio di Trento per ciò ânno chiamato la cura dell' Anime: *Onus ipſis
Angelicis humeris formidandum.* In verità Iddio â per sì
grande e pieno di tanti peſi, e cure il Miniſtero diviniſ-
ſimo della ſalute dell' Anime, che quantunque il minimo
degli Angioli beati ſia baſtante eſſo ſolo a governare un
Regno: pure per darci eſempio, e per farci diffidar di
noi ſteſſi, non â confidato a un Angiolo che un' Anima
ſola, ed oltre a ciò ad ogni Comunità â voluto che ſo-
vraintenda un' Arcangiolo, ch' è di un' abilità molto ſuperiore, e nelle Dioceſi, o almeno Provincie, un Prin-
cipato, che di gran lunga eccede in forza, ſapere, e carità, i talenti degli Angioli dell' infimo Coro, donde ci
ſono ſcelti per ordinario i Cuſtodi: e nello ſteſſo tempo
con queſta medeſima ordinazione ci dona forza, e co-
raggio, moſtrandoci, che ſotto tali, e tanti Protettori,
e Compagni avvivati dalla forza della ſua grazia tutto
poſſiamo imprendere, ed in tutto poſſiamo riuſcire,
quando cerchiamo daddovero, e unicamente la ſalute
delle Anime, e la gloria del Signore.

CAPO V.

Sermone, o sia Istruzione da leggersi da' Parrochi,
e poi spiegarsi al Popolo nella Festa de' Santi
Innocenti, e ch' è un epilogo dell'
opera presente .

IO metterò qui per fine una Formola dell' istruzione da farsi ogni anno al Popolo in favore de' nostri Bambini, in cui però non si leggono nè l'Indulgenze, nè le pene indicate nel Capitolo antecedente : perchè non appartiene a me il darle, ma vi si potrebbero aggiugnere nel caso, che i Prelati ve l'avessero imposte, come si è fatto in alcune Diocesi .

Or si leggerà la detta Istruzione o dal Parroco stesso, o da un Cherico dopo il Vangelo, acciocchè il Popolo veda, che non contiene idee nate in capo del suo Curato, come facilmente sospettano gl'Ignoranti, ove si dica ciò, che loro non piace, o sembra nuovo : ma che sono cose, che l'insegnano i Libri, e così avranno più peso : e poi il Parroco la spiegherà immediatamente .

O Quanto lagrimevole, e tragica, Dilettissimi, è la Storia dell' odierno Vangelo, e solennità. Erode intruso della Giudea, avendo avuta notizia della Nascita del Messia da' Magi, che veduta la Stella, lo cercavano in Gerosolima, e saputo da' Dottori della Legge, che doveva nascere in Bettelemme ; ordinò fraudolentemente a' Magi medesimi, che lo cercassero, e trovandolo glielo avvisassero : non già perchè potesse andare ad adorarlo, come l'Ingannatore fingeva, ma per ucciderlo . Eppure o quanto debole è l'umana perfidia, ed astuzia contro gli eterni consigli del Cielo ! I Magi colla guida della Stella ritrovano il nato Dio, e l'adorano, ed ammoniti dall' Angiolo a non ritornar più da Erode, s'incamminano per altra strada alla Patria, e lasciano il Tiranno deluso. Allora l'Empio ve-

den-

dendoſi burlato dà nelle ſmanie , ed agitato dalle proprie furie dell'ambizione , e dello ſdegno comanda , che tutti i Bambini di Bettelemme , e de' luoghi circonvicini nati, da due anni in giù ſecondo il tempo , ch'egli aveva dimandato a' Magi dell'apparizion della Stella , ſi trucidino barbaramente ; e l'ordine da' ſuoi Soldati , e Miniſtri viene empiamente eſeguito . Ora per quanto lagrimevole ſia da un lato queſto gran fatto, altrettanto ancora dall'altro ci deve riempire di giubilo : perciocchè quanto abbondò contro de' Santi Fanciullini la malignità del fieriſſimo Re ; altrettanto verſò di benedizioni ſopra di loro la grazia del Signore : ſicchè in certa maniera eſſi riconoſcono il loro ſteſſo Nimico per loro incomparabile Benefattore : *Ecce* , dice S. Agoſtino (*a*), *profanus hoſtis nunquam beatis Parvulis tantùm prodeſſe potuiſſet obſequio, quantùm profuit odio*. Sono ſtati, è vero , aſſaliti da grande , e furioſa tempeſta , ma che gli à ſbalzati felicemente, e ſubitamente, prima che provaſſero i pericoli della navigazione di queſto Mondo , nel Porto dell'eterna ſalute : la ſtragge loro ſe portò dolore alle Madri , odioſità ad Erode , orrore alla Terra ; à partorito allegrezza alla Chieſa, onore alla divina Miſericordia, ed al Cielo godimento: *Indicitur*, ſono parole dello ſteſſo Agoſtino (*b*), *Matribus lamentatio, Angelis exultatio, Infantibus traſmigratio .... miſcebatur lamentatio Matrum, & ad Cœlum tranſibat oblatio Parvulorum*.

Ma oimè ! l'Erode infernale fa ancor egli tutto giorno una crudeliſſima ſtragge d'infinite povere Creaturine cogli Aborti , che a ſua iſtigazion ſi commettono, o con fare che nel ventre materno periſcano, o che ſenza Batteſimo ſi ſeppelliſcano con le loro Madri, ſe muojono gravide : uccidendo coſì non ſolo i loro Corpi, ma ciò ch'è più deplorabile l'Anime ſteſſe, che condannate a una irreparabile perdizione vengono precipitate nel Limbo, e prive in eterno della beata Faccia di Dio . Grande in vero è queſta diſgrazia ; ma ſi fà ancora più lagrimevole al rifleſſo, che i Carnefici, e Miniſtri di queſto Re di Superbia ſono appunto coloro, che più dovrebbono invigilare al bene di

Ll 2 quei

quei poveri Bambinelli : Padri , Madri, Confanguinei, Domè-
ftici , Affini , voi fiete i manigoldi di quefti Bambini infelici :
onde fe Rachele, ch'era figura delle Madri de' SS. Innocenti,
ci fi dipinge da Geremìa per inconfolabile nella lor morte, e la
Chiefa fteffa dimoftra ancora in quefta medefima folennità, in
mezzo all'allegrezza, un'ombra di lutto : quanto maggiore è il
pianto , ch'ella deve far tutto giorno per la perdita di tante
Creaturine, che avrebbe potuto rigenerare a Crifto, e che fecondo la divina ordinazione , ella riguardava come fuoi futuri
Figliuoli; e voi loro confanguinei, e domeftici le uccidete? Qui
onninamente può dirfi : *Vox in Rhama audita eft , ploratus , &
ululatus multus , Rachel plorans Filios fuos , & noluit confulari ;
quia non funt* . Sì quefta perdita è eterna ; e però a ragione per
tutti i lati è inconfolabile . Per eftirpare adunque dal Mondo
una sì grande barbarie, è neceffario , Dilettiffimi, che tutti fappiano le feguenti cofe, e che ne facciano ufo :

1 Chi è gravida è obbligata ad attenerfi da tutte quelle cofe ,
   che poffono farla abortire, come travagli, sforzi, e pefi
   eccedenti , viaggi , balli , fmoderate aftinenze , collere,
   riffe , e fimili , e ciò fotto il graviffimo peccato, fe prevede un tanto male : e *vice verfa* è obbligata a far tutto
   quello, che giudicherà effere neceffario per confervare
   in vita la Prole : perchè fe è peccato mortale contro la
   Legge naturale , come dicono tutti i Dottori , l'impedire la generazione , e fi reputa un omicidio ; quanto più
   grave delitto farà il permettere, che un Bambino già concepito perifca, e perda così la vita del Corpo, e dell'Anima?

2 Chi procura l'aborto del Feto animato incorre la Scomunica
   rifervata al Vefcovo , in qualunque maniera la procuri,
   cioè con battonate , veleni , medicamenti , od in altro
   efcogitabile modo . Nè dovete di ciò maravigliarvi, quafi
   la Chiefa fia troppo in oggi fevera : perchè quefto è un
   delitto sì grande , che anticamente vi era impofta una
   rigorofa penitenza di anni venti , e il Concilio Eliberitano aveva ordinato , che le Donne adultere , che commettono Aborti volontarj, neppure fi comunicaffero, nè

fi affolveffero alla morte; ma che folo fi voltaffero a Dio con dimandare a lui perdono: commettendofi così la loro eterna falute alla fola forza della Contrizione perfetta: rigore che oggi non fi ufa cogli fteffi Eretici, Maghi, ed Apoftati.

3 Coloro, a'quali confta, che qualche Donna tenta di abortire, o che altri cerca di farla abortire, fe non poffono in altra maniera impedire quefto gran male, fono tenuti in cofcienza ad avvifarlo almeno al Parroco: acciocchè quefti tacendo il nome di chi gli porge l'avvifo, dia quei ripari, che ftimerà più conformi alla prudenza, e più opportuni.

4 I Medici, Aromatarj, Barbieri, e fimili, che daffero medicamenti, o cavaffero fangue a Donne, che pretendono così abortire, o delle quali ânno baftante fofpetto, o dubbio prudente, peccherebbero mortalmente, eziandio che il Feto fi fupponeffe non animato: e univerfalmente nel dare medicamenti alle Gravide rifpettivamente fono tenuti fotto grave peccato ufare molta cautela, acciocchè ajutando la Madre non fi danneggi il Feto, che perifce di Corpo, e di Anima, qualora muoja fenza Battefimo.

5 Abortendo una Pregnante, fi deve fubito far diligenza per vedere fe la Creatura è viva: e fia quanto fi voglia picciola, benchè imperfettiffimamente figurata; fe fi muove, fi deve almeno battezzare *fub conditione* eziandio dallo fteffo Padre, o Madre, fe non fi trovano altri: il che fi fa mettendo l'Abortivo in un bicchiere pieno di acqua, e in effo rimenandofi, e lavandofi deftramente.

6 La Donna in articolo, o pericolo di morte, s'è gravida, è obbligata a dirlo agli Aftanti: fe la gravidanza è occulta, e illegitima; è tenuta almeno confidarlo al Parroco fuor di figillo di Confeffione: acciocchè poffa quefti in cafo, ch'ella moriffe, farla tagliare, e non volendo effa confidar quefto arcano, e dar la dovuta licenza, è in iftato di dannazione, e non può effere affoluta: e morendo farà certamente condannata all'Inferno.

7 I Pa-

7 I Parenti, Domeſtici, od altri, che ſanno, che la moribonda, o morta, era gravida; ſono tenuti nella maniera medeſima a rivelarlo, e ſubito: perchè queſte notizie ſi devono dare a tempo per avviſare il Chirurgo, od altro Perito, e mettere in ordine ciò, che è neceſſario.

8 Se i Parenti, Mariti, Domeſtici, od altri, a' quali appartiene, non ſi prendeſſero cura perchè ſi faccia il taglio, peccherebbero mortalmente: ſe però l'impediſſero poſitivamente, ſarebbero al certo rei di maggiore delitto; ma tanto nel primo, quanto nel ſecondo caſo, la Legge Divina, ed Umana li guarda, e puniſca per omicidi: anche gli eſtranei ſono obbligati a cooperar quanto poſſono in quella eſtrema neceſſità del Bambino alla di lui ſalvezza.

9 I Magiſtrati Laici in caſo di reſiſtenza ânno obbligo ſtrettiſſimo di dare al Parroco il loro braccio per coſtringere i Parenti, od altri, che impediſſero di fare il taglio, ed anche il Perito ſe ricuſaſſe, e in mancanza di queſto, chi ne ſuppliſca le veci.

10 Si deve procurare un Chirurgo, e in ſua aſſenza, o un Barbiere, o una Levatrice, o ſia Mammana; ma ſe non ve ne ſono in quel luogo, e la gravida ancor non è morta, e vi è tempo, ſi chiamino riſpettivamente dalle parti vicine, o almeno faccia l'operazione, chi meglio può, o ſa farla.

11 Il Perito non può pretendere mercede indebita, nè tralaſciare l'operazione per la difficoltà del pagamento: ma ſe lo pretende maggiore, ciò ſi vedrà in appreſſo, e trattandoſi di Poveri, è obbligato a fare il taglio *gratis*, ancorchè non aveſſe fatto giuramento di ſervirli per carità: che s'egli per nemicizia co' Parenti della Gravida ſi eſentaſſe, peccherebbe eziandio nel ſolo dubbio, che la Creatura ſia viva: anzi è tenuto egli ſteſſo ad offerirſi ſpontaneamente a ſoccorrere l'eſtrema neceſſità del Bambino.

12 Se morta la Donna, il Perito non ſi trova pronto, e neſſuno vi è, che ſappia, e voglia ſupplire l'uffizio, almeno ſi cerchi di mantenerle caldo il ventre, e ſe le tenga in bocca un cannelletto ſenza nodi: perchè quantunque
ciò

ciò non fia neceffario alla refpirazione del Bambino; forfe può effergli utile con far entrare nel corpo della Madre aria recente , o con fare efalare dalle vifcere di lei
gli aliti cadaverici nocivi all'Infante .

13 La operazione fi faccia fubito fubito dopo la morte : ma fe
per difgrazia è paffato tempo , e fia quanto fi voglia_,
non fi tralafci mai il taglio : perchè talvolta fi fono trovati vivi gl'Infanti anche dopo d'un giorno .

14 Eftratto il Bambino fi battezzi , e poi non fi uccida benchè
moftruofamente diforme : nè fi uccidano gli Abortivi ,
benchè imperfettamente figurati .

15 Ne' Parti difficili la Gravida , e i Parenti fono obbligati a_
cercare gli ajuti della Chirurgia , e in certi cafi eziandio
lo fteffo Parto Cefareo delle Viventi : fe il Bambino altrimente perirebbe fenza Battefimo , e la Madre non_
oftante il taglio â fperanza di vita .

16 Se le Levatrici , ove il Parto fia difficile , poffono lavare in
fe fteffi i Bambinelli pericolanti , benchè quefti non fiano ufciti neppure in parte , non devono tralafciare di
battezzarli , cioè *fub conditione* .

17 Finalmente cerchino tutt' i Fedeli di ajutare quefti Bambinelli , e pregando in generale per tutti , e in fpeciale_
ove alcuno di effi è in qualche pericolo : perchè ciò può
effere loro di grande , e falutare foccorfo . Che fe la grazia di nafcer vivi , e in confeguenza la loro eterna falute
fpeffo è da Dio attaccata alle buone opere , ed orazioni
de' Genitori : e fe quefti fono fempre tenuti ad evitare i
peccati , moltopiù lo faranno in tempo della gravidanza,
e a fervirfi ancor di limofine , ed altre opere pie , e fer-
vorofe preghiere per impetrare un favore così importante . Ma quale farà , direte voi , la mercede per tanti
pefi , che ânno i Maritati fopra le loro fpalle ? Ella è pur
troppo grande , o Dilettiffimi . Ed invero S. Paolo promette alle Madri la gloria celefte , fe contribuiranno con
le loro diligenze , e patimenti all'altiffimo difegno , che
â avuto Iddio in eleggerle per iftrumenti di mettere al
Mon-

Mondo Creature capaci di conoscerlo, ed amarlo eternamente. O voi fortunate Madri Cristiane, se con amore veramente materno cercherete sempre di ajutarle per lo bene della loro vita corporale, e moltopiù per l'acquisto dell'eterna beatitudine! *Mulier*, dice il Grande Appostolo delle Genti (*a*), *salvabitur per generationem Filiorum, si in fide, & dilectione permanserit*. Sicchè benedirete un giorno i vostri dolori, le vostre angustie, le vostre sollecitudini, quando vi vedrete dare la sovrana ricompensa, come a Nudrici, dal Re de' Re, ch'è il vero Padre de' vostri Figlj, Padre per creazione; e moltopiù per addozione, e rigenerazione alla Grazia.

Lo stesso dicesi ancora a voi, o Padri, se metterete pure la dovuta cura in favore de' vostri Figliuoli. Al contrario guai a voi, o Padri, e Madri, se cercherete contro ogni Legge ucciderli prima che nati; anzi se non provvederete con amore pieno di tenerezza, e di sollecitudine alla loro vita temporale, ed eterna, massime nella loro più tenera età: *Non est voluntas*, vi grida Cristo in S. Matteo (*b*), *Non est voluntas ante Patrem vestrum, qui in Cælis est, ut pereat unus de Pusillis istis*. Voi altrimenti avrete un manifesto segno di riprovazione: perchè non solo vi mancherà affatto ogni vestigio di Carità Cristiana, ch'è la divisa de' Predestinati; ma vi mostrerete più crudeli delle medesime fiere tanto amorose della lor prole. Voi sarete adunque da Dio puniti di morte eterna, ed avrete parte nell'Inferno con Erode, di cui avrete imitata con un successo infinitamente più funesto, e pernicioso la barbarie, e l'empietà.

E voi, o Bambini innocentissimi, de' quali celebriamo oggi la Festa, Angioli per la somma illibatezza, e più che Angioli, perchè fiori de' Martiri, candidi insieme, e rubicondi, primizie di Dio, e dell' Agnello, suoi intimi Familiari, ed Amici, onore della tenera età, e gemme pre-

---

(*a*) I. Timoth. 2. 15.
(*b*) Matth. 18. 14.

preziofiffime della Corona del Re Celefte, guardate con occhio benigno tutt'i Bambini, maffime pericolanti nell' utero materno: fate che tutti efcano alla luce felicemente, e che fiano fatti degni della grazia del Battefimo: così la terrena Gerufalemme acquifterà nuovi Figlj, crefcerà in Cielo la fchiera de' Beati Fanciullini, de' quali fiete Principi, e Duci, e voi ftteffi avrete un eftrema incomparabile gioja, che fparfo non refti in vano per loro il Sangue del Redentore; ma che con la falute eterna di tanti maggiormente fia dilatato il Regno, e la gloria dell' Altiffimo.

FINE DEL LIBRO QUARTO.

Mm AP.

APPENDICE
AL LIBRO QUARTO
N. I.
ORAZIONE
DI S. FRANCESCO
DI SALES,
PER DIRSI DALLE DONNE GRAVIDE,

Cavata dal Libro III. delle Lettere Spirituali
Lettera 83.

O DIO Eterno Padre d'infinita bontà, che avete ordinato il Maritaggio per moltiplicare con esso qua giù gli Uomini, e riempiere là su la Città Celeste: ed avete principalmente destinato il nostro sesso a quest' officio, volendo ancora, che la nostra fecondità fosse un segno della vostra benedizione sopra di noi. Ah eccomi prostrata avanti la Faccia della Maestà Vostra, che io adoro, rendendovi grazie della concezione del Bambino, al quale vi è piaciuto di dare l'essere dentro il mio ventre. Ma Signore, poichè così è parso bene a Voi, stendete il braccio della vostra provvidenza fino alla perfezione dell'opera da Voi incominciata: favorite la mia gravidanza con la vostra perfezione, e portate insieme con me, mediante la vostra continua assistenza, la Creatura, che in me avete prodotta, fino all'ora del suo nascimento al Mondo: ed allora, o Dio della mia vita, ajutatemi, e con la vostra santa mano sostenete la mia debolezza, e ricevete il mio frutto, conservandolo fino a tanto, che com'egli è vo-

stro

ſtro per la creazione, lo ſia altresì per la redenzione, allora che avendo ricevuto l'acqua del ſanto Batteſimo, ſarà poſto nel ſeno della Chieſa voſtra Spoſa. O Salvadore dell'Anima mia, che mentre vivette qua giù, amaſte tanto, e tanto ſpeſſo prendette nelle voſtre braccia i piccioli Fanciulli: ah ricevete queſto ancora, e adotatelo nella voſtra ſacra filiazione, acciocchè avendo Voi, ed invocando Voi per Padre; il voſtro nome ſia ſantificato in lui, ed a lui appartenga il voſtro Regno. Così o Redentore del Mondo io lo voto, lo dedico, lo conſacro con tutto il cuor mio all'ubbidienza de' voſtri comandamenti, all'amore del voſtro ſervizio, ed al ſervizio del voſtro amore: e giacchè il voſtro giuſto ſdegno ſottopoſe la prima Madre degli Uomini con tutta la ſua peccatrice poſterità a molti dolori, e pene nel Parto; o Signore, io accetto volentieri tutt' i travaglj, che vi piacerà di permettere, che io patiſca in queſta occaſione: ſupplicandovi ſolamente pel ſacro, e lieto Parto della voſtra innocente Madre, d'eſſermi propizio all'ora del doloroſo parto di me povera, e vile peccatrice, benedicendo me inſieme col Figliuolo, che vi piacerà di darmi, con la benedizione del voſtro amore eterno, che con una perfetta confidenza nella voſtra bontà io umiliſſimamente vi domando. E Voi Vergine Madre Santiſſima, mia cara Signora, ed unica Padrona, che ſiete l'onore ſingolare delle Donne, ricevete in protezione, e nel materno ſeno della voſtra incomparabile ſoavità i miei deſiderj, e le ſuppliche: acciocchè piaccia alla miſericordia del voſtro Figliuolo di eſaudirle. Io ve lo domando, che ſiete la più amabile di tutte le Creature, ſupplicandovene per l'amore verginale, che portaſte al voſtro caro Spoſo S. Giuſeppe, per l'infinito merito della naſcita del voſtro Figliuolo, per le ſantiſſime Viſcere, che l'ânno portato, e per le ſacre Mammelle, che l'ânno lattato. O Santi Angeli di Dio deputati alla mia guardia, ed a quella del Figliuolo, che io porto, difendeteci, governateci: acciocchè per mezzo della voſtra aſſiſtenza potiamo finalmente giungere alla gloria, che Voi godete, per lodare, e benedire inſieme con Voi il noſtro comune Signore, e Padrone, che regna ne' ſecoli de' ſecoli. Amen.

N. II.

N. II.

EDITTO

DEL VICARIO GEN. DELLA DIOCESI DI CATANIA

Intorno al Parto Cesareo, e Benedizione Nuziale.

NOI

VINCENZO MARIA PATERNÓ,

TRIGONA,

Barone di Raddusa, e Destra, Signore del Giulfo, ec. Patrizio Catanese, Vicario Generale sì nello Spirituale, come nel Temporale della Città, e Diocesi di Catania, di Monsignor D. PIETRO GALLETTI, Vescovo della medesima, Inquisitore Generale ec. e Vice-Gran Cancelliere di questa Sapienza di tutto il Regno.

AVendo Noi ben ponderato il rischio di perire senza Battesimo i Parti, che rimangono nell'utero delle Donne Pregnanti già estinte; ed essendoci ben noto, quanto intorno al Parto Cesareo trattino più eruditi Scrittori, e in ispecialità il celebre P. Teofilo Rainaudo (a), il Padre Lodovico Schildere (b), ed il P. Giorgio Gobat (c), ci rechiamo a preciso dovere di dar qualche riparo col presente Editto al grave danno, che in ciò mai addivenir potesse, mercè le ordinazioni seguenti.

I. E

(a) Teophil. Raynaudo *tom.* 14. *de ort. Inf. per Sect. Caf.*
(b) Lodov. Schildere *tract.* 6. *num.* 9.
(c) Georg. Gobat *tract.* 2. *de Bapt. num.* 57.

I. E primieramente raccordando a tutt' i Parrochi, e Cappellani Curati della noſtra Dioceſi, quanto rilievi al lor uffi-cio, il procurare a tutte le Anime lor commeſſe l'eterna feli-cità : affine di non incorrere in quella Divina indignazione, eſ-preſſa dalla penna sì peſante del Profeta Ezecchiello (a) : *San-guinem eorum requiram de manu veſtra* ; loro ordiniamo colla più viva premura, ch'eſſendo chiamati ad amminiſtrare gli ultimi Sagramenti alle Donne gravide, debbano fin d'allora fare ſcopo della lor più ſollecita attenzione, il dare il Batteſimo al Parto, venendoſi ben toſto, dopo la morte di eſſe, al taglio dell'utero, e intimandone prima a' Parenti, e Familiari un ordine precet-tivo di metervi nella bocca una fiſtoletta di canna, che dalle fauci fino alle labbra laſciaſſe libero il canale della reſpirazione alla Creatura, che deve ſupporſi viva, e non morta, atteſe le tante, e tante ſperienze accadute a' più zelanti Parrochi, l'uno de' quali aſſicura in una ſua lettera a Noi indirizzata, aver egli trovato vivo un Bambino, ventitrè ore dopo di eſſere ſpirata la Madre.

II. Ordiniamo altresì a' medeſimi Rettori delle Anime, ſotto pena di Scomunicazione *ipſo facto incurrendæ* a Noi riſer-bata, che ſiccome in ogni conto debbono eglino trovarſi pre-ſenti alla morte imminente delle Donne pregnanti ; così pure, anche implorando il braccio della Giuſtizia Secolare, ove ſarà d'uopo, far quindi preſto ſeguire il taglio ſuddetto: affine di la-vare colle acque del S. Batteſimo quella Creatura nella miglior forma, che ſi potrà, o aſſoluta, o condizionata : ed ove rag o-nevolmente dubbitaſſero gli anzidetti Rettori della renitenza de' Congiunti della Donna pregnante defonta, a quel taglio ; ſi credan eſſi anche in iſtretto dovere del loro ufficio d'aſſiſtervi colla loro preſenza, attenzione, e premura fino al fine.

III. Ordiniamo inoltre ſotto la medeſima pena, che ove mancaſſero i Periti a far cotal operazione, particolarmente ne' minuti Villaggi, ſi riconoſceſſero in obbligo i Parrochi di cer-carne i migliori, che potranno. Ed in caſo di lor difetto non ſi rechino mica a ſcrupolo i Parrochi di far eglino ſteſſi quel

taglio,

_____

(a) *Ezech.* 3. 18.

taglio, dopo di averlo apprefo dall' altrui perizia, per non far perire quell'Anima, comprata già collo sborfo del Sangue preziofiffimo dell'Agnello Divino. Ci bafti per mallevadore di sì fatto dettame, tra tanti altri eruditi Scrittori, il Van-Efpen, il quale punto non dubbitò di regiftrare nella fua Opera Canonica quefti fuoi ben chiari fentimenti: *Quum non rarò contingat, nullum in Parochia reperiri, aut faltem bìc & nunc haberi poffe, qui peritiam, modumque convenientem aperiendi uterum, & extrabendi Infantem babeat; oportet, ut ipfimet Paftores, præcipuè rurales, bujus rei aliquam notitiam a Perito aliquo accipiant, qua fubinde, cogente neceffitate, uti poffint* (a).

IV.   Se avveniffe mai, che o i Parenti dell'eftinta Pregnante fotto qualche vano pretefto fi opponeffero a tal incifione, o i Cerufici pretendeffero una mercede per altro a lor non dovuta per giuftizia, alla quale giugner non potrebbero le forze di quei Congiunti; dovranno allora i Parrochi ufare prima tutt'i mezzi piacevoli per venirfi al Parto Cefareo: e fe altrimenti, intimare ad entrambi la pena della Scomunica *ipfo facto incurrendæ*, ed a tutti quelli ancora, che impediffero di mettere in iftato di eterna falute quelle Anime racchiufe nell' utero. Sebbene ne' cafi di gravidanze occulte, ed infami, debbano i Parrochi procedere con quei riguardi, che lor detterà la prudenza infieme, e la fcienza morale.

V.   Effendo dettame di più eruditi, e gravi Scrittori, probabiliffimo anche in pratica, che la Madre fia tenuta dal precetto della carità a foffrire qualche nuovo dolore nel taglio più volte lodato affin di provvedere al proprio fuo Parto dell'eterna felicità; faranno però maffima del lor dovere i Parrochi, l'infegnare cotal dottrina, ove riconofceranno, ch'effa metterà a bene: giacchè ora dopo tante prove l'Arte Cerufica fiorifce nel Meccanifmo a tal fegno, che con certi ftrumenti può infieme e confervarfi in vita la Donna pregnante, ancorchè fi lafci aprire, e trar fuori la Creatura dall'utero, per farla partecipe del fanto Battefimo (b).   VI. A

(a) Van Efpen p. 2. tit. 2. cap. 4. n. 25.
(b) Boudow p. 2. q 20. & Gobat a n. 254. e meglio di tutti Riyn. cap. 15. Croix lib. 6. p. 1. art. 2. dub. 6. q. 52. §. 2. n. 293.

VI. A mifura di un affare sì rilevante usino i Parrochi tutta l'attenzione , e premura , affin di non trarre abbaglio nel credere fubito morta la Madre pregnante ; ma prima di venirfi al taglio debbono afficurarfi , fe veramente fia fpirata , valendofi a tal fine del lume d'una candeletta di cera, avvicinato alle labbra , o di un vafetto di vetro ricolmo d'acqua pofto fu l'orificio del ventre d'effa Pregnante , mercè il movimento de'quali potranno di leggieri fcorgere, fe fia viva, o no. Accertati quindi effer ella già fpirata; adoperino tutta la più fquifita accortezza , non pur nel trarfi alla luce il Parto , che nell'offervare fe fia più d'uno, affine di amminiftrare a quanti fiano il S. Battefimo .

VII. E qui merita una fpezial rimembranza il debito ftrettiffimo , che ánno i Piovani di non afpettare , ma di prevenire col loro zelo gl'inviti degl' Infermi pericolofi della lor Pieve , per effere fempre pronti a foccorrerli , a follevarli , ed ajutarli in guifa appunto di veri amanti delle loro Anime : udendo le lor Confeffioni, amminiftrando loro il SS.mo Viatico , e l'Eftrema Unzione , degnandoli d'una coftante , e fervorofa affiftenza negli ultimi periodi della lor vita , e maffime , ove fono poveri, e bifognofi affatto d'ajuto .

VIII. Entrando finalmente ne' fentimenti della S. Chiefa, che mette a gran conto la Benedizione Nuziale , da effa ftabilita negli fponfalizj già rati; conviene a Noi eccitare lo zelo de' Parrochi : affinchè non ceffino di efortare con viviffima premura gli Spofi a venire alla Chiefa , affiftere alla Meffa deftinata *pro Sponfo* , *& Sponfa* , e ricevere la benedizione fuddetta , e non mettere ciò in non cale , come fan quelli , che dovrebbero anzi effere gli altrui efemplari, privandofi d'un tanto prò . Per fuperare una renitenza a' giufti dettami del noftro credere sì contraria , fi sforzino i Parrochi a far loro ben comprendere quanto rilievi il frutto perenne di tal benedizione , da cui non fenz' altrui ammirazione fi tengon lungi: ed ove a tanto giugneffero con raro , e felice fucceffo , è d'uopo avvertirli , che fono tuttavia incapaci , ed indegni di quella benedizione: ficchè vengano nella Chiefa , a farfi merito di riceverla con un'altiffi-

ma

ma ftima, avvegnacchè foffero già uniti nel vincolo del Matrimonio.

IX. Riflettano quindi al lor pefante dovere i Parrochi
d'iftruire i novelli Spofi, affinchè ftiano lontani dall'abufo sì
perniciofo alle loro Anime, di converfare tra loro con tanta
dimeftichezza, e fenza la dovuta cautela della viva prefenza
de' loro più ftretti Congiunti, prima, che ratificaffer eglino
in faciem Ecclefiæ il lor matrimonio. Gli ammonifcano però a
chiaro fcorgere il periçolo próffimo di peccare, in cui di leggieri vengono adefcati; ma fe di ciò nulla rifcoffi s'inoltreran-
no a dimorare infieme nella fteffa cafa la notte; rendan loro
confapevoli, di effer ormai incorfi *ipfo faĉto* nella Scomunicazione a Noi riferbata, ed a' Vicarj, Parrochi, e Cappellani Curati della noftra Diocefi delegata, nella guifa appunto, in cui,
a relazione di Coftantino Roncaglia, eminente Teologo, e
fplendore dell'inclita Congregazione della Madre di Dio, nell'
Opera fua Morale alla quiftione prima *De Sponfalibus*, al Capo
III. alla Regola VIII., fu l'anzidetta cenfura propofta, ed ordi-
nata dal zelante, e favio Prelato della Diocefi di Lucca, con
quefte precife parole: *Sponfi de futuro fub eodem teĉto pernoĉtan-
tes fine noftra, vel Vicarii Generalis licentia, incidunt ipfo faĉto
in excommunicationem nobis refervatam.* Qual pena dichiariamo
in virtù delle prefenti noftre ordinazioni, che dovranno fpiegare al Popolo fovventi volte l'anno al par del bifogno, che vi
â di tenerle vive nella memoria, e praticarle a tenore della
propria cofcienza. E ordiniamo, che 'l prefente Editto fi affig-
ga, e cuftodifca nelle Sacriftie delle Chiefe della noftra Diocefi.

Catania 1. Giugno 1742.

VINCENZO MARIA PATERNO', TRIGONA,
Vicario Generale.

Luogo ✠ del Sigillo

Giovanni Sindona Maeft. Not.
Nn

N. III.

EDITTO
DEL VESCOVO DI GIRGENTI

Per le Donne Gravide, e Moribonde.

NOI

DON LORENZO GIOENI
D'ARAGONA,

*De' Duchi d'Angiò, per la Grazia di Dio, e della S. Sede
Apostolica Vescovo di Girgenti, Assistente al Soglio
Pontificio, Regio Consigliere, ec.*

Deplorabile in vero è il disordine, che, morendo le Donne gravide, non ânno i Parenti per lo più alcuna cura, perchè siano secate, come prescrive il Rituale Romano (*a*), acciocchè i Bambolini ricevano almeno il Battesimo: ciò, che più ordinariamente succede nelle gravidanze occulte illegitime, nelle quali spesso le Madri stesse tentano l'aborto. Abbiamo adunque stimato necessario d'eccitare col presente Editto perpetuamente valituro il zelo de' Parrochi, e di ordinare l'osservanza de' seguenti regolamenti.

I. Comandiamo, ch'essendo qualche Donna gravida in pericolo di morte, i Domestici, e Parenti di essa, e della Creaturina siano obbligati a darne subito parte al Parroco: che s'essi non lo curassero, siano obbligati a dar questa notizia (sotto grave peccato) anche gli Estranei, che ciò sapessero: essendo

tutti

(*a*) *Ritual. Rom. de Baptiz. Parvulis tit. 7. n. 3.*

tutti (come dice il Poſſevino (*a*)) obbligati non meno, che il Parroco ſteſſo a ſoccorrere il Fanciullino in quella eſtrema neceſſità ſpirituale. Se mancherannno i ſuddetti Parenti, e Domeſtici al loro obbligo, e 'l Fanciullino perciò perirà ſenza Batteſimo, incorrano tutti *ipſo facto* nella Scomunica maggiore.

II. Comandiamo a' Parrochi ſteſſi, che ſenza fidarſi de' Parenti, de' quali ſta ſcritto *Inimici Hominis Domeſtici ejus*; s'informino ſempre con premura, ed eſattamente, ſe le Donne maritate, comunicande per Viatico, o confeſſande ne' morbi gravi, ſiano pregnanti: Dicendo il *Manuale Parochorum*, e il Gobat (*b*): *Tibi Parocho ex ſingulari cauſa incumbit*. E queſta inquiſizione moltopiù avrà luogo, ſe v'è ſoſpetto, o giuſto timore di occulta gravidanza: come per eſempio, ſe qualche Donna non maritata, ſpecialmente Zitella, ſi accuſaſſe di delitti carnali: perchè allora dovrà interrogarſi, e confeſſando eſſer gravida, obbligarſi a confidare fuor di Confeſſione l'occorſo, per ripararſi in caſo di morte all'eterna perdizione del Fantolino, che prepondera a qualſiſſia infamia della Madre: talmentecchè ricuſando eſſa di farlo, non può aſſolverſi, ſecondo la Dottrina de' Teologi, fra' quali Pontàs, e Silvio (*c*): *Si contumaciter Filia perſiſtat, nolitque ulli extra Confeſſionem aperire; deneget ipſi abſolutionem, tamquam eá indignæ prorſus, & indiſpoſitæ: cùm nolit hoc facere, ad quod ſub reatu peccati mortalis obligatur*.

III. Comandiamo a' ſuddetti Parrochi, che prima di morire l'Inferma gravida, la viſitino, ed eſortino i Congiunti, ed altri Domeſtici per fare in morte di quella il taglio Ceſareo, iſtruendoli di ciò, che ſarà neceſſario per riuſcire il tutto felicemente: e perchè ſe il Parroco non aſſiſte di preſenza in queſti accidenti, ſi corre grave pericolo di tralaſciarſi il taglio, o di non farſi a tempo; ordiniamo, che i detti Parrochi aſſiſtano all' operazione con ogni attenzione, e premura ſino al fine:

Nn 2　　　　　　IV. Uſe-

(*a*) Poſſevin. *de offic. Curati cap 6. n.* 10.

(*b*) Gobat *tract. 2. de Bapt. cap. 8. n.* 116. & 8. *caſu 8. 1.* Manuale *Paroch. p. 2. cap. 4, n 2.*

(*c*) Pontàs *Diction. Caſuum Conſc. t. 1. confeſſ. 2. caſu* 10. Sylvius *reſolut. variar. v. ſigillum* 1. *Decemb.* 1641.

IV. Uferanno diligenza i detti Curati, che fia chiamato a tempo il Chirurgo, e che affifta, finchè muore la Pregnante; e fe non potrà averfi un Chirurgo, vi fia un Barbiere, o una Mammana, che fegnando il Medico Fifico la parte fecanda, faranno l'operazione almeno con un rafojo: e procureranno ancora, che più d'uno nelle loro Parrocchie acquiftino tale perizia. Ed effi medefimi cercheranno d'iftruirfene, e non fi recheranno punto a fcrupolo di fare per fe fteffi quel taglio, quando altri non vi foffe, per non far perire un' Anima comprata col Sangue d'un Dio, come infegna il Van-Efpen (a): *Cùm non rarò contingat nullum in Parochia inveniri, aut faltem hìc, & nunc haberi poffe, qui peritiam, modumque convenientem aperiendi uterum, & extrahendi Infantem habeat; oportet, ut ipfimet Paftores, præcipuè rurales, hujus rei aliquam notitiam a Perito aliquo accipiant, qua fubinde, cogente neceffitate, uti poffint.* Com' è ftato ancora faviamente prefcritto nella Diocefi di Catania (b): anzi la dottrina di Gobat gli obbliga con formole affai rigorofe. E benchè i Congiunti, o Eredi fiano obbligati a pagare il Perito, che fa la fecazione; tuttavia non può quefti trafcurarla a cagione, che non farebbe pagato: e co' Poveri è tenuto a farla *gratis*. Anzi fotto grave peccato è tenuto ad offerirfi egli fteffo, anche non chiamato, ed a' Ricchi, ed a' Poveri, eziandio nel folo dubbio, che la Creaturina fia viva, come con Teofilo Rainaudo nota il Gobat (c).

V. Morta la Madre fe ne accerteranno con avvicinarle alle labbra un filo di lino, o di lana, o il lume di una candeletta, per vedere fe la fuppofta Defunta è veramente tale, o dà indizio di refpirazione col moto. Indi fe le tenga la bocca aperta, come difpone il Sinodo di Colonia dell'anno 1528. e quel di Cambrai dell'anno 1550. ciò che fi fa con metterle fubito in detta bocca un cannelletto fenza nodi antecedentemente apparecchiato: non già perchè fia neceffario alla refpirazione del Bam-

---

(a) Van-Efpen p. 2. tit. 2. cap. 4. n. 25.
(b) Editto del 1. Giugno 1741. leggafi il Gobat tract. 2. cap. 5. n. 195. & feq. & caf. 7. n. 237.
(c) Theoph. Raynaud. tom. 1. de ortu Infant. per Sect. Cæfar. cap. 6. n. 22. & 23. Gobat *Append.* 3. ad tract. 2. de Bapt. n. 24.

Bambino ; ma per far entrare nel ventre un' aere più fresco , e più nitido , che indi possa comunicarsi anche all' utero : e per far esalare gli aliti cadaverici delle viscere materne, che potrebbero al Bambino finir di togliere il poco di vita , che suole restargli : perchè quando muore la Madre , egli spesso è agonizzante ; onde non suole sopravivere più d'una , o di mezz'ora , e non di rado assai meno : e si avverte a mantenere calda la regione dell'utero con panni scaldati al fuoco , come avverte detto Rainaudo (a).

VI. Perciò ordiniamo , che l'operazione si faccia subito dopo la morte di quella . Ma se fosse trascorso tempo , vogliamo ad ogni modo , che non si tralasci di fare , nè mai il Curato si fidi de' Medici , o delle Mammane , che assicurino esser già morto il Bambino : eziandio , che attestino esser morto prima della Madre . La Legge (b) presume un Marito sempre vivo, benchè sia trascorso gran tempo di sua lontananza, e proibisce alla Moglie perciò le seconde nozze : or quanto più devonsi presumere vivi i Fantolini in ordine a tentare di dar loro il Battesimo ? Massime , che talora la divina Provvidenza, li mantien vivi contro ogni apparente ragione fisica , appunto perchè vuole salvarli . Guglielmo Fabrizio Medico Germano (c) confessa di se stesso con Mammane , ed altri dopo isquisite diligenze , di essersi ingannato : e a' dì nostri si sono trovati vivi due Fanciullini, uno 23. e un'altro 24. ore dopo la morte certa della Madre , benchè senza l'ajuto del cannelletto suddetto . Oltrechè nulla si perde a fare l'operazione, e può guadagnarsi tutto; laonde, come avverte il Gobat col detto Fabrizio (d): *Præstat , ut potius centies secentur , etsi irrito eventu , Matres mortuæ, quàm ut eis parcendo , negligatur vita unius unici Infantis .*

VII. L'addome si taglierà per lungo , e non in croce, acciocchè nel caso , che la Madre non fosse veramente defunta, possa più facilmente guarirsi : ed osserverà bene il Chirurgo se il Bambino sia uno , due , o più , potendo esser molti , come
                                                               nota

---

(a) Theophil. Raynaud *dist. tract.*
(b) Cap. *in præsentia de Sponsal.*
(c) Guglielmo Fabrizio *fol.* 1175.
(d) Gobat *in Append.* 3. *ad tract.* 2. *de Bapt. n.* 30.

nota con varj efempj Rainaudo (*a*) , maffime potendo anche darfi fuperfetazione .

VIII.　Nel dubbio , fe il Bambino fia vivo , fe gli metta fubito la mano in tefta , ed offervandofi la pulfazione dell'arteria magna , allora fi battezzi affolutamente . Se foffe quanto fi fia picciolo , e non ancora ben formato , fe fi muovè , fi battezzi , cioè almeno condizionatamente , come avverte la Croix (*b*): *Auctores graviffimi cum Cardenas in fua Chrifi difp.* 14. *rectè dicunt , omnes Fœtus abortivos Mulierum etiam imperfectiffimè figuratos , effe baptizandos , fi dent aliquod fignum vitæ per motum : quia putant aliqui Medici , quòd Fœtus humani poft paucos , v. g. tres , aut quatuor dies a conceptione , ftatim animentur anima rationali .*

IX.　Se chiunque , eziandio Parente , Marito , od Affine della Defunta , fi opponeffe alla fecazione , o il Perito non voleffe efeguirla , eziandio in cafo , che non fperaffe pagamento , incorrano *ipfo jure* nella Scomunica maggiore , feguíta la morte del Bambino fenza Battefimo . Ma il Curato , oltre l'intimar loro quefto precetto , e cenfura , ricorrerà a Noi , ed a' Magiftrati , eziandio Laici , i quali fono ftrettamente obbligati a dar il loro brachio , per forzare i Congiunti fuddetti : giacchè la ftella Legge tratta da Omicidi coloro , che feppellifcono la Gravida fenza prima fecarla : così la Legge 2. dd. *De mortuo inferendo* : *Negat Lex Regia Mulierem , quæ prægnans mortua fit , humari antequam Partus ei excidatur . Qui contra fecerit , fpem animantis cum Gravida peremiffe videtur* . Or quanto più , che fi tratta di dare al Bambino non folo la vita corporale , ma la fpirituale ancora del Battefimo . Che fe per accidente perirà qualche Bambino di quefti fenza Battefimo , il Parroco fattifi li teftimonj , come infegnano i Dottori (*c*) , delle diligenze da fenfate , dia fempre parte a Noi dell' occorfo , nella Città , fra lo fpazio di tre giorni , e nella Diocefi , di otto , fotto pena di fofpenfione *ipfo facto incurrendæ* , per punire colle pene Canoniche

---

(*a*) Raynaud. *de Ortu Infant. per Sect. Cæf. cap.* 10. *n.* 14.
(*b*) La Croix *lib.* 6 *p.* 1 *de Bapt. dub.* 4. *n.* 294.
(*c*) Gobat *d. tract.* 2. *cap* 8. *n.* 260. *& feq.* Manuale *Paroch. p* 2. *cap.* 2. Poffevin. *de Offic. Cur. cap.* 6. *n.* 10.

che chi averà in ciò mancato. E febbene nelle gravidanze occulte dovranno ufarfi tutti que' riguardi poffibili, che detterà la Criftiana prudenza; tuttavia non fi permetterà mai, che perifca eternamente l'Anima del Bambino.

X. Per evitare poi gli Aborti, comandiamo, che quelli (eziandio eftranei), i quali fanno, che qualche Donna procura di abortire, o che altri procura di farla abortire con Medicina, o fenza: eziandio con pefi, lavori, fatiche, viaggi, baftonate, o altra qualfiffia efcogitabile maniera: fe non potranno effi medefimi impedire il delitto; fiano obbligati a ben prefto darne l'avvifo al Parroco, fotto pena di Scomunica maggiore *ipfo facto incurrendæ*, *Abortu fequuto*.

XI. I Parrochi dichiareranno, che l'Aborto volontario è gran delitto: e che fe il Feto, o Prole, è animato, è un vero omicidio proditorio, indegno dell'immunità Ecclefiaftica, e la più orrenda fcelleraggine (maffime in una Madre) che poffa commetterfi contro del Proffimo privandolo infieme della vita temporale, ed eterna: che per le Bolle di Sifto V. e Gregorio XIV. (*a*) quelli, che lo procurano, o in qualfiffia maniera vi cooperano, incorrono *ipfo facto* nella Scomunica maggiore, rifervata prima al Papa, e poi a' Vefcovi: e che fe fono Ecclefiaftici, fono privati *in perpetuum* di tutt' i Benefizj acquiftati, e da acquiftarfi, e rei di degradazione, dopo di cui devono effere confegnati al braccio Secolare, per effer puniti di morte: Che l'antica difciplina della Chiefa obbligava la Donna impudica, che poi procurò l'Aborto, a una Penitenza pubblica, e perpetua, e non voleva, che foffe mai affoluta, fe non alla morte: Che il Concilio Ancirano (*b*) mitigò quella feverità, contentandofi della Penitenza di anni 10. ma che poco tempo dopo il Concilio Eliberitano (*c*) proibì, che l'Adultera procurante l'Aborto fi affolveffe, eziandio nell' ora della morte: commettendo la fua falvezza alla fola forza della contrizione, ed alla mifericordia di Dio: rigore, che non fi ufa cogli fteffi Eretici, Maghi, ed Apoftati. XII. Al

_____

(*a*) *Sixtus V. conftit. 87. Effrœnatam. - Gregor. XIV. conftit. 8. - Sedes.*
(*b*) *Concilium Ancyran. fub S. Melchiade Papa can. 21.*
(*c*) *Concilium Eliberit. fub S. Silveftro cap. 62.*

XII.　Al contrario infegneranno gli fteffi Parrochi, ch' è fentimento di Autori graviffimi, che le Madri fono obbligate in cafo di Parto difficile, ove il Bambino certamente perirebbe nell'utero fenza Battefimo, a foffrire non folamente lo fvitamento; ma lo fteffo dolore del taglio Cefareo, eziandio con qualche pericolo della propria morte, purchè quefta non fia quafi certa, come con un Libro quafi intero prova il Rainaudo: nè trafcureranno di efortarle a quefto grande atto di carità, ove fpereranno di ottenere l'intento.

XIII.　Finalmente ordiniamo, che il prefente Editto fi legga ogni anno nella Meffa Parrocchiale del giorno de' Santi Innocenti, in cui pure declameranno i Parrochi contro gli abufi efecrandi di far perire fenza Battefimo colle Madri defunte i Fantolini Non-nati, e di procurare l'Aborto. Della quale lettura d'Editto, e di Predica fatta dovranno fotto la pena di fcudi dieci mandarci fede ogni anno fra lo fpazio di un mefe, e quefta fede farà nella Diocefi fofcritta ancòra dal Vicario Locale, ed in fua mancanza, dal Prete più antico: ed oltre a ciò i fuddetti Curatori d'Anime col loro zelo, e fervore invigileranno alla puntuale offervanza di quanto qui fi prefcrive. Che fe a taluno parerà ciò un pefo affai grave, gli rifpondiamo coll' auree parole del faviiffimo Autore del *Manuale Parochorum* (a): *Multa, inquies, mandas: verum eft: fed tanti eft Infanti periclitanti Parochum non defuiffe*.

Dato in Girgenti li 30. Luglio 1744.

LORENZO VESCOVO DI GIRGENTI.

Per comandamento di Monfignor Vefcovo
di Girgenti

D. Diego Modica Cancelliere.

N. IV.

(a) *Manual. Paroch. loc. cit.*

N. IV.

LETTERA

DELL' AUTORE A N. N.

Sopra l'obbligo de' Medici di curar le Pregnanti senza danneggiare il Feto .

1   AL dubbio, che voi con maniere sì dolci, ed obbliganti, e tutte proprie della vostra gentilezza, mi proponete intorno all'obbligo de' Medici di curare le Gravide in modo, che non ne abbia nocumento il loro Portato; io diedi risposta nel *Cap. II.* del *Lib. I.* della mia *Embriologia Sagra* colle regole, che ci danno i Teologi. Ma giacchè voi di quella ch'è breve non contento, ne desiderate una più ampia, ed accomodata alla pratica; io, che tanto ô a grado l'eseguire i vostri pregiatissimi ordini, ô giudicato di stendere qui le Avvertenze, che serviranno a meglio dilucidare le regole succennate: e voi potrete poi compiacervi di renderne ancora partecipe il consaputo comune Amico.

Due sono gli scoglj, che debbe evitare il Medico nella presente materia. Il primo è l'omicidio corporale del povero Feto innocente; il secondo è l'omicidio spirituale del medesimo; perchè se muore prima di nascere, resterà senza Battesimo, e perirà eternamente. Ora ciò premesso, bisogna distinguere varie sorti di rimedj, de'quali il Medico può dubbitare se sia o no lecito di servirsi.

La prima è di quelli, che favorevoli alla Madre non sono di natura loro nocivi al Feto, ma solamente pericolosi, come la purga, che pofitivamente può nuocere al Feto in quanto producendo ftimolo nella Madre, può effere cagione di aborto: e il falaffo, che può danneggiarlo negativamente, privandolo dell' alimento.

La feconda forte è di quelli, che per diverfe qualità fono per fe fteffi e giovevoli alla Madre, ed infieme gravemente al Feto nocivi, od uccidendolo, o facendolo abortire come quei, che muovono i tributi lunari, atti a follevare la Madre, e a foffogare il Feto, o cacciarlo dall'utero.

La terza è di quelli, che di natura fua fono dirizzati alla rovina del Feto, e folo indirettamente, e come fi dice per *accidens* gioveranno alla Madre, come l'eftrazione, che fanno alcuni Chirurghi ne' Parti difperati ftrappando a brani il Bambino. Ciò pofto, e confiderando qui per ora il folo danno corporale del Feto, e comparando la fola vita naturale di effo con quella della Madre; quefta è preferita al Figliuolo: onde fe trovafi in una eftrema, o grave neceffità di un medicamento, potrebbe prenderlo, e in confeguenza i Medici, e le Mammane miniftrarglielo, quante volte egli fia della prima, o feconda fpecie, benchè foffe nocivo, o fi temeffe di riufcir nocivo al Bambino o negativamente, o pofitivamente. Quindi potrà la Madre fervirfi del proprio fangue a lei dannofo, cavandolo, benchè poi ne venga a perdere il nutrimento il mifero Bambolino: purchè fempre quefti medicamenti fi diano col folo difegno di ajutar la Madre per quella qualità, che ânno di favorevole a lei: benchè per difgrazia ne abbiano ancora alcuna, che fia a quello di nocumento. Quelli però della terza fpecie fono dannati, perchè come potrà mai una Madre pretendere di falvare la propria vita uccidendo un povero innocente, e Figliuolo fuo proprio? Queft'è un male *ab intrinfeco*, e per ciò inconeftabile.

2 Solo fi dubbita, trattandofi del mero omicidio corporale, fe poffa adoperarfi la fuccennata eftrazione chirurgica ne' Parti difperati, ne' quali foffimo certi moralmente, che tanto la Madre, quanto il Feto medefimo, fono già fenza fperanza di vita: e pare che poffa la Gravida farlo uccidere *cum moderamine*

incul-

inculpatæ tutelæ, confiderandolo come Affalitore della fua vita e parricida : perchè volendo nafcere , e non potendo per la ftrettezza della ftrada, l'uccide, ed è vera cagione a lei di morte . Nè mancano chi l'abbiano detto , fra i quali Eiftero , come io fteffo riferii con occafion di narrare la fua dottrina chirurgica intorno al Parto Cefareo delle Viventi : ma checchè ne fia delle ragioni fuddette , altri fentono effere illecito : perchè non è allora il Bambino un invafore ingiufto , ma neceffitato dalla natura, di cui l'Autore è Dio : e fembra cofa inumana, che una Madre faccia, per falvar la vita propria, trucidare il Figliuolo. Ed è bene da ponderarfi , che ammeffa per lecita quefta azione in pratica, fi aprirebbe la ftrada a molti Infanticidj : perchè fi leggieri o la Madre, o la Mammana, o il Chirurgo, battezzato già come avrebber potuto l'Infante, fi potrebbero ogni poco perfuadere, che la vita di effo non meno che della Madre fia difperata , e ch'egli fia Parricida , ed Affalitore ; onde la detta opinione almeno in pratica non deve aver luogo, dicendo S. Ambrofio riferito nel Canone *denique 14. qu. 5. Si non poteft fubveniri alteri , nifi alter lædatur ; commodius eft neutrum juvari, quàm gravari alterum .* Non avrei però difficoltà , che il Chirurgo impiegaffe la fua arte in eftrarre il Bambino anche co' ferramenti, ove fi poffa ciò fare con ifperanza di falvare la Madre, e il Figlio , benchè con qualche pericolo di quefto .

3   Sino a qui ô parlato del folo omicidio corporale. Ma fe noi riguardiamo lo fpirituale, che fuole effere conneffo col corporale : allora comunemente i Teologi fentono, che la Madre fia obbligata a preferire la vita eterna del Figliuolino alla temporale fua propria. Ed in vero , ci ordina efpreffamente Crifto di amare il Proffimo, come ci â amati egli medefimo, anteponendo la noftra vita fpirituale alla fua corporale : *Hoc eft mandatum meum , ut diligatis invicem , ficut dilexi vos . Majorem hac caritatem nemo habet , ut Animam fuam ponat quis pro Amicis fuis ;* e lo fteffo ci fi replica da S. Giovanni : *In hoc cognovimns caritatem Dei ; quoniam ille Animam fuam pro nobis pofuit : & nos debemus pro Fratribus Animas ponere .* Quefto precetto adunque , acciocchè non fia inutile, deve in qualche cafo

ve-

verificarſi : che ſe non ſi verificherà nella eſtrema neceſſità ſpirituale di un povero Fantolino, e poi in una Madre, io non vedo quando mai debba aver luogo. Vaſquez pretende non aver queſto obbligo la Madre : perch'è dubbioſa di ſua eterna ſalute, e non è tenuta *ex officio*. Ma ſe l'uffizio materno non obbliga a tanto, quale altro uffizio obbligherebbe ? E s'ella è dubbioſa di ſua eterna ſalvezza, proveda ancora a ſe ſteſſa co' Sagramenti, cercando quanto più può di aſſicurare la propria ſalute : altrimenti ognuno di quelli, che lo ſteſſo Vaſquez ſuppone obbligati *ex officio*, avrà la medeſima ſcuſa : onde lo ſteſ-ſo Diana Autor ſi benigno chiama comune la ſentenza, che almeno obbliga la Madre, quando ſia molto probabile, che il Feto ſia per uſcir vivo, e poter eſſere battezzato.

Nel dubbio poi ſe il Feto ſia animato, o no, vogliono i migliori Teologi, che la Madre ſia tenuta come ſe foſſe certamente animato (*a*): ſicchè ſiano i medicamenti della terza ſpecie, ſiano della ſeconda, ſiano anche della prima, eziandio ſe portino al Feto un danno ſolamente negativo, ſempre a lei è proibito il ſervirſene. Ad ogni modo in pratica rare volte farà ella coſtretta ad aſtenerſi da' rimedj, non già per la ragione, che ne dà Sanchez ; ma perchè ſi trova ordinariamente la maniera di ajutar lei ſenza nuocere al Figliuoletto.

4 Ed in vero credette il Sanchez, che la Madre allora è tenuta ad aſtenerſi da ſimili medicamenti, quando vi foſſe ſperanza probabiliſſima, che non uſandoſi quelli, il Feto uſcirebbe alla luce vivo per battezzarſi ; ma ſoggiunge : *Exiſtimo tamen caſum hunc rariſſimum eſſe, ac moraliter impoſſibilem ; Matris enim morbo laborantis lætali corrupti humores alimentum, quo Puer nutriendus eſt, inficiunt, ut penè miraculum ſit Matre pereunte Fœtum evadere incolumem* : ſentimento approvato da Diana, Roncaglia, ed altri.

Ma con buona pace di ſì dotti Autori ; altro è il dire, che morendo la Madre il Feto aſſolutamente ſia ſalvo, il che farebbe *evadere incolumem* : altro è il dire, che non poſſa alla Madre

ſopra-

(*a*) S. Antonin. *in Summ.* Nat. ab Alex. *Theol. Dogm. lib.* 4. *Dec. reg.* 14. Pontàs *Dict. caſ. conſ. v. Abort.* Genett. *de* 5. *Dec. cap.* 1. *q.* 12.

fopravivere quanto bafti ad eftrarlo , e battezzarlo . Il primo in
rigore non è vero : infatti abbiamo dalle Storie tanti eftratti col
Parto Cefareo , riufciti poi Perfonaggi celebri, ed illuftri : e in
maggior numero fe ne troverebbero, fe l'eftrarli immaturamente non li rendeffe inetti a vivere a lungo. Il fecondo però, ch'è
quello che importa per la controverfia prefente, è quafi fempre
falfo : e non vedo come mai fi poffa chiamare impoffibile una
cofa , di cui vi fono affatto innumerabili fperienze, come ò dimoftrato ampiamente a fuo luogo .

5 E vaglia il vero : fpirata la Madre , il Parto Cefareo fi
fa in un momento ; perchè fe i Chirurghi arrivano a non impiegare più di un minuto in fare il taglio pe 'l male di Pietra,
quanto meno vi vorrà di tempo per fare l'incifione a una Defunta ? Nè in rigore il morbo della Madre fempre fi comunica
al Feto , almeno in grado uguale. Quando egli è ne' folidi, come la Pleuritide , Peripneumonia, Infiammazione di vifcere, o
di vefcica , Ulcere , o Afceffo interno, e fimili ; non per ciò
averà un male fimile il Feto . Confeffo , che fe il vizio è ne'
liquidi, facilmente può paffare nel Bambolino: maffime fe (come vogliono molti) il fangue della Madre circola reciprocamente con quello del Feto , benchè ciò da altri fi nieghi. Ma circoli pure , da ciò non fiegue, che per neceffità gli umori faranno al Figlio un danno uguale, che alla Madre: perchè neppure il fangue talmente viziato , che produce in noi un morbo
di folido in qualche parte del Corpo, benchè circoli da per tutto , ne produce de' fimili in tutte le altre del noftro medefimo
Corpo . Ma fupponendo , che l'infermità fi comunichi al Bambino anche in uguale grado, non per ciò dovrà morire colla
Madre nel tempo iftffo .

S'infermano due co' medefimi fintomi, e febbre, anche pe-
ftilenziale, e nel medefimo tempo: forbifcono due lo ftffo veleno infieme , e in dofe uguale ; eppure uno fi libera, e l'altro
foccombe al male, benchè foccorfi dagli ftffi prefidj ugualmente: e fe ambedue muojono, ciò non accaderà mai lo ftffo
giorno , ora, e momento, per le circoftanze individuali diverfe . Or le circoftanze della Madre, e del Feto fono differenti

non

non folo in certe qualità individuali, ma ancora fpecifiche. E' vero, che il Feto è più tenero: ma non per quefto farà egli più lefo dall'umore peccante. Tralafcio che noi fperimentiamo, che talora un cattivo umore ci ferifce in qualche parte de' noftri Corpi più forte di fua teftura, e più robufta, mentre ci lafcia illefa un'altra più fievole, e delicata: e pondero che il Bambino gode molti fegnalatiffimi favori della Natura, che non fono conceffi alla Madre.

Egli infatti non fta foggetto alla inclemenza de' tempi, e dell'aere efterno: la fua dieta, o fia l'ufo degli alimenti è più regolato, ed efatto, e non commette quei difordini, che fogliono talora gli Ammalati per loro libera elezione, e per impazienza del morbo. Vive di vita animale folamente, ed è regolato in tutto, e per tutto dalla natura, che non può errare. Il fangue medefimo, che forfe gli comunica la Madre, prima di venire alle fue parti vitali, è più depurato: perchè â paffato per la Placenta, ed è fcorfo pe' vafi umbilicali. Il fuo cibo, di cui fi pafce, gli viene già molto preparato, e digefto: e per ciò egli appena fa efcrementi, onde non â bifogno nell'utero di fervirfi degli efcretorj principali: e ciò non oftante (come notano gli Anatomici) ei fe ne ferve in qualch'eftrema neceffità: ed inoltre â le membrane, nelle quali può la natura cacciare, o deporre il veleno morbifico.

Si aggiunga, che la fiammella (per così dire) della fua vita è più vivace, e i fuoi fpiriti più vigorofi: niente â egli perduto di ciò, che di nobile e perfetto gli è ftato comunicato a *principio* col feme, e che ne' già nati fi va fcemando di giorno in giorno fino alla vecchiaja, ed alla morte. E niente di meno il moto de' liquidi è in lui più tardo, e più blando: ficchè più tardi ancora farà danneggiato dagli umori viziofi: perchè non fono in lui in tanta agitazione, e fermentazione, almeno per la mancanza dell'aere efteriore.

6 Quindi è, che quantunque poffa il Bambino morire infieme colla Madre, od anche prima, ordinariamente però non è così. Io ô fatte fare in Palma colla mia prefenza molte incifioni. In tutte quelle il Feto era vivo, benchè le Madri erano

morte

morte di varj morbi, e solo in una si vide morto; ma la Madre era stata uccisa dal Marito dodici ore prima, che le vicine se ne accorgessero: onde non entra la ragione di Sanchez, che riguarda il solo caso, ove la Gravida muore per morbo intrinseco, e non già per esterna violenza. Più, nelle 13. incisioni fatte (come dissi nella detta Embriologia) dal Dottor Cimino in Corleone, e nelle 22. del Dottor Amato Chirurgo di Morreale, nessun Bambino mai fu trovato morto. Ed oltre a ciò tutti sopravissero qualche tempo notabile; benchè alcuni erano assai immaturi, ed esposti all'aere esteriore non poterono sperimentarlo molto favorevole: e perchè erano senza speranza di vita non si saran fatte tante diligenze, e fomenti per conservarli.

Anzi neppure è vero il detto di Sanchez ne' Feti eziandio minori di mesi tre benchè sì teneri, almeno se già sono formati, e verso il quadragesimo giorno: perchè infinite Madri Pregnanti di tre, di due, di un mese, giunte all'estremo di loro vita per febbri maligne, mortali, e velenose, guarite poi sono restate gravide, ed ân partorito vivo il Bambino a suo tempo. Ciò dimostra, che non sia vero, che il morbo della Madre guasti in maniera il sangue del Feto, s'è tenero, che quella morendo per una morale necessità debba ancor egli trovarsi morto. Ed in vero supponendosi già che possa vivere fino quasi all'agonìa della Madre, com'è chiaro da' detti esempj; perchè non potrà vivere un altro pochetto di più, sicchè, morta già quella, si estragga, e si battezzi? Nè mi si dica, ciò non essere potuto accadere, se non pe' medicamenti dati alla Madre: perchè quel, che possono far questi, ordinariamente lo può ancor la Natura, benchè con maggior difficoltà. Infatti quante povere Pregnanti non ânno avuti per la loro miseria questi presidj? Quante non gli ân voluti? E a quante non è stato possibile il propinarli o per letarghi, o per frenesìe? E a quante altre errata la cura non si son dati i medicamenti salutari, ma piuttosto quelli, che in tal caso erano i più nocivi? Eppure non solo sono restate esse vive, ma ancora il Feto, non ostante la sua tenerezza.

7 Quanto poi supponiamo, che il timor di trovare morti i Feti sia uguale alla speranza di ritrovarli vivi, e che l'esito sia dubbio, ed incerto: il bene della salute eterna del Figlio è di un peso tanto eccedente, e di un ordine tanto superiore alla vita corporal della Madre, che fa preponderar la bilancia sempre dalla parte favorevole al Feto. E però nel dubbio se il Feto sia animato, vogliono i Dottori, che la Gravida si astenga da ciò, che al Feto è nocivo, nella maniera medesima, come se fosse certamente animato. Or quanto più se il dubbio non è dell'animazione, ma solamente se sia morto, o sia per morir prima di battezzarsi? Qui vi è ancora la presunzione in favore del Bambolino. Oltrechè dubbio ancora è spesso, che la Madre col medicamento pericoloso al Feto si salverebbe, siccome dubbio, o almeno non certo è ne' morti acuti di liquidi, ch'ella morirebbe, se se ne astiene: perchè quanto spesso, chi è stato in quelli condannato a morte da' Medici, viene poi assoluto dalla Natura?

8 Ma benchè per quanto abbiamo provato sopra, non sia moralmente impossibile, nè quasi un miracolo, come à creduto Sanchez, ed altri Moralisti con lui, che il Feto grande, o picciolo sopraviva alla Madre, quanto basti a cavarlo dall' utero, e conferirgli il Battesimo: ad ogni modo per altro motivo, che l'assegnato dal Sanchez, io giudico rare volte in pratica occorrere, che il Medico, o la Madre pecchino, prescrivendo, o servendosi di presidj, che possano nuocere al Feto. Suppongo adunque, che quando i Teologi dicono, che la Gravida è tenuta piuttosto a morire, che a servirsi di rimedj, che possano cagionare Aborto; ciò intendono in quanto il pericolo di questo facilmente è congiunto col pericolo, che il Feto esca morto, perendo prima nel ventre senza Battesimo: perchè solo allora la Madre è obbligata a preferire la vita eterna del Figlio alla temporale sua propria: che se si desse il caso, in cui fossimo sicuri, che il pericolo sia soltanto di Aborto, e non già di morte del Bambino prima di uscire; il quale caso non è impossibile, ove il Feto sia grande, e vicino il tempo del Parto: allora (come si disse di sopra) la Madre non sarebbe costretta

per

pér confervare la fola vita corporale del Figlio a perdere la_
propria. Suppongo ancora, che quando in quefta materia fi no-
mina pericolo di Aborto, o di morte; fempre fi deve intendere di proffimo, e non già fol di rimoto: perchè non è giufto,
che per lo fecondo fi addoffi alla Pregnante un pefo cotanto
grave.

9 Ora ciò pofto, due fono i rimedj più ufuali a' Medici
nel curare le Gravide, e di cui fogliono per lo più parlare i Moralifti, il falaffo, e la purga, ed ambedue (propriamente parlando) fono della terza fpecie di medicamenti, fecondo la divifione
fopraccennata, cioè di natura fua giovevoli alla Madre, e non_
mortali al Feto, ma folamente pericolofi: e neffuno di effi porta feco di ordinario un pericolo proffimo di Aborto congiunto
con pericolo proffimo di morire il Bambolino prima di nafcere,
e fenza Battefimo. E' vero, che Ippocrate diffe del primo: (a)
Mulier utero gerens, fanguine e vena miffo, abortit; e del fecondo:
(b) *Prægnantes medicamentis purgare oportet, fi turget humor, a
quarto menfe ad feptimum, fed has minus: Juniores autem Fœtus,
& Seniores vereri oportet*: perchè quanto più tenero, o maturo
è il frutto, tanto più facilmente (come ponderò Galeno) fi di-
ftacca dall'albero. Ad ogni modo Ippocrate ciò fcriffe avendo
innanzi a gli occhi l'ufo antico de' Medici, che cavavano il fangue a libre, e tutto infieme, il ch'era un rendere efangui gl'
Infermi: onde alla Gravida fi rilafciavano i folidi, i ligamenti
del Feto coll'utero fi fcioglievano, era quello privato del fuo
alimento, e però o abortiva, o moriva: ficcome accade nelle
copiofe emòrrogie della Madre. Oggi però il fangue non fi cava, che ad oncie, o al più a mezza libra: ficchè non può di
leggieri arrecare i detti pregiudizj, e fe vi è bifogno di più ca-
varne, ciò fi fa con intervalli. Quindi per mille fperienze già
fi vede, che il falaffo, il quale per altro alle Gravide non fi fa mai
nel piede, non è ordinariamente tanto nocivo al Feto: anzi
fpeffo è falutare, maffime ne' primi mefi, ne' quali abbonda_
l'alimento in maniera, che può foffocare lo fteffo Feto, fe non
P p   fi ri-

(a) *Aph.* 30 *fect.* 5.
(b) Ibid. *Aphor.* 29.

ſi ripara con tal rimedio , e però ſcriſſe Riverio : *A primo menſe uſque ad quintum venæ ſeʃtio tutò adminiſtrari poteſt* .

9 Quanto alle purghe , gli Antichi uſavano ancora catartici forti , ed eradicativi , ſpecialmente , come ſi vede in Ippocrate ſteſſo , l'Elleboro : perciò ſi evacuava copia grande di umori buoni miſti a' peccanti , ſi eccitava orgaſmo negli ſpiriti , e ne' liquidi , e ſi coſtringevano validamente i ſolidi , che premendo poi l'utero ne cacciavano il Feto , che quanto più tenero , tanto più con quella violenza correva pericolo di uſcir morto . A' noſtri tempi però l'arte Medica è ricca già di purganti molto benigni , com'è il ſucco di Roſe agli Antichi incognito , la Manna , la Caſſia , e ſimili , e i violenti non ſono più tanto in uſo . Odaſi Riverio : *Si autem aliter ſenſiſſe videtur Hippocrates , animadvertatur , quòd modo longè diverſo nos venam ſecamus , ac Antiqui faciebant , qui ad libras , nos verò ad uncias ſanguinem mittimus . . . . . . Audaciores in hac parte Medicos fecerunt blanda , & innoxia medicamenta , quibus hodie utimur , ut ſunt Rhabarbarum , Myrabolani , Caſſia , Manna , Senna , Agaricus , & ſimilia: attamen habenda perpetuò ratio ſententiæ Hippocratis , tutiùſque mediis menſibus , non verò primis & ultimis , purgantia medicamenta eſſe adhibenda* (a).

10 Il Medico adunque , ſecondo lo ſtile odierno , quando opera con la dovuta circoſpezione , può e ſoccorrere la Madre col ſalaſſo , o la purga , e non mettere il Feto in proſſimo pericolo di abortire , e meno ancora di uſcir morto (b). Anzi può rendere ſempre più rimoto il pericolo : perchè quanto al ſalaſſo , miniſtra inſieme de' cordiali , ſi ſerve de' coſtringenti , e corroboranti , e dove il caſo lo ricerca , dà nuova ſoſtanza alla Gravida : E quanto alla purga , oltre il darla leggiera sì nella qualità , come nella quantità ; ſa accompagnarla co' diluenti , e dolcificanti : e quando ne foſſe nato qualche orgaſmo , ſervirſi ancora , ma con cautela , degli oppiati : e così vediamo ſenza

il

(a) Lazar. River. *prax. medic. lib.* 15. *cap.* 16. Franciſcus Calmette *in River. Reform.*

(b) *V.* Ettmuller. *tom.* 2. *lib.* 4. *ſeʃt.* 6. *cap.* 3. *art.* 2. & 3. con Panarollo , Zaccuto , ed Amato Luſitani , Caſtro , Sennerto , Scoultzio , *ed altri Moderni fondati nel medeſimo* Celſo *lib.* 1. *cap.* 10.

il gran danno temuto dagli Antichi praticarſi in Palermo da_
tanti valentiſſimi Profeſſori, che non ânno invidia a quei di
Londra, o di Parigi. Alla fine non ogni ſalaſſo, ed ogni purga
cagiona aborto: altrimenti ſtarebbe in mano di ogni Gravida_
lo ſconciarſi quando voleſſe; eppure la ſperienza dimoſtra (e
ben notollo Calmette Medico di Monpelier) che ad alcune, benchè impegnatiſſime a procurarlo, non è mai riuſcito. Or quanto più ſi può ſperare di evitarlo ove ſi adoprino tante cautele?

11   Ma queſto è poco: il ſalaſſo, e la purga uſati, come
ſi deve, ſe la Madre ne â neceſſità, ſaranno ancora ſalutari al
Feto, che ſenza di eſſi perirà. Perciocchè s'ella â una Pletora,
o reale, o apparente, o ſia ſpuria, non ne verrà di leggieri ancora il tenero Fanciullin ſoffocato? E s'ella â copia di umori
peccanti, che ſono in turgeſcenza, o pure eſcrementizj, ancorchè cotti, e non ſi evacuano, non guaſteranno ancora al Feto
il ſuo nutrimento, e facilmente l'uccideranno? In ſomma: ordinariamente tutto quello, ch'è medicamento per l'infermità
della Madre, ſuole eſſere ſalutare anche al Bambino; e maſſime ſe il morbo di quella ſi è comunicato ancora a lui: o almeno gli giova indirettamente, in quanto conſervata la vita alla_
Madre, ſi concepiſce maggiore ſperanza, ch'egli ſia per vivere,
e naſcendo al ſuo tempo ricevere il Batteſimo.

12   Nè devo omettere, che quanto s'è detto del ſalaſſo
o della purga, cioè che temperati giovano piuttoſto che nuocono al Bambino; può con la giuſta proporzione applicarſi agli
altri rimedj, che con quelli riſpettivamente fraternizzano, anche a' Diuretici: i quali però eſſendo più pericoloſi de' Purganti, coſtringono ad una maggiore cautela: reſtando condannati
gli Emetici violenti, e quei, che muovono i tributi lunari, attì
inſieme a cacciare, o ſoffocare il Feto; anzi il ſalaſſo medeſimo, e la purga, ove ponderate tutte le circoſtanze vi foſſe pericolo proſſimo di morire il Bambino ſenza Batteſimo. Ma che
farà il Medico in una eſtrema neceſſità della Madre, ſe veramente, ſecondo le circoſtanze, dandoſi il rimedio, ſi eſpone il
povero Feto a un manifeſto proſſimo pericolo di aborto, e di
uſcir morto? E tuttavia ſe quello non ſi propina, lo ſteſſo Feto

refta in uguale pericolo minacciatogli dall'infermità medefima della Madre, da cui può venire eltinto di leggieri nell'utero? Se il medicamento è di natura fua fanativo della malattìa della Gravida, benchè per accidente fe ne tema danno al Bambino, è lecito l'adoprarlo: ma fe di natura fua è ugualmente atto ed a giovare a quella, e a danneggiar queſto; allora la cofa è controverfa. Niega Silvio poterſi praticare: altri con Roncaglia l'accordano, purchè non fi dia direttamente a danneggiare il Feto, ma folo a giovare alla Madre: perchè così la condizione del Feto in detto pericolo da ambedue i lati uguale non viene renduta deteriore col medicamento, come certo farebbe nel cafo, in cui non ufandofi il rimedio, reſtarebbe fperanza probabile pel Bambino di ricevere il Battefimo, e col rimedio fparirebbe.

13　Ma dirà taluno: fembra troppo duro a una povera Inferma il vederfi morire fenza fperanza di altro ajuto, quando l'avrebbe pronto in qualche medicamento, che fecondo la regola fuddetta le deve effer negato. Il cafo è duro, io vel confeffo, ma non deve perciò una Madre difperare di fua falute; perchè fe a tutti dice lo Spirito Santo: *Fili in tua infirmitate ne defpicias te ipfum: fed ora Dominum, & ipfe curabit te* (a); quanto più dovrà fperar queſto una Poverina, che aſtienſi da' rimedj, che potrebbero giovarle, folo per ubbidire alla fantiſſima Legge di Dio, e per non controvenire alla carità: ella piuttoſto, facendo il contrario, dovrebbe grandemente temere, che non periſſe appunto, come il Re Afa con tutt'i fuoi medicamenti; perchè *nec in infirmitate fua quæſivit Dominum: fed magis in Medicorum arte confifus eſt* (b). Si abbandoni adunque alla Provvidenza amorofa di Dio, che o le conferverà la vita impegnandofi a proteggerla perchè â fperato in lui, o gliela commuterà con una eterna, e infinitamente migliore. Io non ô voluto qui dichiarare alla diſtefa quali fiano i medicamenti più o meno dannofi al Portato, e quando fia fpediente, o no l'ordinare i pericolofi: e quando queſti mettano il Feto in un proſ-
fimo

(*a*) *Eccli.* 38. 9.
(*b*) II. *Paralip.* 16. 12.

simo pericolo di aborto, o di morte: questo avrebbe allungato assai la presente, che non deve essere un trattato de' morbi delle Gravide, e della maniera di curarli. Non mancano in questo genere de' libri eccellenti, a voi per altro ben noti: oltrechè il tutto quasi dipende dalle circostanze tanto del clima, e dell'aere, quanto del morbo, e della Paziente. A me basta, per ubbidirvi, l'aver qui accennato quanto era, almeno in genere, necessario a sapersi da un Sacerdote, da un Parroco, per potere accomodar bene alla pratica le regole teoretiche, le quali ci danno i Teologi: e che, almeno ordinariamente, viene taciuto da' Moralisti.

14   Quindi altro non mi resta, se non ammirare la vostra modestia, ed umiltà, che vi ânno spinto a chiedere il mio sentimento sopra una tale materia. Voi, dico, il quale pe' lumi, e Teologici, e ancora Medici, che risplendono alla vostra gran mente, non avevate bisogno di ricorrere a me, se non per esercitare gli atti di sì belle virtù. Ma dall'altra parte io mi starò sicurissimo, che non isdegnerete il mio ardire in avere sì francamente parlato a un mio Maestro; perchè alla fine è una virtù ancora l'ubbidienza: onde quella, se mi è lecito il gloriarmene, che ô praticata verso de' vostri riveritissimi cenni, meriterà, se non altro, un vostro benigno compatimento.

Da Casa li 14. Maggio 1745.

Siami lecito l'aggiungere un caso pratico avvenuto ad un Lavorante Stampatore, per nome Ignazio Cavarretta in Palermo. Avendo nel 20. Maggio 1745. abortito Angela Moglie di Salvatore Geraci, obbligata per la sua povertà a fatiche eccedenti le proprie forze; il povero Feto assai picciolo creduto, senza mirarsi prima, sangue grumefatto, già lasciavasi in abbandono. Ma trovatasi Caterina Moglie di detto Ignazio, che aveva da lui udito, quanta diligenza debbasi usare in tutti gli Aborti; fece l'indagine, e trovò manifestissimamente essere

Feto

Feto compiuto maschile e vivo , e battezzollo . Non sopravisse
che 4. minuti , e morto fu dallo Stampatore portato a me , perchè fossi partecipe della sua gioja : e poscia fu seppellito nella
Parrocchiale di S. Giovanni de' Tartari . Sia di tutto per Dio
solo la gloria: *Laudem dicite Deo nostro omnes Servi ejus , & qui
timetis eum, Pusilli , & Magni* . (a)

F I N E.

IN-

(a) *Apocal.* 19. 5.

INDICE

DELLE COSE NOTABILI.

A

Nè

Le

B .

Qq   *Biau-*

C

Con-

D

Ebrei

E

F

Im-

Suoi

G

Tal-

I

L

M

N

O

P

E'

V

Scende

F I N E.

  Anche

R

S

Se-

T